普通高等院校船舶与海洋工程系列教材

船舶耐波性

孙树政　李积德　胡开业　主编

哈爾濱工程大學出版社
Harbin Engineering University Press

内容简介

本书以2007年李积德主编的教材《船舶耐波性》的架构为基础，结合船舶耐波性相关技术的发展，对原有章节进行重新编排并调整了部分内容，以适应新时期教学改革形式和教学目标要求。其中，新增的船舶耐波性设计、船舶减纵向运动技术、实际海浪环境下大尺度模型耐波性试验技术等方面的知识及近年来研究发展的新成果，既充实了教材知识结构，体现了船舶耐波性知识的系统性和结构体系的完整性，反映了船舶耐波性理论与技术方法的发展现状，也满足了对船舶相关专业人才知识结构的实际需要。

本教材既可作为船舶与海洋工程专业本科生课程教材，也可作为相关专业研究生和工程技术人员学习与参考资料。

图书在版编目(CIP)数据

船舶耐波性/孙树政，李积德，胡开业主编. —哈尔滨：哈尔滨工程大学出版社，2022.12
ISBN 978-7-5661-3554-4

Ⅰ.①船… Ⅱ.①孙… ②李… ③胡… Ⅲ.①船舶-耐波性 Ⅳ.①U661.32

中国版本图书馆CIP数据核字(2022)第225826号

船舶耐波性
CHUANBO NAIBOXING

选题策划 雷 霞
责任编辑 关 鑫
封面设计 刘长友

出版发行 哈尔滨工程大学出版社
社 址 哈尔滨市南岗区南通大街145号
邮政编码 150001
发行电话 0451-82519328
传 真 0451-82519699
经 销 新华书店
印 刷 哈尔滨理想印刷有限公司
开 本 787mm×1 092mm 1/16
印 张 14.25
字 数 350千字
版 次 2022年12月第1版
印 次 2022年12月第1次印刷
定 价 45.00元

http://press.hrbeu.edu.cn
E-mail:heupress@hrbeu.edu.cn

前　言

船舶耐波性是研究船舶在风浪环境作用下航行性能的学科。近年来，随着人们对船舶舒适性和安全性的要求不断提高，船舶耐波性研究越发得到重视。随着计算科学和船舶水动力学的发展，船舶耐波性研究也得到了长足发展，一些新理论、新技术、新方法在船舶耐波性研究中得到应用，并发挥着越来越重要的作用，这些对船舶设计者的知识结构也提出了更高要求。

本教材以2007年李积德主编的教材《船舶耐波性》的架构为基础，结合近年来船舶耐波性相关技术的发展，对原有章节进行重新编排并调整了部分内容，以适应新时期教学改革形式和教学目标要求，既体现了船舶耐波性知识结构的系统性和体系的完整性，也反映了船舶耐波性理论与技术方法的发展现状。

全书共9章：第1章为绪论，主要介绍了研究船舶耐波性的方法、表征船舶摇荡特性的要素、船舶运动及其受力分析等；第2章为海浪，主要介绍了海浪形成的过程、规则波和不规则波、海浪谱分析技术及海浪谱公式等；第3章为船舶在波浪中的单自由度线性摇荡运动，主要介绍了船舶在规则波和不规则波中的线性摇荡运动理论，具体包括船舶在静水中的自由摇荡运动、船舶在正横规则波中的横摇运动等；第4章为船舶在波浪上耦合摇荡运动的理论预报方法，主要介绍了基于势流理论和切片理论的船舶耦合运动理论预报方法，具体包括船舶运动方程的建立、二维剖面水动力系数的求解等；第5章为船舶运动的动力效应与耐波性事件，主要介绍了首底砰击、甲板上浪和螺旋桨出水、波浪增阻等强非线性动力效应；第6章为船舶大幅非线性摇荡运动，主要介绍了船舶横浪大幅横摇、参数横摇等非线性摇荡运动，具体包括非线性阻尼力矩、复原力矩的非线性等；第7章为船舶耐波性设计，主要介绍了耐波性设计的目标、各设计阶段耐波性设计的任务以及耐波性经验设计和评估方法等；第8章为船舶减摇技术，主要介绍了船舶减横摇技术和减纵向运动技术等；第9章为船舶耐波性试验，主要介绍了船舶耐波性水池模型试验和实际海浪环境下大尺度模型耐波性试验技术等。其中，新增的船舶耐波性设计、船舶减纵向运动技术、实际海浪环境下大尺度模型耐波性试验技术等方面的知识及近年来研究发展的新成果，既充实了教材知识结构，完善了专业知识的系统性，也满足了对船舶相关专业人才知识结构的实际需要。

本教材由孙树政、李积德、胡开业共同编写完成。其中,孙树政负责在李积德原版教材的基础上对全书内容进行重新编排与补充;胡开业负责编写第6章和第7章;插图由研究生杜文磊等协助完成。教材内容既体现了理论知识的基础性、成熟性、系统性和严谨性,也体现了方法与资料的实用性。教材深度以本科生专业课程学习为主,兼顾相关专业研究生和工程技术人员对专业理论方法和资料的学习与参考。

书中不足之处在所难免,恳请读者提出宝贵意见。

编　者

2022年3月

目　　录

第1章　绪　　论

1.1　本 章 概 述

很久以来,船舶设计师们对船舶性能的研究多侧重于船舶在静水中的性能,特别是船舶在静水中航行时的快速性。但是,大量事实表明,一艘在静水中航行性能优良的船舶,在波浪上的航行性能并不一定是优良的。由于船舶实际上经常航行在波涛汹涌的海面上,因此,人们越来越重视对船舶在波浪上的航行性能的研究。这推动了船舶耐波性这一学科的迅速发展。耐波性能的优劣已成为现代化船舶航行性能的重要衡准之一。

船舶耐波性是指船舶在波浪扰动下,产生各种摇荡运动、砰击(slamming)、甲板上浪、失速、螺旋桨出水及波浪弯矩等,仍能维持一定航速在波浪中安全航行的性能。可见,波浪对船舶航行性能的影响是多方面的,而且都是有害的。这些影响概括起来体现在以下三个方面。

第一,安全性。

船舶在波浪上横摇将使船的稳性降低;剧烈的横摇可能使舱内货物移动,引起船的倾斜,甚至导致翻船。所以在现行的海船稳性规范里,计算稳性必须考虑船的横摇影响。

船舶在波浪上剧烈的纵摇和升沉运动会引起船首底部的砰击,导致船体结构的损伤;甲板上浪可能使舱室进水、破坏甲板上各类设备、使人员在甲板上无法安全工作。

由于船舶在恶劣海况下剧烈摇荡而引起的海难事件时有发生,因此,在船舶设计中都明确指出船舶安全航行的海况等级。

第二,作战或作业使用性。

作战或作业使用性是指在指定的海况下,船上人员能运用船上设备或武器装备系统完成运输任务或作战使命的能力。

船舶如舰船剧烈的摇荡运动使其航行性能变坏。主要表现在:严重的纵摇和升沉运动,使船航行阻力增加和船舶失速;船首底部不断地发生砰击以及甲板上浪,导致船体结构损伤、甲板装置破坏和船体颤振;螺旋桨出水引起飞车现象,使螺旋桨主轴受极大的扭振,主机工况恶化;剧烈的纵摇、升沉、横摇及艏摇都会给舰船操纵带来困难,甚至导致舰船失控。上述一些不利因素会严重影响舰船的战斗力(如降低火炮与导弹的命中率、舰员作业困难、影响舰载飞机的安全起降和降低作业效率等)。

第三,适居性。

船舶是海上的浮动建筑物,必须给船上人员提供较舒适的环境,以发挥他们的工作效力;给旅客提供舒适的旅行环境。

船上人员的工作能力主要受两种运动特性的影响,即加速度和横摇幅值。船舶摇荡的线加速度和角加速度会引起船上人员晕船,一般晕船率随加速度的增大而增大。大幅横摇将影响船上人员的运动能力。有人对此进行了试验研究,得出了人员活动对横摇幅值的适应范围:一般横幅角在0°~4°范围内对人员活动的影响很小;在4°~10°范围内人员的活动能力下降;10°以上时,人员的活动已很困难。

研究船舶耐波性的目的是研究影响船舶海上航行性能的主要因素的特性,主要指风浪、船舶自身摇荡性能以及船舶在波浪上摇荡运动的规律性,进而寻求改善船舶在波浪中的航行性能的方法,设计出耐波性优良的船型和主尺度。有效的减摇装置可为船舶驾驶人员提供安全航行保障。

所谓船舶剧烈的摇荡不仅仅指摇荡幅值过大,还同摇荡的速度和加速度相关。船舶设计师从摇荡运动性能的角度考虑,希望摇荡运动幅值较小且周期较长。一般通过选择合适的船型、主尺度及设置减摇装置等,可有效地减小摇荡运动幅值。摇荡周期主要取决于船舶的主尺度,而对船舶的主尺度的选择要从多方面综合考虑,从摇荡周期方面考虑至少不是最主要的。各类船舶的摇荡周期大多是依据船舶的排水量和主尺度的量级各自落在一定范围内,技术设备不能对摇荡周期产生很大的影响。

另外,船舶的摇荡幅值不是越小越好。假如一艘船在波浪中绝对不摇荡,则它在波浪冲击下会受到很大的阻力,而且甲板上也可能涌上大量的海水。水面船舶对波浪的扰动做适当响应,反而可以改善其航行性能。由此可见,要设计出一艘性能优良的船舶,必须对影响其航行性能的各种因素进行综合考虑。

研究船舶耐波性的基本方法如下。

1. 理论计算与分析法

船舶在波浪上的摇荡运动,从力学角度看包括两个方面:

一方面是刚体动力学问题,即船舶作为一刚体在外力作用下产生运动的问题。船舶在波浪扰动下的摇荡运动同周期性扰动力作用下的振荡器的振动类似。因此,可将研究船舶摇荡运动归结为建立船舶摇荡运动的微分方程及求解。

另一方面是流体动力学问题。船舶在波浪上运动所受到的外力,主要是流体作用力。这些力的大小和变化与船舶以及流体的相对运动有关。一般采用流体动力学方法计算。

这两方面的问题是互相关联的,即船舶运动影响它的受力,而船舶受力又影响其运动。因此对这类问题的解决通常是寻求船舶受力及其运动量间的函数关系。

船舶耐波性理论的发展起源很早,1737年,欧拉(Euler)已经开始从理论上研究这一问题。但是由于当时的造船工业水平较低,因此在相当长的一段时间里,这方面的理论研究工作发展缓慢。这一时期,各国学者主要研究船舶在静水及规则波中的运动性能。19世纪末期,造船工业蓬勃发展,钢壳船取代了木质船,船舶的摇荡阻尼大大降低,船舶摇荡的加剧引起了船舶设计师们的关注。当时英国的弗劳德(Froude)和苏联的克雷洛夫对船舶摇荡理论进行了深入研究。自20世纪50年代后期开始,船舶耐波性理论有了重大的发展,主要表现在如下两个方面。

(1)流体动力理论的发展

科学技术水平的日益提高,特别是流体动力学理论及试验技术的发展,使得对船舶在波浪上运动引起的船舶与流体间的相互作用问题进行理论计算成为可能。1955年及1957年,科文·克劳科弗斯基(Korvin-Kroukovsky)提出了根据“切片理论”计算船舶的升沉与纵摇运动,这成为用理论方法计算船舶纵向运动的起点。随后,各国学者在此基础上不断发展"切片理论",提出了各种切片法。在这方面具有代表性的有渡边惠弘、格里兹玛、田才福造、高木及赛尔维逊等人。现今已广泛采用切片法预报船舶在波浪上的摇荡运动性能。

(2)现代对船舶在波浪上的运动性能的研究,广泛应用概率与数理统计理论

利用谱分析的方法研究复杂的波浪及船舶运动,这使船舶耐波性理论研究向实际应用更近了一步,使我们可以应用理论计算方法预报船舶在实际航行中的运动性能。

进入21世纪后,船舶流体动力理论在三维方法、非线性方法、时域方法等方面得到迅速发展,提升了船舶耐波性理论预报精度。特别是计算流体力学(CFD)方法的应用,通过对船舶航行过程中流场的精细描述,为船舶耐波性理论分析与优化设计提供了更有力的计算工具。

2. 试验方法

在船舶耐波性的研究中,除理论研究外,试验研究也占极重要的地位。试验包括实船试验和船模试验。试验可以帮助我们观察海浪和船的运动现象,寻求内在的规律性,验证理论计算结果。特别是在本学科范围尚存许多问题,目前,还不能完全用理论方法解决,必须依靠试验解决,如船舶横摇阻尼系数主要靠试验确定。

随着船舶耐波性理论研究的发展,试验技术也有了飞跃发展。世界许多国家相继建立了大型耐波性水池,造波技术及测试设备的现代化,以及试验数据处理的计算机化,这些都对船舶耐波性学科的发展起着重要的推动作用。

1.2 表征船舶摇荡特性的要素

船作为一个刚体在静水或波浪中受到扰动后,可能产生围绕其原始平衡位置做六个自由度的摇荡运动(图1.2.1)。船沿通过重心 G 的纵轴、横轴与竖轴的往复振荡分别称为纵荡(进退)、横荡和垂荡(升沉)运动;绕上述三个轴的角振荡分别称为横摇、纵摇和艏摇。

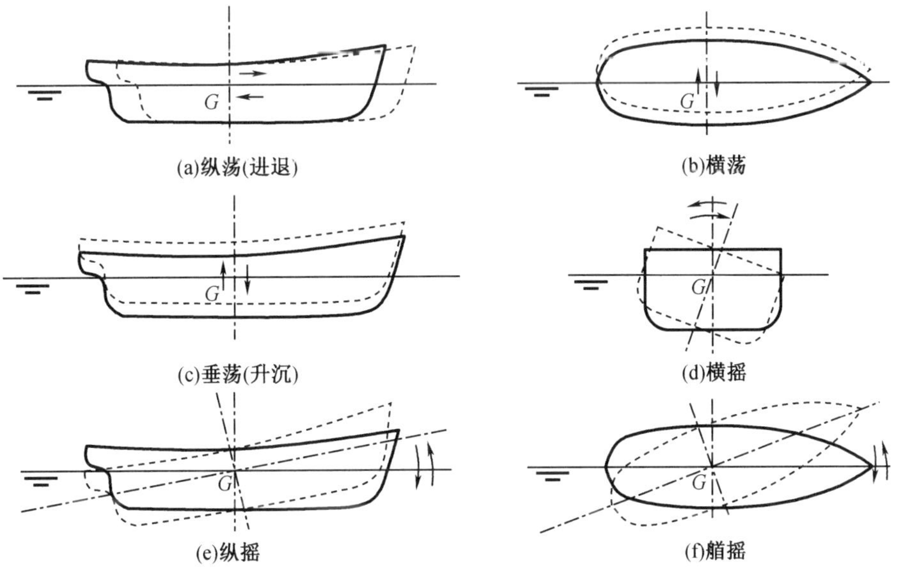

图1.2.1 摇荡运动

研究表明,船舶摇荡运动大多数非常接近简谐振荡,或者可以用若干简谐振荡叠加的结果表示。因此,表征船舶摇荡特性的一些要素同简谐振荡的要素一致。我们知道,一个物体在其平衡位置做简谐振荡运动,其运动方程为

$$Y = a\sin(\omega t + \varepsilon) \text{或} Y = a\cos(\omega t + \varepsilon) \tag{1.2.1}$$

式中 Y——船舶在某种形式下摇荡,t 时刻离开平衡位置的位移;

a——摇荡的振幅,即船舶离开平衡位置的最大位移;

ω——振荡的圆频率,它与振荡周期 T 的关系为

$$\omega = \frac{2\pi}{T}$$

式(1.2.1)描述了船舶在某一自由度内的简谐摇荡。

振荡的圆频率等于 2π s 内的完整振荡次数。船舶完成一次完整振荡的时间称为摇荡周期。

角$(\omega t + \varepsilon)$称为摇荡的相位。角 ε 为船舶起始瞬时 $t = 0$ 时刻的相位,称为初相位。

由此可见,表征船舶摇荡特征要素为:摇荡的振幅、摇荡的周期或圆频率、摇荡的相位。

除上述各要素外,有时用摇荡的最大速度和加速度来表征船舶摇荡的特性。例如,在简谐摇荡的情况下,摇荡的速度和加速度可由时间函数的位移对时间微分求得,即

摇荡速度为

$$\dot{Y} = \frac{\partial Y}{\partial t}$$

摇荡加速度为

$$\ddot{Y} = \frac{\partial^2 Y}{\partial^2 t}$$

1.3 船舶运动及其受力分析

当船舶在波浪上航行时,受波浪的扰动将产生摇荡运动。由于实际海浪情况复杂多变,因此引起的船舶运动也是非常复杂的,其运动往往是几种简单运动的叠加。也就是说,船舶各个自由度的摇荡运动不是独立的,相互间存在耦合影响。例如,船舶的纵摇和升沉运动往往是互相伴随发生的,这是因为船舶做升沉运动时会产生一纵倾力矩,这使船舶同时发生纵摇,反之亦然,即所谓的耦合作用。

另外,船舶运动将对周围的流体产生扰动,改变船体周围流体的速度场和压力场。波浪经过船体时,波浪起伏改变了船舶在水下的形状和体积,使其浮力大小及作用点发生变化,波浪下水质点做轨圆运动,使波浪下的压力分布与静水面下的压力分布不同。由于存在上述因素,因此,从数学角度建立一个作用于船上的完整而精确的力学模型是相当困难的。

通常在研究船舶摇荡时,做如下假设。

第一,船舶在波浪中所做的六个自由度摇荡运动是互相独立的。

第二,波浪是微幅平面进行波。

第三，船舶摇荡幅值是微幅的。

在上述假设下，问题大大简化，可以分别独立地讨论各个自由度的摇荡运动。同时可以用线性理论讨论船舶摇荡运动方程。

在船舶可能产生的六个自由度的摇荡运动中，升沉、横摇和纵摇由于恢复力或恢复力矩作用，产生以平衡位置为中心的周期摇荡运动。它们属于纯振荡性的运动，这也正是船舶耐波性这门学科研究的重点。在研究各个自由度的摇荡运动的基础上，讨论船舶在波浪上的耦合运动。

1. 坐标系的选择

为了讨论并表征船舶在波浪上的运动特性，通常采用三种坐标系来描述海浪、船和空间某一固定点的关系。三种坐标系均采用垂直轴沿铅垂线向上的右手坐标系。

(1)空间固定坐标系 $O_1\xi\eta\zeta$

坐标面 $O_1\xi\eta$ 与静水面重合，$O_1\zeta$ 垂直于静水面，如图 1.3.1 所示，该坐标系用来描述海浪。

(2)动坐标系 $Gx_by_bz_b$

动坐标系 $Gx_by_bz_b$ 也称联船坐标系(图 1.3.2)。像理论力学常用的方法一样，把联船坐标系原点取在船的重心 G(即质心)上，把坐标轴取作与船的中心惯性主轴相重合，这样描述船舶摇荡运动简单方便。Gx_b 在船中线面内与龙骨线平行，向艏为正；Gz_b 在中线面内与 Gx_b 垂直，向上为正；Gy_b 垂直于中线面，向左舷为正。

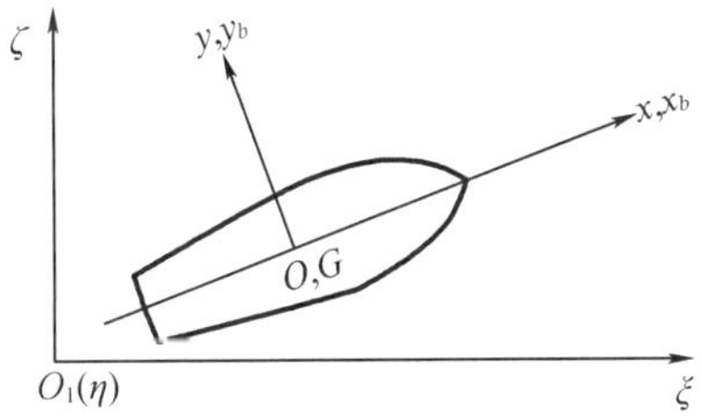

图 1.3.1 空间固定坐标系 $O_1\xi\eta\zeta$

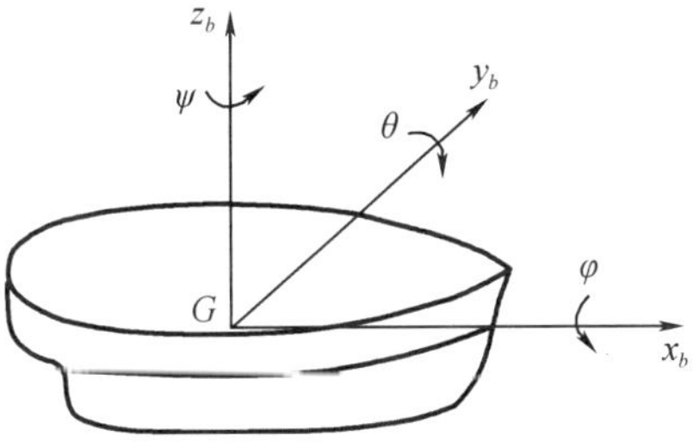

图 1.3.2 动坐标系 $Gx_by_bz_b$

由于船体结构及船内载荷对称于船中线面分布，因此船的一个中心惯性主轴必然与中线面垂直，也就是说，Gy_b 是一惯性主轴。另外两个惯性主轴在中线面内的位置应由船体结构及其内部载荷在船体的高度与船长上的分布决定。因为船体的高度与船长相比较小，所以可以认为 Gx_b 是纵向中心惯性主轴且不会引起太大的误差。这样，Gz_b 必然是一中心惯性主轴。

(3)随船移动的平衡坐标系

当船在静水中以航速 v 航行时，该坐标系 $Oxyz$ 随船同速前进，Oxy 位于静水面上，Ox 正向与航速 v 同向(图 1.3.1)。当船在波浪上做摇荡运动时，该坐标系不随船摇荡，仍保持按船的平均速度和原航向前进。

一般坐标系 $Oxyz$ 的原点与船的重心 G 不重合，但在以后的讨论中，为进一步简化且不妨碍所研究问题的普遍性，假设船的重心 G 位于静水面上，即使 G 与 O 重合。

根据1.2节中对船舶摇荡运动的定义,结合上面的动坐标系,用以下符号表示船舶六个自由度的摇荡运动。

$x(t)$——纵荡　　　　$\varphi(t)$——横摇

$y(t)$——横荡　　　　$\theta(t)$——纵摇

$z(t)$——垂荡(或升沉)　　　　$\psi(t)$——艏摇

应指出,以上描述角振荡的方法,当三种角振荡同时存在时,只适用于对小角度范围内的角振荡进行描述,对于大角度的转动应该用欧拉角来度量。

2. 描述船舶摇荡运动的微分方程式

根据前文叙述的坐标系和假设,建立船舶摇荡运动的微分方程式。船在波浪上的摇荡运动与物体在弹簧下面的强迫振动类似。如图1.3.3所示的装置,设弹簧在悬挂点(基础)做简谐运动,即

$$y(t) = a\sin \omega t \tag{1.3.1}$$

悬挂点的瞬时位移通过弹簧作用于物体一扰动力 F_e,如图1.3.3(b)所示。即

$$F_e(t) = K_s y(t) = K_s a\sin \omega t$$

式中　K_s——弹簧系数。

当物体不受约束地在此扰动力作用下做简谐振动时,其瞬时位移为 x,速度为 $\dot{x}$,如图1.3.3(c)所示。根据牛顿第二定律有

$$m\ddot{x} = F_r + F_d + F_e \tag{1.3.2}$$

式中　m——物体质量;

F_r——由物体绝对位移 x 引起的弹簧作用于物体上的恢复力,$F_r = -K_s x$;

F_d——由物体绝对速度 $\dot{x}$ 引起的阻尼力 F_d,$F_d = -2N\dot{x}$,$2N$ 称为阻尼系数。

将上面物体的振荡运动微分方程描述为

$$m\ddot{x} + 2N\dot{x} + K_s x = K_s a\sin \omega t \tag{1.3.3}$$

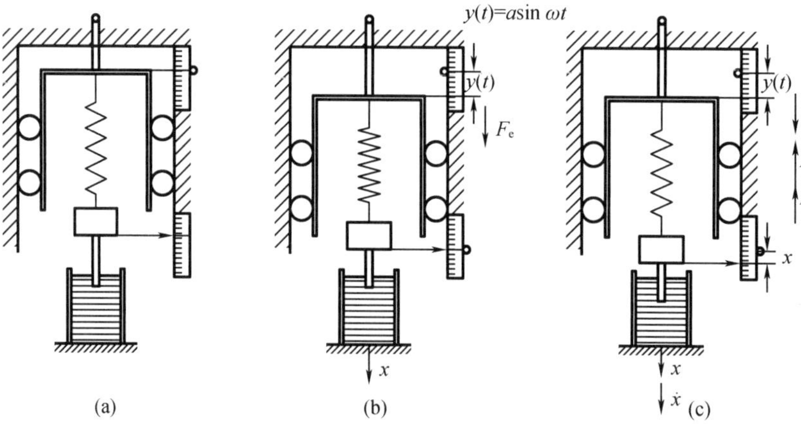

图1.3.3　弹簧装置

现在来看船舶在相对于船宽为很长的正横规则波的作用下的强迫升沉运动。为使问题进一步简化,可认为波长如此之大以至于在船宽范围内只有水面垂直起伏,没有波面斜

率作用,即没有横摇发生,如图 1.3.4 所示。

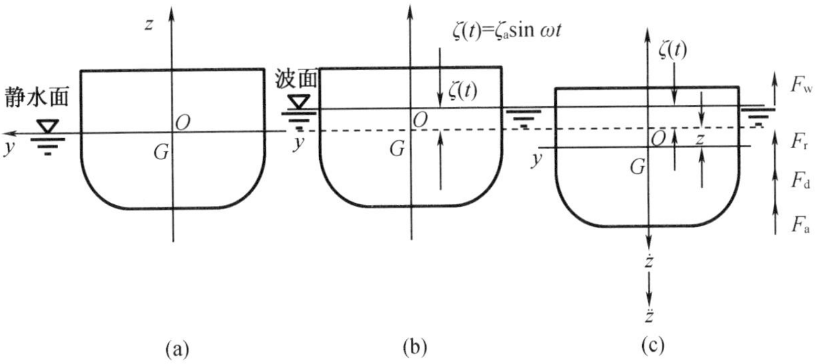

图 1.3.4 强迫升沉运动

当水面按简谐规律起伏时,其表达式为

$$\zeta=\zeta_a\sin\omega t$$

认为船受约束,如图 1.3.4(b)所示,则水对船的扰动力为

$$F_w(t)=\gamma S_w\zeta(t)=\gamma S_w\zeta_a\sin\omega t$$

式中 γ——水的重度(即单位体积水所受的重力);

S_w——船的水线面面积。

当船不受约束,在扰动力 F_w 作用下做升沉运动时,对应于任一瞬时状态,如图 1.3.4(c)所示,可以建立该船升沉运动的微分方程(相对于固定坐标 zOy)

$$\frac{D}{g}\ddot{z}=F_r+F_d+F_a+F_w \tag{1.3.4}$$

式中 D——船所受的重力;

g——重力加速度;

F_r——水对船的垂向恢复力,在吃水改变微小时,$F_r=-\gamma S_w z$;

F_d——水对船的阻尼力,$F_d=-2N_z\dot{z}$;

F_a——由水的附加质量引起的惯性阻力,$F_a=-\lambda_{zz}\ddot{z}$。

经整理,式(1.3.4)可以写为

$$\left(\frac{D}{g}+\lambda_{zz}\right)\ddot{z}+2N_{zz}\dot{z}+\gamma S_w z=\gamma S_w\zeta_a\sin\omega t \tag{1.3.5}$$

式(1.3.5)与式(1.3.3)相似。

式(1.3.5)可以写为如下形式:

$$M_{zz}\ddot{z}+2N_{zz}\dot{z}+C_{zz}z=F_{zz}(\text{升沉}) \tag{1.3.6}$$

式中 $M_{zz}=(\frac{D}{g})+\lambda_{zz}$;

$C_{zz}=\gamma S_w$;

$F_{zz}=\gamma S_w\zeta_a\sin\omega t$。

类似地,可以建立其他几个自由度的摇荡运动微分方程。

$$M_{xx}\ddot{x}+2N_{xx}\dot{x}+C_{xx}x=F_{xx}\text{(纵荡)}$$

$$M_{yy}\ddot{y}+2N_{yy}\dot{y}+C_{yy}y=F_{yy}\text{(横荡)}$$

$$M_{\varphi\varphi}\ddot{\varphi}+2N_{\varphi\varphi}\dot{\varphi}+C_{\varphi\varphi}\varphi=F_{\varphi\varphi}\text{(横摇)}$$

$$M_{\theta\theta}\ddot{\theta}+2N_{\theta\theta}\dot{\theta}+C_{\theta\theta}\theta=F_{\theta\theta}\text{(纵摇)}$$

$$M_{\psi\psi}\ddot{\psi}+2N_{\psi\psi}\dot{\psi}+C_{\psi\psi}\psi=F_{\psi\psi}\text{(艏摇)}$$

可见,船舶任一自由度的摇荡运动均可用上述二阶线性微分方程描述。式中,M、$2N$、C、F 分别代表惯性力(矩)系数、阻尼力(矩)系数、恢复力(矩)系数、波浪扰动力(矩),它们的下脚标表示各个自由度的摇荡运动。

可将船舶摇荡运动研究归结为求解上述二阶线性微分方程。解方程并不困难,关键是对方程中各系数及波浪扰动力(矩)的确定。

3. 船舶在波浪上运动的受力分析

船舶在波浪上运动的受力是很复杂的,但是在前文所述的假设下可认为,当船在微幅平面进行波的作用下,在其平衡位置附近做微幅摇荡时,作用在船上的各种力均可以表示为船相对其平衡位置的位移、摇荡速度和加速度的线性函数,并且各种力是互相独立的。这样,我们可以分别对作用于船上的各种力进行研究和确定。研究波浪扰动力(矩)时,只考虑波浪对于固定船的作用,而忽略船运动对波浪的影响;研究由船运动引起的各种力(矩)时,忽略波浪扰动力(矩)的影响,然后应用线性叠加原理求总的力(矩)。

关于波浪扰动力与由船舶运动引起的各种力无关的假说,只有在船做微幅摇荡时具有一定的合理性,在大幅摇荡时就不很合理。

(1)由船舶运动引起的各种力(矩)

①恢复力(矩)

由船舶运动引起的恢复力(矩)类似于弹簧的恢复力。水对船的恢复力(矩)的大小与摇荡位移有关且方向恒与位移方向相反,所以恢复力(矩)代表船在静水中做线位移(或角位移)引起的力(矩)。当恢复力(矩)的大小与位移成正比时,称其为线性恢复力(矩),其比例系数为 C。

船在零航速时的各方向上的恢复力(矩)完全可以按静力学的方法计算,即

$$\left.\begin{aligned}&C_{xx}=0,\ C_{\varphi\varphi}=Dh\\&C_{yy}=0,\ C_{\theta\theta}=DH_{\theta}\\&C_{\psi\psi}=0,C_{zz}=\gamma S_{\mathrm{w}}\end{aligned}\right\}\tag{1.3.7}$$

式中　h——横稳心高;

H_{θ}——纵稳心高。

对于排水式船,一般认为航速对恢复力(矩)的影响可以忽略。但对于一些特种船如滑行艇、水翼艇等,由于其航速高,此时除静浮力外,有动水支持力作用于船上,因此研究这类船时,必须考虑航速对恢复力(矩)的影响。

式(1.3.7)中 $C_{xx}=0$,$C_{yy}=0$ 及 $C_{\psi\psi}=0$,说明船在静水中受一扰动作用后不能发生自由纵荡、横荡及艏摇运动,因为在这三个方向上摇荡无恢复力(矩)存在。而船在静水中受某一扰动后,可产生自由横摇、纵摇和升沉运动,这是由于恢复力(矩)的作用使船在平衡位置

的附近做摇荡。由此可见,恢复力(矩)是使船产生摇荡的重要因素。船舶有恢复(矩)才能获得在静水中做自由摇荡运动的能力。

②阻尼力(矩)

在船舶摇荡中,阻尼力(矩)的大小与摇荡速度相关,其作用方向恒与船的摇荡速度向量相反,阻尼力(矩)对船做的功恒为负值。也就是说,它是消耗船摇荡能量的因素,使船摇荡运动衰减,也称为耗散力。

船之所以能在波浪上做稳定的摇荡运动,是因为波浪扰动力(矩)在每一周期对船所做的净功等于阻尼力(矩)在同一时间内所耗散的能量。增大阻尼力(矩)是减小船舶摇荡幅值的基本措施。

船的阻尼力(矩)按物理性质大致可分为三类:摩擦阻尼、旋涡阻尼和兴波阻尼。当然还有其他类型的阻尼,如表面张力引起的阻尼;舰艇高速航行时(弗劳德数 $Fr>0.3$),会产生动升力阻尼。对于像水翼艇和滑行艇这类高速艇,动升力阻尼显著。对于一般排水式船,主要考虑前三种阻尼。

a. 摩擦阻尼

摩擦阻尼是由水的黏性引起的,计算这部分力是很困难的。但试验证明,摩擦阻尼在总阻尼中占比很小,通常可以忽略,它可以通过模型试验得到。弗劳德认为摩擦阻尼与摇荡速度的平方成比例。

b. 旋涡阻尼

旋涡阻尼是由水的黏性引起的。有人认为它与摇荡速度的平方成比例,甚至有人认为它与摇荡速度更高次方成比例。

c. 兴波阻尼

船舶运动使水面产生的波浪消耗船本身的能量所造成的阻尼称为兴波阻尼。弗劳德认为兴波阻尼与速度的一次方成比例。

这三种阻尼对不同方向的摇荡运动的作用不同。对于纵摇和升沉运动,兴波阻尼为主,摩擦阻尼和旋涡阻尼较小,可以忽略;对于横摇运动,三种阻尼的作用依船横剖面形状及横摇角幅值不同而异,实际上,摩擦阻尼仍然是很小的,可以忽略,主要阻尼力(矩)是兴波阻尼与旋涡阻尼。当船做小角度横摇时,兴波阻尼起主要作用,因此可以认为阻尼力(矩)是横摇角速度的线性函数。随着横摇幅值增大,旋涡阻尼逐渐增大,其阻尼力(矩)与横摇角速度呈非线性函数关系。

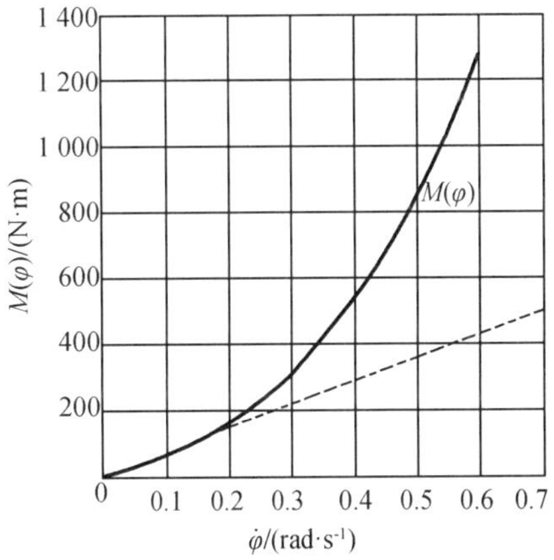

图1.3.5 一艘船的横摇总阻尼力矩曲线

另外,横摇旋涡阻尼的大小在很大程度上取决于有无突出体、舭龙骨、轴套及舭部形状等因素。在同等主尺度条件下,舭部尖削的横摇阻尼比圆舭的大很多。这里引入"古里也夫"计算并绘制的一艘船(质量 $D=936\ \mathrm{t}$,横稳心高 $h=0.7\ \mathrm{m}$,自由横摇固有周期 $T_{\varphi}=8.63\ \mathrm{s}$,船长 $L=49.1\ \mathrm{m}$,船宽 $B=$

9.00 m,吃水 $T=3.68$ m)的横摇总阻尼力矩曲线,如图 1.3.5 所示,图中,实线为计算值,虚线表示阻尼的线性关系。由图 1.3.5 看出,在 $\dot{\varphi}\leqslant 0.15$ rad/s 范围内,阻尼与 $\dot{\varphi}$ 呈线性关系,即主要是兴波阻尼。随横摇角增大,阻尼与 $\dot{\varphi}$ 呈非线性关系,旋涡阻尼迅速增加。一般认为,在中等横摇的情况下,旋涡阻尼与兴波阻尼数量级相当。

另外,摇荡阻尼的大小在很大程度上取决于航速,关于航速对阻尼力(矩)的影响将在后续章节里讲述。总之,船舶的横摇阻尼比较复杂,至今尚无很好的计算方法,主要靠船模试验来确定。

③惯性力(矩)

惯性是一切有质量的刚体做变速运动的一种属性。当刚体在外力(矩) $\sum_{j=1}^{n}\boldsymbol{F}_j$ 的作用下,根据牛顿第二定律有

$$\boldsymbol{Ma}=\sum_{j=1}^{n}\boldsymbol{F}_j$$

式中 M——刚体的质量或转动惯量;

$\boldsymbol{a}$——刚体运动的线(或角)加速度。

按照理论力学关于动力学问题静力学化的方法,在工程问题中常把 $\boldsymbol{Ma}$ 移到等式右边,把它看作一虚拟的外力(矩)。这样,所有力(矩)组成一平衡系,即

$$0=\sum_{j=1}^{n}\boldsymbol{F}_j+\boldsymbol{Ma} \tag{1.3.8}$$

式中 $\boldsymbol{Ma}$——虚拟的外力,即惯性力。

实际上,根据作用力与反作用力原理, $\sum_{j=1}^{n}\boldsymbol{F}_j$ 是周围介质对刚体的作用力,而 $\boldsymbol{Ma}$ 是刚体对介质的反作用力。把惯性力 $\boldsymbol{Ma}$ 作为一虚拟的由介质加在刚体上的力只有方法上、形式上的意义。也就是说,形式上把刚体的惯性力看作大小与加速度成正比,而方向与加速度方向相反的虚拟外力(矩)。

当船作为一刚体在水中运动时,除船本身的惯性力(矩)之外,还有真正的来自流体作用的惯性力(矩)。

由于船在水中运动,周围流体质点受扰动,产生相应的运动。根据作用力与反作用力原理,流体做变速运动的惯性表现为作用在船体上的流体反作用力。把这一来自流体的、大小与船的运动加速度成正比而方向相反的流体作用力(矩),称为惯性阻力(矩)。惯性阻力(矩)与对应的船舶运动的加速度的比例系数称为附加质量或附加质量系数,通常记作 λ_{ij}。附加质量的大小与流体密度及物体尺度的 3 次方、4 次方或 5 次方成比例。因为水的密度大,所以在水中运动的物体,其附加质量同物体本身的质量同量级,不可忽略。

这里讲的附加质量是广义的,根据它的不同因次而被称为附加质量、附加质量静矩或附加质量惯性矩(或附加转动惯量)。附加质量对应于线加速度产生的力,如由船做升沉运动引起的附加质量记为 λ_{zz}。附加质量静矩对应于由线加速度引起的力矩或由角加速度引起的力。当考虑船耦合运动时,将出现附加质量静矩。如由纵摇运动引起的在升沉方向的附加质量静矩记为 $\lambda_{z\theta}$或由升沉运动引起的在纵摇方向上的附加质量静矩记为 $\lambda_{\theta z}$。附加转

动惯量对应于由角加速度引起的力矩,如由纵摇运动引起的在该方向上的附加转动惯量记为 $\lambda_{\theta\theta}$。

关于附加质量系数的详细叙述可参阅有关理论流体力学专著。下面仅就船在零航速条件下,说明各单一自由度摇荡时的惯性力(矩)组成。

若船型对称于$\frac{L}{2}$,且船重心 G 也在船中位于平衡水线上,船沿 Gx、Gy 或 Gz 做一个自由度的变速振荡运动或绕其轴做一个自由度的变速旋转运动时,将只出现作用在同一方向上的惯性阻力或绕同一轴的惯性阻力矩。这些惯性阻力(矩)的大小正比于对应方向的加速度而方向与之相反,即表示为

$$\left.\begin{aligned}F_{ax}&=-\lambda_{xx}\ddot{x},F_{a\varphi}=-\lambda_{\varphi\varphi}\ddot{\varphi}\\F_{ay}&=-\lambda_{yy}\ddot{y},F_{a\psi}=-\lambda_{\psi\psi}\ddot{\psi}\\F_{az}&=-\lambda_{zz}\ddot{z},F_{a\theta}=-\lambda_{\theta\theta}\ddot{\theta}\end{aligned}\right\}\tag{1.3.9}$$

把上面这些惯性阻力(矩)分别同船自身在对应方向上惯性力(矩)相加,统称为惯性项,即

$$\left.\begin{aligned}F_{Ix}&=-\left(\frac{D}{g}+\lambda_{xx}\right)\ddot{x},F_{I\varphi}=-(J_{\varphi\varphi}+\lambda_{\varphi\varphi})\ddot{\varphi}\\F_{Iy}&=-\left(\frac{D}{g}+\lambda_{yy}\right)\ddot{y},F_{I\psi}=-(J_{\psi\psi}+\lambda_{\psi\psi})\ddot{\psi}\\F_{Iz}&=-\left(\frac{D}{g}+\lambda_{zz}\right)\ddot{z},F_{a\theta}=-(J_{\theta\theta}+\lambda_{\theta\theta})\ddot{\theta}\end{aligned}\right\}\tag{1.3.10}$$

式(1.3.9)和式(1.3.10)中,λ_{ij}的大小只取决于船的尺寸与形状,对一定的船而言是常数。因此,船舶摇荡方程中的各惯性系数为

$$\left.\begin{aligned}M_{xx}&=\frac{D}{g}+\lambda_{xx},M_{\varphi\varphi}=J_{\varphi\varphi}+\Delta J_{\varphi\varphi}\\M_{yy}&=\frac{D}{g}+\lambda_{yy},M_{\psi\psi}=J_{\psi\psi}+\lambda_{\psi\psi}\\M_{zz}&=\frac{D}{g}+\lambda_{zz},M_{\theta\theta}=J_{\theta\theta}+\lambda_{\theta\theta}\end{aligned}\right\}\tag{1.3.11}$$

式中 J——船绕相应的中心惯性主轴的转动惯量。

式(1.3.11)的 $M_{\varphi\varphi}=J_{\varphi\varphi}+\Delta J_{\varphi\varphi}$ 中,用 $\Delta J_{\varphi\varphi}$ 代替了 $\lambda_{\varphi\varphi}$ 是因为通常 G 不在平衡水线上,对 $\lambda_{\varphi\varphi}$ 的影响较大。因此,改用 $\Delta J_{\varphi\varphi}$ 表示绕 Gx 轴的附加转动惯量。

关于船的各附加质量系数计算将在以后有关章节里介绍。

(2)波浪扰动力(矩)

波浪扰动力(矩)是引起船舶摇荡运动的主要作用力,它与波浪运动有关。

波浪扰动力按其性质可分为两部分:由流体动浮力作用引起的主要部分和流体动力本身部分。

波浪扰动力的主要部分也称波浪主干扰力,是根据“弗劳德－克雷洛夫假说”来计算的。即认为,波浪中压力场与船的存在无关。波浪扰动力的主要部分与波幅成比例。

按此假说,在船体浸水表面的每一点所作用的流体动压力,其大小由对应的流体质点

的波浪运动方程来确定。

实际上,船舶存在时会改变波浪中流体动压力分布。摇荡运动的船体浸水表面上的压力与船舶不存在时波动流体体积的同一点上的压力不同。

为了较准确地确定波浪扰动力,必须对波浪主干扰力部分加一修正值,即所谓的波浪扰动力的流体动力本身部分,也就是考虑了船体不可穿透的影响。

迄今,关于波浪扰动力的流体动力本身部分的精确计算方法还不多见,被广泛采用的方法通常认为流体动力部分由两种成分组成:一种成分是与波浪的振荡速度成比例;另一种成分是与波浪的振荡加速度成比例。

关于波浪扰动力的计算将在以后有关章节里进行叙述。

第2章　海　　浪

2.1　海 浪 概 述

海面上的波浪(即海浪)可能由于风、日或月的吸引力,地震以及船舶运动等各种不同的原因而形成。通常所说的海浪是指风浪。风浪是海面上分布最广、使船舶在海上产生摇荡运动的最主要的因素。因此,本章所讨论的海浪均指风浪。

海浪形成的过程就是风把能量传递给水的过程。这一过程大致可分为两个阶段:第一阶段为波浪生长阶段。当风最初作用于海面上时,海面开始出现较小的波,随着时间的推移,风不断地把能量传递给水,波浪将越来越大。显然这一阶段的海浪比较复杂,其统计特征随时间的推移而不断变化,与风速、作用时间及作用的海域等因素有关。因此,要寻求描述这一阶段海浪的波能谱公式是相当复杂和困难的。但是,当风持续作用于海面,波浪的增长不是无限的,当能量传递与能量消失相等时,达到一平衡状态,波浪渐趋稳定,即为第二阶段,称为海浪充分发展阶段。

海浪按其特征大致分为三种基本类型。

1. 风浪

在风力作用下海面形成的波浪称为风浪。风波的传播方向与风的方向一致,或与风向相差不大于45°,迎风的波面斜率较背风的波面斜率小很多,波峰常常形成浪花而落下,或者被强风吹散。在中等风力及暴风作用下形成的风波具有三元波特性,在海面上看到的是小丘状的三角波,称为短峰波。风波最大的特点是紊乱而不规则,所以风波通称不规则波浪。

2. 涌浪

涌浪是风停止作用后,海面上所余下的波,或者是传播到风区以外的波以及风向改变大于45°后所余下的波浪。涌浪的波长较长,波高较小,波形较规则,它很接近于流体力学里讨论的平面进行波。

3. 近岸浪

当波浪传到浅水及近岸时,由于水深及地形的变化,波速及波向等都会发生一系列的变化的波浪即为近岸浪。这些变化对近岸工程、海岸地貌的变化均有重要影响。

实际的海面总是呈现不规则的波浪,而且波的传播没有一定的方向。对于这种不规则、随机的任意方向波,用精确的数学表达式来描述它是很困难的。所以长期以来,人们是以规则波为基础研究船舶运动的,这与船舶在实际海浪上的运动性能差别很大。为了能较准确地预报船舶在波浪上的运动性能,船舶设计师们十分迫切地希望对海浪特征及其描述方法有进一步的研究。20世纪50年代,皮尔逊和纽曼等人应用通信工程中采用的随机噪声的数理统计方法研究海浪,使得人们对海浪的研究获得重大突破。从统计意义上讲,不规则的海浪可以用无数个不同波幅和波长的单元规则波叠加来组成,这样使我们有可能根据船在规则波上的运动性能来研究船在不规则波浪上的运动性能。

2.2 规则波和不规则波

2.2.1 规则波

规则波通常是指波高、波长和周期等波浪要素都不变的二维波列,它的波形等均可用确定性函数表示。规则波中最简单、最基本的波是简谐波,或称 Airy 微幅波,它的波幅相对于波长是小量,其特性可由线性水波理论导出。本章讨论的规则波是平面进行波。

由流体力学可知,所研究的平面进行波基于以下三点假设。

第一,流体是无黏性的、不可压缩的理想流体;

第二,流体质点的运动是无旋的势流运动;

第三,微幅波假说,即波幅相对于波长是小量。

按此假说建立的波浪理论通常称为微幅波理论。

不可压缩的理想流体,在重力作用下产生的表面波是无旋的有势运动。平面进行波属于这一类波,或称重力波。

由第1章可知,描述波浪运动是采用空间固定坐标系 $O_1\xi\eta\zeta$,坐标原点 O_1 取在静水面上,$\xi O\eta$ 平面为静水面,ζ 垂直向上,如图2.2.1所示。

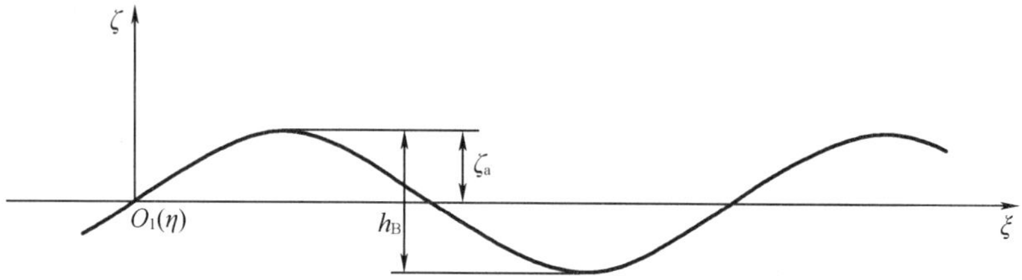

图2.2.1 波浪运动

对于无限深水域的平面进行波,其速度势可表示为

$$\Phi(\xi,\zeta,t) = \mp\frac{\omega\zeta_a}{k}e^{k\xi}\sin(k\xi \pm \omega t) \tag{2.2.1}$$

式中 ζ_a——波幅;

k——波数,$k = 2\pi/\lambda = \omega^2/g$。

式(2.2.1)等号右边的正负号表示波的传播方向,当波沿 ξ 轴负方向传播时取上面一组,反之取下面一组。

由速度势 $\Phi(\xi,\zeta,t)$,根据自由表面边界条件,即

$$\zeta = -\frac{1}{g}\cdot\frac{\partial\Phi}{\partial t}\bigg|_{\zeta=0} \tag{2.2.2}$$

可求出自由表面的波形方程,即

$$\zeta = \zeta_a \cos(k\xi \pm \omega t) \tag{2.2.3}$$

它表示一个以速度 c（波的相速度）沿 ξ 轴负方向或正方向传播的余弦波。当然，该方程也可以表示正弦波，两者仅相差一相位。根据波形方程(2.2.3)，可以深入讨论平面进行波的特性。

1. 平面进行波的特性

(1) 平面进行波的几何特征

波形方程(2.2.3)是空间固定坐标 ξ 和时间 t 的函数，可以用图 2.2.2 来描绘。其中，图 2.2.2(a)表示平面进行波的空间记录，图 2.2.2(b)表示平面进行波的时间记录。

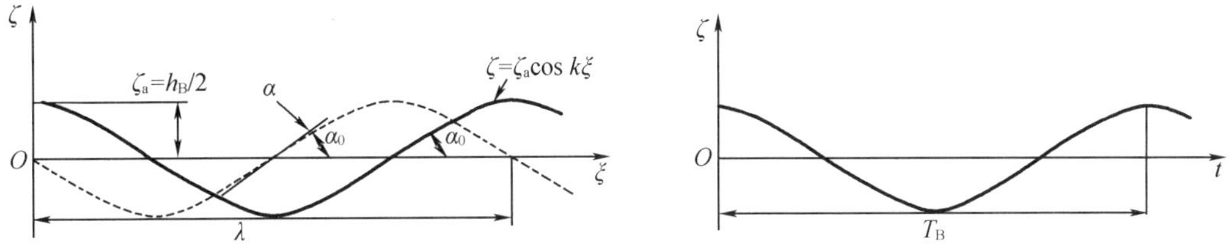

(a)平面进行波的空间记录　　(b)平面进行波的时间记录

图 2.2.2　波形方程图像

根据式(2.2.3)和图 2.2.2，说明描述平面进行波的主要特征参数。

λ——波长，表示相邻波峰或波谷之间的距离；

h_B——波高，从波峰到波谷的垂直距离；

ζ_a——波幅，从静水面到波峰或波谷的垂直距离，$\zeta_a = \dfrac{h_B}{2}$；

ω——波的圆频率；

T_B——波的周期，$T_B = \dfrac{2\pi}{\omega}$，表示两相邻波峰或波谷经过空间某一指定点的时间间隔，有关系式 $T_B = \sqrt{\dfrac{2\pi\lambda}{g}} \approx 0.8\sqrt{\lambda}$；

k——波数，表示在 2π 间距内有多少波，所以又称波形频率；

α——波面角，表示波形的切线与水平线间的夹角，由于平面进行波是微幅波，α 较小，所以可近似地认为

$$\alpha \approx \tan\alpha = \frac{d\zeta}{d\xi} = -k\zeta_a \sin(k\xi \pm \omega t) = -\alpha_0 \sin(k\xi \pm \omega t) \tag{2.2.4}$$

式中　α_0——最大波面角，或称为波面角振幅，$\alpha_0 = k\zeta_a$。

(2) 波的相速度

波的相速度 c 表示平面进行波的传播速度。

当我们集中观察平面进行波的某一相位（如波峰）在空间移动情况时，将有

$$\zeta(\xi, t) = \zeta_a \cos(k\xi \pm \omega t) \equiv \zeta_a$$

故

$$\cos(k\xi \pm \omega t) = 1 \tag{2.2.5}$$

于是有 $k\xi \pm \omega t = 2\pi$ 或 2π 的整数倍。

由式(2.2.5)对时间 t 求导得

$$c = \frac{d\xi}{dt} = \mp \frac{\omega}{k} = \mp \frac{\lambda}{T_B} \tag{2.2.6}$$

并有关系式

$$c = \sqrt{\frac{g\lambda}{2\pi}} \approx 1.25\sqrt{\lambda} \tag{2.2.7}$$

由此说明,同一位相(如波峰)在不同时间 t 时刻所占据的不同位置 ξ 应满足式(2.2.5),而波的行进速度应满足式(2.2.6)。

由式(2.2.6)或式(2.2.7)看出,波长越长,波的相速度越大。

(3)波面及波面以下水质点的运动轨迹

由流体力学可知,无限深水域的平面进行波的水质点运动具有以下特性。

①在同一竖线上的水质点做同位相的圆轨线运动,如图 2.2.3 所示。

②在自由表面上,波面质点的运动轨圆半径是 ζ_a,其圆心在静水面上,即在质点的原静平衡位置。水面以下的质点的轨圆半径为

$$\zeta(\zeta_1) = \zeta_a e^{k\zeta_1} \tag{2.2.8}$$

式中 ζ_1——水质点在静水平衡状态时所处的深度。

水面波动对水下质点的影响随深度增大而迅速衰减。当水深 $|\zeta_1| \geq \frac{\lambda}{2}$ 时,此处已基本没有波动,如图 2.2.3 所示。

③质点的圆周运动速度是 $\omega\zeta$,即水质点均按等角速度 ω 旋转。

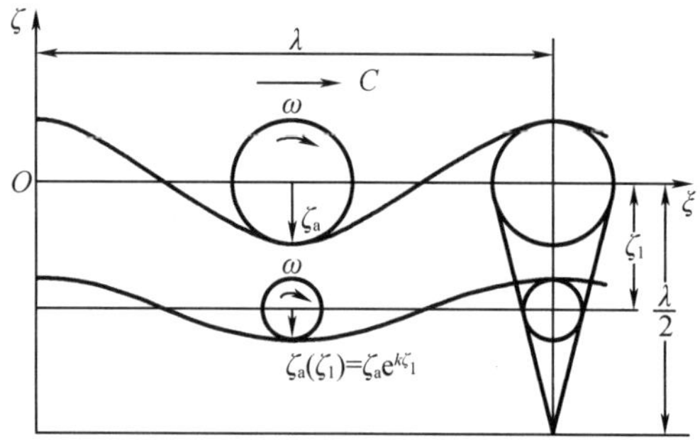

图 2.2.3　在同一竖线上的水质点做同位相的圆轨线运动

(4)表面波的能量

由流体力学可知,平面进行波在一个波长范围内单位宽度上的总能量为

$$E_\lambda = \frac{1}{2}\rho g \zeta_a^2 \lambda \tag{2.2.9}$$

波单位面积的波能为

$$E = \frac{E_\lambda}{\lambda} = \frac{1}{2}\rho g \zeta_a^2 \tag{2.2.10}$$

又知，表面波的动能 E_k 与位能 E_p 相等，各占总波能的一半，即

$$E_k = E_p = \frac{1}{2}E = \frac{1}{4}\rho g \zeta_a^2 \tag{2.2.11}$$

从波形方程看出，它只涉及空间坐标的 ζ 与 ξ 轴，没有涉及 η 轴。也就是说，在同一时间，垂直于 ξ 轴的同一平面内，波面坐标 ζ 处处相等，特别是观察波峰或波谷，它们都将垂直于 ξ 轴平行于 η 轴的直线，故称平面进行波为二因次规则波或长峰波。在实际海浪中，涌浪接近于长峰波。

2. 波浪中各点的压力

由流体力学可知，理想流体在无旋非定常运动的情况下，根据拉格朗日积分可求出波面下各点的压力 p，即

$$p = p_0 - \rho g \zeta - \rho \frac{\partial \varphi}{\partial t} - \frac{1}{2}\rho v^2 \tag{2.2.12}$$

式中 p_0——大气压力；

$\frac{1}{2}\rho v^2$——波动的动能。在微幅波假设下，该项同其他项比较属于二阶小量，可以忽略不计，这样式(2.2.12)可以写成

$$p = p_0 - \rho g \zeta - \rho \frac{\partial \varphi}{\partial t} \tag{2.2.13}$$

将式(2.2.1)代入式(2.2.13)，整理得

$$p = p_0 - \rho g \zeta_1 + \rho g \zeta_a e^{k\zeta_1} \cos(k\xi \pm \omega t) \tag{2.2.14}$$

式(2.2.14)说明波面下任一点 $A(\xi,\zeta_1)$ 的压力等于该点在静水条件下的压力($\rho - \rho g \zeta_1$)加上一附加水柱的压力，水柱高为

$$\zeta(\zeta_1) - \zeta_a e^{k\zeta_1} \cos(k\xi + \omega t) \tag{2.2.15}$$

波浪中的压力推导如图 2.2.4 所示。

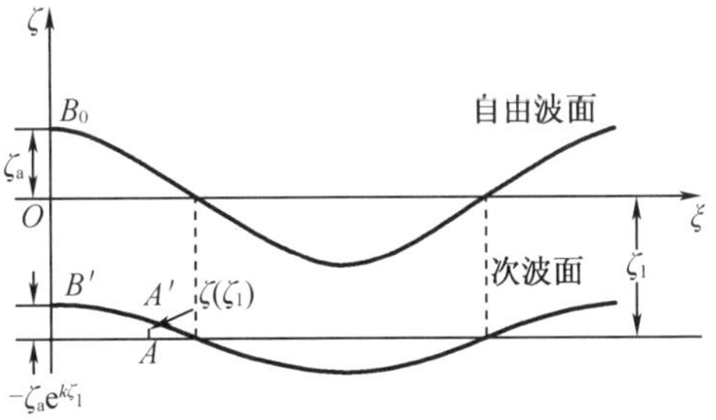

图 2.2.4 波浪中的压力推导

式(2.2.15)中，$\zeta(\zeta_1)$ 代表水下 ζ_1 深度处水质点做轨圆运动时，偏离其平衡位置的高度。$\zeta(\zeta_1)$ 所代表的波面是不同深度处的波面，与自由表面波面 ζ 同相位的余弦波(振幅为 $\zeta_a e^{k\zeta_1}$)的波面均称为次波面。平面进行波中水下任一点 $A(\xi,\zeta_1)$ 的压力等于其静水压力加

上一个相当于这个深度的次波面的竖坐标的水柱压力。

按同样道理，求次波面上点 A' 的压力，即

$$\begin{aligned} p' &= p_0 - \rho g[\zeta_1 + \zeta(\zeta_1)] + \rho g \zeta_a e^{k[\zeta_1 + \zeta(\zeta_1)]} \cos(k\xi \pm \omega t) \\ &\approx p_0 - \rho g \zeta_1 - \rho g \zeta(\zeta_1) + \rho g \zeta_a e^{k\zeta_1} \cos(k\xi \pm \omega t) \\ &= p_0 - \rho g \zeta_1 \\ &= \text{const}(\text{常数}) \end{aligned}$$

由此可见，对微幅波（$k\zeta_a$ 为小量），可认为次波面是等压面，其压力等于静水深度 ζ_1 处的静压力。

因此，由波动引起的压力变化为

$$\Delta p = \rho g \zeta_a e^{k\zeta_1} \cos(k\xi \pm \omega t) \tag{2.2.16}$$

其压力变化按指数规律衰减，当 $|\zeta_1| > \frac{\lambda}{2}$ 时，$\Delta p \to 0$，说明表面波动对该处压力影响很小，其压力主要由流体静压力组成。波浪下任一点压力随深度的增加按指数递减的规律，称为史密斯效应。

3. 作用于波面上的流体质点的力

先分析波面上特殊位置的一质点 A 所受的力（图 2.2.5）。对波面上其他位置的质点的受力也可同样分析。

流体质点 A 在某一瞬时处于波面与静水面交界处。这时有三种力作用于质点 A 上，即流体质点的重力 mg、由流体质点的轨圆运动引起的离心惯性力 $m\zeta_a\omega^2$ 以及周围水对质点的支持力 p。根据牛顿运动定律，这三种力应构成封闭三角形，如图 2.2.5所示。由此得

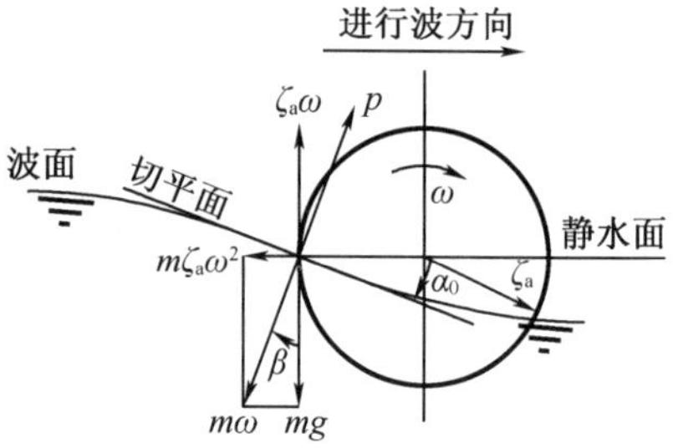

图 2.2.5　作用于波面上的流体质点的力

$$\beta \approx \tan\beta = \frac{m\zeta_a\omega^2}{mg}$$

因

$$\omega = \frac{2\pi}{T_B}, T_B = \sqrt{\frac{2\pi\lambda}{g}}$$

故

$$\omega^2 = \frac{2\pi g}{\lambda}$$

由此得

$$\beta = \frac{2\pi\zeta_a}{\lambda} = k\zeta_a = \alpha_0 \tag{2.2.17}$$

$$p = m\omega = m\sqrt{g^2 + (\zeta_a\omega^2)^2} \tag{2.2.18}$$

对微幅波，一般 $\zeta_1 < \frac{1}{30}\lambda$，所以有

$$\zeta_a\omega^2 < \frac{2\pi}{30}g, \frac{2\pi}{30} \approx 0.21g$$

于是有

$$mg < p < 1.02mg$$

这说明可以近似地认为 $p \approx mg$，误差不大于 $\frac{\zeta_a}{\lambda}$ 的量级。

由此得出结论：作用于微幅平面进行波波面上任一流体质点的浮力 p（称为视浮力或表观浮力），其方向恒与该点波面切平面近似垂直，其大小在一阶微量范围内近似等于周围水对该质点的静浮力，也就是等于流体质点本身所受的重力。通常称 $m\omega$ 为视重力或表观重力。自由波面是压力恒等于大气压力的等压面。类似地，次波面也是等压面，因此上述结论也同样适用于任何次波面上的流体质点。但由于次波面振幅随水深的增加而递减，因此自由波面以下的流体质点所受的视浮力在方向上与表面波波面的视浮力不同。这点对于我们以后研究船舶的受力是很重要的。

弗劳德对上述结论进行了试验验证。他将一小竿插入软木板，并在竿上吊一小摆，然后让它在波上漂浮，观察结果证实了小摆总是位于波面的垂直线上，如图 2.2.6 所示。

当船宽、吃水相对于波长很小时，可近似地认为船是水中一质点，它所受的浮力近似垂直于波面。当船宽与吃水相对于波长为有限尺度时，由于船宽范围内波形曲率的变化以及沿船体水下表面所受的浮力方向与波面法向不一致，船受的总浮力有所减小，同时其浮力作用线垂直于某一次波面，这一次波面称为有效波面。有效波面角恒小于真实波面角。

以上讨论的是微幅波，实际上海浪是有限幅的，具有比较尖的波峰和平坦的波谷。斯托克斯曾用较严密的数学方程描述了有限幅水波，该水波称为斯托克斯波，其波形图如图 2.2.7 所示。

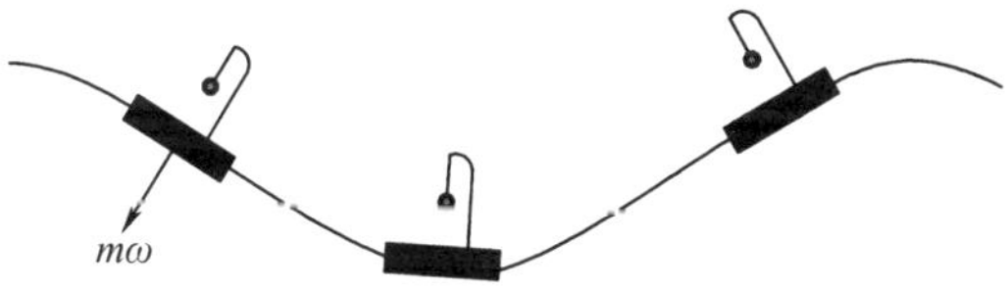

图 2.2.6 弗劳德试验

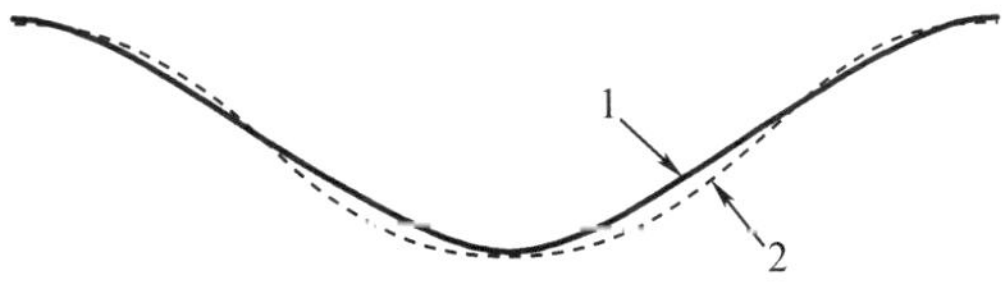

1—正弦波；2—斯托克斯波。

图 2.2.7 波形图

斯托克斯波中水质点行进的轨迹运动与平面进行波是一样的，但它不完全是做轨圆运动，而是一点点地在波的行进方向上移动，也就是说，其实质上带有输送过程，这对深入研究海上风成浪是有重要意义的。但是，由于斯托克斯波公式比较复杂，直接应用于船舶运动研究还有一定困难。但由于斯托克斯波的特性基本上与平面进行波的特性类似，因此在研究船舶在波浪上的运动时，仍然以微幅平面进行波理论为基础。

2.2.2 不规则波

1. 海浪的观测与描述

海浪是自然界中的一种随机现象。由于影响海浪的因素很多且各因素间的关系非常复杂，因此，即使在同一条件下（如一定风速、一定海域等），呈现的海浪也不是完全确定的，诸如波高和波长等海浪的特征值仍然是任意变化的。对于这种随机现象，欲寻找在一定时刻、一定地点的海浪的具体特征值是不可能的，也是无意义的。但人们通过对大量海洋波浪的观测分析，发现从表面看来极不规则的随机波浪，实际上存在着一定的规律性。特别表现在波浪的特征参数如波高、波长等虽然是随机变化的，但是某一定大小的波高和波长出现的次数大致一定。这种相对出现次数的多少，即是数学中所谓的“概率”。通常，我们把这种由大量统计资料分析得到的规律性称为统计规律。

图 2.2.8 表示在某一定点测得的波浪随时间的变化曲线。显然，从图 2.2.8 中可看出波浪的无规律性。

为了寻求不规则波浪的统计规律，先对表征不规则海浪瞬时特征的各要素进行定义。

$\tilde{h}$——相邻波峰与波谷之间的垂直距离，称为表观波高；

$\tilde{\zeta}_a$——由静水面至波峰或波谷的垂直距离，称为波幅；

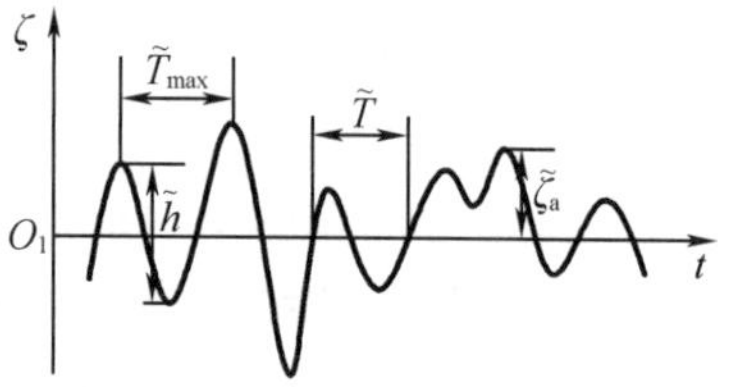

图 2.2.8　在某一定点测得的波浪随时间的变化曲线

$\tilde{T}$——任意两相邻的时间基线上的上穿节点间距离，称为表观跨零周期；

$\tilde{T}_{max}$——任意两相邻波峰在时间基线上的距离，称为表观峰峰周期。

显然，这些波浪要素均是随机变量。根据概率统计理论，可将记录的波浪曲线绘制成各随机变量的频率直方图。图 2.2.9 表示不规则波波高的频率直方图，图中横坐标是所测的波高，将测得的波高按一定间隔 $\Delta\tilde{h}$ 划分为若干小段，认为在 $\Delta\tilde{h}$ 间隔内的波高是等值的。同时计算出每一 $\Delta\tilde{h}$ 间隔内，对应波高出现的个数 n_i，然后按式(2.2.19)计算出相对频率 f_i 作为纵坐标，即

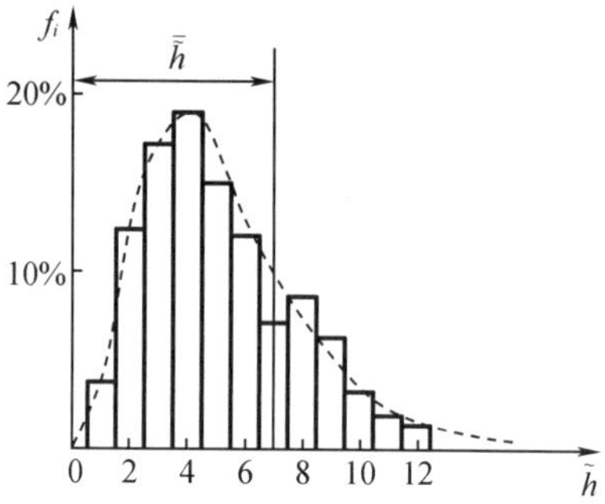

图 2.2.9　不规则波波高的频率直方图

$$f_i = \frac{n_i}{N\Delta\tilde{h}} \tag{2.2.19}$$

式中　N——波浪记录中参与统计的不同波高总数。

该直方图表示不规则波中不同波高出现的相对数值。大量试验观察统计分析证明，在外界环境条件一定时，多次测量的波浪的统计特征基本相同。当 $N\to\infty$，并且使 $\Delta\tilde{h}\to 0$ 时，图 2.2.9 上端近似趋于一连续曲线，如图 2.2.9 中虚线所示。此曲线称为波高概率密度曲线，表示不同波高的分布。概率密度曲线形状反映了海浪的不规则程度：当曲线形状峰值突出时，说明波浪较规则；当曲线形状较平坦时，说明波浪很不规则。

由图 2.2.9 可以计算出不规则波的平均波高 $\bar{\tilde{h}}$，即

$$\bar{\tilde{h}} = \frac{1}{N}\sum_{i=1}^{n}\tilde{h}_i n_i = \sum_{i=1}^{n}\tilde{h}_i\frac{n_i}{N\Delta\tilde{h}}\Delta h_i$$

式中 $\tilde{h}_i$——某一间隔 $\Delta\tilde{h}$ 的中点与原点距离；

$\bar{\tilde{h}}$——直方图下面积质心到纵坐标轴的距离。

利用波高频率直方图2.2.9，可以求出波高的经验分布曲线，如图2.2.10所示。其横坐标轴为波高 $\tilde{h}$，纵坐标轴为经验分布函数 $F(\tilde{h})$。波高经验分布函数曲线是将小于某一 $\tilde{h}$ 的所有直方图下面积叠加求得的，即表示波高小于某一给定波高 $\tilde{h}$ 出现的相对可能性。

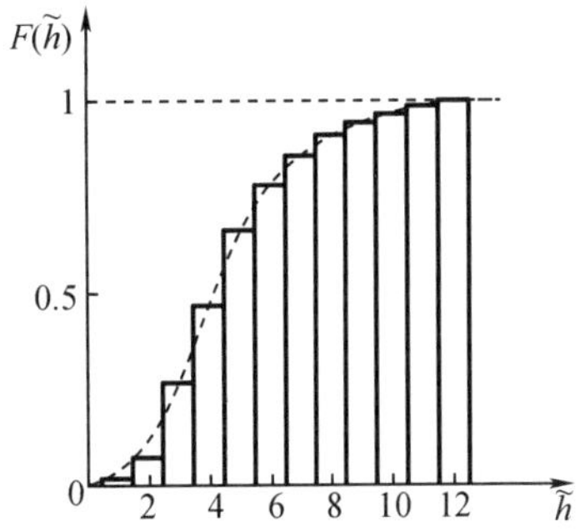

图2.2.10 波高的经验分布曲线

由概率论可知，当 $N\to\infty$，$\Delta\tilde{h}\to 0$ 时，图2.2.10中不连续累积分布近似趋于一连续曲线，如图中虚线所示。该曲线用于表达波高概率分布函数，可用一数学式表达，即

$$F(\tilde{h}_i)=P(\tilde{h}\leqslant\tilde{h}_i)$$

综上所述，波高概率密度曲线和波高概率分布函数表征了不规则波的波高的统计规律。当所测波浪的波高数量足够大时，只要外界条件一定，它们都趋于一定的形式，即波高概率密度曲线和波高概率分布曲线是一定的。因此可以说，海浪是具有“各态历经的平稳随机过程”。这样，我们就可以用一个时间足够长的波浪记录的统计平均值代替不规则海浪的总体平均值。我们正是基于这一概率统计理论来寻求描述海浪的方法及它的规律性的。

2. 不规则波的表达

已知海上波浪是很不规则的，为研究它的统计特征规律性，必须引入一定的数学模型来描述它的实际情况。

为简化问题，通常假定海浪是二因次的，即波浪只沿一固定方向传播，而且波峰线是无限长并彼此平行的，它与平面进行波的不同在于波浪周期、波高是随机变化的，通常称这类不规则波为长峰不规则波。

线性水波理论已证明，二因次不规则波是由无限多个波幅和波长不同的单元规则波线性叠加而成的（各单元规则波位相是随机的）。这样，长峰不规则波的数学表达式可写成

$$\zeta(t)=\sum_{n=1}^{\infty}\zeta_{a_n}\cos(k_n\xi-\omega_n t+\varepsilon_n) \tag{2.2.20}$$

式中 ζ_{a_n}——某单元规则波波幅；

k_n——某单元规则波波数；

ω_n——某单元规则波频率；

ε_n——某单元规则波位相角，是 $0\sim2\pi$ 之间的随机变量；

$n=1,2,3,\cdots$，其中 $n=1$ 代表基本波。

如果在同一海况的海上，利用几个点记录海浪（记录时间 T 相同且足够长，一般20 min左右即可）。各自进行傅里叶分解，各点所得的各单元波的波幅大致相同，但位相角 ε_n 是随机的。ε_n 在 $0\sim2\pi$ 之间落到任一数值上的概率是相同的。单元波波幅基本不变的特性

随着记录时间的增加而趋于稳定。因此,有可能用海洋上某一点较长时间记录的傅里叶分解,取其各单元波波幅的特征值来代替整个海面上任一点的不规则波的特征。如果不用定点的时间记录,而用某时刻的空间波浪记录来进行上述分析,考虑到频率与波数 k 之间的关系,也会得到同样的各单元波。这样的一种随机过程在数理统计中称为各态历经的平稳随机过程。平稳是指各单元波波幅不随时间的延长而改变;各态历经是指用一系列的以时间为基线的波浪记录来分析的结果同用一系列的以空间坐标为基线的波浪记录来分析的结果相一致;随机是指位相角 ε_n 是随机变量。由此说明,式(2.2.20)描述了海浪的不规则性(由于 ε_n 不是事先能够确定的,而是在分析各次记录之后才能知道,各次记录的 ε_n 均不相同,因此各次记录的海浪表面上看是各不相同、完全不规则的随机现象),同时它也表征了波浪内在的统计规律性(各个单元波的波幅在各次分析中大致相同)。

2.3 海浪谱分析技术

由于海域及其自然环境存在差异,因此利用波能谱公式预报船舶在指定海域上航行的运动性能时,往往误差很大。为了能较准确地预报船舶在波浪上的运动性能,可利用船舶实际航行海域的波浪记录求出波能谱,这样对船舶运动性能的预报更接近实际。

海浪及船舶在海浪中的运动都是平稳的随机过程,随机海浪可以看作不同单元波的叠加,随机海浪的谱就可表示各单元谐波的组成情况,可以表明各频率成分的单元波能量在整个波浪频率范围内的分布情况。这种不同频率成分的单元波的能量分布称为波浪的能量谱或功率谱。

2.3.1 波能谱的概念

在实际应用中寻求海浪的统计特性时,通常采用“波能谱”的概念来描述海浪。

已知,对于一单元规则波,其单位面积具有的波能为

$$E = \frac{1}{2}\rho g \zeta_a^2$$

因为不规则波是由无限多个单元规则波叠加而成的,所以频率在 $\omega \sim (\omega + \mathrm{d}\omega)$ 之间的单元波的波能应为

$$E_{\mathrm{d}\omega} = \frac{1}{2}\rho g \sum_{\omega}^{\omega+\mathrm{d}\omega} \zeta_{a_n}^2 \tag{2.3.1}$$

定义函数 $S_\zeta(\omega)$,称为波能谱密度函数(简称“波能谱”),即

$$S_\zeta(\omega) = \frac{\sum\limits_{\omega}^{\omega+\mathrm{d}\omega} \frac{1}{2}\zeta_{a_n}^2}{\mathrm{d}\omega} \tag{2.3.2}$$

如果单元波为无穷多时,$[\omega, \omega+\mathrm{d}\omega]$ 变为 $[0, \infty]$,这时式(2.3.2)将变为

$$\sum_{n=1}^{\infty} \frac{1}{2}\zeta_{a_n}^2 = \int_0^{\infty} S_\zeta(\omega)\,\mathrm{d}\omega \tag{2.3.3}$$

由式(2.3.3)可看出,波能谱密度函数正比于波浪的能量,它是单元波波频的函数,表征了波能相对于波浪频率的分布。大量实际观察和分析证明,对于一定的海面情况,其相

应的波能谱密度函数具有一定的形式。

2.3.2 波能谱的特性

由波能谱定义，波能谱曲线下的总面积应等于波面具有的总能量，即

$$m_0 = \int_0^\infty S_\zeta(\omega)\mathrm{d}\omega = E[\zeta^2(t)] = \sigma^2 \tag{2.3.4}$$

实际上，m_0 代表波面升高的方差。

同时可以计算出 n 阶波能谱矩 m_n，即

$$m_n = \int_0^\infty \omega^n S_\zeta(\omega)\mathrm{d}\omega \ (n = 1,2,3,\cdots) \tag{2.3.5}$$

显然，总波能即为零阶矩，各阶波能谱矩是反映波浪和波能谱特征的参数。

波能谱密度函数表示不规则波中各种频率波的能量在总波能中所占的分量，波能谱曲线峰值邻近区表示相对波能量比较大的成分波，波能谱曲线在低频和高频端都趋于零，这表明实际上特别长和特别短的波的波能在总波能中不起什么作用。窄而尖峭的波能谱代表波能集中在范围较小的频带内，其波浪比较有规律，如涌浪的波能谱接近于这类谱型。波能谱比较平缓且谱峰不突出代表波能较分散，合成波浪的不规则性较强，海上风波的波能谱通常属于这类谱型。

以上讨论均属二因次波能谱，只局限于长峰不规则波，即认为波浪只沿单一方向传播，只有涌浪可被近似认为是长峰不规则波。实际上，海面的风浪是由来自多方向的不规则波混合而成的，海面呈现的小丘状的波即为三因次波或称短峰波。严格来讲，应该用三因次波能谱描绘风波更接近于实际，但这方面的研究还很不成熟。目前，在船舶工程领域，对海浪的描述仍然是以二因次波能谱为基础，在一定条件和范围内给出了工程上满意的精度要求。

2.3.3 用相关函数确定波能谱

由概率论可知，波能谱密度函数与自相关函数之间存在傅里叶变换关系，即

$$R(\tau) = \int_0^\infty S_\zeta(\omega)\cos\omega\tau\mathrm{d}\omega \tag{2.3.6}$$

$$S_\zeta(\omega) = \frac{2}{\pi}\int_0^\infty R(\tau)\cos\omega\tau\mathrm{d}\tau \tag{2.3.7}$$

式中 $R(\tau)$——波浪的自相关函数，可以由实测的海浪记录求得，如图2.2.8中对某海浪瞬时起伏的记录（通常要求记录时间为20 min左右）。因为海浪是“各态历经的，具有零平均值的平稳随机过程”，所以它的自相关函数为

$$R(\tau) = \lim_{T\to\infty}\frac{1}{T}\int_0^T \zeta(t)\cdot\zeta(t+\tau)\mathrm{d}t \tag{2.3.8}$$

式（2.3.8）描述了波浪在时刻 t 的数值与另一时刻 $(t+\tau)$ 的数值之间的依赖关系。又因过程是平稳的，所以自相关函数 $R(t,t+\tau)$ 不依赖于时刻 t，只与时间间隔 τ 相关。

在对 $R(\tau)$ 的实际计算中，以足够长的有限时间 T 代替式（2.3.8）里要求的 $T\to\infty$，将时间区间 $(0,T)$ 分成 n 等份，间隔 $\Delta t = \dfrac{T}{n}$，以 $t_1,t_2,\cdots,t_n$ 表示各分区间的中点，将式（2.3.8）

中的 τ 用 $\Delta t, 2\Delta t, \cdots, k\Delta t$ 代替，这样有

$$R\left(\frac{kT}{n}\right) = \frac{1}{n-k}\sum_{i=1}^{n-k}\zeta_i \cdot \zeta_{i+k} \quad (k = 0,1,2,\cdots,m) \tag{2.3.9}$$

式中 $R\left(\frac{kT}{n}\right)$——滞后 $\tau = k\Delta t$ 的自相关函数；

ζ_i——在 $t = i\Delta t$ 处的 ζ 值；

m——滞后的最大数目。

根据式(2.3.9)计算出各 k 值的自相关函数 $R_k = R\left(\frac{kT}{n}\right)$，然后将式(2.3.7)中的积分区间改为有限区间$(0,T)$，并用梯形法求积分近似值，即

$$S_\zeta(\omega_i) = \frac{\Delta t}{\pi}\left[R_0 + 2\sum_{k=1}^{m-1} R_k \cos\frac{ik\pi}{m} + R_m \cos i\pi\right] \quad (i = 0,1,2,\cdots,m) \tag{2.3.10}$$

式中 $\omega_i = i\Delta\omega = \frac{i\pi}{\Delta t \cdot m}$。

由于用式(2.3.10)计算的波能谱曲线不光滑，因此还需要进行平滑处理。这里采用汉明(Hamming)平滑(也称海明平滑)。未经平滑处理的波能谱记为 $S_\zeta^0(\omega_i)$，经汉明平滑后的波能谱为

$$\left.\begin{aligned}
&S_\zeta(\omega_0) = 0.54S_\zeta^0(\omega_0) + 0.46S_\zeta^0(\omega_1)\\
&S_\zeta(\omega_i) = 0.54S_\zeta^0(\omega_i) + 0.23[S_\zeta^0(\omega_{i-1}) + S_\zeta^0(\omega_{i+1})] \quad (i = 1,2,3,\cdots,m-1)\\
&S_\zeta(\omega_m) = 0.54S_\zeta^0(\omega_m) + 0.46S_\zeta^0(\omega_{m-1})
\end{aligned}\right\} \tag{2.3.11}$$

在进行上述计算时，应注意以下几点说明。

(1)所取时间间隔 $\Delta t = \frac{T}{n}$ 不能太大。因为 Δt 取定后，若频率 $\omega > \frac{n}{\Delta t}$，则无法计算波谱值。为此，考虑到计算波能谱的频率范围是$\left(0, \frac{\pi}{\Delta t}\right)$，$\Delta t$ 一般取记录的海浪中的最小周期的一半，通常 $\Delta t = 0.5 \sim 2$ s。

(2)所取的滞后最大数目 m 不能太大，否则会使计算的波能谱严重失真，一般取 $\frac{n}{m} = 30 \sim 50$。

前文所述的波能谱计算是分两步完成的，即先计算相关函数，然后根据波能谱与相关函数的傅里叶变换关系计算波能谱。另外，还可以用快速傅里叶变换直接计算波能谱，读者可参阅有关著作。

2.3.4 不规则波的统计特性

前面已简要说明，我们可以用统计理论来描绘不规则波的统计规律及特性。

大量的试验观测和分析表明，波面坐标 $\zeta(t)$ 的瞬时值总和的分布近似遵循正态分布(或称高斯分布)。

正态分布具有如下形式的概率密度函数：

$$p(\zeta) = \frac{1}{\sigma\sqrt{2\pi}}\exp\left(-\frac{\zeta^2}{2\sigma^2}\right) \tag{2.3.12}$$

式中 σ——随机变量 ζ 的均方差，$\sigma=\sqrt{m_0}$。

正态分布曲线具有对称起伏的形状，如图 2.3.1 所示。曲线最高点的纵坐标为 $\dfrac{1}{\sigma\sqrt{2\pi}}$，分布密度随着与原点距离的增大而逐渐减小。当 $x\to\pm\infty$ 时，曲线渐趋于横轴。

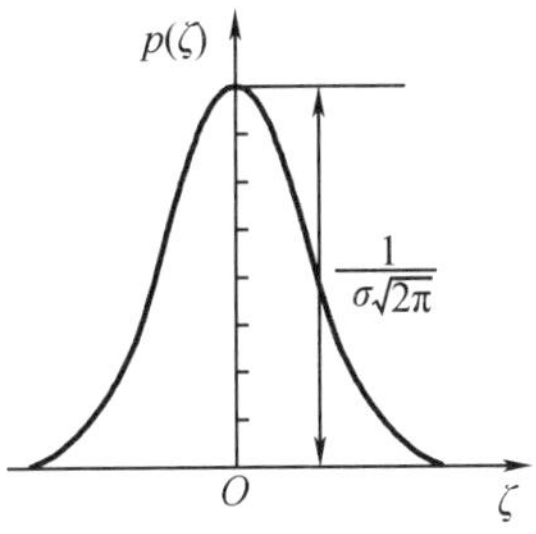

图 2.3.1 正态分布曲线

均方差 σ 描绘了分布曲线的形状。分布曲线的最大纵坐标与 σ 成反比，即当 σ 增大时，分布曲线的最大纵坐标减小，保持分布曲线所形成的面积等于 1。因此，σ 越大，分布曲线越平坦；σ 越小，分布曲线越具有突出的尖峰。图 2.3.2 给出了三条不同 σ 值的正态分布曲线，其中曲线Ⅰ的 σ 较大，曲线Ⅲ的 σ 较小。

由概率论已知，如果一随机变量 $\zeta(t)$ 的瞬时值服从正态分布，且属于窄带谱型，则该变量的振幅 ζ_a 服从雷利分布，即

$$p(\zeta_a)=\frac{\zeta_a}{\sigma^2}\exp\left(-\frac{\zeta_a^2}{2\sigma^2}\right) \tag{2.3.13}$$

雷利分布曲线如图 2.3.3 所示。当 $\zeta_a\to0$ 时，$p(\zeta_a)=0$；当 $\zeta_a\to\infty$ 时，曲线逐渐趋于横轴。

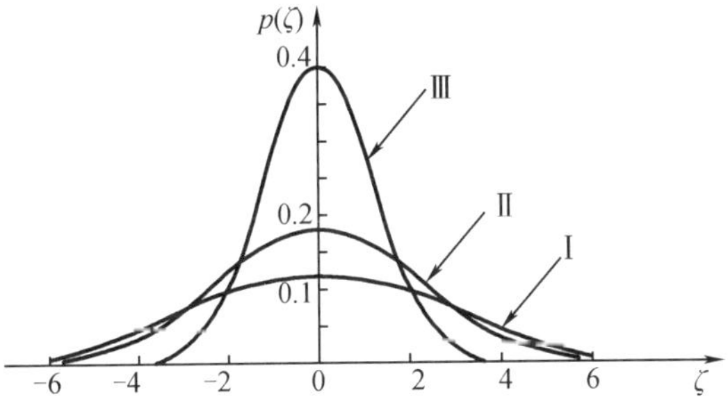

图 2.3.2 三条不同 σ 值的正态分布曲线

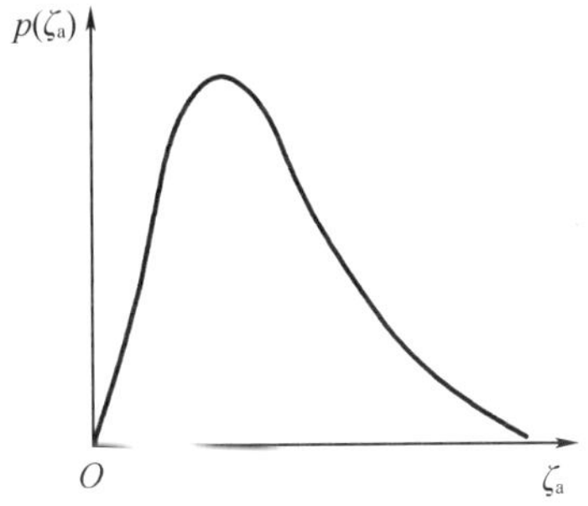

图 2.3.3 雷利分布曲线

自 1952 年将概率统计理论应用于船舶工程领域，人们对海浪和船舶运动的研究有了突破性进展。大量观察和分析结果表明，海浪以及船舶在波浪中的运动等均属于狭带谱的正态随机过程，它们的幅值是服从雷利分布的。

在解决波浪和船舶运动的实际问题中，经常要求给出波幅（或摇幅）超过某一给定幅值的概率（或称保证率），它代表了波幅（或摇幅）的统计特性。保证率的几何意义如图 2.3.4 所示，图中阴影部分的面积表示波幅超过给定值 ζ_{a_1} 的保证率。

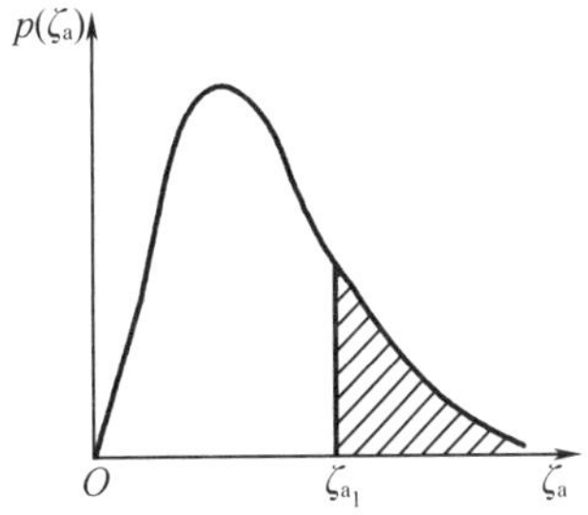

图 2.3.4 保证率的几何意义

对于概率密度为雷利分布的情况，$\zeta_a\geqslant\zeta_{a_1}$ 的保证率为

$$F(\zeta_{a_1})=p(\zeta_a\geqslant\zeta_{a_1})$$

$$= \int_{\zeta_{a_1}}^{\infty} p(\zeta_a) \mathrm{d}\zeta_a$$

$$= \int_0^{\infty} p(\zeta_a) \mathrm{d}\zeta_a - \int_0^{\zeta_{a_1}} p(\zeta_a) \mathrm{d}\zeta_a \tag{2.3.14}$$

因为

$$\left.\begin{aligned} &\int_0^{\infty} p(\zeta_a) \mathrm{d}\zeta_a = 1 \\ &\int_0^{\zeta_{a_1}} p(\zeta_a) \mathrm{d}\zeta_a = \int_0^{\zeta_{a_1}} \frac{\zeta_a}{\sigma^2} \mathrm{e}^{-\frac{\zeta_a^2}{2\sigma^2}} \mathrm{d}\zeta_a = 1 - \mathrm{e}^{-\frac{\zeta_{a_1}^2}{2\sigma^2}} \end{aligned}\right\} \tag{2.3.15}$$

将式(2.3.15)代入式(2.3.14)得

$$F(\zeta_{a_1}) = \mathrm{e}^{-\frac{\zeta_{a_1}^2}{2\sigma^2}} \tag{2.3.16}$$

对式(2.3.16)两边取对数可求出 ζ_{a_1} 与均方差 σ 之间的关系,即

$$\zeta_{a_1} = k\sigma \tag{2.3.17}$$

式中　k——不同保证率的系数,$k = \sqrt{2\ln[1/F(\zeta_{a_1})]}$。为了使用方便,将系数 k 预先计算出来,如表 2.3.1 所示。

表 2.3.1　系数 k 的值

$F(\zeta_{a_1})/\%$	0.1	0.5	1.0	2.0	3.0	3.9*	10	13.5**	30	40	46.5***	50	60	70	80	90	95	100
k	3.7	3.25	3.04	2.79	2.64	2.55	2.15	2.00	1.56	1.36	1.25	1.18	1.01	0.85	0.67	0.45	0.32	0

表 2.3.1 中,标注星号(*、**、***)的保证率对表征海浪和船舶运动的统计特征值有特殊的意义:一个星号(*)的保证率,通常称为最大波幅 $\frac{1}{10}$ 平均值或称最大波幅。它是将所有记录的波幅按大小依次排列,然后取最大的 $\frac{1}{10}$ 波幅平均值。图 2.3.5 表示最大波幅的几何意义,即图中阴影部分的面积的质心到纵坐标轴的距离,于是得最大波幅的计算公式,即

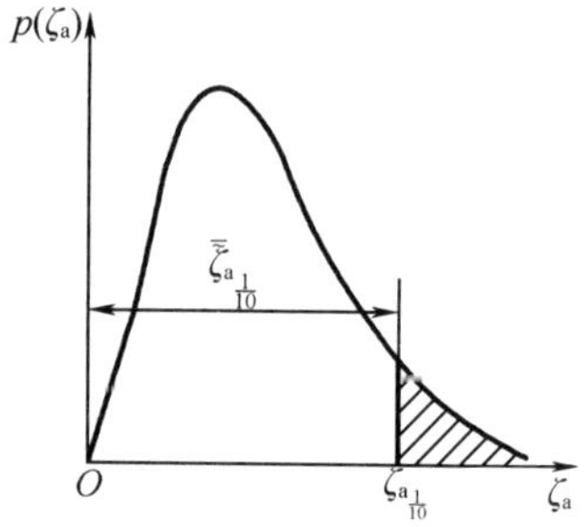

图 2.3.5　最大波幅的几何意义

$$\tilde{\zeta}_{a\frac{1}{10}} = 2.55\sigma = 2.55\sqrt{m_0}$$

相应的最大波高为

$$\tilde{h}_{\frac{1}{10}} = 5.1\sqrt{m_0}$$

平均波幅用表 2.3.1 中标注两个星号(**)的保证率计算,即

$$\bar{\tilde{\zeta}}_a = 1.25\sqrt{m_0}$$

对应的平均波高为

$$\bar{\tilde{h}}_a = 2.5\sqrt{m_0}$$

有义波幅用表2.3.1中标注三个星号(＊＊＊)的保证率计算,即

$$\bar{\tilde{\zeta}}_{a\frac{1}{3}} = 2.0\sqrt{m_0}$$

对应的有义波高为

$$\tilde{h}_{\frac{1}{3}} = 4.0\sqrt{m_0}$$

有义波高引用了斯韦尔德鲁普－蒙克的定义:将测得的波高按从大到小依次排列,再从波高最大的波开始,从大到小取$\frac{1}{3}$的波,求这些波的波高平均值。人们目测的海浪波高很接近于有义波高。图2.3.6表示有义波幅的几何意义,即有义波幅是图中阴影部分的面积(总面积的$\frac{1}{3}$)的质心到纵坐标轴的距离。

根据波能谱可以计算出不规则波的平均波周期 $\bar{\tilde{T}}$ 和 $\bar{\tilde{T}}_{max}$、平均波频率 $\bar{\tilde{\omega}}$ 及平均波长 $\bar{\tilde{\lambda}}$ 等统计特征值,即

$$\bar{\tilde{T}} = 2\pi\sqrt{\frac{m_0}{m_2}}$$

$$\bar{\tilde{T}}_{max} = 2\pi\sqrt{\frac{m_2}{m_4}}$$

$$\bar{\tilde{\omega}} = 2\pi\sqrt{\frac{m_2}{m_0}}$$

$$\bar{\tilde{\lambda}} = 2\pi g\sqrt{\frac{m_0}{m_4}}$$

式中　$\bar{\tilde{\lambda}}$——表现波长 $\tilde{\lambda}$ 的平均值;

$\tilde{\lambda}$——任意两相邻上穿节点在空间基线上的距离,如图2.3.7所示。

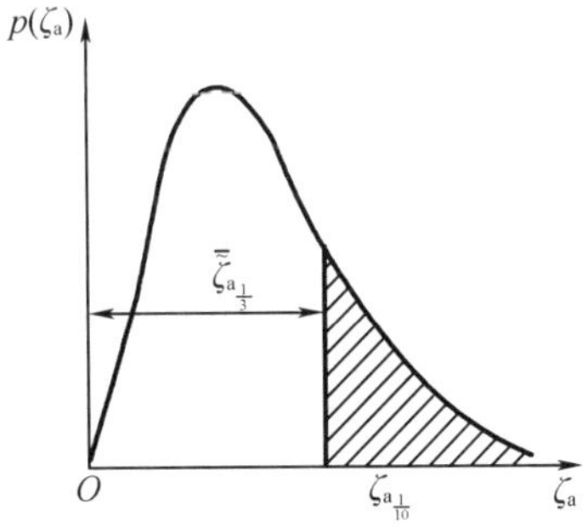

图2.3.6　有义波幅的几何意义

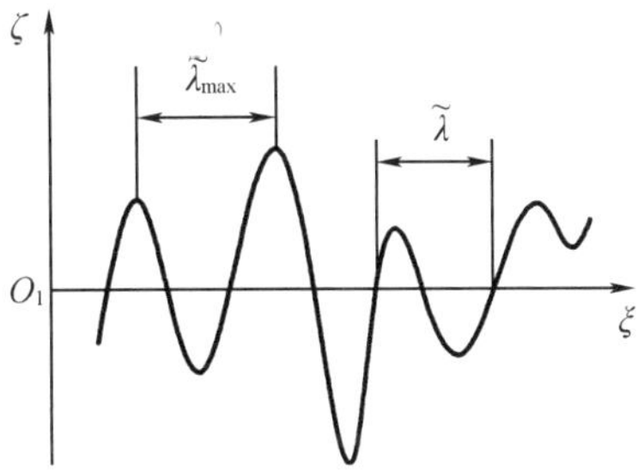

图2.3.7　海浪空间分布曲线

上述各关系式同样适用于计算船舶在不规则波中摇荡运动的统计特征值。

2.4 海浪谱公式

自从1953年丹尼斯、皮尔逊等人应用能谱理论研究海浪和船舶在波浪上的摇荡运动以来,研究人员面临的一个很重要的问题是如何选择和建立合理的波能谱公式来描述海浪。到目前为止,研究人员已提出不少用于描述海浪的波能谱公式,但结果相差较大。因为这些波能谱公式都是在一定的海域观察、记录、分析和在某些假设下推导出来的,所以它们都具有一定的近似性和局限性,目前,大多数波能谱公式适用于充分发展海浪。

1. 纽曼波能谱

1952年,纽曼根据充分发展海浪的相关资料进行统计分析,最早提出了一个半经验半理论的波能谱公式,即

$$S_\zeta(\omega)=\frac{\pi c}{2}\omega^{-6}\exp\left(-\frac{2g^2}{\omega^2U^2}\right)\quad(\mathrm{m^2\cdot s})\tag{2.4.1}$$

式中　$c=3.05\ \mathrm{m^2/s^5}$;

ω——波浪频率,$\mathrm{s^{-1}}$;

g——重力加速度,$g=9.81\ \mathrm{m/s^2}$;

U——海面上7.5 m高空处的风速,m/s。

表2.4.1给出了不同风速下,海浪达到充分发展阶段所需的最小风程(F_m)、最小风时(t_n)以及按纽曼波能谱公式计算出的波浪统计特征数据。

表2.4.1　不同风速下,海浪达到充分发展阶段所需的最小风程(F_m)、最小风时(t_n)以及按纽曼波能谱公式计算出的波浪统计特征数据

蒲福风级	风速 U/kn	波高 $\tilde{h}_{\frac{1}{3}}$/m	波的周期/s		波长/m		最小风程 (F_m①)/n mile	最小风时 (t_n②)/h
			范围	$\bar{\tilde{T}}$	范围	$\bar{\tilde{\lambda}}$		
0	0.0	0.00	0.0	0.0	0.0	0.00	0.0	0.0
1	2.0	0.02	0~1.0	0.5	0~0.9	0.10	0.1	0.1
2	5.0	0.09	0.4~2.8	1.4	0.7~25.0	2.00	0.2	0.7
3	8.5	0.30	0.8~4.9	2.4	2.0~60.0	6.00	11.0	2.3
4	13.5	0.88	1.6~7.6	3.9	8.0~116.0	16.00	45.0	4.8
5	19.0	2.10	2.8~10.6	5.4	15.0~193.0	31.00	120.0	9.2
6	24.5	4.00	3.8~13.6	7.0	24.0~300.0	50.00	260.0	15.0
7	30.5	7.00	4.8~17.0	8.7	37.0~440.0	78.00	540.0	24.0
8	37.0	11.30	6.0~20.5	10.5	51.0~610.0	115.00	980.0	37.0

注:①风程 F_m(或风区间距),表示从风开始作用于海面上的海区沿风向到观测波浪的海区的距离,通常认为波浪在此区间内是处处稳定的。

②风时 t_n 表示风作用的时间。

从表2.4.1看出，当风速低于30 kn或比30 kn略大一些时，海浪可能会达到充分发展阶段。但在暴风作用下欲达到充分发展阶段的海浪，则需要很长的风时和风程。实际上，风很少能够持续所要求的那么长的时间。因此，在这种情况下，很难形成充分发展的海浪。

图2.4.1表示风速为20 kn、30 kn、40 kn时充分发展的海浪的纽曼波能谱。由图2.4.1中曲线看出，随风速的增加，波能谱曲线峰值由高频向低频移动。

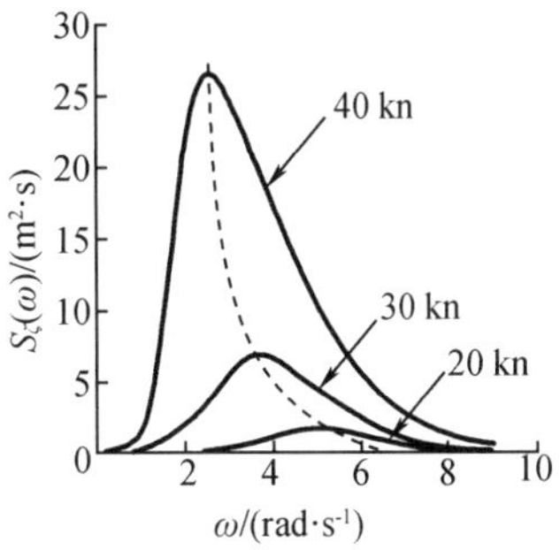

图2.4.1 充分发展的海流的纽曼波能谱

2. 皮尔逊－莫斯柯维奇波能谱

1964年，皮尔逊－莫斯柯维奇对大西洋充分发展的海浪的资料进行分析，提出一半经验的波能谱公式（简称“P-M谱”），即

$$S_\zeta(\omega)=\frac{8.1\times10^{-3}g^2}{\omega^5}\exp\left(-\frac{0.74g^4}{\omega^4U^4}\right)\quad(\mathrm{m^2\cdot s})\tag{2.4.2}$$

式中 ω——波浪频率，$\mathrm{s^{-1}}$；

g——重力加速度，$g=9.81\ \mathrm{m/s^2}$；

U——海面上19.5 m高空处的风速，m/s。

当资料给的是有义波高 $\tilde{\bar{h}}_{\frac{1}{3}}$ 时，可按式(2.4.3)近似确定风速，即

$$U=6.85\sqrt{\tilde{\bar{h}}_{\frac{1}{3}}}\tag{2.4.3}$$

自20世纪60年代中期以后，P-M谱得到广泛应用，已取代了纽曼波能谱。

3. 国际船模试验池会议推荐的标准波能谱

国际船模试验池会议（ITTC）推荐的标准波能谱公式，主要有以下两种谱型。

(1)单参数波能谱

第11届ITTC建议的单参数标准波能谱为

$$S_\zeta(\omega)=\frac{A}{\omega^5}\exp\left(-\frac{B}{\omega^4}\right)\quad(\mathrm{m^2\cdot s})\tag{2.4.4}$$

式中 $A=8.1\times10^{-3}g^2$；

$B=\dfrac{3.11}{(\tilde{\bar{h}}_{\frac{1}{3}})^2}$。

图2.4.2表示不同有义波高 $\tilde{\bar{h}}_{\frac{1}{3}}$ 的ITTC波能谱曲线。

采用有义波高表达波能谱能消除各种波能谱间产生的较大差别。由波能谱公式推导可知，有义波高相等保证了各波能谱曲线下面积相等，各波能谱的差别仅表现在波能谱曲线峰值不同。

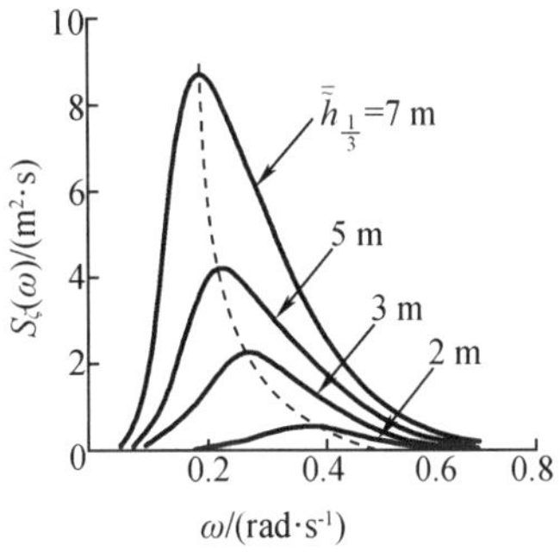

图2.4.2 不同有义波高 $\tilde{\bar{h}}_{\frac{1}{3}}$ 的ITTC波能谱曲线

实际上，如果考虑式(2.4.3)和参数 B 的表达式，ITTC波谱就是P-M谱，即也是描述充分发展海浪的。

(2)双参数波能谱

单参数波能谱不能合理地表征非充分发展海浪的特征,所以1969年的第12届ITTC推荐了双参数波能谱公式,即

$$S_{\zeta}(\omega)=\frac{A}{\omega^5}\exp\left(-\frac{B}{\omega^4}\right)\quad(\mathrm{m}^2\cdot\mathrm{s})\tag{2.4.5}$$

式中

$$\left.\begin{aligned}A&=\frac{173\,\tilde{\bar{h}}_{\frac{1}{3}}^2}{T_1^4}\\B&=\frac{691}{T_1^4}\end{aligned}\right\}\tag{2.4.6}$$

式中 T_1——波浪的特征周期,$T_1=\frac{2\pi m_0}{m_1}$。如果缺乏波浪特征周期资料,可近似取观察的平均周期 T,即 $T_1\approx T$。$\tilde{\bar{h}}_{\frac{1}{3}}$ 为有义波高。

该波能谱在频率 $\omega=\frac{4.85}{T_1}$处呈最大值,即为 $0.065^{-\frac{5}{4}}(\tilde{\bar{h}}_{\frac{1}{3}})^2T_1$。在 $T_1=3.86(\tilde{\bar{h}}_{\frac{1}{3}})^{\frac{1}{2}}$ 处,单参数波能谱和双参数波能谱峰值对应的频率相同。

4. JONSWAP 波能谱

1968—1969年,英、荷、美、德等国的有关部门进行了“联合北海波浪计划(JONSWAP)”,对丹麦、德国边境的西海岸进行了系统的海浪观测分析,提出了“JONSWAP”波能谱,公式为

$$S_{\zeta}(\omega)=\alpha g^2\frac{1}{\omega^5}\exp\left[-\frac{5}{4}\left(\frac{\omega_0}{\omega}\right)^4\right]\gamma^{\exp\left[-\frac{1}{2\sigma^2}\left(\frac{\omega-\omega_0}{\omega_0}\right)^2\right]}\tag{2.4.7}$$

式中 ω_0——谱峰频率;

γ——谱峰升高因子,一般取 $\gamma=1.5\sim6$,平均值为3.3,该常数视海浪情况确定;

σ——谱峰形状参数,其值为

$$\left.\begin{aligned}\sigma&=0.07,\omega\leqslant\omega_0\\\sigma&=0.09,\omega>\omega_0\end{aligned}\right\}\tag{2.4.8}$$

式中 α——无因次常数,它是无因次风区 $\bar{x}=\frac{gx}{U^2}$的函数,即 $\alpha=0.76\,\bar{x}^{-0.22}$,$x$ 为风区;

U——海面上空10 m处的风速,一般为 $10^{-1}\sim10^5$ m/s。

当 $\gamma=3.3$ 时,代入式(2.4.7)得 JONSWAP 平均波能谱,即

$$S_{\zeta}(\omega)=\alpha g^2\frac{1}{\omega^5}\exp\left[-\frac{5}{4}\left(\frac{\omega_0}{\omega}\right)^4\right](3.3)^{\exp\left[-\frac{1}{2\sigma^2}\left(\frac{\omega-\omega_0}{\omega_0}\right)^2\right]}\tag{2.4.9}$$

显然,式(2.4.7)和式(2.4.9)两个谱型比较适合于有限风区的波浪特征。

1978年,第15届ITTC建议采用JONSWAP平均波能谱描述有限风区的波浪特征,并引入有义波高和特征周期两个参数,且考虑 $\omega_0=\frac{4.85}{T_1}$得

$$S_{\zeta}(\omega) = 0.658\frac{173\,\overline{\tilde{h}}_{\frac{1}{3}}^{2}}{T_1^4\omega^5}\exp\left(-\frac{691}{T_1^4\omega^4}\right)(3.3)^{\exp\left[-\frac{1}{2\sigma^2}\left(\frac{\omega T_1}{4.85}-1\right)^2\right]} \tag{2.4.10}$$

5. 我国沿海波能谱

我国自然资源部根据我国沿海波浪统计资料进行分析，建议的波能谱公式为

$$S_{\zeta}(\omega) = \frac{0.74}{\omega^5}\exp\left(-\frac{g^2}{U^2\omega^2}\right)\quad (\mathrm{m^2\cdot s}) \tag{2.4.11}$$

式中　ω——波浪频率；

U——风速；

$g=9.81\ \mathrm{m/s^2}$。

当已知有义波高 $\overline{\tilde{h}}_{\frac{1}{3}}$ 时，可按式(2.4.12)确定风速，即

$$U = 6.28\sqrt{\overline{\tilde{h}}_{\frac{1}{3}}} \tag{2.4.12}$$

当波浪资料给出波平均频率 $\bar{\omega}$ 时，用波能谱公式(2.4.13)进行计算，即

$$S_{\zeta}(\omega) = \frac{0.74}{\omega^5}\exp\left[\left(\frac{\bar{\omega}}{\omega}\right)^2\right]\quad (\mathrm{m^2\cdot s}) \tag{2.4.13}$$

式中，$\bar{\omega} = 1.56\sqrt{\overline{\tilde{h}}_{\frac{1}{3}}}$ 或 $\bar{\omega} = \frac{9.81}{U}$。

前文列举了各个时期及当今较普遍用于船舶运动预报的波能谱公式。但不论是哪一种公式，其谱型仍比较简单，只有一个狭窄而尖的峰。由于海上风场的变化，风浪处于不同的发展阶段，海面常常是风浪和涌浪同时呈现。因此，实际的海浪谱型是复杂的，有时包括两个或更多的峰。

6. Ochi-Hubble 波能谱

实测到的一些海浪谱常呈双峰形，有时还会出现第三个峰，不过第三个峰比其他两个峰要小得多。Ochi 和 Hubble 提出了一个六参数波能谱公式来描述不同状态的海浪。该波能谱公式把整个谱分为低频和高频两个组成部分，每一部分分别用三个参数——有义波高 H_s、谱峰频 ω_m 和形状参数 λ 表示，即

$$S_{\zeta}(\omega) = \frac{1}{4}\sum_{j}\frac{\left[\dfrac{(4\lambda_j+1)\omega_{mj}^4}{4}\right]^{\lambda_j}}{\Gamma(\lambda_j)}\frac{H_{sj}^2}{\omega^{4\lambda_j+1}}\exp\left[-\left(\frac{4\lambda_j+1}{4}\right)\left(\frac{\omega_{mj}}{\omega}\right)^4\right] \tag{2.4.14}$$

式中，$j=1,2$，代表低频、高频部分。

式中共有六个参数(H_{s_1}、H_{s_2}、ω_{m_1}、ω_{m_2}、λ_1、λ_2)，可根据实测谱形每次改变一个参数，使理论谱与实测谱的差值最小。

7. 海浪方向谱

前文列举的各种波能谱公式均属于二因次波能谱，描述的是单一方面的长峰不规则波的特征。实际上，海面呈现的多为短峰不规则波，且波浪是多方向的。为此，研究人员从

20 世纪 50 年代开始在研究中引入海浪方向谱，即三因次波能谱。但由于短峰不规则波的特性较复杂，迄今有关方向谱的资料甚少，该方面的研究发展尚不成熟，在工程上还未得到广泛应用。但我们应该认识到，方向谱能更真实地反映海浪的特征。在这里介绍一种简单的海浪方向谱，即

$$S_{\zeta}(\omega,\mu)=S_{\zeta}(\omega)\cdot M(\mu) \tag{2.4.15}$$

式中 $S_{\zeta}(\omega)$——上面讲述的二因次波能谱；

$M(\mu)$——扩散函数，它应满足式(2.4.16)所示的条件

$$\int_{-\frac{\pi}{2}}^{\frac{\pi}{2}} M(\mu)\,\mathrm{d}\mu = 1 \tag{2.4.16}$$

可见，当已知扩散函数时，波浪方向谱不难得到。但是，由于扩散函数与海浪各时期成长状态及海洋地理环境等多种因素有关，迄今还没有一个适用于各种海浪状态的扩散函数。但是，在研究船舶在特定海域航行的耐波性时，要考虑波浪的方向性。

在没有详尽且更合适的扩散函数资料的情况下，ITTC 提出了一个建议性的扩散函数，即

$$M(\mu)=\frac{2}{\pi}\cos^2\mu \tag{2.4.17}$$

式中 μ——主波向(通常就是主风向)与所求方向谱方向之间的夹角，$|\mu|\leqslant\frac{\pi}{2}$。

国际船舶结构会议(ISSC)建议的扩散函数为

$$M(\mu)=\frac{8}{3\pi}\cos^4\mu \tag{2.4.18}$$

2.5 风级、浪级和海况

我们对船舶在波浪上的运动的研究，往往是在一定的风级、浪级或海况下进行的，因此要规定风级、浪级及海况的等级。但是，目前世界上还没有统一的标准，下面简要介绍国内外的一些风级、浪级及海况的标准。

风是形成海浪的主要原因，同时风对船舶水面以上部分的作用也会对船舶航行性能产生影响。风是由于大气压力在水平方向上分布的不均匀性而产生的空气从高压区向低压区的运动，其特性用风速和风向来表示。风速是空气在单位时间内流过的距离，单位可采用 m/s(米/秒)、km/h(千米/小时)或 n mile/h(海里/小时，常称为节)等；风向是风的来向，如北风是从北吹向南的风，可用箭头朝下的风向矢“↓”表示，计风向为 0°。

2006 年 5 月，中国气象局发布的《热带气旋等级》国家标准，把热带气旋分为热带低压、热带风暴、强热带风暴、台风、强台风和超强台风六个等级，如表 2.5.1 所示。

表 2.5.1　热带气旋等级划分表

热带气旋等级	底层中心附近最大平均风速/(m/s)	底层中心附近最大风力/级
热带低压(TD)	10.8~17.1	6~7
热带风暴(TS)	17.2~24.4	8~9
强热带风暴(STS)	24.5~32.6	10~11
台风(TY)	32.7~41.4	12~13
强台风(STY)	41.5~50.9	14~15
超强台风(Super TY)	≥51.0	16 或以上

风级、浪级和海况三者之间虽然有一定的内在联系,但是它们在概念上又是不相同的。

风级按风速大小划分;浪级按波浪尺度(如波高,波长)大小划分。在波浪发展阶段,风与浪之间存在复杂的关系,而当波浪达到充分发展阶段后,风与浪的关系比较规律。因此,可以建立风级与浪级的对应联系。海况用于描述海面波浪大小及外观表现,显然,要建立海况与浪级的对应关系更困难。

一般风级划分标准参照蒲福风级(表 2.5.2),表 2.5.2 中给出了蒲福风级与风速的对应关系。我国也采用蒲福风级。

表 2.5.2　蒲福风级

风级	风的名称	风速/(m/s)	风速/kn
0	无风	0.0~0.2	1
1	软风	0.3~1.5	1~3
2	轻风	1.6~3.3	4~6
3	微风	3.4~5.4	7~10
4	和风	5.5~7.9	11~16
5	劲风	8.0~10.7	17~21
6	强风	10.8~13.8	22~27
7	疾风	13.9~17.1	28~33
8	大风	17.2~20.7	34~40
9	烈风	20.8~24.4	41~47
10	狂风	24.5~28.4	48~55
11	暴风	28.5~32.6	56~63
12	飓风	32.7~36.9	64~71
13	—	37.0~41.4	72~80
14	—	41.5~46.1	81~89
15	—	46.2~50.9	90~99
16	—	51.0~56.0	100~108
17	—	56.1~61.2	109~118

目前,各国发表的浪级标准大致分两类:一类是建立了浪级和波浪尺度(主要指波高)的关系;另一类是建立了浪级和波浪尺度、风速的关系。

我国自然资源部发布的浪级标准如表 2.5.3 所示。

表 2.5.3　我国自然资源部发布的浪级标准

浪级	风浪名称	浪高 $\bar{\tilde{h}}_{\frac{1}{3}}$ /m
0	无浪	0
1	微浪	<0.1
2	小浪	0.1 ~ <0.5
3	轻浪	0.5 ~ <1.25
4	中浪	1.25 ~ <2.5
5	大浪	2.5 ~ <4.0
6	巨浪	4.0 ~ <6.0
7	狂浪	6.0 ~ <9.0
8	狂涛	9.0 ~ <14.0
9	怒涛	≥14.0

苏联的风波等级标准如表 2.5.4 所示。

表 2.5.4　苏联的风波等级标准

风波等级	风波名称	波浪要素		
		波高 $\bar{\tilde{h}}_{\frac{1}{3}}$ /m	波长/m	周期/s
0	无波	0	0	0
1	弱波	<0.25	<5	<2
2	轻波	0.25 ~ <0.75	5 ~ <15	2 ~ <3
3	微波	0.75 ~ <1.25	15 ~ <25	3 ~ <4
4	中波	1.25 ~ <2.00	25 ~ <40	4 ~ <5
5	强波	2.00 ~ <3.50	40 ~ <75	5 ~ <7
6	巨波	3.50 ~ <6.00	75 ~ <125	7 ~ <9
7	暴波	6.00 ~ <8.50	125 ~ <170	9 ~ <11
8	烈波	8.50 ~ <11.0	170 ~ <220	11 ~ <12
9	飓波	≥11.0	≥220	≥12

欧洲一些国家采用的道格拉斯浪级、美国国家海洋和大气管理局浪级、日本气象厅浪级如表 2.5.5 所示。

表 2.5.5 国外相关标准

风波等级	风波名称	波高 $\tilde{\bar{h}}_{\frac{1}{3}}$ /m		
		道格拉斯浪级	美国国家海洋和大气管理局浪级	日本气象厅浪级
0	平静	0.00	0.00	0.00
1	微波	0.01 ~ 0.15	<0.30	0.00 ~ 0.10
2	轻波	0.15 ~ 0.60	0.30 ~ 0.90	0.10 ~ 0.50
3	中波	0.60 ~ 1.50	0.90 ~ 1.50	0.50 ~ 1.25
4	大波	1.50 ~ 3.00	1.50 ~ 2.50	1.25 ~ 2.50
5	强波	3.00 ~ 4.50	2.50 ~ 3.50	2.50 ~ 4.00
6	巨波	4.50 ~ 7.00	3.50 ~ 6.00	4.00 ~ 6.00
7	狂波	7.00 ~ 11.00	6.00 ~ 12.00	6.00 ~ 9.00
8	暴波	>11.00	>12.00	9.00 ~ 14.00

表 2.5.6 所示为苏联涌级标准。

表 2.5.6 苏联涌级标准

涌级	涌的名称	波浪要素		
		波高 $\tilde{\bar{h}}_{\frac{1}{3}}$ /m	波长/m	周期/s
0	无涌	0.00	0	0
1	弱涌	<0.25	<10	<2
2	轻涌	<0.50	15	3
3	微涌	1.00	30	4
4	中涌	2.00	60	6
5	强涌	3.00	90	8
6	巨涌	5.00	150	10
7	暴涌	7.00	210	12
8	烈涌	>7.00	>210	>12

日本气象厅的蒲福风级与波高的对应关系如表 2.5.7 所示。

表 2.5.7 日本气象厅的蒲福风级与波高的对应关系

蒲福风级	风速/kn	参考波高/m	
		$\tilde{\bar{h}}_{\frac{1}{3}}$	$\tilde{\bar{h}}_{\frac{1}{10}}$
0	<1	0.0	0.0
1	1 ~ <4	0.1	0.1
2	4 ~ <7	0.2	0.3

表 2.5.7(续)

蒲福风级	风速/kn	参考波高/m	
		$\tilde{\bar{h}}_{\frac{1}{3}}$	$\tilde{\bar{h}}_{\frac{1}{10}}$
3	7 ~ <11	0.6	1.0
4	11 ~ <17	1.0	1.5
5	17 ~ <22	2.0	2.5
6	22 ~ <28	3.0	4.0
7	28 ~ <34	4.0	5.5
8	34 ~ <41	5.5	7.5
9	41 ~ <48	7.0	10.0
10	48 ~ <56	9.0	12.5
11	56 ~ <64	11.5	16.0
12	>64	>14.0	

苏联根据波峰形状和浪花大小将海况分为十级,如表 2.5.8 所示。

表 2.5.8　苏联海况分级

海况等级	海况名称	海面特征
0	完全平静	海平如镜
1		波纹
2	平静	小波浪,波峰开始出现碎波,浪花呈玻璃色
3		波浪略有增长,波峰出现破碎,浪花开始呈现白色
4	不平静	波浪明显发展,到处有白色浪花
5		开始形成大浪,白沫状波峰占较大面积,风开始破坏波峰上的浪花
6	风暴	波涛高耸,自浪头飞溅浪花,顺着风向成带状
7	风暴	波高和波长显著增加,白色浪花形成的长带布满波的斜面,甚至达到波谷
8	风暴	巨浪如山,具有长而破碎的波峰,浪花沿风向成带状,紧密排列着,海面呈白色
9	异常风暴	波浪更大,能掩盖不大的船只,整个海面被浪花盖住,空气中充满水点和飞沫

由于浪级标准尚未统一,当我们研究船舶在波浪中的运动性能时,应指明是按何种浪级标准,否则会给后续的分析工作带来一些不必要的麻烦和混乱。

第 3 章　船舶在波浪中的单自由度线性摇荡运动

前面章节中已经给出了研究船舶摇荡运动的基本假设，建立了描述船舶摇荡运动的坐标系和微分方程，并对船舶摇荡运动的受力进行了分析。本章将讨论船舶在波浪中（规则波的扰动下）的单自由度线性摇荡运动，主要包括船舶在静水中的自由摇荡运动、船舶在正横规则波中的横摇运动以及船舶在规则波中迎浪的升沉和纵摇运动。

3.1　船舶在静水中的自由摇荡运动

平衡在静水面上的船舶，当因受一短期扰动力（矩）作用而偏离平衡位置后，在恢复力（矩）的作用下所做的摇荡运动称为自由摇荡运动。

船舶在静水中的自由摇荡运动一般是极少发生的，但是船舶在静水中的摇荡特性与它在波浪上的摇荡性能有密切关系。实际上，船舶在静水中的摇荡是船舶在波浪中摇荡当扰动力为零时的特殊情况。正如第 1 章所述，船舶在静水中摇荡所确定的各种力（惯性力、阻尼力、恢复力）就是船舶在波浪上摇荡时，由其自身摇荡运动引起的各种力。因此，研究船舶在静水中的摇荡特性是有实际意义的。

当讨论船舶在静水中的自由摇荡运动时，采用第 1 章所讲的两种坐标系：固定于船上的动坐标系 $Gx_by_bz_b$ 和平衡坐标系 $Oxyz$，并假设船的中心 G 处在静水面上。当船在静平衡位置时，$Gx_by_bz_b$ 与 $Oxyz$ 重合，如图 3.1.1 所示。

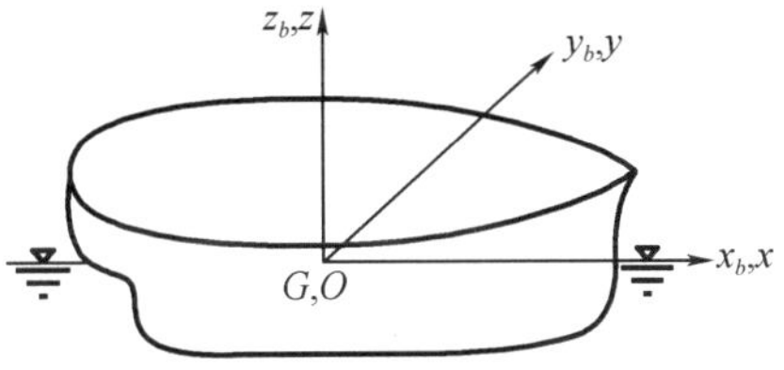

图 3.1.1　$Gx_by_bz_b$ 与 $Oxyz$ 重合

由第 1 章可知，船舶在静水中能做自由摇荡运动的只有横摇、升沉和纵摇三种形式。即可将问题归结为求解下面三个独立的摇荡运动方程，即

$$\left.\begin{aligned}&M_{\varphi\varphi}\ddot{\varphi}+2N_{\varphi\varphi}\dot{\varphi}+C_{\varphi\varphi}\varphi=0\text{（横摇）}\\&M_{zz}\ddot{z}+2N_{zz}\dot{z}+C_{zz}z=0\text{（升沉）}\\&M_{\theta\theta}\ddot{\theta}+2N_{\theta\theta}\dot{\theta}+C_{\theta\theta}\theta=0\text{（纵摇）}\end{aligned}\right\}$$

当上述方程式中的各系数确定之后，解这样的二阶线性齐次方程较为容易。

3.1.1　船舶在静水中的自由横摇运动

1. 船舶在静水中的线性横摇运动

先讨论最简单的横摇情况。假设船舶在静水中做小角度横摇运动，而且不考虑水的阻尼作用。船舶在静水中的无阻尼横摇一般称为自由横摇。由于忽略了阻尼力矩，这样作用于横摇运动的船舶上的力矩只有两种，即惯性力矩和恢复力矩。

惯性力矩的计算式为

$$M_{\varphi\varphi}\ddot{\varphi} = -(J_{\varphi\varphi} + \Delta J_{\varphi\varphi})\ddot{\varphi} \tag{3.1.1}$$

在小角度横摇时,恢复力矩可利用初稳性公式计算,即

$$C_{\varphi\varphi}\varphi = -Dh\varphi \tag{3.1.2}$$

根据动平衡原理,任意瞬时作用于船体上对 Gx 轴的力矩之和为零,即

$$M_{\varphi\varphi}\ddot{\varphi} + C_{\varphi\varphi}\varphi = 0 \tag{3.1.3}$$

将式(3.1.1)和式(3.1.2)代入式(3.1.3),得到自由横摇运动方程,即

$$(J_{\varphi\varphi} + \Delta J_{\varphi\varphi})\ddot{\varphi} + Dh\varphi = 0 \tag{3.1.4}$$

将式(3.1.4)等号两边分别除以$(J_{\varphi\varphi} + \Delta J_{\varphi\varphi})$,经整理得

$$\ddot{\varphi} + n_{\varphi}^2\varphi = 0 \tag{3.1.5}$$

式中

$$n_{\varphi}^2 = \frac{Dh}{J_{\varphi\varphi} + \Delta J_{\varphi\varphi}} \tag{3.1.6}$$

式(3.1.5)的解为

$$\varphi = c_1\cos n_{\varphi}t + c_2\sin n_{\varphi}t \tag{3.1.7}$$

式中 c_1、c_2——积分常数,由自由横摇运动的初始条件确定。

如果令横摇初始 $t=0$ 时,初始横摇角为 φ_0,初始横摇角速度 $\dot{\varphi}_0=0$,那么此时船舶自由横摇方程的解将被确定,即

$$\varphi = \varphi_0\cos n_{\varphi}t \tag{3.1.8}$$

式(3.1.8)确定的船舶无阻尼横摇运动为简谐振荡,如图 3.1.2 所示。

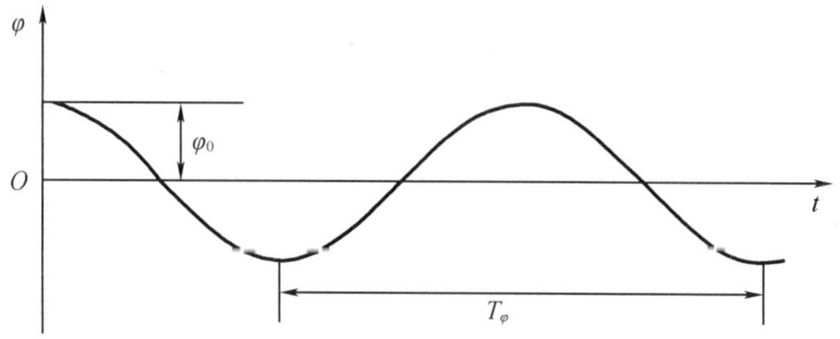

图 3.1.2　船舶无阻尼横摇运动(简谐振荡)

由式(3.1.6)可计算船舶自由横摇的近似固有圆频率 n_{φ},即

$$n_{\varphi} = \sqrt{\frac{Dh}{J_{\varphi\varphi} + \Delta J_{\varphi\varphi}}}$$

于是可得自由横摇的近似固有周期 T_{φ},即

$$T_{\varphi} = \frac{2\pi}{n_{\varphi}} = 2\pi\sqrt{\frac{J_{\varphi\varphi} + \Delta J_{\varphi\varphi}}{Dh}} \tag{3.1.9}$$

2. 横摇固有周期

横摇固有周期是研究船舶横摇运动的重要指标,对船舶横摇运动性能具有重要影响。

船舶易受横摇影响的程度和横摇剧烈程度均与横摇固有周期密切相关。船舶的横摇固有周期越大,则它在波浪上的横摇越平稳,并且它易受横摇影响的程度也越小。一般认为船舶在不规则波中的横摇角近似与横摇固有周期的平方成反比。因此,在船舶设计任务书中,要给出船舶横摇固有周期的允许值。

由式(3.1.9)看出,船舶做小角度横摇时,其横摇固有周期的长短与横摇角的大小及横摇持续的时间无关(即所谓的横摇的等时性),仅仅取决于船舶的排水量、初稳心高及转动惯量。

当船舶做大角度横摇时,用式(3.1.9)计算固有周期将造成很大的误差。此种情况要采用非线性理论(将在第6章里讲述)。这里简要说明船舶做大角度横摇时,其横摇固有周期与横摇角的关系。

图3.1.3所示为两艘船的静稳性曲线,若两艘船横摇幅值均为 $\varphi_1 = Oc$,显然,此时按式(3.1.9)计算的横摇固有周期误差很大。在 $\varphi \leqslant \varphi_0$ 范围内,静稳性曲线 l_φ 近似于直线,即恢复力矩可认为是线性的(即 $C_{\varphi\varphi} = Dh\varphi$),所以在船舶做小角度横摇时,按式(3.1.9)计算的船舶横摇固有周期是足够精确的。当 $\varphi > \varphi_0$ 时,恢复力矩已失去线性关系,这时如果仍然按现行条件的式(3.1.9)计算必然会产生很大误差。由图3.1.3可看出,当横摇角为 φ_1 时,线性假设下的恢复力矩为 cd,如稳性曲线形状如图3.1.3(a)所示。当用式(3.1.9)计算时,由于提高了稳性力臂,结果是低估了固有频率;如果稳性力臂曲线形状如图3.1.3(b)所示,则结果相反。由此可见,船舶在做大角度横摇时,横摇固有周期的长短与横摇角的大小相关。

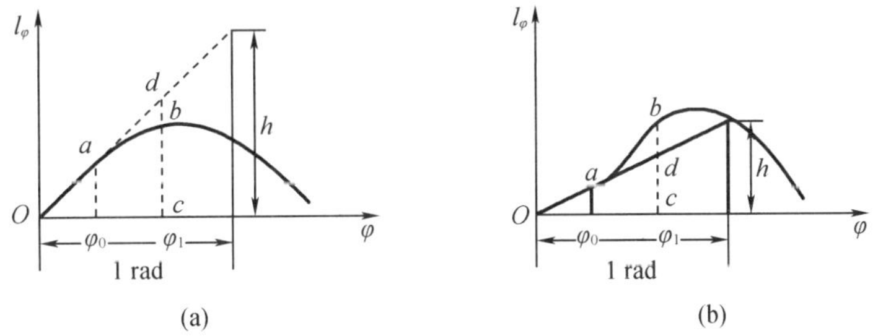

图3.1.3　两艘船的静稳性曲线

由式(3.1.9)看出,为了提高横摇固有周期,在排水量一定时,可以由增大转动惯量和减小初稳心高两个途径达到。但对已经确定的船舶,转动惯量可调范围比较小,而且转动惯量增大,使船舶受扰动后不易稳定下来。因此,增大固有周期的有效方法是减小初稳心高。但减小初稳心高将引起船舶稳性降低,所以在船舶设计中,应在保证船舶具有足够稳性的前提下,使初稳心高尽量小。

式(3.1.9)是在船舶无阻尼的条件下推导出来的。实际上,船舶是有阻尼的,但由于船舶的横摇阻尼很小,它对横摇固有周期影响很小,可以忽略。所以当考虑了阻尼时,用式(3.1.9)计算横摇阻尼固有周期仍然有效。在计算横摇固有周期时,主要工作是计算转动惯量,比较麻烦。但实践证明,转动惯量对横摇固有周期的影响不很敏感。因此,在实际中通常用近似公式估算。

(1)霍夫哥阿德公式

$$J_{\varphi\varphi}+\Delta J_{\varphi\varphi}=\frac{D}{g}\rho_{\varphi}^{2} \tag{3.1.10}$$

式中 D——船舶的排水量;

g——重力加速度;

ρ_{φ}——船舶质量连同附加质量在内的相当横摇惯性半径,$\rho_{\varphi}=cB$,c 为经验系数,一般来说,轻型舰艇(驱逐舰、轻型巡洋舰)的 $c=0.33\sim0.35$,重型舰艇(战列舰、重巡洋舰)的 $c=0.38\sim0.40$,客船的 $c=0.40\sim0.435$,满载货船的 $c=0.37\sim0.40$,渔船的 $c=0.38\sim0.44$;

B——船宽。

将式(3.1.10)代入式(3.1.9)得

$$T_{\varphi}=2\pi\sqrt{\frac{Dc^{2}B^{2}}{Dhg}}=2.01\frac{cB}{\sqrt{h}} \tag{3.1.11}$$

(2)杜埃尔公式

$$J_{\varphi\varphi}=\frac{D}{12g}(B^{2}+4z_{g}^{2}) \tag{3.1.12}$$

式中 z_g——船重心距基线的高度。

式(3.1.12)没有考虑附加惯性矩 $\Delta J_{\varphi\varphi}$,对若干实测数据进行比较,发现式(3.1.12)的计算值很接近船舶的总转动惯量,因此,可以认为式(3.1.12)的计算结果就是船舶的总转动惯量。

将式(3.1.12)代入式(3.1.9)得

$$T_{\varphi}=2\pi\sqrt{\frac{1}{Dh}\cdot\frac{D}{g}\cdot\frac{B^{2}+4z_{g}^{2}}{12}}=0.58\sqrt{\frac{B^{2}+4z_{g}^{2}}{h}} \tag{3.1.13}$$

式中 h——未计自由液面修正的初稳心高。

应该指出,只有 $h>0.15$ m 时才可以应用式(3.1.11)和式(3.1.13)。由于当 $h\leqslant0$ 时,T_{φ} 将变为无穷大或虚数,这与实际不符,因此,当 $h<0.05$ 时,建议采用式(3.1.14)计算 T_{φ},即

$$T_{\varphi}=\frac{10.3}{\varphi_{\max}}\sqrt{\frac{J_{\varphi\varphi}+\Delta J_{\varphi\varphi}}{Dr}} \tag{3.1.14}$$

式中 $\varphi_{\max}$—— 最大横摇角,rad;

r—— 横稳心半径,m。

当 h 在 $0.05\sim0.15$ m 范围内,可取式(3.1.11)或式(3.1.13)与式(3.1.14)两式计算结果的平均值。

船舶横摇固有周期依各类船舶排水量的不同而落在一定范围内,表 3.1.1 列出了各类船舶的横摇与升沉和纵摇的固有周期。从表 3.1.1 看出,同一类船舶的横摇固有周期比升沉和纵摇的固有周期大得多。

表 3.1.1 各类船舶的横摇与升沉和纵摇的固有周期

船舶种类	固有周期	
	横摇/s	升沉和纵摇/s
货船	7 ~ 12	4 ~ 6
10.00 t 以下客船	10 ~ 15	5 ~ 7
10.00 ~ 30.00 t 客船	16 ~ 20	7 ~ 10
30.00 ~ 50.00 t 客船	20 ~ 28	10 ~ 14
破冰船	6 ~ 10	3 ~ 5
拖网渔船	6 ~ 8	3 ~ 4
战斗舰、航空母舰	14 ~ 18	7 ~ 9
巡洋舰	10 ~ 16	5 ~ 8
驱逐舰	8 ~ 10	4 ~ 5
护卫舰	6 ~ 8	3 ~ 4
小船及快艇(100.00 t 以下)	3 ~ 5	2 ~ 3

3. 线性阻尼规律的横摇

当船舶有阻尼时，作用在船舶上的力矩中增加一项阻尼力矩。在船舶做小角度横摇时，可以认为阻尼力矩与横摇角速度的一次方成比例，其方向与横摇角速度的方向相反，即

$$M(\dot{\varphi}) = -2N_{\varphi\varphi}\dot{\varphi} \tag{3.1.15}$$

式中 $2N_{\varphi\varphi}$——横摇阻尼系数。

于是，可以建立线性阻尼规律的船舶横摇运动方程，即

$$(J_{\varphi\varphi} + \Delta J_{\varphi\varphi})\ddot{\varphi} + 2N_{\varphi\varphi}\dot{\varphi} + C_{\varphi\varphi}\varphi = 0 \tag{3.1.16}$$

或写成

$$\ddot{\varphi} + 2\nu_{\varphi\varphi}\dot{\varphi} + n_{\varphi}^2\varphi = 0 \tag{3.1.17}$$

式中 $2\nu_{\varphi\varphi}$——横摇衰减系数，即

$$2\nu_{\varphi\varphi} = \frac{2N_{\varphi\varphi}}{J_{\varphi\varphi} + \Delta J_{\varphi\varphi}} \tag{3.1.18}$$

二阶常系数齐次方程(3.1.17)的解为

$$\varphi = e^{-\nu_{\varphi\varphi}t}(c_1\cos n_{\varphi 1}t + c_2\sin n_{\varphi 1}t) \tag{3.1.19}$$

式中 $n_{\varphi 1}$——船舶有阻尼系数时的横摇固有周期，$n_{\varphi 1} = \sqrt{n_{\varphi}^2 - \nu_{\varphi\varphi}^2}$；

c_1、c_2——取决于初始条件的常数。

假设在初始 $t=0$ 时，$\varphi = \varphi_0$，$\dot{\varphi} = 0$。将初始条件代入式(3.1.19)及它的一阶导数式，求得积分常数为

$$c_1 = \varphi_0,\ c_2 = \frac{\varphi_0\nu_{\varphi\varphi}}{n_{\varphi 1}}$$

于是，得到有阻尼横摇运动方程的解，即

$$\varphi = \varphi_0 e^{-\nu_{\varphi\varphi}t}\left(\cos n_{\varphi 1}t + \frac{\nu_{\varphi\varphi}}{n_{\varphi 1}}\sin n_{\varphi 1}t\right) \tag{3.1.20}$$

为便于讨论,可将式(3.1.20)化为单项形式。

令

$$\left.\begin{aligned}\varphi_0 &= \varphi_a \cos\ \varepsilon_\varphi \\ \frac{\nu_{\varphi\varphi}}{n_{\varphi_1}}\varphi_0 &= \varphi_a \sin\ \varepsilon_\varphi\end{aligned}\right\} \tag{3.1.21}$$

这样,式(3.1.20)可写为

$$\varphi = \varphi_a e^{-\nu_{\varphi\varphi}t}\cos(n_{\varphi_1}t - \varepsilon_\varphi) \tag{3.1.22}$$

式(3.1.22)描述了横摇衰减情况,如图 3.1.4 所示。由此得

$$\left.\begin{aligned}\varphi_a &= \varphi_0\sqrt{1+\left(\frac{\gamma_{\varphi\varphi}}{n_{\varphi_1}}\right)^2} \\ \varepsilon_\varphi &= \tan^{-1}\frac{\nu_{\varphi\varphi}}{n_{\varphi_1}}\end{aligned}\right\} \tag{3.1.23}$$

式中 ε_φ—— 横摇衰减曲线的初相角。

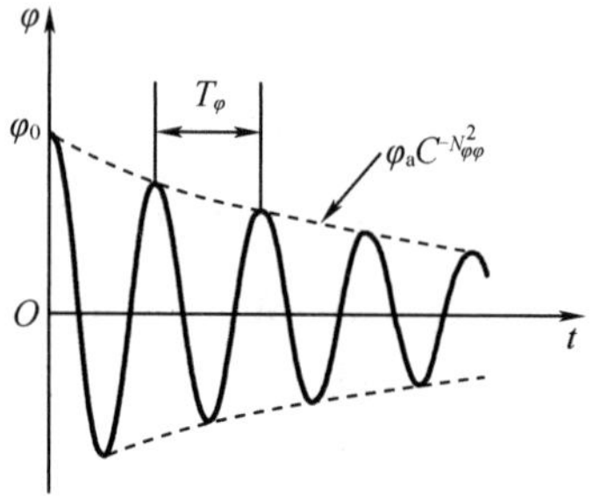

图 3.1.4　横摇衰减情况

式(3.1.22)表示衰减曲线具有不变周期,即

$$T_{\varphi_1} = \frac{2\pi}{n_{\varphi_1}} \tag{3.1.24}$$

(1)横摇阻尼力矩对横摇周期的影响

将关系式 $n_{\varphi_1} = \sqrt{n_\varphi^2 - \nu_{\varphi\varphi}^2}$ 代入式(3.1.24)得

$$T_{\varphi_1} = \frac{2\pi}{\sqrt{n_\varphi^2 - \nu_\varphi^2}} = \frac{2\pi}{n_\varphi}\cdot\frac{1}{\sqrt{1-\left(\frac{\nu_{\varphi\varphi}}{n_\varphi}\right)^2}} = T_\varphi\frac{1}{\sqrt{1-\left(\frac{\nu_{\varphi\varphi}}{n_\varphi}\right)^2}} \tag{3.1.25}$$

式中 T_φ——船舶在静水中无阻尼横摇近似固有周期,$T_\varphi = 2\pi/n_\varphi$。

由式(3.1.25)看出,横摇阻尼将使横摇运动周期稍有增大,其增大甚小,在计算横摇阻尼运动周期时可以忽略阻尼影响。

例如,对于足够急剧的横摇衰减,可令$\left(\frac{\nu_{\varphi\varphi}}{n_\varphi}\right) = 0.1$,此时有

$$T_{\varphi_1} = \frac{T_\varphi}{\sqrt{1-(0.1)^2}} = 1.005T_\varphi$$

这说明阻尼力矩对横摇周期的影响是很小的。

(2)横摇衰减规律

先确定横摇过程中达到各幅值的时间。将式(3.1.20)对时间 t 微分,并考虑关系式 $n_{\varphi_1}^2 + \nu_{\varphi\varphi}^2 = n_\varphi^2$,经整理得

$$\dot{\varphi} = -\varphi_0 e^{-\nu_{\varphi\varphi}t}\frac{n_\varphi^2}{n_{\varphi_1}}\sin\ n_{\varphi_1}t$$

令 $\dot{\varphi} = 0$,其对应时刻即是横摇振幅出现的时间,即

$$n_{\varphi_1}t = 0, \pi, 2\pi, 3\pi, 4\pi, \cdots$$

$$t=0,\frac{T_{\varphi 1}}{2},T_{\varphi 1},\frac{3T_{\varphi 1}}{2},2T_{\varphi 1},\cdots$$

将 t 值代入式(3.1.22)得

$$t=0,\varphi_0=\varphi_{\mathrm{a}}\cos\varepsilon_\varphi=\varphi_0$$

$$t=\frac{T_{\varphi 1}}{2},\varphi_1=\varphi_0 \mathrm{e}^{-\nu_{\varphi\varphi}\frac{T_{\varphi 1}}{2}}$$

$$t=T_{\varphi 1},\varphi_2=\varphi_0 \mathrm{e}^{-\nu_{\varphi\varphi}T_{\varphi 1}}$$

$$\cdots,\cdots$$

$$t=k\frac{T_{\varphi 1}}{2},\varphi_k=\varphi_0 \mathrm{e}^{-k\nu_{\varphi\varphi}\frac{T_{\varphi 1}}{2}}$$

$$t=(k+1)\frac{T_{\varphi 1}}{2},\varphi_{k+1}=\varphi_0 \mathrm{e}^{-(k+1)\nu_{\varphi\varphi}\frac{T_{\varphi 1}}{2}}$$

于是得

$$\frac{\varphi_k}{\varphi_{k+1}}=\mathrm{e}^{\frac{\nu_{\varphi\varphi}T_{\varphi 1}}{2}}=\text{常数} \tag{3.1.26}$$

对式(3.1.26)的等号两边取对数,并考虑 $T_{\varphi_1}\approx T_\varphi$,经整理得

$$\ln\frac{\varphi_k}{\varphi_{k+1}}=\frac{\nu_{\varphi\varphi}T_{\varphi 1}}{2}\approx\frac{\nu_{\varphi\varphi}T_\varphi}{2}=\nu_{\varphi\varphi}\cdot\frac{\pi}{n_\varphi}=\pi\mu_{\varphi\varphi} \tag{3.1.27}$$

式中 $\mu_{\varphi\varphi}$——横摇无因次衰减系数,$\mu_{\varphi\varphi}=\frac{\nu_{\varphi\varphi}}{n_\varphi}$。

当有了横摇衰减曲线,利用式(3.1.27)可计算无因次衰减系数。

由式(3.1.26)看出,在线性阻尼规律下,每半个周期的横摇幅值按公差等于 $\mathrm{e}^{-\frac{\nu_{\varphi\varphi}T_{\varphi 1}}{2}}$ 的几何级数减小。横摇衰减程度取决于 $\mu_{\varphi\varphi}$,$\mu_{\varphi\varphi}$ 越大则衰减越快,反之亦然。因此,船舶设计师希望设计的船舶的 $\mu_{\varphi\varphi}$ 要大些。

已知

$$\mu_{\varphi\varphi}=\frac{\nu_{\varphi\varphi}}{n_\varphi}=\frac{N_{\varphi\varphi}}{\sqrt{(J_{\varphi\varphi}+\Delta J_{\varphi\varphi})Dh}} \tag{3.1.28}$$

为提高 $\mu_{\varphi\varphi}$ 可采用增加阻尼系数 $N_{\varphi\varphi}$ 或减小转动惯量和初稳心高的方式。减小转动惯量虽然会使 $\mu_{\varphi\varphi}$ 增大,但同时会使横摇固有周期减小,这不利于横摇。减小初稳心高,可使 $\mu_{\varphi\varphi}$ 和横摇固有周期均增大,有利于改善横摇性能,但初稳心高减小会使船舶稳性降低,所以船舶设计师在设计船舶时应全面衡量,综合分析确定上述各参数。通常,通过增加船舶的横摇阻尼来提高 $\mu_{\varphi\varphi}$ 是减缓横摇运动的最有效的途径。如舰船上安装的舭龙骨、减摇鳍等装置均是通过增大 $N_{\varphi\varphi}$ 来达到减摇的目的。

(3)确定横摇阻尼的实用方法

由图3.1.5可知,衰减曲线相邻二振幅 φ_k 和 φ_{k+1} 的差 $\Delta\varphi=\varphi_k-\varphi_{k+1}$。如图3.1.6所示,以 $\Delta\varphi$ 为纵坐标轴,取平均值 $\varphi_m=\frac{(\varphi_k+\varphi_{k+1})}{2}$ 为横坐标轴,作 $\Delta\varphi=f(\varphi_m)$ 曲线,通常称为消灭曲线。

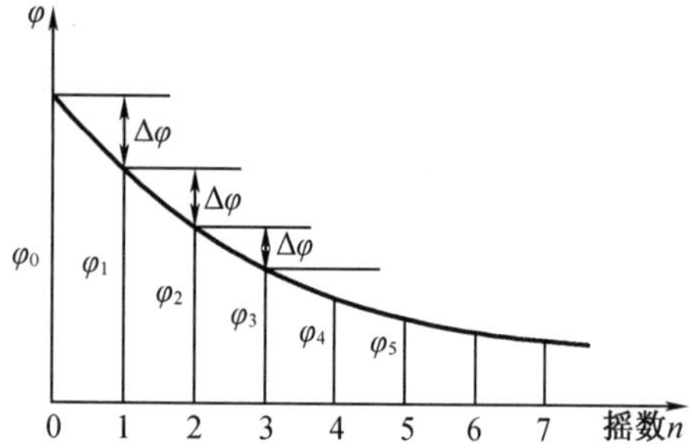

图 3.1.5 衰减曲线

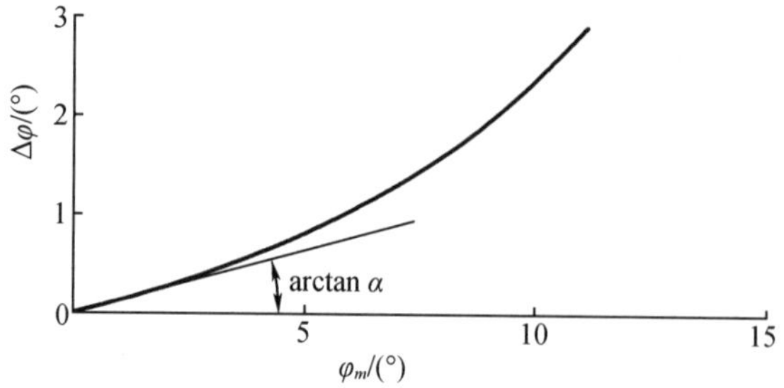

图 3.1.6 消灭曲线

可以证明，$\Delta\varphi = f(\varphi_m)$这一函数关系与阻尼力矩同横摇角速度的函数关系有相同的形式。若阻尼力矩与横摇角速度呈线性关系，则 $\Delta\varphi$ 与 φ_m 也呈线性关系，即

$$M(\dot{\varphi}) = -2N_{\varphi\varphi}\dot{\varphi},\Delta\varphi = a\varphi_m \tag{3.1.29}$$

式中 a——消灭系数，a 越大表示阻尼越大，衰减也就越快。

消灭系数 a 与阻尼系数 $N_{\varphi\varphi}$ 的关系为

$$a = \frac{T_\varphi}{2(J_{\varphi\varphi} + \Delta J_{\varphi\varphi})}N_{\varphi\varphi} \tag{3.1.30}$$

将式(3.1.29)代入式(3.1.30)得

$$2N_{\varphi\varphi} = \frac{4(J_{\varphi\varphi} + \Delta J_{\varphi\varphi})}{T_\varphi} \cdot \frac{\Delta\varphi}{\varphi_m}$$

于是有

$$2\mu_{\varphi\varphi} = \frac{2}{\pi} \cdot \frac{\Delta\varphi}{\varphi_m} \tag{3.1.31}$$

可见，通过消灭曲线可以求得阻尼系数，关键是要知道横摇衰减曲线。横摇衰减曲线主要通过模型试验测得。

当船舶横摇角小于 6°时，可认为阻尼力矩与横摇角速度呈线性关系。巴甫连柯建议 $2\mu_{\varphi\varphi} = 0.05 \sim 0.10$；费尔索夫建议无舭龙骨的 $2\mu_{\varphi\varphi} = 0.07 \sim 0.10$，带舭龙骨船的 $2\mu_{\varphi\varphi} = 0.11 \sim 0.14$；汉诺维奇根据军舰模型试验分析，建议无舭龙骨船的 $2\mu_{\varphi\varphi} \approx 0.08 \sim 0.09$，带舭龙骨的 $2\mu_{\varphi\varphi} \approx 0.10 \sim 0.15$。

3.1.2 船舶在静水中的自由升沉和纵摇运动

1. 船舶在静水中的自由升沉运动

前文讨论了横摇运动的各关系式，类似地可以用来讨论自由升沉运动。假设升沉是微幅的，这样在吃水变化范围内可认为船舷是直壁的，升沉阻尼是线性的。

根据上述假设，可求出作用在做升沉运动的船舶上的三种力，即

$$\left.\begin{aligned} M_{zz}\ddot{z} &= -\left(\frac{D}{g+\lambda_{zz}}\right)\ddot{z} \\ M_{zz}\dot{z} &= -2N_{zz}\dot{z} \\ C_{zz}z &= -rS_w z \end{aligned}\right\}$$

根据动平衡原理,可建立船舶升沉运动的微分方程,即

$$\left(\frac{D}{g}+\lambda_{zz}\right)\ddot{z}+2N_{zz}\dot{z}+rS_{w}z=0 \tag{3.1.32}$$

或

$$\ddot{z}+2\nu_{zz}\dot{z}+n_{z}^{2}z=0 \tag{3.1.33}$$

式中　$2\nu_{zz}$——升沉运动阻尼系数,即

$$2\nu_{zz}=\frac{2N_{zz}}{\dfrac{D}{g}+\lambda_{zz}}$$

式中　n_z——升沉固有圆频率,即

$$n_{z}=\sqrt{\frac{rS_{w}}{\dfrac{D}{g}+\lambda_{zz}}}$$

式(3.1.33)的解类似于式(3.1.7)的解。令初始条件为

$$t=0,z=z_{0},\dot{z}=0$$

于是有

$$z=z_{0}e^{-\nu_{zz}t}\cos(n_{z_1}t-\varepsilon_{z}) \tag{3.1.34}$$

式中　n_{z_1}——船有阻尼升沉圆频率,即

$$n_{z_1}=\sqrt{n_{z}^{2}-\gamma_{z}^{2}}$$

$$z_{a}=z_{0}\sqrt{1+\left(\frac{\nu_{zz}}{n_{z_1}}\right)^{2}}$$

$$\varepsilon_{z}=\arctan\left(\frac{\nu_{zz}}{n_{z_1}}\right)$$

式中　z_a——升沉运动幅值。

无阻尼升沉固有周期为

$$T_{z}=\frac{2\pi}{n_{z}}=2\pi\sqrt{\frac{\dfrac{D}{g}+\lambda_{zz}}{\gamma S_{w}}} \tag{3.1.35}$$

因为升沉运动阻尼力比较大,所以不能把静水有阻尼升沉周期近似为升沉固有周期。

升沉固有周期的近似计算如下:

因为升沉运动的附加质量同船舶本身的质量是同一数量级,所以可近似取

$$\lambda_{zz}\approx\frac{D}{g} \tag{3.1.36}$$

船舶排水量为

$$D=\gamma V=\gamma C_{B}LBT$$

式中　L——船长;

B——船宽;

T——吃水;

C_B——方形系数;

γ——水的密度。

载重水线面为

$$S_w = C_w LB$$

式中　C_w——水线面系数。

将 λ_{zz}、D 和 S_w 的表达式代入式(3.1.35)得

$$T_z = 2\pi\sqrt{\frac{2\gamma C_B LBT}{g\gamma C_w LB}} = 2\pi\sqrt{\frac{2}{g}\cdot\frac{C_B}{C_w}T} \approx 2.8\sqrt{TC_P} \qquad (3.1.37)$$

式中　C_P——船的竖向棱形系数，$C_P = \dfrac{C_B}{C_w}$。

要对升沉固有周期进行更精确的计算，必需精确计算船舶升沉运动的附加质量(详见第7章)。

升沉运动无因次衰减系数为

$$\mu_{zz} = \frac{\nu_{zz}}{n_z} = \frac{N_z}{\sqrt{\left(\dfrac{D}{g}+\lambda_{zz}\right)\gamma S_w}} \qquad (3.1.38)$$

2. 船舶在静水中的纵摇运动

假设纵摇是微幅的，纵摇阻尼力矩与纵摇角速度呈线性关系。同讨论升沉运动类似，可引出船舶的纵摇运动方程及相应的关系式，即

有阻尼船的纵摇运动方程

$$\left.\begin{aligned}&(J_{\theta\theta}+\lambda_{\theta\theta})\ddot{\theta}+2N_{\theta\theta}\dot{\theta}+DH_\theta\theta=0\\&\ddot{\theta}+2\nu_{\theta\theta}\dot{\theta}+n_\theta^2\theta=0\end{aligned}\right\} \qquad (3.1.39)$$

式中，纵摇阻尼系数 $2\nu_{\theta\theta}$ 的计算式为

$$2\nu_{\theta\theta} = \frac{2N_{\theta\theta}}{J_{\theta\theta}+\Delta J_{\theta\theta}}$$

纵摇固有圆频率为

$$n_\theta = \sqrt{\frac{DH_\theta}{J_{\theta\theta}+\Delta J_{\theta\theta}}}$$

纵摇运动方程的解为

$$\theta = \theta_a e^{-\nu_{\theta\theta}t}\cos(n_{\theta_1}t-\varepsilon_\theta) \qquad (3.1.40)$$

式中　n_{θ_1}——船舶有阻尼的纵摇圆频率，即

$$n_{\theta_1} = \sqrt{n_\theta^2 - \nu_{\theta\theta}^2}$$

$$\theta_a = \theta_0\sqrt{1+\left(\frac{\nu_{\theta\theta}}{n_{\theta_1}}\right)^2}$$

$$\varepsilon_\theta = \arctan\left(\frac{\nu_{\theta\theta}}{n_{\theta_1}}\right)$$

纵摇无因次衰减系数为

$$\mu_{\theta\theta}=\frac{\nu_{\theta\theta}}{n_\theta}=\frac{N_{\theta\theta}}{\sqrt{(J_{\theta\theta}+\lambda_{\theta\theta})DH_\theta}} \tag{3.1.41}$$

纵摇固有周期为

$$T_\theta=\frac{2\pi}{n_\theta}=2\pi\sqrt{\frac{J_{\theta\theta}+\lambda_{\theta\theta}}{DH_\theta}}\approx2\pi\sqrt{\frac{J_{\theta\theta}+\lambda_{\theta\theta}}{DR_\theta}} \tag{3.1.42}$$

式中 R_θ——船纵稳心半径；

H_θ——纵稳心高。

(1)纵摇固有周期的近似值计算

因为船舶纵摇的附加惯性矩同船本身质量的惯性矩是同一数量级，所以可近似取

$$\lambda_{\theta\theta}\approx J_{\theta\theta}$$

(2)船舶质量惯性矩的近似计算

①根据船横剖面面积曲线 $w(x)$ 计算

$$J_{\theta\theta}=J_0+\frac{1}{60}\cdot\frac{DL^2}{g} \tag{3.1.43}$$

式中

$$J_0=\frac{\gamma}{g}\int_L x^2w(x)\,\mathrm{d}x \tag{3.1.44}$$

式中 D——排水量；

γ——水的重度。

②更粗略的估算公式

$$J_{\theta\theta}=0.07\frac{D}{g}C_\mathrm{w}L^2 \tag{3.1.45}$$

式中 C_w——水线面系数。

③当已知船舶的纵惯性半径 ρ_θ 时，可按式(3.1.46)计算。

$$J_{\theta\theta}=\frac{D}{g}\rho_\theta^2 \tag{3.1.46}$$

一般船型 $\rho_\theta\approx0.25L$。

若将式(3.1.45)及纵稳心半径 $R_\theta\approx\frac{C_\mathrm{w}^2}{14C_\mathrm{B}}\cdot\frac{L^2}{T}$代入式(3.1.42)，经整理得

$$T_\theta=2\pi\sqrt{\frac{2\times0.07C_\mathrm{B}DL^2\times14TC_\mathrm{w}}{gDC_\mathrm{w}^2L^2}}\approx2.8\sqrt{TC_\mathrm{P}} \tag{3.1.47}$$

对比式(3.1.37)与式(3.1.47)有

$$T_z\approx T_\theta$$

说明船舶在静水中升沉和纵摇的固有周期是很接近的，并且有 $T_z\approx T_\theta\approx\frac{1}{2}T_\varphi$。

3. 升沉和纵摇的阻尼系数的近似计算

(1)哈斯金德近似公式

对于零航速、微幅升沉和纵摇运动，线性阻尼系数可按式(3.1.48)和式(3.1.49)计

算,即

$$2N_{zz}=\frac{\rho w_z^3}{2g}S_w^2X_1^2\left(\frac{T}{\lambda}\right)X_2\left(\frac{L}{\lambda}\right) \tag{3.1.48}$$

$$2N_{\theta\theta}=\frac{\rho w_\theta^7}{4g^3}I_y^2X_1^2\left(\frac{T}{\lambda}\right)X_3\left(\frac{L}{\lambda}\right) \tag{3.1.49}$$

式中 S_w——水线面面积;

ρ——水的密度;

I_y——水线面面积相对通过船舯剖面横轴的惯性矩;

w_z——船舶升沉频率;

ω_θ——船舶纵摇频率;

$X_1^2\left(\frac{T}{\lambda}\right)$、$X_2\left(\frac{L}{\lambda}\right)$、$X_3\left(\frac{L}{\lambda}\right)$——比例系数,分别由图 3.1.7、图 3.1.8 和图 3.1.9 查出(λ 代表船舶升沉或纵摇引起的兴波波长)。

式(3.1.48)和式(3.1.49)在计算船舶在静水中微幅升沉和纵摇的阻尼系数时可给出令人较满意的结果,但不适用于计算船舶在波浪中升沉和纵摇的阻尼系数。

(2)布伯诺夫公式

要更粗略地估计升沉和纵摇的阻尼系数,可利用布伯诺夫建议的近似公式,即

$$\left.\begin{aligned}2N_{zz}&=fS_w\\2N_{\theta\theta}&=fI_{gy}\end{aligned}\right\} \tag{3.1.50}$$

式中 $f=0.18\ \mathrm{t\cdot s/m^3}$;

S_w——水线面面积,$\mathrm{m^2}$;

I_{gy}——水线面对通过船舶重心横轴的惯性矩,$\mathrm{m^4}$。

升沉和纵摇的阻尼系数可用势流理论做较精确的计算(详见第 4 章)。

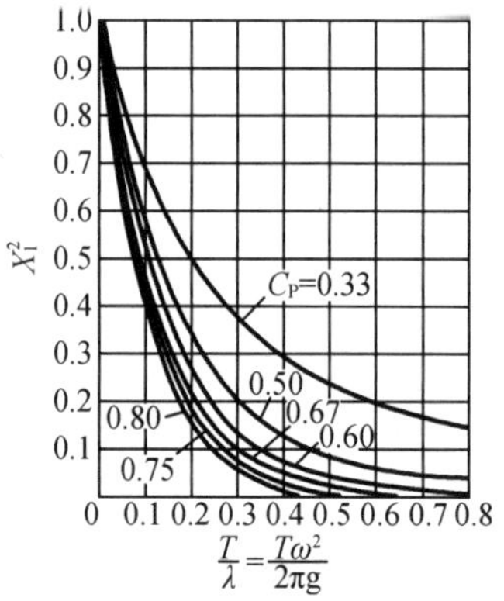

图 3.1.7 $X_1^2\left(\frac{T}{\lambda}\right)$

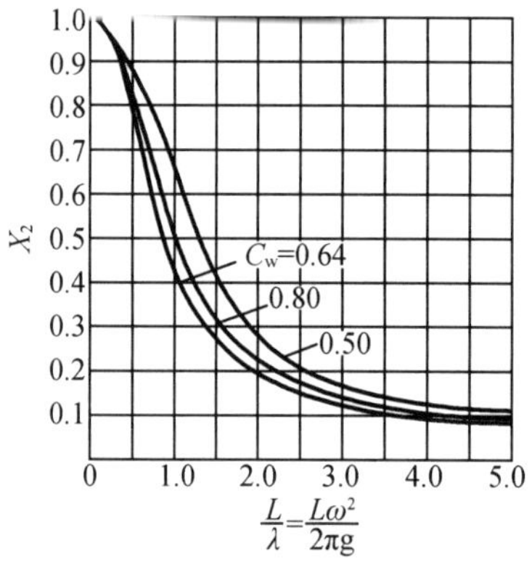

图 3.1.8 $X_2\left(\frac{L}{\lambda}\right)$

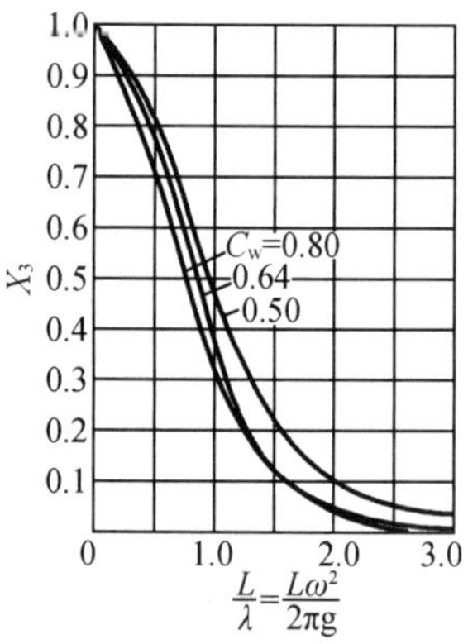

图 3.1.9 $X_3\left(\frac{L}{\lambda}\right)$

3.2 船舶在正横规则波中的横摇运动

3.2.1 船舶在正横规则波中的横摇扰动力矩

横摇的主扰动力矩可根据弗劳德关于船舶在正横波中横摇的经典理论推导出来。下面先引入弗劳德假说：

(1)作用于船体上的规则波是稳定的平面进行波；

(2)船体的存在不影响波浪质点运动，也就是说满足弗劳德－克雷洛夫假说；

(3)船舶处在正横波上，其横向尺寸(宽度、吃水)与波长相比是很小的；

(4)不考虑阻尼及附加质量的影响。

因为该假说认为船舶的横向尺度相对于波长来说很小，所以可把船舶看成波内同体积的一块水，它的重心应随波做轨圆运动，同时做横摇运动。

图 3.2.1 表示船舶在正横波中的一个瞬时状态，它倾斜一角度 φ，根据波面下的压力梯度与静水中相同的假设，这时船的排水体积如阴影部分所示，浮心由 c 移到 c_1。视浮力(或称表观浮力)γV 作用过浮心 c_1，视重力(或称表观重力)D 作用过重心 G，它们均与波面垂直。考虑到横摇的正方向(图 3.2.1 为由船首向尾视图)，水的作用力矩为

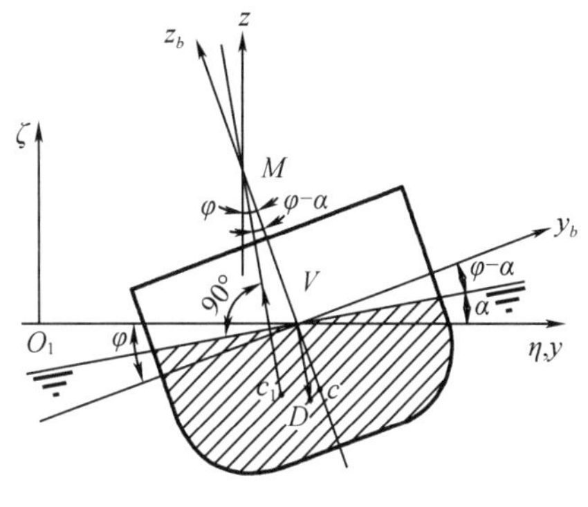

图 3.2.1 船舶在正横波中的一个瞬时状态

$$M_F = -\gamma V\,\overline{GK} = -\gamma V\,\overline{GM}\sin(\varphi-\alpha) \tag{3.2.1}$$

式中 $\overline{GM}$——船舶的初稳心高，$\overline{GM}=h$；

α——波面角。

由十假设附加质量和阻尼力矩很小，可以忽略，因此船舶的横摇运动方程为

$$J_{\varphi\varphi}\ddot{\varphi} = M_F = -Dh\sin(\varphi-\alpha) \approx -Dh(\varphi-\alpha) \tag{3.2.2}$$

在船舶做小角度横摇时，可认为 $\sin(\varphi-\alpha)\approx\varphi-\alpha$。将式(3.2.2)改写为

$$J_{\varphi\varphi}\ddot{\varphi} + Dh\varphi = Dh\alpha \tag{3.2.3}$$

式中 $J_{\varphi\varphi}$——船舶本身转动惯量；

$Dh\varphi$——由船舶横倾角 φ 引起的恢复力矩；

$Dh\alpha$——波浪主干扰动力矩。

正横波的波面角方程为

$$\alpha = \alpha_0\sin(ky+\omega t) \tag{3.2.4}$$

船宽较小时，可认为在船宽范围内波面在 y 方向上的波面角等于常数，且等于 $y=0$ 处的波面角，这样式(3.2.4)变为

$$\alpha = \alpha_0\sin(\omega t) \tag{3.2.5}$$

于是得到横摇波浪主扰动力矩的表达式为

$$F_{\varphi\varphi}^{(0)} = Dh\alpha_0\sin(\omega t) \tag{3.2.6}$$

式(3.2.6)计算的横摇波浪主扰动力矩，是把船舶看成波表面一质点，按静水压力梯度计算的。根据第2章引入的"有效波面"概念，当考虑船宽和吃水有限性的影响后，横摇主扰动力矩要比 $F_{\varphi\varphi}^{(0)}$ 小，同时船舶的视重力将垂直于某一次波面，如图3.2.2所示。

考虑船宽和吃水有限性对横摇波浪主扰动力矩的影响，引入波面角修正系数 X_φ，$X_\varphi<1$，并有

$$X_\varphi = X_{\varphi T}X_{\varphi B} \tag{3.2.7}$$

式中 $X_{\varphi T}$——考虑吃水有限性引起的动水压力的修正系数，它取决于吃水与波长比 $\left(\dfrac{T}{\lambda}\right)$ 和船横剖面形状；

$X_{\varphi B}$——考虑船宽有限性的修正系数，它取决于船宽与波长比 $\left(\dfrac{B}{\lambda}\right)$ 和船横剖面形状。

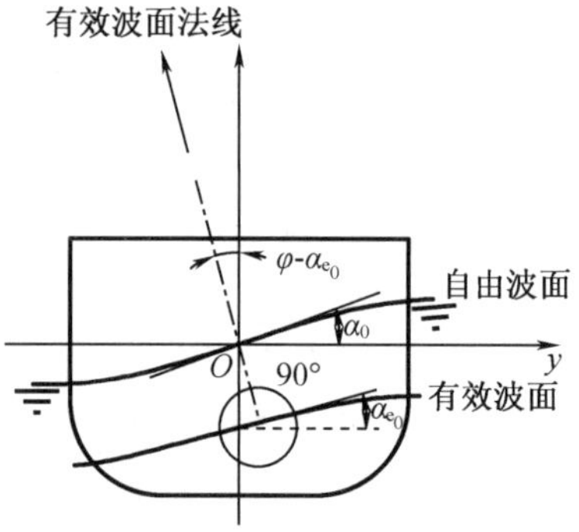

图3.2.2　船舶视重力与有效波面的关系

船宽和吃水有限性后的横摇波浪主扰动力矩 $F_{\varphi\varphi}^{(1)}$（称为弗劳德－克雷洛夫力）为

$$F_{\varphi\varphi}^{(1)} = X_\varphi \cdot F_{\varphi\varphi}^{(0)} = X_\varphi Dh\alpha_0 \sin\omega t = Dh\alpha_{e_0}\sin\omega t \tag{3.2.8}$$

式中 α_{e_0}——有效波面角振幅，$\alpha_{e_0}=X_\varphi\alpha_0$。

上述计算在一定范围内，给出了工程上可接受的精度。若波长超过船宽8~10倍及超过吃水16~20倍，巴甫连柯修正方法给出了足够的精度。

修正系数 $X_{\varphi B}$、$X_{\varphi T}$ 也可用近似公式计算，即

$$X_{\varphi T} = \mathrm{e}^{-\frac{kT}{2}} \tag{3.2.9}$$

$$X_{\varphi B} = 1 - \sqrt{C_w}\left(\frac{B}{\lambda}\right)^2 \tag{3.2.10}$$

式中 k——波数，$k=\dfrac{2\pi}{\lambda}$；

C_w——水线面系数。

3.2.2　船舶在正横规则波上的线性横摇

假设船舶在正横规则波上做小角度横摇，这样可认为阻尼力矩与横摇角速度呈线性关系，恢复力矩与横摇角速度呈线性关系；并假设船宽与波长相比是小量，因而可认为波浪对船体的作用相当于一做简谐角振荡的波平面对船体的作用，如图3.2.3所示。

在上面的假设下，作用在船体上的力矩，除第3章讲的船舶在静水中横摇所受的力矩外，还有波浪扰动力矩。根据动平衡原理，作用于横摇运动船舶上的总力矩等于零，由此可建立船舶在正横规则波中横摇运动的微分方程，即

$$(J_{\varphi\varphi}+\Delta J_{\varphi\varphi})\ddot{\varphi} + 2N_{\varphi\varphi}\varphi + Dh\varphi = DhX_\varphi\alpha_0\sin\omega t \tag{3.2.11}$$

或

$$\ddot{\varphi} + 2\nu_{\varphi\varphi}\dot{\varphi} + n_\varphi^2\varphi = X_\varphi\alpha_0 n_\varphi^2 \sin\omega t \tag{3.2.12}$$

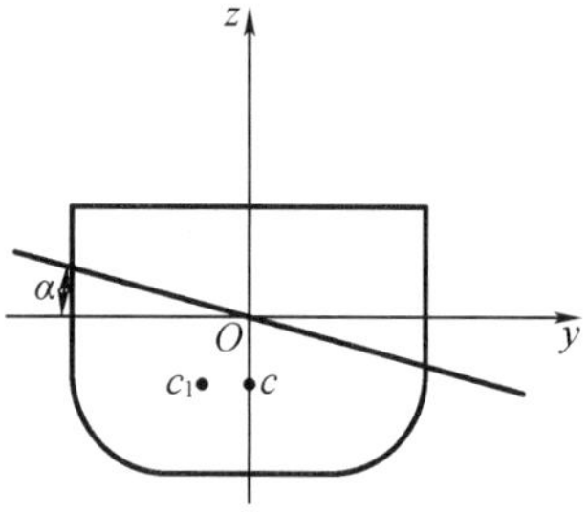

图3.2.3　波浪对船体的作用

式(3.2.12)是二阶常系数非齐次线性微分方程,它的解是该式等号右边项为零的齐次微分方程的通解加上式(3.2.12)的特解。其通解是在第3章里讲述的船舶在静水中有阻尼横摇情况下,横摇随时间增长以 $e^{-\nu_{\varphi\varphi}t}$ 规律很快衰减,当时间足够长时,通解所表征的船舶自由横摇运动消失,只剩下其特解表征的船舶在波浪作用下引起的强迫横摇运动(称为稳定后的横摇)。

因为我们假定波浪是微幅平面简谐波,船舶本身是二阶线性系统,所以横摇运动也是简谐的,令特解为

$$\varphi = \varphi_a \sin(\omega t + \varepsilon_{\varphi\alpha}) \tag{3.2.13}$$

式中 $\varepsilon_{\varphi\alpha}$——横摇角 φ 相对于波面角 α 的位相差;

ω——船舶强迫横摇圆频率。

将式(3.2.13)及其对时间 t 的一次导数和二次导数代入式(3.2.12)得

$$-\omega^2\varphi_a\sin(\omega t+\varepsilon_{\varphi\alpha}) + 2\nu_{\varphi\varphi}\omega\varphi_a\cos(\omega t+\varepsilon_{\varphi\alpha}) + n_\varphi^2\sin(\omega t+\varepsilon_{\varphi\alpha}) = n_\varphi^2 X_\varphi \sin\omega t \tag{3.2.14}$$

将式(3.2.14)等号左边项中括号展开,经整理后得

$$-\omega^2\varphi_a\cos\varepsilon_{\varphi\alpha} - 2\nu_{\varphi\varphi}\omega\varphi_a\sin\varepsilon_{\varphi\alpha} + n_\varphi^2\varphi_a\cos\varepsilon_{\varphi\alpha} = n_\varphi^2\alpha_0 X_\varphi \tag{3.2.15}$$

$$-\omega^2\varphi_a\sin\varepsilon_{\varphi\alpha} + 2\nu_{\varphi\varphi}\omega\varphi_a\cos\varepsilon_{\varphi\alpha} + n_\varphi^2\varphi_a\sin\varepsilon_{\varphi\alpha} = 0 \tag{3.2.16}$$

由式(3.2.16)得

$$\tan\varepsilon_{\varphi\alpha} = \frac{-2\nu_{\varphi\varphi}\omega}{n_\varphi^2-\omega^2} \tag{3.2.17}$$

$$\left.\begin{aligned} \sin\varepsilon_{\varphi\alpha} &= \frac{-2\nu_{\varphi\varphi}\omega}{\sqrt{(n_\varphi^2-\omega^2)^2+4\nu_{\varphi\varphi}^2\omega^2}} \\ \cos\varepsilon_{\varphi\alpha} &= \frac{n_\varphi^2-\omega^2}{\sqrt{(n_\varphi^2-\omega^2)^2+4\nu_{\varphi\varphi}^2\omega^2}} \end{aligned}\right\} \tag{3.2.18}$$

将式(3.2.18)代入式(3.2.15),经整理得

$$\varphi_a = \frac{\alpha_0 X_\varphi}{\sqrt{(1-\Lambda^2)^2+4\mu_{\varphi\varphi}^2\Lambda^2}} \tag{3.2.19}$$

式中 Λ——相对频率或调谐因数,$\Lambda=\omega/n_\varphi$;

$\mu_{\varphi\varphi}=v_{\varphi\varphi}/n_\varphi$。

当船舶的无因次衰减系数 $\mu_{\varphi\varphi}$ 和有效波面角 $\alpha_0 X_\varphi$ 确定后,由式(3.2.19)可计算船舶在正横规则波上的横摇幅值。

由式(3.2.19)分析船舶在正横规则波上的横摇幅值随相对频率 Λ 的变化规律。将式(3.2.19)改写为

$$K_{\varphi\alpha} = \frac{\varphi_a}{\alpha_0} = \frac{X_\varphi}{\sqrt{(1-\Lambda^2)^2+4\mu_{\varphi\varphi}^2\Lambda^2}} \tag{3.2.20}$$

式中 $K_{\varphi\alpha}$——横摇相对波面角的幅频响应函数,也称放大系数。

式(3.2.20)也可写成

$$K_{\varphi\alpha_e} = \frac{\varphi_a}{\alpha_0 X_\varphi} = \frac{\varphi_a}{\alpha_{e0}} = \frac{1}{\sqrt{(1-\Lambda^2)^2+4\mu_{\varphi\varphi}^2\Lambda^2}} \tag{3.2.21}$$

式中 $K_{\varphi\alpha_e}$——横摇相对有效波面的幅频响应函数。

由式(3.2.17)可得横摇的相频响应函数,即

$$\varepsilon_{\varphi\alpha}=\arctan\left(\frac{-2\mu_{\varphi\varphi}\Lambda}{1-\Lambda^2}\right) \tag{3.2.22}$$

对于不同的 Λ 和 $\mu_{\varphi\varphi}$,可根据式(3.2.21)和式(3.2.22)预先计算出 $K_{\varphi\alpha_e}$ 和 $\varepsilon_{\varphi\alpha}$,并绘成图谱,以便于计算船舶的横摇运动。显然,该图谱对于船舶的纵摇和升沉运动也是适用的。考虑到通用性,放大系数以 K 表示,相角以 ε 表示。

1. 频率响应函数的几种特殊情况

(1)当 $\Lambda\approx0$ 时,有

$$K_{\varphi\alpha_e}\approx1,\varepsilon_{\varphi\alpha}=0^\circ$$

这种情况相当于波长很长(或说波浪周期 T_B 很长),而船舶的初稳心高很大,横摇固有周期 T_φ 很短,如平底船、救生筏等类型船。当它们处于长周期波浪上时,就属于 $\Lambda\approx0$ 的情况,我们将看到救生筏在海上随波漂浮,其横摇角等于波面角,如图 3.2.4 所示。

(2)当 $\Lambda\to\infty$ 时,有

$$K_{\varphi\alpha_e}\to0,\varepsilon_{\varphi\alpha}\to180^\circ$$

这种情况相当于大船处在周期极短的波浪上,此时船舶几乎不发生横摇运动,如图 3.2.5 所示。

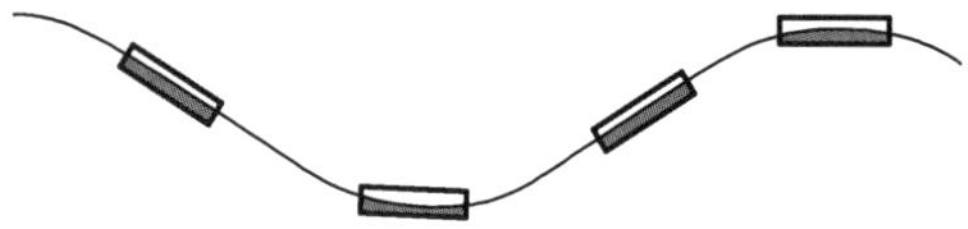

图 3.2.4　$\Lambda\approx0$ 时的情况

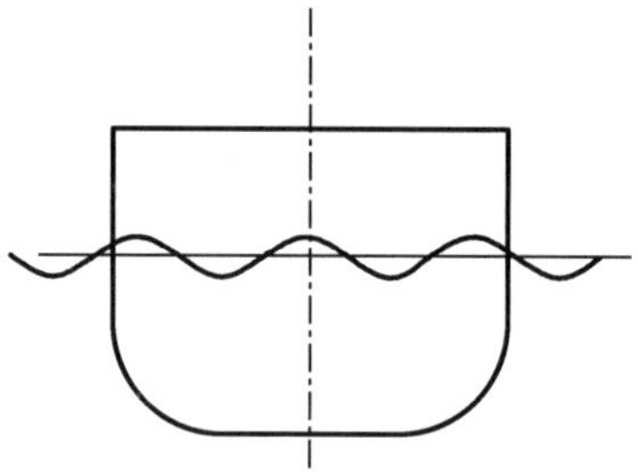

图 3.2.5　$\Lambda\to\infty$ 时的情况

(3)当 $\Lambda=1$ 时,有

$$K_{\varphi\alpha_e}=\frac{1}{2\mu_{\varphi\varphi}},\varepsilon_{\varphi\alpha}=-90^\circ \tag{3.2.23}$$

此时,波浪周期等于船舶的横摇固有周期,船舶的横摇运动滞后波浪 90°。由式(3.2.23)看出,此时放大系数与横摇无因次衰减系数 $2\mu_{\varphi\varphi}$ 成反比。因为 $\mu_{\varphi\varphi}$ 很小,所以放大系数很大。也就是说,船舶横摇可能达到很大值,即产生所谓的共振现象,这在船舶航行中是比较危险的情况。

在 $\Lambda=1$ 时,横摇幅值可能是相当大的,一般称 $0.7<\Lambda<1.3$ 的范围为共振区。在共振区内,增大船舶横摇阻尼将使其横摇幅值迅速减小。可见,增大船舶横摇阻尼是减缓船舶横摇幅值的有效方法,如在船舶上装舭龙骨、减摇鳍等均是基于这一原理实现减摇的。

下面我们再从力学角度来讨论船舶横摇运动的解,研究放大系数和相位 $\varepsilon_{\varphi\alpha}$ 同相对频率 Λ 的关系。

先看 $\varphi(t)$、$\dot{\varphi}(t)$、$\ddot{\varphi}(t)$ 之间的相位关系及其向量表示法,即

$$\varphi = \varphi_a \sin(\omega t + \varepsilon_{\varphi\alpha})$$

$$\dot{\varphi} = \varphi_a \omega \cos(\omega t + \varepsilon_{\varphi\alpha}) = \varphi_a \omega \sin(\omega t + \varepsilon_{\varphi\alpha} + 90°) \tag{3.2.24}$$

$$\ddot{\varphi} = -\varphi_a \omega^2 \sin(\omega t + \varepsilon_{\varphi\alpha}) = \varphi_a \omega^2 \sin(\omega t + \varepsilon_{\varphi\alpha} + 180°) \tag{3.2.25}$$

由此看出，对任一简谐量每对时间求导一次，相当于在幅值上乘以 ω，而其位相超前 90°，如图 3.2.6 所示。

一个简谐量可以用一个以圆频率 ω 为角速度的旋转向量表示。图 3.2.7 表示与图 3.2.6 相对应的 $\boldsymbol{\varphi}$、$\dot{\boldsymbol{\varphi}}$、$\ddot{\boldsymbol{\varphi}}$ 的向量图，其中三个向量的幅值为 φ_a、$\varphi_a\omega$、$\varphi_a\omega^2$。假设它们按逆时针方向旋转，$\boldsymbol{\varphi}$ 与任意选择的参考向量的相位关系为超前 $\varepsilon_{\varphi\alpha}$，而 $\dot{\boldsymbol{\varphi}}$ 和 $\ddot{\boldsymbol{\varphi}}$ 则分别超前于 $\boldsymbol{\varphi}$ 90°和 180°。

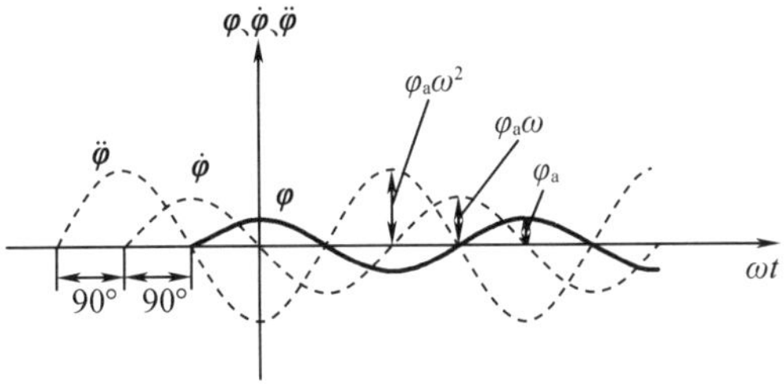

图 3.2.6 $\varphi(t)$、$\dot{\varphi}(t)$、$\ddot{\varphi}(t)$ 之间的相位关系

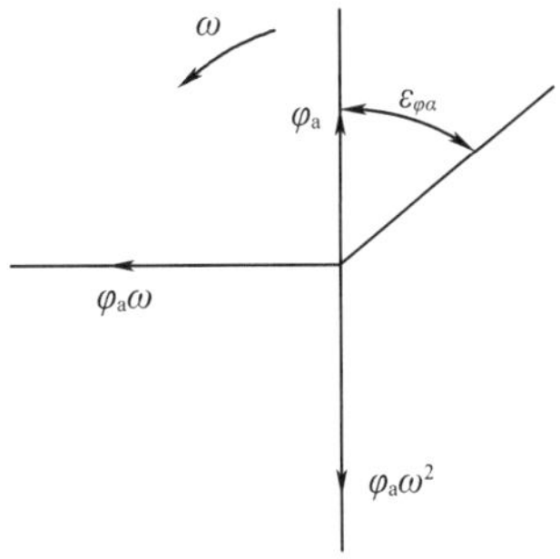

图 3.2.7 与图 3.2.6 相应的 $\boldsymbol{\varphi}$、$\dot{\boldsymbol{\varphi}}$、$\ddot{\boldsymbol{\varphi}}$ 的向量图

现在再来分析横摇运动微分方程，即

$$M_{\varphi\varphi}\ddot{\boldsymbol{\varphi}} + 2N_{\varphi\varphi}\dot{\boldsymbol{\varphi}} + C_{\varphi\varphi}\boldsymbol{\varphi} = C_{\varphi\varphi}\alpha_{e_0}\sin \omega t$$

变换一个写法，即

$$0 = -M_{\varphi\varphi}\ddot{\boldsymbol{\varphi}} - 2N_{\varphi\varphi}\dot{\boldsymbol{\varphi}} - C_{\varphi\varphi}\boldsymbol{\varphi} + C_{\varphi\varphi}\alpha_{e_0}\sin \omega t \tag{3.2.26}$$

由于式(3.2.26)中的各项力矩均是简谐量，因此也可以用旋转向量表示，将各项力矩写成如下形式：

$$\left.\begin{aligned} M_{\varphi\varphi}\ddot{\boldsymbol{\varphi}} &= M_{\varphi\varphi}\varphi_a\omega^2\sin(\omega t + \varepsilon_{\varphi\alpha} + 180°) \\ 2N_{\varphi\varphi}\dot{\boldsymbol{\varphi}} &= 2N_{\varphi\varphi}\varphi_a\omega\sin(\omega t + \varepsilon_{\varphi\alpha} + 90°) \\ C_{\varphi\varphi}\boldsymbol{\varphi} &= C_{\varphi\varphi}\varphi_a\sin(\omega t + \varepsilon_{\varphi\alpha}) \\ F_{\varphi\varphi} &= C_{\varphi\varphi}\alpha_{e_0}\sin(\omega t) \end{aligned}\right\} \tag{3.2.27}$$

绘出各项力矩的向量图，并应注意 $M_{\varphi\varphi}\ddot{\boldsymbol{\varphi}}$、$2N_{\varphi\varphi}\dot{\boldsymbol{\varphi}}$、$C_{\varphi\varphi}\boldsymbol{\varphi}$ 分别与 $\boldsymbol{\varphi}$、$\dot{\boldsymbol{\varphi}}$、$\ddot{\boldsymbol{\varphi}}$ 的方向相反、$\boldsymbol{\varphi}$ 与 $\boldsymbol{F}_{\varphi\varphi}$ 之间的位相是 $\varepsilon_{\varphi\alpha}$（假设 $\varepsilon_{\varphi\alpha} > 0$），则得向量图如图 3.2.8 所示，同时标明了各力矩的幅值。

式(3.2.26)在向量图上对应于各向量之和等于零。由于这些向量以同样的角速度旋转，因此它们之间的相位关系不变，又因研究的横摇是定常的，所以各向量的幅值均不变。因此，只要讨论图 3.2.8 所代表的某一时刻的向量平衡条件就足以说明我们要讨论的问题。

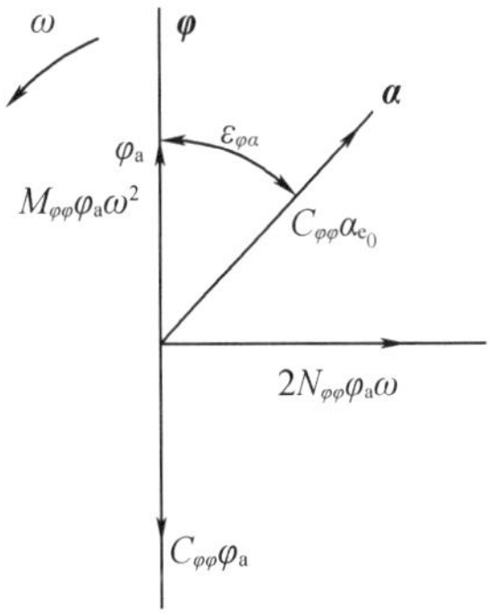

图 3.2.8 向量图

将上述向量投影到纵坐标轴和横坐标轴上，分别得出平衡方程，即

$$\left.\begin{aligned}M_{\varphi\varphi}\varphi_a\omega^2+C_{\varphi\varphi}\alpha_{e0}\cos\varepsilon_{\varphi\alpha}-C_{\varphi\varphi}\varphi_a=0\\2N_{\varphi\varphi}\varphi_a\omega+C_{\varphi\varphi}\alpha_{e0}\sin\varepsilon_{\varphi\alpha}=0\end{aligned}\right\}\tag{3.2.28}$$

解联立方程式(3.2.28)得

$$\varphi_a=\frac{C_{\varphi\varphi}\alpha_{e0}}{\sqrt{(M_{\varphi\varphi}\omega^2-C_{\varphi\varphi})^2+4N_{\varphi\varphi}^2\omega^2}}\tag{3.2.29}$$

$$\tan\varepsilon_{\varphi\alpha}=\frac{-2N_{\varphi\varphi}\omega}{M_{\varphi\varphi}\omega^2-C_{\varphi\varphi}}\tag{3.2.30}$$

式(3.2.29)和式(3.2.30)同式(3.2.9)和式(3.2.22)是完全一样的。

由图3.2.8看出,当$\varepsilon_{\varphi\alpha}$为正值时,即$\boldsymbol{\varphi}$超前于波面角$\boldsymbol{\alpha}$的大小为$\varepsilon_{\varphi\alpha}$,式(3.2.28)的第二个方程不可能被满足,因此向量关系得不到平衡,也就是说,这种横摇不可能存在。将向量$\boldsymbol{\alpha}$转移到$\boldsymbol{\varphi}$轴的左侧,并将各个向量的幅值除以φ_a,则横摇主扰动力矩的幅值为

$$B_{\varphi\varphi}=\frac{\alpha_{e0}}{\varphi_a}=-\frac{B_{\varphi\varphi}}{K_{\varphi\alpha_e}}$$

2. 依据向量图来讨论ω由零逐渐增加到$\omega=n_\varphi$,再继续增加到$\omega>n_\varphi$的各种情况

(1)$\omega\approx0$意味着横摇很缓慢,阻尼力矩和惯性力矩的向量都很小,波浪主扰动力矩向量必须主要平衡恢复力矩向量,故$\varepsilon_{\varphi\alpha}$是个小的负值,如图3.2.9(a)所示。当$\omega=0$时,波浪主扰动力矩向量与恢复力矩向量幅值相等且方向相反,即$C_{\varphi\varphi}=\dfrac{C_{\varphi\varphi}}{K_{\varphi\alpha_e}}$,故$K_{\varphi\alpha_e}=1$。

(2)随ω的增加,阻尼力矩向量增加,惯性力矩向量增加的幅度更大(按ω^2增加)。这时,波浪扰动力矩向量在幅值和相位上(相对$\boldsymbol{\varphi}$)都必须随之变化以保持向量关系的平衡。当$\omega=n_\varphi$时,惯性力矩向量的幅值$M_{\varphi\varphi}\omega^2$等于恢复力矩向量的幅值$C_{\varphi\varphi}$,即$M_{\varphi\varphi}\omega^2=M_{\varphi\varphi}n_\varphi^2=C_{\varphi\varphi}$,这时,波浪扰动力矩向量必须与$\boldsymbol{\varphi}$成90°且与阻尼力矩向量方向相反、幅值相等,如图3.2.9(b)所示。因此有

$$\left[\frac{C_{\varphi\varphi}}{K_{\varphi\alpha_e}}\right]_{\omega=n_\varphi}=2N_{\varphi\varphi}\omega=2N_{\varphi\varphi}n_\varphi$$

$$[K_{\varphi\alpha_e}]_{\omega=n_\varphi}=\frac{C_{\varphi\varphi}}{2N_{\varphi\varphi}n_\varphi}=\frac{1}{2\mu_{\varphi\varphi}}\tag{3.2.31}$$

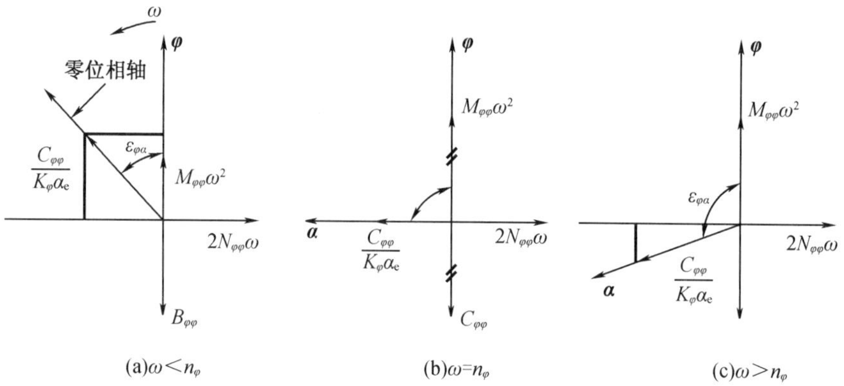

图3.2.9 向量关系图

严格地说,式(3.2.31)表达的数值虽不是 $K_{\varphi\alpha_e}$ 的最大值,但非常接近于 $K_{\varphi\alpha_e}$ 的最大值。因此,在实际应用时,可认为这点是船舶在正横波中的横摇幅值最大处。这里再一次看到最大的放大系数,只取决于无因次衰减系数。

(3)ω 继续增加,$M_{\varphi\varphi}\omega^2$ 将大于 $C_{\varphi\varphi}$,此时波浪扰动力矩向量必须转至第三象限使其水平分量平衡于 $2N_{\varphi\varphi}\omega$,纵坐标轴分量同恢复力矩一起来平衡惯性力矩向量。当 ω 很大时,恢复力矩的作用相对已变得很小,$2N_{\varphi\varphi}\omega$ 也比 $M_{\varphi\varphi}\omega^2$ 小很多,因此,波浪扰动力矩向量趋近于 $\varepsilon_{\varphi\alpha}=-180°$,如图3.2.9(c)所示。在 $\omega\to\infty$ 的极限情况下,$\left(\frac{C_{\varphi\varphi}}{K_{\varphi\alpha_e}}\right)=M_{\varphi\varphi}\omega^2\to\infty$,$K_{\varphi\alpha_e}\to 0$。

综上所述,可得如下结论:要使船舶在波浪上具有优良的横摇性能(摇幅要小,横摇运动要缓和),应从两方面考虑:一是设法增加横摇阻尼,以增大无因次衰减系数来减缓共振区摇幅;二是尽量增大横摇固有周期并要远离波浪周期以避开共振区。

实际上,海洋波浪的周期是在一定的范围内的。根据大量的统计资料分析可知,波浪周期大于10 s以上的比较少,短周期波浪出现得较多。因此,在设计船舶时,一般根据船舶经常航行海区的波浪特征,确定船舶的固有周期。通常是使船的固有周期尽量长些,以避免共振横摇的发生,一般取 $\Lambda=\left(\frac{T_\varphi}{T_B}\right)>\frac{1}{3}$。

对于规则波,波长 λ 与周期 T_B 有如下关系:

$$T_B=0.8\sqrt{\lambda} \tag{3.2.32}$$

按式(3.2.32)计算不同波长对应的波浪周期,如表3.2.1所示。

表3.2.1 不同波长对应的波浪周期

波长/m	40	50	60	70	80	100	120	140	160	180
周期/s	5.1	5.7	6.2	6.7	7.1	8.0	8.4	9.5	10.1	10.7

3.2.3 频率响应函数的概念

对前文讨论的船舶在正横规则波中的横摇微分方程(3.2.12),引用有效波面角 $\alpha_e(t)$ 与横摇角 $\varphi(t)$ 的复数表达式,即

$$\left.\begin{aligned}\alpha_e(t)&=\alpha_{e0}\sin(\omega t)=\text{Im }\alpha_{e0}e^{i\omega t}\\ \varphi(t)&=\varphi_a\sin(\omega t+\varepsilon_{\varphi\alpha})=\text{Im }\varphi_a e^{i(\omega t+\varepsilon_{\varphi\alpha})}\end{aligned}\right\} \tag{3.2.33}$$

式中 Im——取虚部。

将式(3.2.33)代入式(3.2.12),并考虑到

$$\frac{d}{dt}(\text{Im }e^{i\omega t})=\frac{d}{dt}[\sin(\omega t)]=\omega\cos(\omega t)$$

$$\text{Im}\left(\frac{d}{dt}e^{i\omega t}\right)=\text{Im}(i\omega e^{i\omega t})=\omega\cos(\omega t)$$

即

$$\frac{\mathrm{d}}{\mathrm{d}t}(\mathrm{Im}\ \mathrm{e}^{\mathrm{i}\omega t}) = \mathrm{Im}\left(\frac{\mathrm{d}}{\mathrm{d}t}\mathrm{e}^{\mathrm{i}\omega t}\right)$$

于是有

$$\mathrm{Im}[(-\omega^2 + 2\nu_{\varphi\varphi}\mathrm{i}\omega + n_\varphi^2)\varphi_\mathrm{a}\mathrm{e}^{\mathrm{i}(\omega t+\varepsilon_{\varphi\alpha})}] = \mathrm{Im}\ n_\varphi^2\alpha_{\mathrm{e}_0}\mathrm{e}^{\mathrm{i}\omega t} \tag{3.2.34}$$

将 $\varphi_\mathrm{a}\mathrm{e}^{-\mathrm{i}(\omega t+\varepsilon_{\varphi\alpha})} = \varphi_\mathrm{a}\cos(\omega t+\varepsilon_{\varphi\alpha}) + \mathrm{i}\varphi_\mathrm{a}\sin(\omega t+\varepsilon_{\varphi\alpha})$ 代入式(3.2.34)后,等号两边取虚部,则得

$$-\omega^2\varphi_\mathrm{a}\sin(\omega t+\varepsilon_{\varphi\alpha}) + 2\nu_{\varphi\varphi}\omega\varphi_\mathrm{a}\cos(\omega t+\varepsilon_{\varphi\alpha}) + n_\varphi^2\varphi_\mathrm{a}\sin(\omega t+\varepsilon_{\varphi\alpha}) = n_\varphi^2\alpha_{\mathrm{e}_0}\sin(\omega t) \tag{3.2.35}$$

式(3.2.35)与式(3.2.14)等号右边表达式形式相同,故两者的解是相同的。如果对式(3.2.33)取实部求解也一样,只不过此时 $\alpha(t)$ 与 $\varphi(t)$ 均应表达为余弦形式。

综上可知,简谐横摇运动方程可以表达为复数形式,并得出复数形式的横摇角。下面我们以复数形式表达简谐量。

去掉式(3.2.34)前面的 Im 符号,并结合式(3.2.33),则有

$$(-\omega^2 + 2\nu_{\varphi\varphi}\mathrm{i}\omega + n_\varphi^2)\varphi(t) = n_\varphi^2\alpha_\mathrm{e}(t) = n_\varphi^2\alpha(t)X_\varphi$$

于是有

$$W_\varphi(\mathrm{i}\omega) = \frac{\varphi(t)}{\alpha(t)} = \frac{n_\varphi^2X_\varphi}{-\omega^2 + 2\nu_{\varphi\varphi}\mathrm{i}\omega + n_\varphi^2} = \frac{X_\varphi}{-\Lambda^2 + 2\mathrm{i}\mu_{\varphi\varphi}\Lambda + 1} \tag{3.2.36}$$

在这里,$W_\varphi(\mathrm{i}\omega)$ 称为横摇运动的频率响应函数(或复放大系数)。$W_\varphi(\mathrm{i}\omega)$ 括号中的 i 表示它是个复变函数,ω 表示函数的变量。显然,$W_\varphi(\mathrm{i}\omega)$ 完全取决于船舶的特征值 n_φ、$\nu_{\varphi\varphi}$ 及波浪扰动力矩频率 ω。

这样一个线性系统用一方框图表示,如图 3.2.10 所示,其输入量为波面角 $\alpha(t)$,输出量为船舶的横摇角 $\varphi(t)$。

频率响应函数 $W_\varphi(\mathrm{i}\omega)$ 与放大系数 $K_{\varphi\alpha}$ 和相位 $\varepsilon_{\varphi\alpha}$ 的关系分析如下。

先将 $W_\varphi(\mathrm{i}\omega)$ 表示成指数形式,如图 3.2.11 所示。

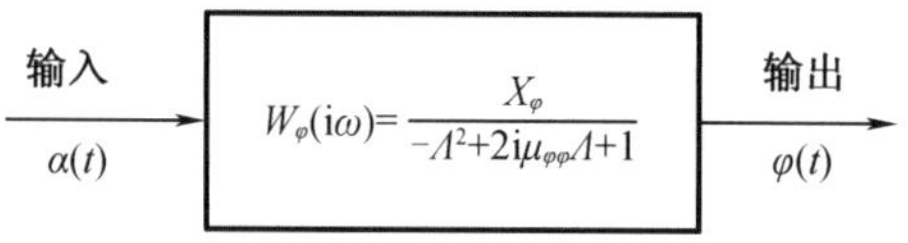

图 3.2.10　线性系统

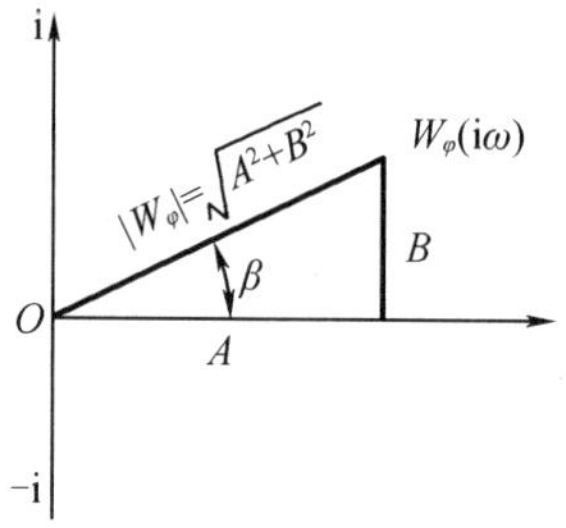

图 3.2.11　$W_\varphi(\mathrm{i}\omega)$ 的指数形式

设

$$W_\varphi(\mathrm{i}\omega) = A + \mathrm{i}B = \sqrt{A^2+B^2}\cdot\mathrm{e}^{\mathrm{i}\arctan\frac{B}{A}} = W_\varphi(\mathrm{i}\omega)\mathrm{e}^{\mathrm{i}\beta_{\varphi\alpha}} \tag{3.2.37}$$

式中,$\beta_{\varphi\alpha} = \arctan\dfrac{B}{A}$。

由式(3.2.36)得

$$W_\varphi(\mathrm{i}\omega)=\frac{[(1-\Lambda^2)-\mathrm{i}2\mu_{\varphi\varphi}\Lambda]X_\varphi}{(1-\Lambda^2)^2+4\mu_{\varphi\varphi}^2\Lambda^2}$$

于是有

$$A=\frac{(1-\Lambda^2)X_\varphi}{(1-\Lambda^2)^2+4\mu_{\varphi\varphi}^2\Lambda^2}$$

$$B=\frac{-2\mu_{\varphi\varphi}\Lambda X_\varphi}{(1-\Lambda^2)^2+4\mu_{\varphi\varphi}^2\Lambda^2}$$

$$W_\varphi(\mathrm{i}\omega)=\sqrt{A^2+B^2}=\frac{X_\varphi}{\sqrt{(1-\Lambda^2)^2+4\mu_{\varphi\varphi}^2\Lambda^2}}$$

$$\beta_{\varphi\alpha}=\arctan\frac{B}{A}=\arctan\frac{-2\mu_{\varphi\varphi}\Lambda}{1-\Lambda^2}$$

对照式(3.2.20)和式(3.2.22),有

$$\left.\begin{array}{l}|W_\varphi(\mathrm{i}\omega)|=K_{\varphi\alpha}\\ \beta_{\varphi\alpha}=\varepsilon_{\varphi\alpha}\end{array}\right\}\tag{3.2.38}$$

也可以写成

$$W_\varphi(\mathrm{i}\omega)=K_{\varphi\alpha}\mathrm{e}^{\mathrm{i}\varepsilon_{\varphi\alpha}}$$

于是,可得出结论:频率响应函数的模是放大系数 $K_{\varphi\alpha}$,称为幅频响应函数;频率响应函数的相位转角 $\beta_{\varphi\alpha}$ 就是位相角 $\varepsilon_{\varphi\alpha}$,称为相频响应函数。

这样,对所讨论的船舶摇荡运动,当输入量波浪扰动力(矩)已知时,只要求出船舶的频率响应函数,即可方便地求出对应的船舶摇荡运动的幅值和相位角。对于我们所讨论的船舶横摇、纵摇和升沉运动,频率响应函数 $W_\varphi(\mathrm{i}\omega)$ 可按式(3.2.39)得到。

以横摇运动微分方程为例,即

$$\ddot{\varphi}+2\nu_{\varphi\varphi}\dot{\varphi}+n_\varphi^2\varphi=n_\varphi^2X_\varphi\alpha(t)\tag{3.2.39}$$

记微分算符 $p=\dfrac{\mathrm{d}}{\mathrm{d}t}$,则式(3.2.39)可化为

$$(p^2+2\nu_{\varphi\varphi}p+n_\varphi^2\varphi)\varphi(t)=n_\varphi^2X_\varphi\alpha(t)$$

于是

$$\frac{\varphi(t)}{\alpha(t)}=\frac{n_\varphi^2}{p^2+2\nu_{\varphi\varphi}p+n_\varphi^2\varphi}=W_\varphi(p)\tag{3.2.40}$$

将式(3.2.40)中的 p 用 $\mathrm{i}\omega$ 代替,则得

$$\frac{\varphi(t)}{\alpha(t)}=W(\mathrm{i}\omega)=\frac{n_\varphi^2X_\varphi}{-\omega^2+\mathrm{i}2\nu_{\varphi\varphi}\omega+n_\varphi^2}$$

即前文中求出的频率响应函数。

在以后我们讨论船舶在波浪上的摇荡运动时,将应用频率响应函数的概念使所研究的问题更加清晰、简便。

3.3 船舶在规则波中迎浪时的升沉和纵摇运动

3.3.1 船舶在规则波中迎浪时所受的升沉扰动力和纵摇的扰动力(矩)

在计算船舶在正横波中的横摇扰动力矩时,由于船宽比波长小很多,因此引用了波面角的概念 ω 以较方便地计算出横摇扰动力矩。但对升沉和纵摇运动来说,船长与波长是可以相比较的量。因此,计算升沉和纵摇的扰动力(矩)时不能采用计算横摇扰动力矩的方法,其计算方法相对要复杂得多。

下面先对船舶迎浪时的升沉扰动力和纵摇扰动力矩进行计算。

根据弗劳德-克雷洛夫假说,波浪中的压力梯度等于静水中的压力梯度,因此,只要计算出船体各部分波面下的静浮力同静平衡水线下的静浮力之差即可得出波浪扰动力,但要进行修正。

令航速为零,在波高范围内认为船舷是直壁的。由于船舶是细长体,故将其各个横剖面作为二元问题处理,即平面流假说。如图 3.3.1 所示,取一微元体,在此微元体上由波浪引起的浮力增量(即扰动力)为

$$dF_{\varphi\varphi}^{0}=2\rho g y_{w}(x_b)\zeta dx_b \tag{3.3.1}$$

式中 $y_w(x_b)$——x_b 处微元体在水线处的半宽;

$F_{\varphi\varphi}^{0}$——按静压力梯度得到的计算结果。

对式(3.3.1)沿船长积分,得到总的浮力增量,即

$$F_{\varphi\varphi}^{(0)}=\int_L dF_{\varphi\varphi}^{(0)}=2\rho g\int_L y_w(x_b)\zeta dx_b \tag{3.3.2}$$

实际上,波浪中动水压力梯度与静水压力梯度不同,因为波面以下的次波面振荡随离水线下深度 z_b 的增加而衰减,原来在静水中的各等压面(在波浪中变为次波面)在波峰处的间距加大,因而压力梯度减小(在波谷处则相反),此时水对横剖段的浮力也比静水中的小。考虑上述因素影响,对其扰动力要有一个负的修正。

如图 3.3.2 所示为船舶某一横剖面,波面表面坐标为 ζ,在水线下 z_b 处的次波面坐标是

$$\zeta'=\zeta e^{kz_b}(z_b<0)$$

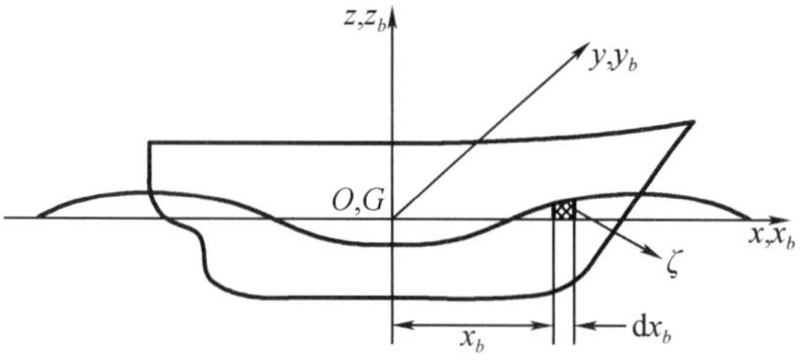

图 3.3.1 微元体

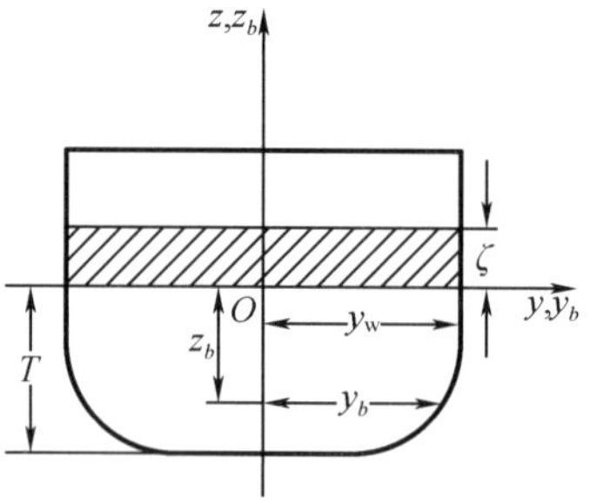

图 3.3.2 船舶某一横剖面

由此引起的作用在该横剖段上的浮力减量的修正值为

$$-\int_{-T}^{0} 2\rho g \frac{\mathrm{d}\zeta'}{\mathrm{d}z_b} y_b \mathrm{d}z_b = -\int_{-T}^{0} 2\rho g k \zeta \mathrm{e}^{kz_b} y_b \mathrm{d}z_b \tag{3.3.3}$$

由波浪引起的浮力增量为

$$2\rho g y_{\mathrm{w}}(x)\left[\zeta - \frac{k\zeta}{y_{\mathrm{w}}(x)}\int_{-T}^{0} y_b \mathrm{e}^{kz_b}\mathrm{d}z_b\right] = 2\rho g y_{\mathrm{w}}(x)\zeta^* \tag{3.3.4}$$

式中

$$\zeta^* = \zeta\left[1 - \frac{k}{y_{\mathrm{w}}(x)}\int_{-T}^{0} y_b \mathrm{e}^{kz_b}\mathrm{d}z_b\right] \tag{3.3.5}$$

式(3.3.5)可写成

$$\zeta^* = \zeta \mathrm{e}^{-kT^*} \tag{3.3.6}$$

式中

$$T^* = -\frac{1}{k}\ln\left[1 - \frac{k}{y_{\mathrm{w}}(x)}\int_{-T}^{0} y_b \mathrm{e}^{kz_b}\mathrm{d}z_b\right]$$

ζ^* 代表修正后的有效波面坐标，于是得经动水压力修正后的全船升沉扰动力为

$$F_{zz}^{(1)} = 2\rho g\int_L y_{\mathrm{w}}(x_b)\zeta^* \mathrm{d}x_b \tag{3.3.7}$$

式中 $F_{zz}^{(1)}$——升沉扰动力主要部分。

类似地，可求出船舶迎浪时纵摇扰动力矩的主要部分。将上面所求的各微元体的升沉扰动力的主要部分对 Oy 轴取矩，然后沿船长积分，并考虑纵摇角 θ 的正方向，则有

$$F_{\theta\theta}^{(1)} = -2\rho g\int_L y_{\mathrm{w}}(x_b)\zeta^* x_b \mathrm{d}x_b \tag{3.3.8}$$

通常把考虑了波浪动水压力修正的波浪扰动力（矩）的主要部分，称为弗劳德－克雷洛夫力。

若已知船型线图和波面方程，对式(3.3.7)和式(3.3.8)可用数值积分近似计算出升沉扰动力和纵摇扰动力矩。

应指出，上面计算波浪扰动力（矩）仍是基于弗劳德－克雷洛夫假说，认为船体的存在不影响波浪的质点运动。实际上，船体不是虚拟表面，而是不可穿透的，它将影响船体周围流体动压力分布。为使求得的波浪扰动力（矩）更准确些，应考虑船体不可穿透性的影响，详见第4章。

3.3.2 船舶在规则波中迎浪时的升沉和纵摇的运动方程求解

为便于讨论问题，本节主要讨论船舶在规则波中迎浪时无耦合影响的、独立的升沉和纵摇运动，二者运动微分方程分别为

$$\ddot{z} + 2\nu_{zz}\dot{z} + n_z^2 z = \frac{F_{zz}}{\dfrac{D}{g} + \lambda_{zz}} \tag{3.3.9}$$

$$\ddot{\theta} + 2\nu_{\theta\theta}\dot{\theta} + n_\theta^2\theta = \frac{F_{\theta\theta}}{\dfrac{D}{g} + \lambda_{\theta\theta}} \tag{3.3.10}$$

根据式(3.3.9)和式(3.3.10),利用频率响应函数的概念可以较方便地求出船舶在规则波中迎浪时的升沉和纵摇运动的幅频响应函数和相频响应函数,即

$$K_{z\zeta}=\frac{z_{\mathrm{a}}}{\zeta_{\mathrm{a}}} \qquad \varepsilon_{z\zeta}$$

$$K_{\theta\zeta}=\frac{\theta_{\mathrm{a}}}{\zeta_{\mathrm{a}}} \qquad \varepsilon_{\theta\zeta}$$

式中 ζ_{a}——波幅,在讨论横摇运动时,是用有效波面角 α_{e} 计算 $K_{\varphi\alpha}$,而这里为便于讨论问题,用波幅 ζ_{a} 计算升沉和纵摇的放大系数。

(1)船舶在规则波中迎浪时的升沉运动

类似于横摇运动的描述,船舶升沉运动微分方程(3.3.9)这个二阶线性系统可用一方框图表示,如图 3.3.3 所示,其中,输入量为规则波,即

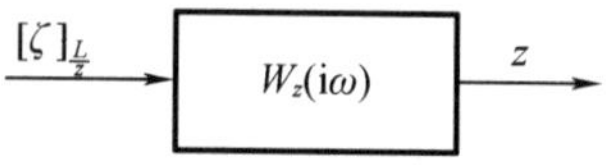

图 3.3.3　二阶线性系统

$$[\zeta]_{\frac{L}{2}}=\zeta_{\mathrm{a}}\cos(kx_b+\omega t) \tag{3.3.11}$$

输出量是升沉运动量 z。$[\zeta]_{\frac{L}{2}}$表示在舯处的波面方程。

已知升沉扰动力为

$$F_{zz}=2\rho g\int_L y_{\mathrm{w}}(x_b)\zeta\cdot\mathrm{d}x_b$$

将波面方程代入式(3.3.7),则得

$$\begin{aligned}F_{zz}&=\left[2\rho g\int_L \zeta_{\mathrm{a}}\mathrm{e}^{-kT^*}\cos(kx_b)\cdot y_{\mathrm{w}}(x_b)\,\mathrm{d}x_b\right]\cos(\omega t)\\&=\left[2\rho g\zeta_{\mathrm{a}}\int_L y_{\mathrm{w}}(x_b)\cos(kx_b)\cdot\mathrm{e}^{-kT^*}\mathrm{d}x_b\right]\cos(\omega t)\\&=\rho g\zeta_{\mathrm{a}}X_zS_{\mathrm{w}}\cos(\omega t)\end{aligned} \tag{3.3.12}$$

式中

$$X_z=\frac{2\int_L y_{\mathrm{w}}(x_b)\cos(kx_b)\cdot\mathrm{e}^{-kT^*}\mathrm{d}x_b}{2\int_L y_{\mathrm{w}}(x_b)\,\mathrm{d}x_b}$$

$$S_{\mathrm{w}}=2\int_L y_{\mathrm{w}}(x_b)\,\mathrm{d}x_b$$

在这里,X_z 实质上可以认为是考虑了动水压力及船长对波浪扰动力影响的修正系数。类似于在计算横摇扰动力矩时引入“有效波面角”的概念,这里引入了有效波幅,即 $\zeta_{\mathrm{ea}}=\zeta_{\mathrm{a}}X_z$。

将式(3.3.12)代入式(3.3.9)得

$$\ddot{z}+2\nu_{zz}\dot{z}+n_z^2z=n_z^2\zeta_{\mathrm{a}}X_z\cos(\omega t) \tag{3.3.13}$$

式中

$$n_z^2=\frac{\rho gS_{\mathrm{w}}}{\dfrac{D}{g}+\lambda_{zz}}$$

类似于求解横摇运动频率响应函数的方法,式(3.3.13)经式(3.2.40)转换,即可得到升沉运动的频率响应函数 $W_z(\mathrm{i}\omega)$,即

$$W_z(\mathrm{i}\omega)=\frac{z(t)}{\zeta(t)}=\frac{n_z^2X_z}{-\omega^2+\mathrm{i}2\nu_{zz}\omega+n_z^2}=\frac{X_z}{(1-\Lambda^2)+\mathrm{i}2\mu_{zz}\Lambda} \tag{3.3.14}$$

由此可求出升沉运动的幅频和相频响应函数,即

$$|W_z(\mathrm{i}\omega)|=\frac{z_a}{\zeta_a}=\frac{X_z}{\sqrt{(1-\Lambda^2)^2+4\mu_{zz}^2\Lambda^2}} \tag{3.3.15}$$

$$\varepsilon_{z\zeta}=\arctan\frac{-2\mu_{zz}\Lambda}{1-\Lambda^2} \tag{3.3.16}$$

(2)船舶在规则波中迎浪时的纵摇运动

类似于升沉运动,同样可求出船舶在规则波中迎浪时的纵摇响应函数。纵摇运动微分方程式(3.3.10)可改写为

$$\ddot{\theta}+2\nu_{\theta\theta}\dot{\theta}+n_\theta^2\theta=n_\theta^2\zeta_a X_\theta\sin(\omega t) \tag{3.3.17}$$

式中

$$n_\theta^2=\frac{\rho g I_{gy}}{J_{\theta\theta}+\lambda_{\theta\theta}}=\frac{DH_\theta}{J_{\theta\theta}+\lambda_{\theta\theta}}$$

$$X_\theta=\frac{2\int_L y_w(x_b)\sin kx_b\cdot \mathrm{e}^{-kT^*}\mathrm{d}x_b}{2\int_L x_b^2 y_w(x_b)\mathrm{d}x_b} \tag{3.3.18}$$

X_θ 被认为是考虑动水压力及船长影响的波幅修正系数。

在这里,近似认为船舶首尾相对于舯剖面对称,并且认为 $H_\theta\approx R\approx\frac{I_{gy}}{V}$($V$ 是船舶排水体积)。I_{gy} 为水线面积相对通过船重心横轴的惯性矩,即

$$I_{gy}=2\int_L x_b^2 y_w(x_b)\mathrm{d}x_b$$

由式(3.3.17)可求出纵摇频率响应函数,即

$$W_\theta(\mathrm{i}\omega)=\frac{\theta(t)}{\zeta(t)}=\frac{n_\theta^2X_\theta}{-\omega^2+\mathrm{i}2\nu_{\theta\theta}\omega+n_\theta^2}=\frac{X_\theta}{(1-\Lambda^2)+\mathrm{i}2\mu_{\theta\theta}\Lambda} \tag{3.3.19}$$

于是,可求出纵摇的幅频响应和相频响应函数,即

$$|W_\theta(\mathrm{i}\omega)|=\frac{\theta_a}{\zeta_a}=\frac{X_\theta}{\sqrt{(1-\Lambda^2)^2+4\mu_{\theta\theta}^2\Lambda^2}} \tag{3.3.20}$$

$$\varepsilon_{\theta\zeta}=\arctan\frac{-2\mu_{\theta\theta}\Lambda}{1-\Lambda^2} \tag{3.3.21}$$

式中,$\Lambda=\frac{\omega}{n_\theta}$。

综上所述可得出结论:船舶在规则波中的线性摇荡运动是规则信号在线性系统中的线性变换问题。当已知船舶摇荡的频率响应函数时,原则上可以计算出船舶在规则波上的摇荡运动。频率响应函数可以用理论计算或船模在规则波中的试验确定。

3.3.3 船舶在规则波中迎浪航行的升沉和纵摇运动特性

(1)与横摇运动相比,一般升沉和纵摇运动的摇幅比较小,因此,线性假设对升沉和纵

摇运动更合理些。

(2)由于船舶首尾形状的不对称,一般船舶在迎浪时,其升沉和纵摇运动是同时发生的,即存在耦合效应。

(3)波长与船长比$\left(\frac{\lambda}{L}\right)$对升沉和纵摇运动的影响很大,由于船长同波长相比不是小量,因此计算升沉和纵摇波浪扰动力(矩)时,不能忽略沿船长方向波浪曲率的影响,也就是说,升沉和纵摇运动的频率响应函数除与船舶本身的特征值 n_z 或 n_θ、$2\mu_{zz}$ 或 $2\mu_{\theta\theta}$ 以及波浪扰动力(矩)频率有关外,还与$\frac{\lambda}{L}$有关。一般船舶升沉和纵摇的幅频响应曲线峰值发生在 $1<\frac{\lambda}{L}<2.5$ 范围内,以及波浪扰动力(矩)频率等于船舶升沉或纵摇的固有频率时,即发生共振现象。

(4)航速对船舶迎浪航行时升沉和纵摇运动的影响很大。一般情况下,零航速时升沉和纵摇运动较少,频率响应函数的峰值偏向低频区,离船舶升沉或纵摇的固有周期较远。随着航速增加,升沉和纵摇运动也增加,频率响应函数峰值向高频区移动。最严重的升沉和纵摇将发生在波浪扰动力(矩)频率等于船舶升沉或纵摇的固有频率时。如图 3.3.4 表示船舶在规则波中迎浪航行时,不同航速情况下升沉和纵摇运动的幅频响应曲线。显然,它们与横摇运动的幅频响应曲线不同。

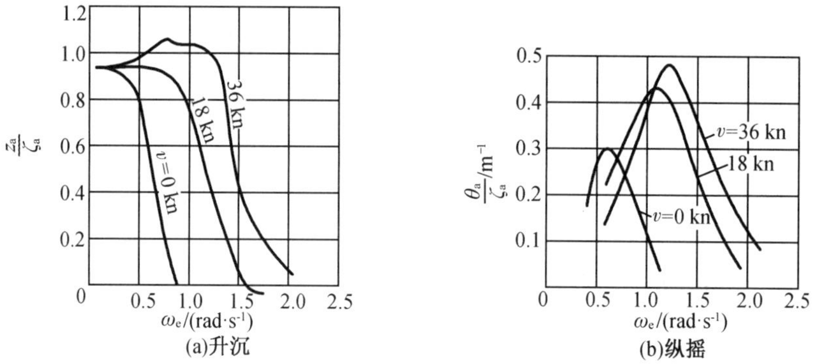

图 3.3.4　幅频响应曲线

3.4　影响船舶摇荡运动的因素分析

前面我们讨论了船舶的横摇、升沉和纵摇运动,均是假定在零航速的情况下。实际上,船舶在海上经常处在航行状态且与波浪传播方向成某角度χ(称为航向角)。由此可定义:当船舶的前进方向与波浪传播方向一致时为顺浪(或称随浪),即$\chi=180°$;反之为迎浪(或称顶浪),即$\chi=0°$。正横浪为$\chi=90°$,其余航向定义如图 3.4.1 所示。

航速、航向对船舶摇荡运动方程中各系数 M、$2N$、C 及波浪扰动力(矩)有不同程度的影响,特别是对航速较高的船($Fr\geq 0.3$),影响更大。但目前对这些因素的影响所进行的研究工作还很不成熟。本节只能定性分析航速、航向对船舶摇荡的影响。

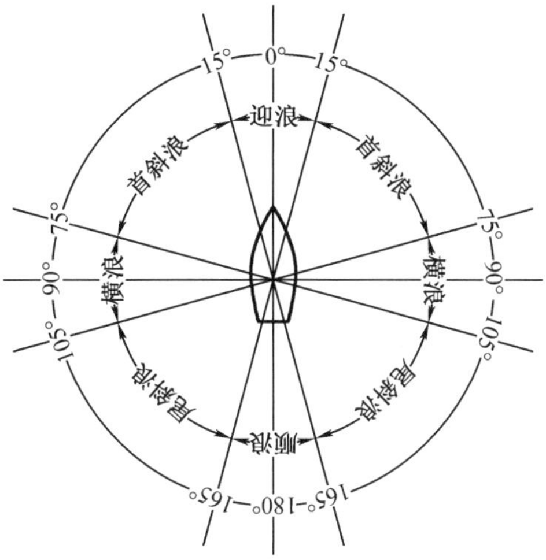

图 3.4.1　航向定义图

3.4.1　航速、航向对波浪扰动力(矩)频率的影响

图 3.4.2 表示船舶在波浪上航行时的一般状态，AB 表示以速度 c 传播的波峰线，船舶以速度 v 航行并与波浪传播方向成角 χ。

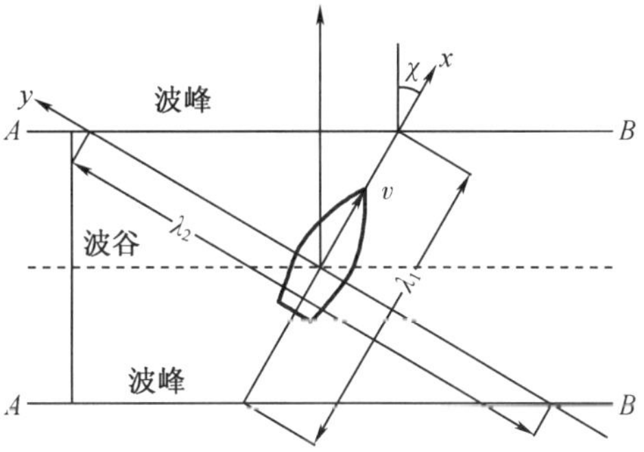

图 3.4.2　船舶在波浪上航行时的一般状态

这时，波峰相对于船舶的传播速度为

$$c_e = c + v\cos\chi \tag{3.4.1}$$

式中　c_e——波表观传播速度(即船上的观察者所看到的波传播速度)。

显然，船上观察者所看到的作用于船上的波浪周期为

$$T_e = \frac{\lambda}{c_e} = \frac{\lambda}{c + v\cos\chi} \tag{3.4.2}$$

式中　T_e——波的遭遇周期，它与波的真实周期 T_B 不同$\left(T_B = \dfrac{\lambda}{c}\right)$。

相应地，波遭遇频率 w_e 为

$$w_e = \frac{2\pi}{T_e} = \frac{2\pi(c + v\cos\chi)}{\lambda} = k(c + v\cos\chi) \tag{3.4.3}$$

式中　k——波数，$k=\dfrac{2\pi}{\lambda}$。

由此可见，这时作用于船上的波浪周期已不是波的真实周期，而是遭遇周期。因此，当考虑航速、航向的影响来计算波浪扰动力(矩)时，扰动频率(或周期)应以波的遭遇频率(或遭遇周期)代替波的真实频率(或周期)。

由式(3.4.2)和式(3.4.3)看出，船舶在正横波中航行时，$\chi=90°$，$\cos\chi=0$，因此有 $T_e=T_B$ 或 $w_e=w_B$，说明正横浪时，航速对横摇扰动力矩频率没影响；当船顺浪航行时，$\chi=180°$；$T_e=\dfrac{\lambda}{c-v}$，即波的遭遇周期增大，当船迎浪航行时，$\chi=0°$，$T_e=\dfrac{\lambda}{c+v}$，即波的遭遇周期减小。

由于航速、航向改变了波浪遭遇周期，因此将影响船舶在波浪上的摇荡运动性能。下面简要分析几种典型情况。

(1)当 $c=|v\cos\chi|$，$90°\leqslant\chi\leqslant180°$时，船舶长期静止在波浪上，遭遇周期 T_e 为无穷大，船舶受到一固定倾斜力矩的作用。若此时航向角 $\chi=180°$，则船舶可能静止在波浪的波峰或波谷上。

(2)当 $c=|v\cos\chi|$，$90°<\chi\leqslant180°$时，T_e 为负值，说明波浪相对于船舶变为由船首向船尾传播。

(3)船舶以某航向角 χ 航行时，横摇共振条件为

$$T_e=\frac{\lambda}{c+v\cos\chi}=T_\varphi$$

并且航向角 χ 不太趋近于0°或180°。因为当航向角接近于0°或180°，即使处于共振条件下，横摇也不严重。

(4)航速、航向对船舶升沉和纵摇运动影响如下：

因为实际海浪周期绝大多数都大于船舶的升沉和纵摇的固有周期，当船舶顺浪航行时，波浪遭遇周期增大，更加偏离船舶升沉和纵摇的固有周期，所以升沉和纵摇运动的幅值不会太大；当船舶迎浪航行时，波浪遭遇周期减小，趋近于船舶升沉和纵摇的固有周期，很可能接近于升沉和纵摇固有周期，而产生共振。因此，船在迎浪航行时，对船舶升沉和纵摇运动存在一最佳航速范围，以避免共振的发生。

图3.4.3所示为系列60船模在迎浪航行状态时，不同航速和不同$\dfrac{\lambda}{L}$的升沉及纵摇运动的幅值曲线。

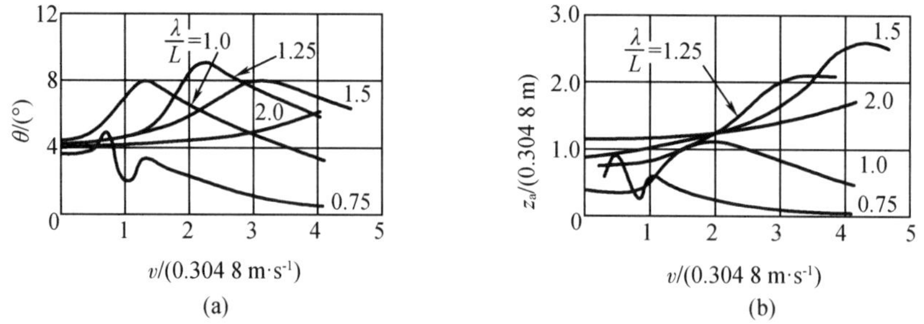

图3.4.3　幅值曲线

由图3.4.3看出，船舶在零航速时，迎浪的升沉和纵摇运动的幅值较小。通常船舶的升沉和纵摇运动的幅值随航速的增加而增大，特别高航速例外；$1<\frac{\lambda}{L}<2.5$ 时，升沉和纵摇运动较剧烈，若此时 $T_e=T_\theta$ 或 $T_e=T_z$，将发生共振现象，升沉和纵摇运动更加严重，图3.4.3中曲线的峰值点反映的就是这种升沉和纵摇运动状态。

3.4.2　航向角对波浪扰动力(矩)幅的影响

船舶斜浪航行时，将产生六个自由度的摇荡运动。这里仅讨论航向角对升沉、纵摇以及横摇扰动力(矩)幅值的影响。

航向角对升沉和纵摇扰动力(矩)幅值的影响比较容易理解。可以想象，一艘斜对波浪传播方向被固定不动的船，沿船长分布在各横剖段上的微浮力或微浮力矩，基本上可由船纵中剖面与波面交线确定，其交线是余弦波，幅值为真实波幅 ζ_a，但波长不是真实波长 λ 而是 λ_1，如图3.4.2所示，即

$$\lambda_1=\frac{\lambda}{\cos\chi} \tag{3.4.4}$$

可见，在计算船舶在斜浪上的升沉和纵摇扰动力(矩)时，以 λ_1 代替真实的波长 λ 即可。但应注意，在计算波浪扰动力(矩)过程中考虑动水压力修正时，仍应用真实波长 λ，因为波内流体质点轨圆半径随深度的增加而递减是由真实波长决定的。

对于横摇运动，当存在航向角 χ 时，通过船横剖面的波长是 λ_2(图3.4.2)，波幅仍是真实波幅 ζ_a。

波长 λ_2 为

$$\lambda_2=\frac{\lambda}{\sin\chi} \tag{3.4.5}$$

此时，由横剖面上测量的最大波面角为

$$\alpha_{0x}=\frac{2\pi\zeta_a}{\lambda_2}=\frac{2\pi\zeta_a}{\lambda}\sin\chi=\alpha_0\sin\chi \tag{3.4.6}$$

所以，在计算横摇扰动力矩时，波面角幅应以 α_{0x} 代替真实波面角幅 α_0，而考虑动水压力修正时，仍取真实波长 λ。

但是，在任意航向角，沿船长不同横剖面上测量的波面角的大小和方向均不相同，如图3.4.4所示的三个典型横剖面处的波面角就完全不同。因此，对全船应取怎样的波面角来计算横摇扰动力矩，尚待进一步研究。利用式(3.4.6)计算具有相当的近似性，通常是偏高估计横摇扰动力矩。

3.4.3　航速、航向对流体动力系数的影响

航速、航向的存在，将改变船体周围的流场，使船体表面水流速度发生变化，进而对流体动力系数产生影响。

大量试验分析表明，航速、航向对船舶附加质量(或附加转动惯量)及恢复力(矩)的影响不大，初步计算时可忽略。

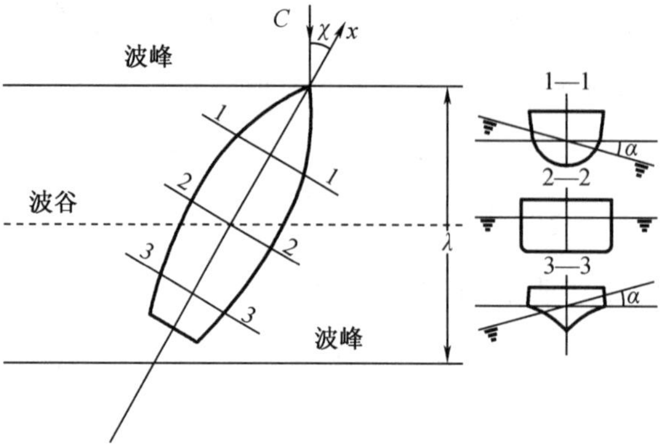

图 3.4.4　三个典型横剖面的波面角

在有航速时，船体表面水流速度增加，因而使阻尼力(矩)增加。但是，航速对阻尼力(矩)的影响比较复杂，至今尚无较成熟的计算方法。在工程设计中计算阻尼力(矩)时，主要应用近似公式或近似图谱估算。

横摇阻尼随航速的增加近乎成线性比例地增加。所以，在同等条件下，船舶有航速时的横摇角比无航速时的要小。

菱田计算并绘制成航速对船舶横摇兴波阻尼的影响曲线，如图 3.4.5 所示，图中 $\zeta_L = \dfrac{\omega^2 L}{2g}$。

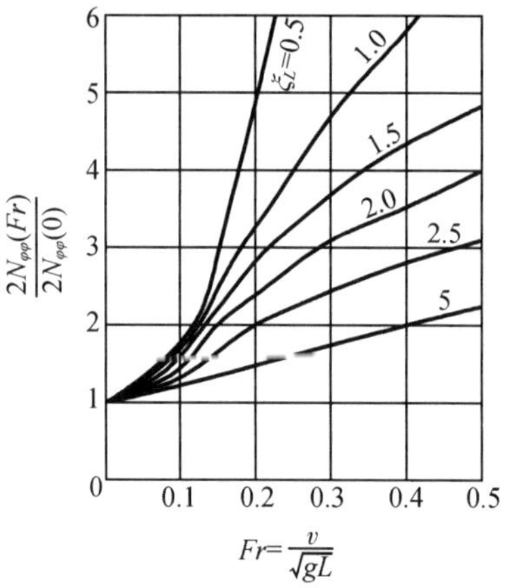

图 3.4.5　航速对船舶横摇光波阻尼的影响曲线

勃拉哥维辛斯基根据一些试验结果分析，建议用下式估算航速对横摇阻尼的影响，即

$$2N_{\varphi\varphi}(N_r) = 2N_{\varphi\varphi}(0)(1 + aFr) \tag{3.4.7}$$

式中　$a \approx 3.3$；

$N_{\varphi\varphi}(0)$——零速横摇阻尼系数；

Fr——弗劳德数，$Fr = \dfrac{v}{\sqrt{gL}}$。

研究人员关于航速对船舶升沉和纵摇运动阻尼的影响的研究，至今也很不充分。纽曼曾计算了航速（$Fr<0.4$）对升沉阻尼系数（$2N_{zz}$）和纵摇阻尼系数（$2N_{\theta\theta}$）的影响，如图 3.4.6 所示。由图 3.4.6 看出，航速对纵摇阻尼系数的影响比对升沉阻尼系数的影响大得多。

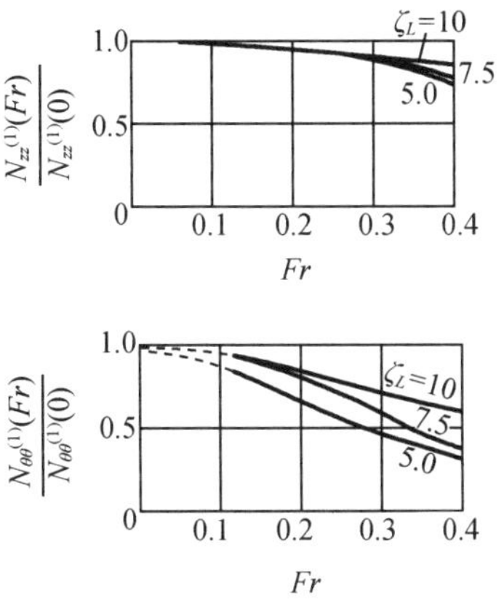

图 3.4.6 航速对升沉阻尼系数和纵摇阻尼系数的影响

注：$\zeta_L=\frac{\omega^2 L}{2g}$；$N_{\theta\theta}{}^{(1)}$ 和 $N_{zz}{}^{(1)}$ 表示仅考虑兴波阻尼。

3.5 船舶在不规则波中的摇荡运动

前面详细地讨论了船舶在规则波中的摇荡运动特性，并给出了规则波作为输入、船舶摇荡运动作为输出的线性关系式。本节将应用这些概念和方法讨论船舶在不规则波中的摇荡运动。

由于实际的海上波浪是极不规则的随机过程，因此船舶在不规则波中的摇荡运动也是不规则的随机过程。它的横摇幅值、周期等运动特征值已不再是常数，而是在很人范围内变化的随机变量。

在线性假设下，可应用叠加原埋，认为船舶在不规则波中的摇荡运动是由无数不同频率的规则波各自线性变换所得的相应不同频率的规则摇荡分量的叠加。这样，可以应用谱分析法研究船舶在不规则波中的摇荡运动特性。

3.5.1 线性系统及其响应

船舶在不规则波中的摇荡运动与所遭遇的波浪均为平稳随机过程，输入的不规则波与船舶的摇荡运动构成一个线性响应系统，摇荡运动能谱密度函数（简称“能谱”）与波能谱密度函数的关系式建立如下。

先看一看在线性系统中单位脉冲输入产生的输出是怎样一个值。将所谓的“单位脉冲”定义为一个矩形输入的极限形式，即该矩形输入为 A，作用时间间隔为 Δt，乘积 $A\cdot\Delta t$ 始终为 1。当 A 趋于无穷大时，Δt 变为 $\mathrm{d}t$，此时的输入形式称为单位脉冲函数，记为 $\delta(t)$。根据定义，$\delta(t)$ 函数具有如下性质。

假设在 $t=t'$ 时刻作用一单位脉冲(图 3.5.1),则有

$$\delta(t-t')=\begin{cases}\infty, & t=t' \\ 0, & 其他\end{cases} \tag{3.5.1}$$

而且

$$\int_{t'-\varepsilon}^{t'+\varepsilon}\delta(t-t')\,\mathrm{d}t=1 \tag{3.5.2}$$

在线性系统中,此时刻的输出为 $h(t-t')$。当 $t<t'$ 时,$h(t-t')=0$;当 $t>t'$ 时,$h(t-t')$ 与时间间隔 $(t-t')$ 有关。通常称函数 $h(t-t')$ 为权函数,如图 3.5.1 所示。该线性系统用一方块图表示(图 3.5.2),即输入为单位脉冲 $\delta(t-t')$,输出是 $h(t-t')$。

由此可见,权函数 $h(t-t')$ 即是单位脉冲函数 $\delta(t-t')$ 在线性系统中的变换。对于船舶摇荡运动这一线性系统,$h(t-t')$ 函数相当于船舶在静水中,因受一突然扰动力 $\delta(t-t')$ 的作用而产生的摇荡运动。显然,这里的权函数与船舶在静水中的摇荡性能有关。

如果船舶受到连续的随机波浪扰动[图 3.5.3(a)],起始于 $t=0$ 可将这一连续作用于船上的扰动力(矩)$X(t)$ 划分为 n 个宽度为 Δt 的阶梯形,每一个阶梯形相当于一个脉冲函数。

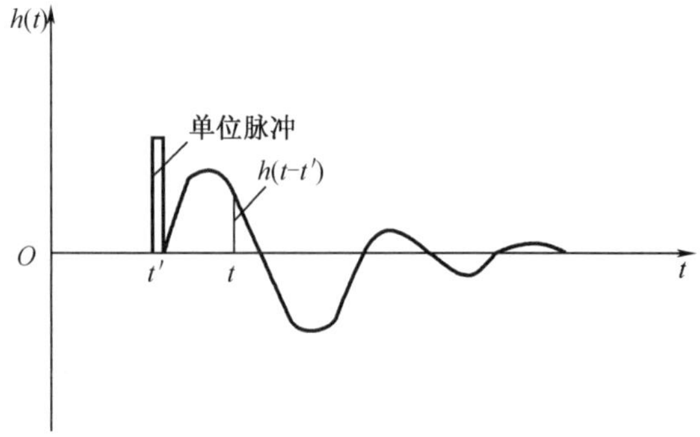

图 3.5.1　权函数

图 3.5.2　线性系统

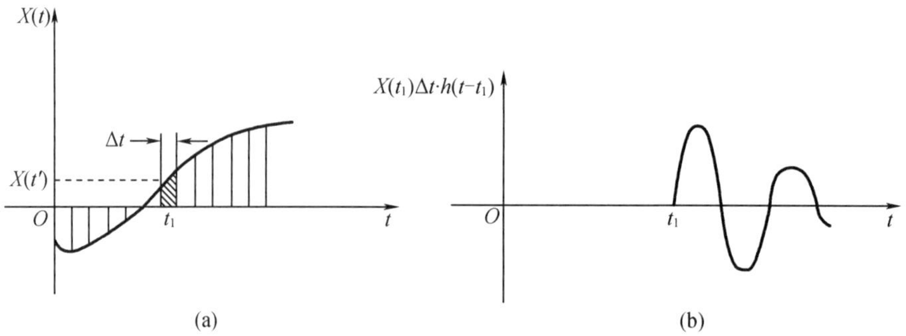

图 3.5.3　船舶受到连续的随机波浪扰动

如在 $t=t_1$ 时,以脉冲函数 $X(t_1)\Delta t_1$ 为输入,对应的输出[图 3.5.3(b)]为

$$\mathrm{d}y_1(t_1)=X(t_1)\Delta t\cdot h(t-t_1)$$

同样,在 $t=t_2$ 时,其对应的输出为

$$dy_2(t_2) = X(t_2)\Delta t \cdot h(t - t_2)$$

根据线性叠加原理,我们对区间$(0,t)$内的所有脉冲输入所产生的输出求和,即得到t时刻的合成输出$y(t)$,即

$$y(t) = \int_0^t h(t - t')X(t')dt' \tag{3.5.3}$$

通过变量$\tau = t - t'$代换,式(3.5.3)变为

$$y(t) = -\int_t^0 h(\tau)X(t - \tau)d\tau = \int_0^t h(\tau)X(t - \tau)d\tau \tag{3.5.4}$$

因为,当$\tau < 0$时,$h(\tau) = 0$;当$\tau > t$时,$X(t - \tau) = 0$,由此推得,当超出上述积分限时,被积函数为零。因此,当改变积分限为$(0,\infty)$时,上述积分值不变。于是式(3.5.4)可改写为

$$y(t) = \int_0^\infty h(\tau)X(t - \tau)d\tau \tag{3.5.5}$$

$y(t)$表示船舶在连续的波浪扰动下的稳定摇荡。由概率论可知,利用式(3.5.5)可计算船舶摇荡的自相关函数,进而求出船舶摇荡运动能谱密度函数。

根据随机过程理论,即对一个线性系统,当输入是一个平稳随机过程时,输出也是一个平稳随机过程。前面已讲过,假定波浪是平稳随机过程,因此,可认为船舶在波浪扰动力作用下的摇荡运动也是一平稳随机过程。

平稳随机过程$y(t)$的自相关函数为

$$R_{yy}(\tau) = \lim_{T\to\infty}\frac{1}{2T}\int_{-T}^{T} y(t)y(t + \tau)dt \tag{3.5.6}$$

将式(3.5.5)代入式(3.5.6),经整理得

$$R_{yy}(\tau) = \int_0^\infty h(\tau_1)d\tau_1\int_0^\infty h(\tau_2)d\tau_2 \lim_{T\to\infty}\frac{1}{2T}\int_{-T}^{T} X(t - \tau_1)X(t + \tau - \tau_2)dt \tag{3.5.7}$$

式中　τ_1、τ_2——积分次序。

从式(3.5.7)可以看出

$$\lim_{T\to\infty}\frac{1}{2T}\int_{-T}^{T} X(t - \tau_1)X(t + \tau - \tau_2)dt \tag{3.5.8}$$

其中,自相关函数的时间间隔为$\tau - \tau_2 + \tau_1$。

根据随机过程理论,对平稳随机过程,自相关函数与能谱密度函数之间是傅里叶变换关系。令波能谱密度函数为$S_x(\omega)$;船舶摇荡能谱密度函数为$S_y(\omega)$。

这样,波浪和船舶摇荡运动自相关函数与对应能谱之间的傅里叶变换和逆变化可表示为

$$R_{xx}(\tau) = \frac{1}{2}\int_{-\infty}^{+\infty} S_x(\omega)e^{i\omega\tau}d\omega \tag{3.5.9}$$

$$S_x(\omega) = \frac{1}{\pi}\int_{-\infty}^{+\infty} R_{xx}(\tau)e^{-i\omega\tau}d\tau \tag{3.5.10}$$

$$R_{yy}(\tau) = \frac{1}{2}\int_{-\infty}^{+\infty} S_y(\omega)e^{i\omega\tau}d\omega \tag{3.5.11}$$

$$S_y(\omega) = \frac{1}{\pi}\int_{-\infty}^{+\infty} R_{yy}(\tau)\mathrm{e}^{-\mathrm{i}\omega\tau}\mathrm{d}\tau = \int_0^{\infty} h(\tau_1)\mathrm{e}^{\mathrm{i}\omega\tau_1}\mathrm{d}\tau_1 \int_0^{\infty} h(\tau_2)\mathrm{e}^{-\mathrm{i}\omega\tau_2}\mathrm{d}\tau_2 \cdot S_x(\omega) \quad (3.5.12)$$

由式(3.5.12)可以求出船舶摇荡运动的方差,即

$$m_{0y} = \int_0^{\infty} S_y(\omega)\mathrm{d}\omega$$

在式(3.5.12)中,$\int_0^{+\infty} h(\tau_1)\mathrm{e}^{\mathrm{i}\omega\tau_1}\mathrm{d}\tau_1$ 与 $\int_0^{+\infty} h(\tau_2)\mathrm{e}^{-\mathrm{i}\omega\tau_2}\mathrm{d}\tau_2$ 是共轭复数,因此式(3.5.12)可以写为

$$S_y(\omega) = |W(\mathrm{i}\omega)|^2 S_x(\omega) \quad (3.5.13)$$

式中

$$|W(\mathrm{i}\omega)_1^2| = \int_0^{\infty} h(\tau_1)\mathrm{e}^{\mathrm{i}\omega\tau_1}\mathrm{d}\tau_1 \int_0^{\infty} h(\tau_2)\mathrm{e}^{-\mathrm{i}\omega\tau_2}\mathrm{d}\tau_2$$

关系式(3.5.13)与输入为简谐波 $x(t) = x_0\sin\omega t$,而输出为简谐振荡 $y(t) = y_0\sin(\omega t + \varepsilon)$ 时的幅值关系相对应,即

$$y_0 = |W(\mathrm{i}\omega)| x_0 \quad (3.5.14)$$

式(3.5.14)也可以写成

$$y_0^2 = |W(\mathrm{i}\omega)|^2 x_0^2 \quad (3.5.15)$$

当把不规则波看成许多成分波的叠加时,每个成分波可以写成式(3.5.15)的形式。在一个微元频率区间$[\omega_k - \Delta\omega, \omega_k + \Delta\omega]$内的成分波的波幅平方和是

$$\sum_{n-m}^{n+m} y_{0k}^2 = \sum_{n-m}^{n+m} |W(\mathrm{i}\omega_k)|^2 x_{0k}^2 \quad (3.5.16)$$

式中,$n-m$ 到 $n+m$ 都是区间内的成分波。由于波能谱上任一微元频率区间$[\omega_k - \Delta\omega, \omega_k + \Delta\omega]$内的面积表示位于该区间内的成分波的波幅平方和,因此式(3.5.16)可以写成

$$S_y(\omega_k) \cdot \Delta\omega = |W(\mathrm{i}\omega_k)|^2 S_x(\omega_k)\Delta\omega \quad (3.5.17)$$

式(3.5.17)与式(3.5.13)的含义是一样的。

我们之所以要把式(3.5.14)写成式(3.5.15)的平方形式再叠加是因为前者代表谐波的波幅,不同频率的谐波的波幅在物理上没有直接叠加的意义,而后者代表谐波的能率,不同频率的谐波的能率有直接叠加的物理意义。

综上所述,式(3.5.13)描述了波能谱与船舶摇荡运动能谱的关系,其中$|W(\mathrm{i}\omega)|$是船舶的幅频响应函数,它可以通过船舶在规则波中的理论计算或模型试验求得。

式(3.5.13)是计算船舶在不规则波中摇荡运动的基本公式。当已知波能谱和船舶的频率响应函数时,根据式(3.5.13)可以较方便地计算出船舶摇荡运动能谱,进而可求出摇荡速度和加速度的能谱,即

$$S_{\dot{y}}(\omega) = \omega^2 S_y(\omega)$$

$$S_{\ddot{Y}}(\omega) = \omega^4 S_Y(\omega)$$

下面将利用式(3.5.13)分别讨论船舶在不规则波中的升沉和纵摇运动,以及线性横摇运动。

3.5.2 船舶在不规则波中摇荡运动的谱分析法

对于不规则波中的升沉和纵摇运动,根据谱分析理论,计算船舶在不规则波中的升沉和纵摇运动时依据的是式(3.5.13),即

$$S_z(\omega) = |W_z(\mathrm{i}\omega)|^2 S_\zeta(\omega)$$

$$S_\theta(\omega) = |W_\theta(\mathrm{i}\omega)|^2 S_\zeta(\omega)$$

式中 $S_z(\omega)$、$S_\theta(\omega)$、$S_\zeta(\omega)$——升沉、纵摇和波能谱;

$W_z(\mathrm{i}\omega)$、$W_\theta(\mathrm{i}\omega)$——船升沉、纵摇的频率响应函数。

在前文的讨论中可知,波能谱表达式中的 ω 是波浪的真实频率,它只适用于在船舶无航速的条件下的计算。当有航速时,需要把波能谱 $S_\zeta(\omega)$ 转换为遭遇频率 ω_e 的函数 $S_\zeta(\omega_e)$。下面讨论转换方法(限于讨论船舶在长峰不规则波中迎浪航行的情况)。

根据前文可知,船舶在迎浪航行时,遭遇频率为

$$\omega_e = \omega + \frac{\omega^2}{g}v \tag{3.5.18}$$

根据雅可比转换得

$$\frac{\mathrm{d}\omega_e}{\mathrm{d}\omega} = 1 + \frac{2\omega v}{g}$$

或写成

$$\mathrm{d}\omega = \frac{\mathrm{d}\omega_e}{1 + \dfrac{2\omega v}{g}} \tag{3.5.19}$$

由于波能谱从 $S_\zeta(\omega)$ 转换为 $S_\zeta(\omega_e)$,只是由航速引起的作用于船上的扰动力频率发生变化,而对应的波浪并没有改变,因此变换前和变换后的波浪总能量相等,由此得

$$S_\zeta(\omega_e)\,\mathrm{d}\omega_e = S_\zeta(\omega)\,\mathrm{d}\omega \tag{3.5.20}$$

将式(3.5.18)代入式(3.5.19)得

$$S_\zeta(\omega_e) = \frac{S_\zeta(\omega)}{1 + \dfrac{2\omega v}{g}} \tag{3.5.21}$$

由式(3.5.21)可以计算出给定航速的船舶迎浪航行的遭遇频率的波能谱。例如,图 3.5.4 展示了波能谱的转换情况。

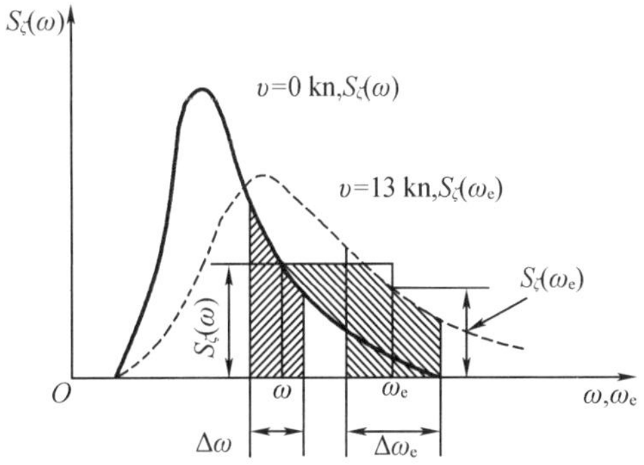

图 3.5.4 波能谱的转换情况

有了遭遇频率的波能谱,就可以计算船舶在有航速时迎浪航行的纵摇能谱,即

$$S_\theta(\omega_e) = |W_\theta(\mathrm{i}\omega_e)|^2 \cdot S_\zeta(\omega_e) \tag{3.5.22}$$

频率响应函数可以通过在规则波中的理论计算或模型试验求出。

对于给定的海浪和航速,对迎浪航行的船舶的纵摇摇幅的计算可按下列步骤进行。

第一步:取一定系列波浪频率 ω,按式(3.5.18)计算遭遇频率 ω_e。

第二步:根据 ω_e,计算出纵摇频率响应函数 $W_\theta(i\omega_e)$。

第三步:对所取的 ω 值,按第 2 章介绍的波能谱公式计算出 $S_\zeta(\omega)$,然后按式(3.5.21)计算出 $S_\zeta(\omega_e)$。

第四步:按式(3.5.22)计算出纵摇能谱 $S_\theta(\omega_e)$,并给出 $S_\theta(\omega_e)$ 的曲线。

第五步:求出曲线 $S_\theta(\omega_e)$ 和 ω_e 轴间的面积,即得纵摇角方差为

$$m_{0\theta} = \int_0^\infty S_\theta(\omega_e)\mathrm{d}\omega_e$$

第六步:按第 2 章处理不规则波的方法,求出纵摇的平均横幅、有义摇幅与最大摇幅。

平均摇幅 $\bar{\tilde{\theta}}_a = 1.25\sqrt{m_{0\theta}}$

有义摇幅 $(\bar{\tilde{\theta}}_a)_{\frac{1}{3}} = 2\sqrt{m_{0\theta}}$

最大摇幅 $(\bar{\tilde{\theta}}_a)_{\frac{1}{10}} = 2.55\sqrt{m_{0\theta}}$

对于船舶在不规则波中迎浪的升沉运动的计算方法与上述方法完全相同,这里不再重复。在对船舶在不规则波中的升沉和纵摇运动的谱分析过程中,有几个问题需要注意。

(1)船舶不规则波中的纵摇周期

前面已说明,船舶在规则波中的纵摇周期等于规则波扰动力矩的遭遇周期,而船舶在不规则波中的纵摇周期一般不等于波浪的遭遇周期。计算表明,船舶在不规则波中的纵摇平均周期接近于波浪的平均周期。原因是:纵摇频率响应 $W_\theta(i\omega_e)$ 的峰值受纵摇无因次阻尼系数的控制,并与它成反比,而且纵摇阻尼比较大。频率响应函数 $W_\theta(i\omega_e)$ 的峰值不突出,在较宽的频率范围内变化平缓,而且波浪频率也在一个较宽的范围内变化。因此,船舶的纵摇响应是与波浪各频率的分量波的大小分布有关的,故船的纵摇平均周期接近于波浪的平均周期。

(2)航速对纵摇运动的影响

下面结合图例定性地说明船舶的航速对纵摇运动的影响。图 3.5.5 表示在航速等于 0 kn、18 kn 和 36 kn 时,船舶在 8 级风下(风速 37 kn)完全发展的波浪中迎浪航行的纵摇能谱的计算。船舶主要参数 $L=108$ m,$D=2\ 135$ t,纵摇固有频率 $n_4=1.3\ \mathrm{s}^{-1}$。波能谱密度按纽曼波能谱公式计算。

从图 3.5.5 可看出,当 $v=0$ 时,$S_\theta(\omega_e)$ 曲线的峰值对应的频率偏离纵摇固有频率 n_θ 较远。$S_\theta(\omega_e)$ 曲线的峰值出现主要是由低频波波幅较大引起的,并非谐摇作用。当 v 为 18 kn 和 36 kn 时,$S_\theta(\omega_e)$ 曲线的峰值变得较小且向中频区移动,可以看出:随着航速增加,$S_\theta(\omega_e)$ 的峰值趋向于固有频率,此时是船舶纵摇频率响应函数在起主要作用。当航速继续增加时,$S_\theta(\omega_e)$ 的峰值变得越来越小且出现在比固有频率 n_θ 更高的频率处,此时纵摇运动会减弱。

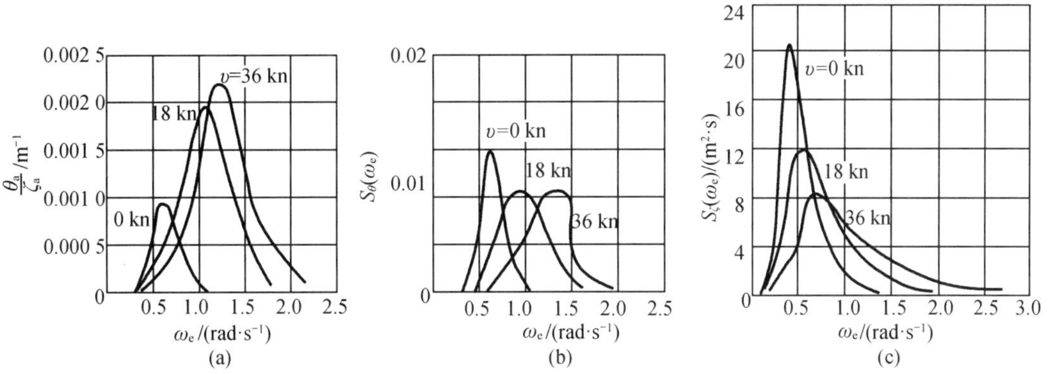

图 3.5.5 纵摇能谱的计算

由此可见,船舶在不规则波浪中迎浪航行时,有一最佳速度范围,可使纵摇运动较弱。

(1)和(2)的讨论对升沉运动也是适用的。

(3)短峰不规则波对纵摇运动的影响

上面在讨论的船舶在不规则波中的纵摇和升沉运动时认为波浪是单向不规则波(即长峰不规则波)。但船舶在海上经常遇到的是多向不规则波(即短峰不规则波)。实船测量结果说明,船舶在海上多向不规则波中的纵摇运动比单向规则波迎浪船模试验换算得到的实船纵摇运动要弱。为了使计算值更加接近实际情况,应考虑波浪的多向性影响,为此引入“方向波能谱”的概念。

塞勒斯(Sellers)曾提出用方向波能谱计算船舶在短峰不规则波里的纵摇运动的方法。

设方向波能谱为

$$S_{\zeta}(\omega,\mu)=S_{\zeta}(\omega)\cdot M(\mu) \tag{3.5.23}$$

已知 μ 是主浪向与所求方向谱方向之间的夹角。对于船舶相对于主浪为迎浪的情况,式(3.5.23)计算的方向波能谱可直接用于计算船舶的纵摇运动。扩散函数为

$$M(\mu)=\frac{2}{\pi}\cos^2\mu$$

计算结果表明,利用式(3.5.23)计算的方向波能谱计算出的船舶的纵摇角比以单向波能谱计算的纵摇角小(指迎浪情况),前者大致是后者的0.869倍。按方向波能谱计算的纵摇运动同实船测试结果较一致。图3.5.6表示按单向波能谱计算的船舶迎浪时的纵摇角经塞勒斯方法修正后与实船测量值的比较。

考虑到海上波浪的多向性,按单向波能谱计算的船舶在迎浪时的纵摇幅值应乘以修正系数0.869。

一般认为波浪的多向性对船舶的升沉运动影响不大,所以仍可采用单向波能谱公式计算船舶

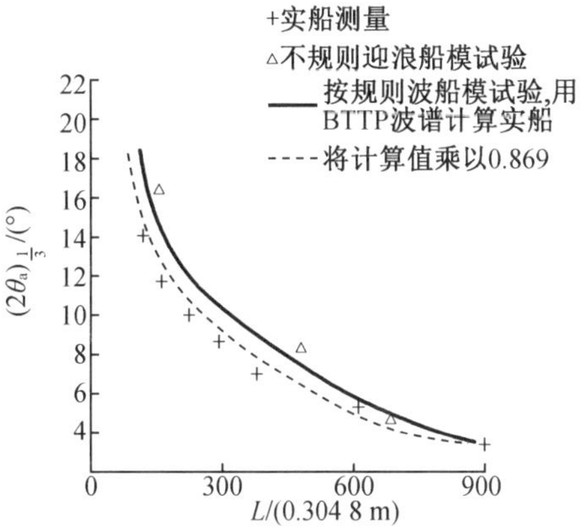

图 3.5.6 按单向波能谱计算的船舶迎浪时的纵摇角经塞勒斯方法修正后与实船测量值的比较

的升沉运动,其结果与海上实测结果较一致。

根据数理统计理论知道,能谱宽度是以参数 ε 来衡量的,即

$$\varepsilon = \sqrt{\frac{m_0 m_4 - m_2^2}{m_0 m_4}}$$

式中 m_0——能谱密度对纵坐标轴的 0 次矩, $m_0 = \int_0^\infty S(\omega)\mathrm{d}\omega$;

m_2——能谱密度对纵坐标轴的 2 次矩, $m_2 = \int_0^\infty \omega_2 S(\omega)\mathrm{d}\omega$;

m_4——能谱密度对纵坐标轴的 4 次矩, $m_4 = \int_0^\infty \omega^4 S(\omega)\mathrm{d}\omega$ 。

当 $\varepsilon \to 0$ 时,能谱具有明显的峰值,属于窄带谱;当 $\varepsilon \to 1$ 时,能谱峰值不明显,属于宽带谱。

对我们所研究的问题,纵摇运动 ε 在 0.33 ~ 0.48 范围内,而横摇运动 ε 在 0.25 ~ 0.30 范围内,可见横摇运动能谱比纵摇运动能谱更接近于窄带谱,但通常近似认为纵摇和升沉运动能谱也属于窄带谱。

这样可以按第 2 章不规则波的统计特征公式近似计算纵摇、升沉的统计特征值。

3.5.3 船舶在不规则波中的线性横摇

这里仅讨论船舶在不规则波的正横浪中的线性横摇。根据 3.4 节中关于波浪作用于船上的扰动力矩的频率转换公式可知,此时波浪遭遇频率等于波浪真实频率,即

$$\omega_e = \omega$$

所以有

$$S_\zeta(\omega_e) = S_\zeta(\omega) \tag{3.5.24}$$

类似于讨论规则波中的横摇运动,讨论横摇扰动力矩时引用了“波面角”的概念,在这里也引用它。先将波能谱密度 $S_\zeta(\omega)$ 转换为波面角能谱密度,记作 $S_a(\omega)$,下面来推导这一转换过程。

从规则波的讨论中已知波面角 α_0 与波幅 ζ_a 有如下关系:

$$\alpha_0 = k\zeta_a = \frac{\omega^2}{g}\zeta_a$$

如果以波面角代替波幅为输入,则横摇频率响应函数为

$$|W_\varphi(\mathrm{i}\omega)| = \frac{\varphi_a}{\zeta_a} = \frac{\varphi_a}{\alpha_0} \cdot \frac{\omega^2}{g}$$

于是有

$$|W_\varphi(\mathrm{i}\omega)|^2 = \frac{\omega^4}{g^2}\left(\frac{\varphi_a}{\alpha_0}\right)^2 \tag{3.5.25}$$

根据式(3.5.13),将式(3.5.25)代入得横摇能谱密度函数为

$$S_\varphi(\omega) = \left(\frac{\varphi_a}{\alpha_0}\right)^2 \cdot \frac{\omega^4}{g^2} S_\zeta(\omega) \tag{3.5.26}$$

显然,波面角能谱密度函数为

$$S_{a_0}(\omega)=\frac{\omega^4}{g^2}S_\zeta(\omega) \tag{3.5.27}$$

由于按式(3.5.27)所得的波面角能谱,没有考虑船宽、吃水影响的修正,因此还要经过一个转换,转换为有效波面角能谱密度函数,记为 $S\alpha_{e_0}(\omega)$。

在前文讲述的规则波情况下,有效波面角为

$$\alpha_{e_0}=X_\varphi\cdot\alpha_0 \tag{3.5.28}$$

式中 X_φ——考虑了船宽和吃水影响的修正系数,$X_\varphi=X_B\cdot X_T$。它是$\frac{B}{\lambda}$、$\frac{T}{\lambda}$、C_w 和 C_p 的函数。对于一定的船舶,X_φ 是波长 λ(也就是波频)的函数。根据式(3.5.28)不难求得有效波面角能谱。

$$S_{a_e}(\omega)=X_\varphi^2(\omega)S_{a_0}(\omega) \tag{3.5.29}$$

最后求出正横浪中横摇的能谱密度为

$$S_\varphi(\omega)=\frac{\omega^4X_\varphi^2(\omega)}{g^2}|W_\varphi(\mathrm{i}\omega)|^2\cdot S_\zeta(\omega) \tag{3.5.30}$$

式中

$$|W_\varphi(\mathrm{i}\omega)|=\frac{\varphi_a}{\alpha_0}$$

或写为

$$S_\varphi(\omega)=\left[\frac{\omega^2}{g}\cdot X_\varphi(\omega)\frac{\varphi_a}{\alpha_0}\right]^2S_\zeta(\omega) \tag{3.5.31}$$

当求出横摇能谱后,完全可以按前文中对纵摇的处理方法,求出横摇的统计特征值,即

平均摇幅 $\bar{\tilde{\varphi}}_a=1.25\sqrt{m_{0\varphi}}$

有义摇幅 $\bar{\tilde{\varphi}}_{a_{\frac{1}{3}}}=2.0\sqrt{m_{0\varphi}}$

最大摇幅 $\bar{\tilde{\varphi}}_{a_{\frac{1}{10}}}=2.55\sqrt{m_{0\varphi}}$

式中

$$m_{0\varphi}=\int_0^\infty S_\varphi(\omega)\mathrm{d}\omega$$

利用上面的计算可以讨论船舶在不规则波中横摇的主要特性。

1. 横摇周期

由前文可知船舶在规则波中的横摇周期等于规则扰动力矩的遭遇周期,在正横规则波中的横摇周期等于规则波的真实周期,而船舶在不规则波中的横摇周期接近于船舶的固有周期。这是因为船舶横摇阻尼比较小,在船舶固有频率附近,频率响应函数具有突出的尖峰,平方后尖峰更加突出,因此船舶在不规则波中的横摇响应主要集中在船舶横摇固有频率附近。例如,图3.5.7表示图3.5.5中的船在正横浪中的横摇能谱。其横摇固有周期 $T_\varphi=8\ \mathrm{s}$,$n_\varphi=\frac{2\pi}{T_\varphi}=0.78\ \mathrm{s}^{-1}$,无因次阻尼系数 $2\mu_{\varphi\varphi}\approx0.2$。从图3.5.7中可看出,横摇运动能谱峰值出现在横摇固有频率附近。

从图 3.5.7 中可更明显地看出，横摇幅频响应的尖峰经平方后更加突出，它对海浪中各频率的成分波起着明显的滤波作用。由于海浪低频成分波的波面较小，因此降低船舶的固有频率（即增大固有周期）有利于改善其在波浪中的运动性能。

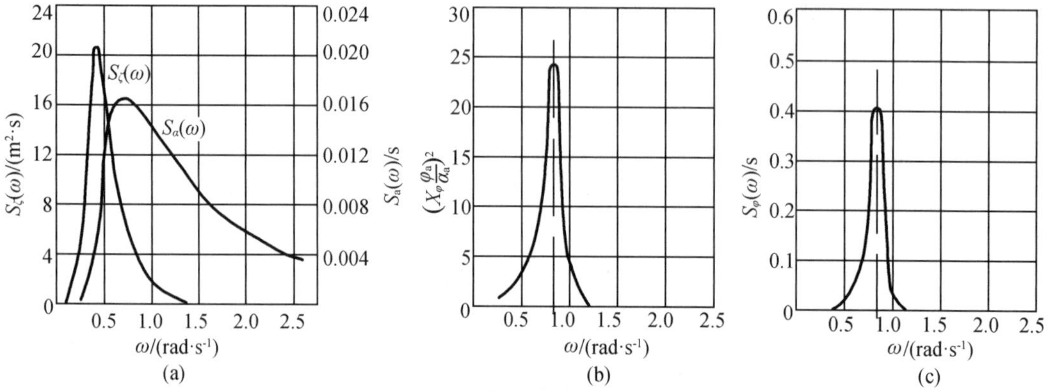

$S_\zeta(\omega)$——纽曼波谱(风速37 kn)。

图 3.5.7　图 3.5.5 中的船在正横浪中的横摇运动能谱

2. 共振现象

图 3.5.8 描绘了某船在规则波与不规则波中的横摇幅值随$\frac{\omega}{n_\varphi}$的变化曲线，ω 为波的频率，对不规则波以表观频率定义波的平均频率，摇幅以有义摇幅表示。从图 3.5.8 中可明显看出，船舶在不规则波中共振现象不明显（共振峰比较平坦），在共振区摇幅小于在规则波中的共振摇幅，而远离共振区时则相反。这说明船舶在不规则波中横摇幅值随频率变化比较平缓，原因是不规则波由许多不同频率的成分波组成，船舶不可能与各频率的成分波都发生共振，只可能与某一成分波发生共振，这样对船舶对各频率的成分波的响应摇幅求平均值后，自然要小于船舶在规则波中发生共振时的摇幅，而在远离共振区却相反。

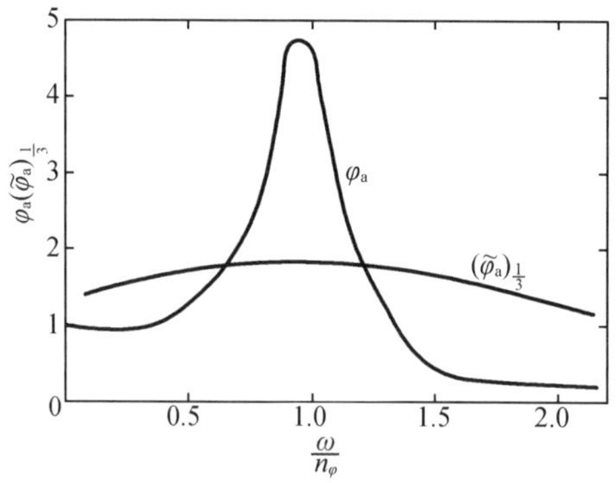

φ_a——规则波中的横摇幅值；$(\tilde{\varphi}_a)_{\frac{1}{3}}$——不规则波中的横摇有义摇幅。

图 3.5.8　某船在规则波与不规则波中的横摇幅值随$\frac{\omega}{n_\varphi}$的变化曲线

下面举例说明上述计算方法。

已知某船在持续风速 $U=24.5$ kn 的充分发展的海浪中正横浪航行(航速 $v=18$ kn),其无因次衰减系数 $2\mu_{\varphi\varphi}=0.327$,横摇固有圆频率 $n_\varphi=0.8\ \mathrm{s}^{-1}$。用谱分析的方法求该船的平均横摇角、有义横摇角及最大横摇角。

计算大致分四步进行。

(1)根据纽曼波谱公式计算出风速 $U=24.5$ kn 的充分发展风波的能谱 $S_\zeta(\omega)$,并转换为波面能谱 $S_a(\omega)$。所用的计算式为

$$S_\zeta(\omega)=\frac{2.47}{\omega^6}\exp\left\{\frac{-2g^2}{\omega^2U^2}\right\}\quad(\mathrm{m}^2\cdot\mathrm{s})$$

$$S_a(\omega)=\frac{\omega^4}{g^2}S_\zeta(\omega)\quad(\mathrm{s}^{-1})$$

具体计算项目列在表3.5.1中,这里的计算没有考虑有效波面角的修正。如果需要修正,只要给出船宽和吃水,可查出各个频率下的修正系数 X_φ,进而求出修正后的有效波面角能谱为

$$S_{a_\varphi}(\omega)=X_\varphi^2S_\alpha(\omega)$$

并绘出 $S_\zeta(\omega)$ 和 $S_a(\omega)$ 的曲线,如图3.5.9(a)所示。

(2)根据给定的 $\mu_{\varphi\varphi}$ 和 n_φ 计算横摇幅频响应函数,计算式为

$$|W_\varphi(\mathrm{i}\omega)|=\frac{1}{\sqrt{\left[1-\left(\frac{\omega}{n_\varphi}\right)^2\right]^2+4\mu_{\varphi\varphi}^2\left(\frac{\omega}{n_\varphi}\right)^2}}$$

具体计算项目列在表3.5.2中,并绘出幅频响应曲线,如图3.5.9(b)所示。

(3)根据下式计算横摇角能谱

$$S_\varphi(\omega)=|W_\varphi(\mathrm{i}\omega)|^2\cdot S_a(\omega)$$

具体计算项目列在表3.5.2中,并绘出 $S_\varphi(\omega)$ 曲线,如图3.5.9(c)所示。

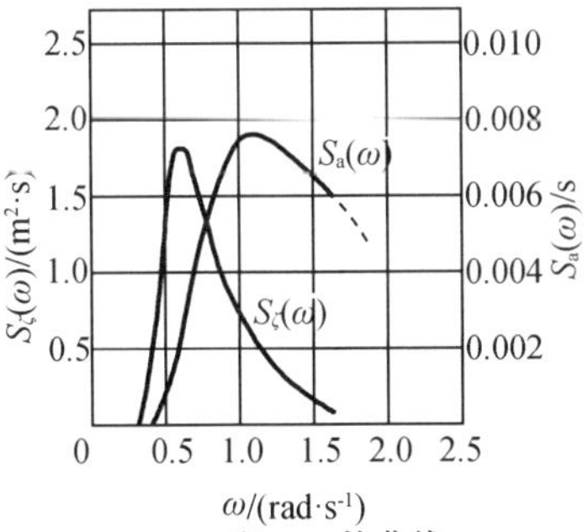

(a)$S_\zeta(\omega)$和$S_a(\omega)$的曲线

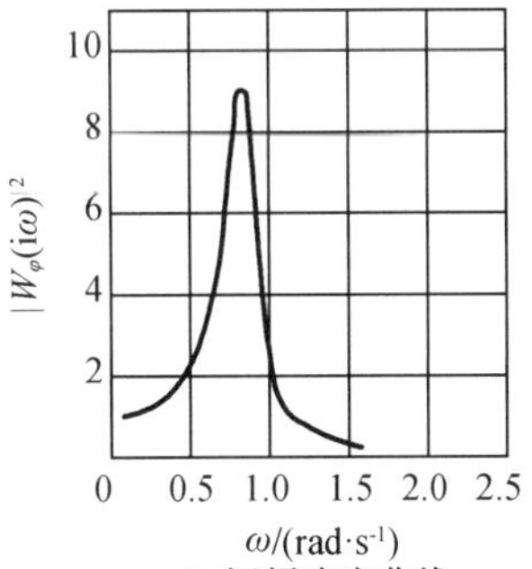

(b)幅频响应曲线

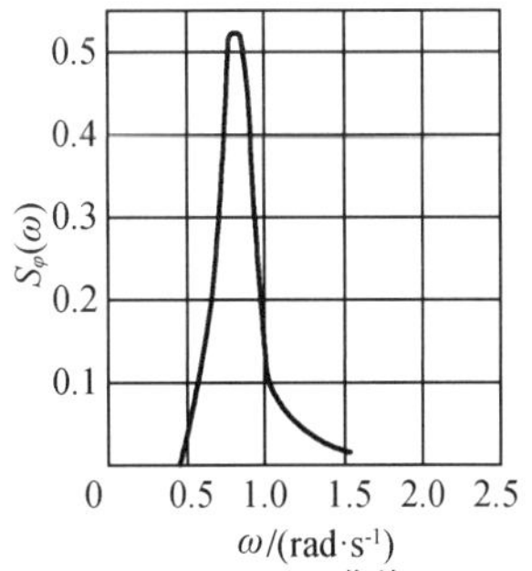

(c)$S_\varphi(\omega)$曲线

图3.5.9　曲线图

表 3.5.1 相关计算项目 1

序号	计算项目	数值										单位
(1)	ω	0.4	0.5	0.6	0.7	0.8	0.9	1.0	1.2	1.4	1.6	s^{-1}
(2)	ω^2	0.16	0.25	0.36	0.49	0.64	0.81	1.0	1.44	1.96	2.56	s^{-1}
(3)	ω^6	0.004	0.016	0.047	0.118	0.268	0.532	1.00	3.00	7.53	16.80	s^{-1}
(4)	$\dfrac{2.47}{\omega^6}$	618	154	52.5	20.9	9.40	4.64	2.47	0.824	0.328	0.147	$m^2 \cdot s$
(5)	$\dfrac{2g}{U^2\omega^2}$	7.58	4.84	3.37	2.48	1.95	1.49	1.212	0.842	0.618	0.473	—
(6)	$e^{(5)}$	1980	128	29.2	12.0	7.04	4.45	3.37	2.32	1.86	1.61	—
(7)	$e^{-(5)}$	0.05×10^{-2}	0.78×10^{-2}	3.42×10^{-2}	8.34×10^{-2}	14.2×10^{-2}	22.5×10^{-2}	29.7×10^{-2}	43.1×10^{-2}	53.8×10^{-2}	62.2×10^{-2}	—
(8)	$S_\zeta(\omega)=(4)\times(1)$	0.31	1.20	1.80	1.74	1.34	1.04	0.73	0.369	0.18	0.09	$m^2 \cdot s$
(9)	$\dfrac{\omega^2}{g}$	1.6×10^{-2}	2.5×10^{-2}	3.7×10^{-2}	5.0×10^{-2}	6.5×10^{-2}	8.3×10^{-2}	10.2×10^{-2}	14.7×10^{-2}	20×10^{-2}	26.1×10^{-2}	m^{-1}
(10)	$\dfrac{\omega^6}{g}$	0.26×10^{-3}	0.63×10^{-3}	1.37×10^{-3}	2.50×10^{-3}	4.22×10^{-3}	6.88×10^{-3}	10.4×10^{-3}	21.6×10^{-3}	40.0×10^{-3}	68.1×10^{-3}	m^{-2}
(11)	$S_a(\omega)=(8)\times(10)$	—	0.76×10^{-3}	2.46×10^{-3}	4.53×10^{-3}	5.65×10^{-3}	7.16×10^{-3}	7.60×10^{-3}	7.56×10^{-3}	7.20×10^{-3}	6.12×10^{-3}	s

表 3.5.2 相关计算项目 2

计算项目	数值										单位
ω	0.4	0.5	0.6	0.7	0.8	0.9	1.0	1.2	1.4	1.6	s^{-1}
$S_a(\omega)$	—	0.76×10^{-3}	2.46×10^{-3}	4.35×10^{-3}	5.65×10^{-3}	7.16×10^{-3}	7.60×10^{-3}	7.56×10^{-3}	7.20×10^{-3}	6.12×10^{-3}	s
$\dfrac{\omega}{n_\varphi}$	0.50	0.63	0.75	0.88	1.00	1.12	1.25	1.50	1.75	2.00	—
$\lvert W_\varphi(i\omega)\rvert$	1.30	1.62	2.00	2.42	2.06	2.25	1.40	0.80	0.48	0.30	—
$\lvert W_\varphi(i\omega)\rvert^2$	1.69	2.63	4.00	5.85	9.36	50.6	1.96	0.64	0.23	0.09	—
$S_\varphi(\omega)$	—	0.198×10^{-2}	0.985×10^{-2}	2.540×10^{-2}	5.280×10^{-2}	3.620×10^{-2}	1.490×10^{-2}	0.484×10^{-2}	0.166×10^{-2}	0.055×10^{-2}	s^{-1}

(4)根据所求的横摇角能谱,用近似积分法计算 $S_{\varphi}(\omega)$ 曲线下的面积,然后求其横摇角统计特征值,即

$$m_{0\varphi} = \int_0^{\infty} S_{\varphi}(\omega)\mathrm{d}\omega = 0.0162$$

平均横摇角

$$\bar{\tilde{\varphi}}_{\mathrm{a}} = 1.25\sqrt{m_{0\varphi}} = 9.1^{\circ}$$

有义横摇角

$$\tilde{\varphi}_{\mathrm{a}\frac{1}{3}} = 2.0\sqrt{m_{0\varphi}} = 14.6^{\circ}$$

最大横摇角

$$\tilde{\varphi}_{\mathrm{a}\frac{1}{10}} = 2.55\sqrt{m_{0\varphi}} = 18.6^{\circ}$$

如果按规则波计算,上述风级对应的最大波幅为 $\zeta_{\mathrm{amax}} = 2.64$ m。以此计算该船在规则波中的横摇角 $\varphi_{\mathrm{a}} = 26.3^{\circ}$,可见规则波理论夸大了横摇幅值。从物理意义上可以这样理解,按规则波计算时,相当于把 $S_{\zeta}(\omega)$ 能谱面积集中在 $\omega = 0.8$ 的一个微小区间内,波的全部能量都在谐摇条件下赋予船舶,因而船舶的横摇幅值很大。实际上,不规则波中的能量是分散在各种频率的成分波中的,其中仅仅是靠近 $\omega = 0.8$ 的成分波能够有效地把能量传递给船舶,而其他成分波的能量则由于频率响应函数的滤波作用,对船舶横摇运动的影响较小。因此,船在不规则波中的平均摇幅的计算结果要比按规则波计算的结果小很多。

第 4 章　船舶在波浪上耦合摇荡运动的理论预报方法

4.1　船舶在波浪中运动的理论预报方法概述

船体上流体作用力的确定始终是研究船舶运动性能的重要问题。航行于海浪中的船舶所遭受的流体作用力包括波浪扰动力、因船体摇荡运动而受到的流体反作用力和因船体摇荡偏离平衡位置而产生的静恢复力。对静恢复力的确定是比较方便的,船舶流体力学研究的困难主要来自前两部分,即流体动力的确定。人们为此进行了长时间的研究。

研究船舶流体力学通常假定流体是均匀、不可压缩、无黏和无旋的理想流体,流场中流体的速度势除应满足拉普拉斯(Laplace)方程外,还应满足自由表面条件、物面条件及初始条件和辐射条件等,船舶水动力求解的困难即源于这些定解条件。人们依据不同的假设,对上述定解条件进行了简化,从而形成了不同的理论体系:根据自由面条件和物面条件的阶数不同可以分为线性理论和非线性理论;根据流场速度势满足的不同维数,可以分为二维理论和三维理论;根据初始条件的不同,可以分为频域理论和时域理论。频域理论认为波浪和船舶的作用已经持续了相当长的时间,流场和船舶摇荡已趋于稳态,而时域理论则在时域内建立流场的初边值问题,需要时间步进求解。

二维切片理论认为流场沿纵向变化不大,船舶流场的求解在船体各横剖面内进行。它源于 1957 年 Papers 和 Stoker 提出的薄船理论,Korvin-Kroukovsky 将细长体理论和物理直观相结合,提出了一种适于工程计算的理论方法并进行了船舶垂向运动响应的预报,这就是最初的切片法。随后又出现了各种各样的改良方法,包括合理切片法、新切片法(NSM)、STF 法及基于渐进匹配方法的各种细长体理论。

由于常规的切片法采用了高频低速的假定,其应用不可避免地受到航速的限制。后来有学者开始提出各种理论去拓展切片法的适用范围。其中比较著名的有 Maruo 的插值理论和 Newman 的统一场理论。高速细长体理论最早由 Chapman 于 1975 年提出,而后由 Faltinsen 和 Zhao、Takaki 等扩展到船舶耐波性领域用于预报。该理论针对快速船型的几何形状的细长体特性,对船体周围的流场保留了二维假定,这和普通切片法理论的假定是一致的;不同之处在于该理论的定解条件中保留了三维线性自由面条件,考虑了流场沿船长方向上的变化。从两者在自由面条件的比较中可以看到:普通切片法理论考虑了沿船长方向平行传播的波系,而高速细长体理论则保留了沿纵向传播的散播系,这符合航速较高时纵向兴波的实际规律。在航速较高时,高速细长体理论假设在船首处,非定常扰动势为零,这条假设要求船舶的航速要足够高。对于航速不太高的肥大性船型,这条假设是不能成立的,故高速细长体理论适用于高航速下的船舶耐波性的预报。该方法是对常规切片法的拓展,求解的流场是二维的,而自由面条件是三维的,因此又被称为二维半理论。国内学者采用二维时域格林函数的方法来求解该高速细长体理论,通过格林函数的记忆效应来考虑自由面的三维效应。利用该种数值格式对航速较高时的圆舭型船模进行了单体船和双体船的垂向运动响应预报,理论预报结果和模型试验符合较好。

三维复杂格林函数方法采用能够自动满足线性自由面条件和远方条件的各种函数来构造边界积分方程,船舶的流场速度势通过分布在船体表面和船舶水线周界的边界源来表示。国外学者已经对三维无航速的格林函数有过较多的研究。其中较为著名的有麻省理工学院开发的 WAMIT 程序、法国船级社(BV)开发的 Hydrostar 软件、挪威船级社(DNV)开发的 Seasam 软件等,广泛应用于海洋工程结构的运动与波浪环境载荷计算。国内也已经开始应用三维无航速格林函数方法进行船舶水动力和耐波性能的预报,如中国船级社(CCS)与哈尔滨工程大学联合开发的 COMPASS-WALCS 软件,在国内船舶与海洋工程结构运动与波浪载荷计算中被广泛应用。

在时域格林函数方面,Finkelstein 做了最初的研究工作。采用时域格林函数方法,可以更好地体现流场的瞬态效应,在考虑了非线性的物面条件后,可以合理地计算船舶的运动和载荷响应。由于时域格林函数的边界积分方程中含有时间变量的卷积积分项,边界积分方程的求解要时间步进,这需要较多的计算机内存和计算时间。当考虑物面条件的瞬时变化时,计算时间还会成倍增加。当同时考虑物面和自由面的非线性边界条件时,目前普遍采用简单格林函数方法求解势流理论。

完全的非线性势流方法有诸多优点,如航速效应和非线性的干扰作用可自动通过边界条件来满足,在物面条件中定场势的干扰作用可以不用项来表达,波浪漫漂力的高阶效应和波浪载荷的非线性效应也能体现。为了保证远处波浪向外传播,可以采用内场和外场相匹配的方法。在船体表面,可在由自由面组成的流场边界上应用 Rankine 源以满足非线性的边界值条件,在外场应用复杂格林函数以满足远方的辐射条件,在交界面上应用流场速度势的法向导数使内外场协调。

近年来,随着计算机科学技术的飞速发展,计算机的计算速度和容量大幅度提高,这使得在计算流体力学的自由面追踪方面出现了很多技术,如 VOF 法、Level Set 方法、SPH 方法等,为带自由面的流动研究注入了新的活力。应用计算流体力学技术进行船舶与海洋工程结构物流动数值模拟和水动力性能预报的优越性和应用前景日益显现。从研究角度而言,原先难以求解的复杂物体黏性流动问题、强非线性问题、瞬态响应问题在现阶段都可以用计算流体力学技术在一定程度上进行直接求解,如甲板上浪与砰击、液舱晃荡、舰首飞溅、极端海况下船舶运动响应预报等。一些传统的基于势流或理想流体理论处理的问题,如船舶耐波性预报与研究,也开始向在流场中直接求解的方向发展。尽管目前离工程要求的实用化和反应的快速化仍有一定的距离,但计算流体力学技术在水波与结构物的相互作用方面的巨大潜力已经得到广泛的认同。

以上各种理论方法的发展为船舶耐波性理论计算提供了丰富的研究手段,目前在对船舶在波浪中的运动性能的研究中,应用较多且较成熟的理论方法还是切片理论和三维线性频域理论,其中切片理论因计算效率高、可满足工程要求精度,在船舶方案设计中仍被广泛采用。

4.2 船舶运动方程的建立

船舶在波浪中的运动，一般是六个自由度的耦合摇荡运动，各自由度运动之间是相互关联、彼此影响的，即所谓的“耦合作用”。因此，计算船舶在波浪中的运动时应考虑其耦合影响，将各自由度运动方程联立求解。由于船型左右对称，在线性范围内，六个自由度的摇荡运动方程可以分解为两组耦合方程：纵向运动——升沉、纵摇和纵荡；横向运动——横荡、横摇和艏摇。

纵向运动和横向运动之间的耦合影响很小，可以忽略。在纵向运动中，由于纵荡运动对升沉和纵摇运动的耦合作用较小，通常亦予以忽略。因此，又可把六个自由度的摇荡运动分为三组：纵荡运动；升沉和纵摇运动；横向运动——横荡、横摇和艏摇。

在频域理论中，船舶运动预报理论基于以下假定。

第一，船舶在静水中是稳定平衡的，即船舶的重力与静水浮力平衡，并且这种平衡是静稳定的。

第二，船舶在静水中航行时的定常阻力与推进装置产生的推力相互平衡，并且忽略推进装置对周围流场的扰动。

第三，船舶的摇荡运动和操纵运动是可以分离的，相互没有干扰，并且认为船舶做等速直线运动。

在这些假定之下，船舶摇荡运动的外力就只有波浪力、船体摇荡运动产生的水动力，以及因船体偏离平衡位置而产生的静恢复力。此外，认为船舶所处的海洋环境满足势流理论假定，即流体是不可被压缩的，不考虑黏性的影响，并且流动是无旋的。

所取的坐标系有三个，即空间固定坐标系 $O_1\xi\eta\zeta$，联船坐标系 $Gx_by_bz_b$ 和 $Oxyz$ 坐标系。在船舶处于静平衡状态时，O 和 G 重合；ξ 轴的方向与波浪传播方向相反；坐标系 $Oxyz$ 是惯性坐标系，分析运动和受力都是在此坐标系上进行。三种坐标系如图 4.2.1 所示。

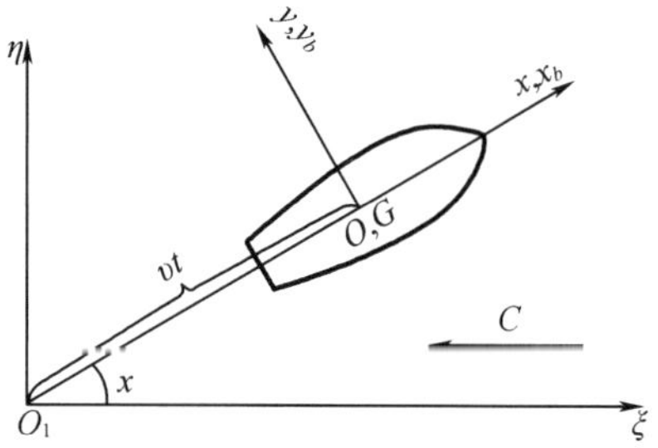

图 4.2.1　三种坐标系

空间固定坐标系 $O_1\xi\eta\zeta$ 与坐标系 $Oxyz$ 之间有下列关系：

$$\left.\begin{aligned}\xi &= x\cos\chi - y\sin\chi + vt\cos\chi\\ \eta &= x\sin\chi + y\cos\chi + vt\sin\chi\end{aligned}\right\}\tag{4.2.1}$$

沿 ξ 轴的负方向传播的简谐波的波面方程为

$$\zeta = \zeta_a\cos(k\xi + \omega t)\tag{4.2.2}$$

或

$$\begin{aligned}\zeta &= \zeta_a\cos\left[k(x\cos\chi - y\sin\chi + vt\cos\chi) + \omega t\right]\\ &= \zeta_a\cos\left[(kx\cos\chi - ky\sin\chi) + (kv\cos\chi + \omega)t\right]\\ &= \zeta_a\cos(kx\cos\chi - ky\sin\chi + \omega_e t)\end{aligned}\tag{4.2.3}$$

式中　$k = 2\pi/\lambda = \omega^2/g$；

λ——波长；

ω_e——遭遇频率，即

$$\omega_e = \omega + kv\cos\chi \tag{4.2.4}$$

航向角χ规定：迎浪时$\chi = 0°$，顺浪时$\chi = 180°$。

4.2.1　船舶在规则迎浪中纵摇与升沉运动方程的建立

目前对船舶在波浪中运动性能的研究，仍基于以下两个基本理论。

(1)线性理论：波浪是微幅，因而船舶的摇荡运动也是微幅的。

(2)切片理论：把船舶摇荡时周围流体运动的空间问题转化为平面问题，即平面流架设。也就是基于船体细长的特点，取一小长度船体横剖段来考虑，流体在每个横剖段做二因次流动，不考虑流体动力沿船长方向的相互干扰。

在这两个理论的基础上发展出各种切片法。普通切片法只适用于计算船舶在迎浪中的升沉与纵摇运动，新切片法与 STF 法等则适用于任意浪向的情况。从流体力学的角度来讲，新切片法比普通切片法严密，但对纵向迎浪运动、系列 60 船模的实船在各种航速和浪级下进行的计算结果表明，两种方法差别不大。下面先从普通切片法入手介绍船舶在规则迎浪中纵摇与升沉运动方程的建立。

考虑与舯距离为 x 的横剖段做升沉运动(图 4.2.2)，则

$$z_x = z - x\theta = z - x_b\theta \tag{4.2.5}$$

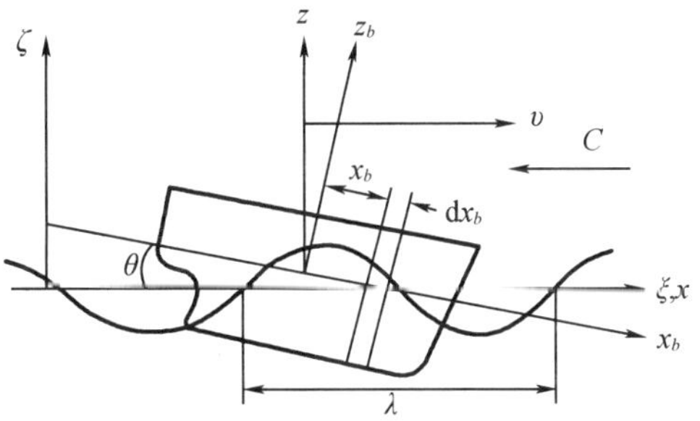

图 4.2.2　船舶横剖段做升沉运动的示意图

因为是微幅摇荡，所以常取 $x_b \approx x$，$dx_b \approx dx$。

式中　z——船体做升沉运动时，中心 G 处的垂向位移；

θ——船舶的纵摇角。

普通切片法关于船舶在波浪中做升沉运动时的力学模型：船舶运动时引起的各种力(矩)有恢复力(矩)、阻尼力(矩)、惯性力(矩)，此外还有波浪扰动力(矩)。船舶在静水中的摇荡运动中，我们认为阻尼力与升沉运动的速度 $\dot{z}$ 成比例，这时没有外界波浪的起伏，升沉速度就是船体相对于流体质点的运动速度。当船舶在波浪中以速度 $\dot{z}$ 做升沉运动时，波浪的升降速度为$\dot{\zeta}$，这时船舶与波浪中流体质点的相对运动速度为 $\dot{z} - \dot{\zeta}$，因此，船体相对于波浪以相对速度 $\dot{z} - \dot{\zeta}$ 做升沉运动时的阻尼力为

$$F_1 = -N(\dot{z} - \dot{\zeta}) = -N\dot{z} + N\dot{\zeta} \tag{4.2.6}$$

式中　N——船体做升沉运动时的阻尼系数。

式(4.2.6)中右边第一项是船舶在静水中做升沉运动时的阻尼力，第二项是船舶在空间受约束不动($\dot{z}=0$)时，由波浪中流体质点相对于船体运动引起的作用在船体上的力。当波面向上升时($\dot{\zeta}>0$)，由于船体的存在，波中流体质点的速度受到阻碍，因而产生了向上的作用力 $N\dot{\zeta}$。按相对运动的概念，当船体不动，波面以速度 $\dot{\zeta}$ 上升时，所引起的作用在船体切片上的力等于波面不动而船体以 $-\dot{\zeta}$ 的速度下降时所引起的作用在船体切片上的力，即

$$-N(-\dot{\zeta}) = N\dot{\zeta} \tag{4.2.7}$$

这个力的产生是船体阻碍水质点运动的结果，也就是船体的不可穿透性对波浪扰动力影响的一个方面。

类似地，应用上述相对运动条件，计算水对船体切片上的惯性阻力，为

$$F_2 = -m(\ddot{z} - \ddot{\zeta}) \tag{4.2.8}$$

式中　m——船体切片升沉运动的附加质量。

式(4.2.8)中右边第一项是由船体切片运动引起的惯性阻力；第二项是由于船体的存在(认为船舶是不动的)，波面上升加速度 $\ddot{\zeta}$ 受到船体切片的阻碍而引起的作用力。这就是船体的不可穿透性对波浪扰动力影响的另一方面。

当船体切片升沉运动的位移为 z、波面升降的位移为 ζ 时，船体切片与波面的相对位移为 $z-\zeta$。由此产生的恢复力为

$$F_3 = -B_{zz}(z-\zeta) = -B_{zz}z + B_{zz}\zeta \tag{4.2.9}$$

式中　B_{zz}——恢复力系数。

式(4.2.9)中右边第一项是由于船体切片升沉位移 z 而产生的恢复力；第二项是船不动而波面起伏所引起的作用力，这个力就是升沉扰动力，即 $B_{zz}\zeta = \rho g S_w \zeta$，也称为弗劳德－克雷洛夫力。

由以上讨论可知，当计入船体不可穿透性对波浪的影响后，相当于波浪扰动力中增加了 $N\dot{\zeta}$ 和 $m\ddot{\zeta}$ 两项，这是波浪的绕射力，也就是普通切片法中对于弗劳德－克雷洛夫假说的修正。现在我们用切片法按上述力学模型求作用在船体上的力。

在船长方向距离船的重心 G 为 x_b 处取单位长度的横剖段，按上述力学模型求作用在此横剖段上的流体动力，如图4.2.3所示。该船升沉运动的位移为 z，纵摇角为 θ，则此横剖段垂向位移为 $z-x_b\theta$。而此时在该横剖段处的波面坐标为 ζ，则该横剖段与波面的相对位移为 $z-x_b\theta-\zeta$，此横剖段做升沉运动时的恢复力为

$$F_1' = -2\rho g y_w(z - x_b\theta - \zeta) \tag{4.2.10}$$

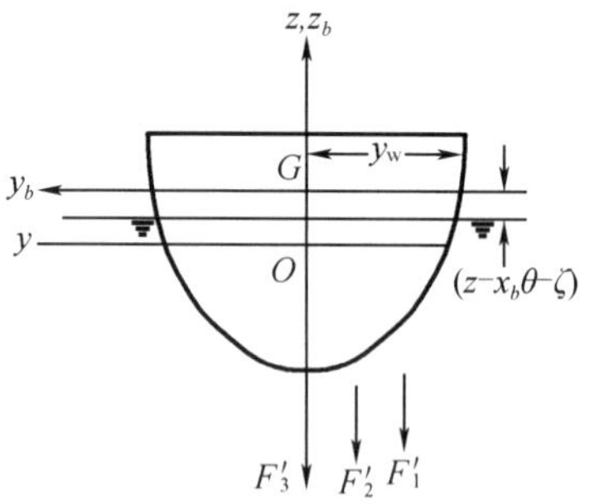

图4.2.3　二维剖面振荡示意图

式中　ρ——水的密度；

　　　g——重力加速度；

y_w——该横剖面在静水线处的半宽。

横剖段与波浪做相对运动时的阻尼力为

$$F_2' = -N'\frac{\mathrm{d}}{\mathrm{d}t}(z - x_b\theta - \zeta) = -N'\left(\dot{z} - x_b\dot{\theta} - \frac{\mathrm{d}x_b}{\mathrm{d}t}\theta - \dot{\zeta}\right) \tag{4.2.11}$$

当船以速度 v 前进时,相当于船静止于相对水流速度为 $-v$ 的水流中。这样当我们观察船体上某一横剖面周围的流动时,可以认为是在观察该剖面通过空间某一固定剖面时的情形。因此 $\xi = x_b + vt = \text{const}, \frac{\mathrm{d}x_b}{\mathrm{d}t} = -v$,故

$$F_2' = -N'(\dot{z} - x_b\dot{\theta} + v\theta - \dot{\zeta}) \tag{4.2.12}$$

式中 N'——横剖段的阻尼系数。

横剖面与波浪做相对运动时的惯性阻力为

$$\begin{aligned} F_3' &= -\frac{\mathrm{d}}{\mathrm{d}t}[m'(\dot{z} - x_b\dot{\theta} + v\theta - \dot{\zeta})] \\ &= -m'(\ddot{z} - x_b\ddot{\theta} - \frac{\mathrm{d}x_b}{\mathrm{d}t}\dot{\theta} + v\dot{\theta} - \ddot{\zeta}) - \frac{\mathrm{d}m'}{\mathrm{d}x_b}\cdot\frac{\mathrm{d}x_b}{\mathrm{d}t}(\dot{z} - x_b\dot{\theta} + v\theta - \dot{\zeta}) \\ &= -m'(\ddot{z} - x_b\ddot{\theta} + 2v\dot{\theta} - \ddot{\zeta}) + v\frac{\mathrm{d}m'}{\mathrm{d}x_b}(\dot{z} - x_b\dot{\theta} + v\theta - \dot{\zeta}) \end{aligned} \tag{4.2.13}$$

式中 m'——横剖段的附加质量;

$\frac{\mathrm{d}m'}{\mathrm{d}x_b}$——附加质量沿船长的变化率。

将各横剖段上的流体动力沿船长积分,则得船体做升沉运动时的流体动力(矩)。

$$\left.\begin{aligned} F &= \int_L (F_1' + F_2' + F_3')\mathrm{d}x_b \\ M &= -\int_L (F_1' + F_2' + F_3')x_b\mathrm{d}x_b \end{aligned}\right\} \tag{4.2.14}$$

式(4.2.14)第二个方程右边负号表示相对于坐标系 $Gx_by_bz_b$。首倾时 θ 为正,当 F、x_b 均为正时,M 为负值,船舶产生尾倾,即 θ 为负。在上面计算波浪中的流体动水压力时,波浪中的压力梯度取作静水压力梯度。但是波浪中的动水压力梯度与静水压力梯度不同,因此要对上面计算的波浪中的压力梯度进行修正。计入波浪中动水压力梯度修正的波面坐标为

$$\zeta^* = \zeta\left(1 - \frac{k}{y_w}\int_{-T}^{0} y_b e^{kz_b}\mathrm{d}z_b\right) \tag{4.2.15}$$

或记为

$$\zeta^* = \zeta e^{-kT^*} \tag{4.2.16}$$

式中

$$T^* = -\frac{1}{k}\ln\left(1 - \frac{k}{y_w}\int_{-T}^{0} y_b e^{kz_b}\mathrm{d}z_b\right) \tag{4.2.17}$$

因此式(4.2.12)和式(4.2.13)中的$\dot{\zeta}$与$\ddot{\zeta}$分别换成 $\dot{\zeta}^*$ 和$\ddot{\zeta}^*$。

按牛顿第二定律,船体做升沉运动时,有耦合方程

$$\left.\begin{aligned} a\ddot{z} &= F \\ J_{\theta\theta}\ddot{\theta} &= M \end{aligned}\right\} \tag{4.2.18}$$

将 F 和 M 的表达式(4.2.14)代入式(4.2.18)得

$$\begin{aligned} a\ddot{z} &= \int_L (F'_1 + F'_2 + F'_3)\mathrm{d}x_b \\ &= -2\rho g\int_L (y_w z - x_b y_w \theta - y_w \zeta^*)\mathrm{d}x_b - \int_L (N'\dot{z} - N'x_b\dot{\theta} + N'v\theta - N'\dot{\zeta}^*)\mathrm{d}x_b - \\ &\quad \int_L (m'\ddot{z} - m'x_b\ddot{\theta} + 2m'v\dot{\theta} - m'\ddot{\zeta}^*)\mathrm{d}x_b + \int_L v\frac{\mathrm{d}m'}{\mathrm{d}x_b}(\dot{z} - x_b\dot{\theta} + v\theta - \dot{\zeta}^*)\mathrm{d}x_b \\ &= -\ddot{z}\int_L m'\mathrm{d}x_b - \dot{z}\int_L\left(N' - v\frac{\mathrm{d}m'}{\mathrm{d}x_b}\right)\mathrm{d}x_b - 2\rho gz\int_L y_w\mathrm{d}x_b + \ddot{\theta}\int_L m'x_b\mathrm{d}x_b + \\ &\quad \dot{\theta}\int_L\left(N'x_b - 2m'v - x_b v\frac{\mathrm{d}m'}{\mathrm{d}x_b}\right)\mathrm{d}x_b + \theta\int_L\left(2\rho g y_w x_b - N'v + v^2\frac{\mathrm{d}m'}{\mathrm{d}x_b}\right)\mathrm{d}x_b + \\ &\quad \zeta_a\left[\int_L 2\rho g y_w \mathrm{e}^{-kT^*}\begin{pmatrix}\cos\\ \sin\end{pmatrix}kx_b\mathrm{d}x_b \mp \omega\int_L\left(N' - v\frac{\mathrm{d}m'}{\mathrm{d}x_b}\right)\mathrm{e}^{-kT^*}\begin{pmatrix}\sin\\ \cos\end{pmatrix}kx_b\mathrm{d}x_b - \right. \\ &\quad \left.\omega^2\int_L m'\mathrm{e}^{-kT^*}\begin{pmatrix}\cos\\ \sin\end{pmatrix}kx_b\right]\cdot\begin{pmatrix}\cos\\ \sin\end{pmatrix}\omega_e t \end{aligned} \tag{4.2.19}$$

$$\begin{aligned} J_{\theta\theta}\ddot{\theta} &= -\int_L (F'_1 + F'_2 + F'_3)x_b\mathrm{d}x_b \\ &= -\left\{-\ddot{z}\int_L m'x_b\mathrm{d}x_b - \dot{z}\int_L\left(N'x_b - vx_b\frac{\mathrm{d}m'}{\mathrm{d}x_b}\right)\mathrm{d}x_b - 2\rho gz\int_L y_w x_b\mathrm{d}x_b + \ddot{\theta}\int_L m'x_b^2\mathrm{d}x_b + \right. \\ &\quad \dot{\theta}\int_L\left(N'x_b^2 - 2m'vx_b - x_b^2 v\frac{\mathrm{d}m'}{\mathrm{d}x_b}\right)\mathrm{d}x_b + \theta\int_L\left(2\rho g y_w x_b^2 - N'vx_b + v^2 x_b\frac{\mathrm{d}m'}{\mathrm{d}x_b}\right)\mathrm{d}x_b + \\ &\quad \zeta_a\left[\int_L 2\rho g y_w x_b \mathrm{e}^{-kT^*}\begin{pmatrix}\cos\\ \sin\end{pmatrix}kx_b^2\mathrm{d}x_b \mp \omega\int_L\left(N' - v\frac{\mathrm{d}m'}{\mathrm{d}x_b}\right)x_b\mathrm{e}^{-kT^*}\begin{pmatrix}\sin\\ \cos\end{pmatrix}kx_b\mathrm{d}x_b - \right. \\ &\quad \left.\left.\omega^2\int_L m'\mathrm{e}^{-kT^*}x_b\begin{pmatrix}\cos\\ \sin\end{pmatrix}kx_b\mathrm{d}x_b\right]\begin{pmatrix}\cos\\ \sin\end{pmatrix}\omega_e t\right\} \end{aligned} \tag{4.2.20}$$

于是便得到了船舶在波浪中的升沉与纵摇运动耦合的二阶线性微分方程组，如下：

$$\left.\begin{aligned} (a + A_{11})\ddot{z} + A_{12}\dot{z} + A_{13}z + A_{14}\ddot{\theta} + A_{15}\dot{\theta} + A_{16}\theta &= F_{zc}\cos\omega_e t + F_{zs}\sin\omega_e t \\ (J_{\theta\theta} + A_{21})\ddot{\theta} + A_{22}\dot{\theta} + A_{23}\theta + A_{24}\ddot{z} + A_{25}\dot{z} + A_{26}z &= M_{\theta c}\cos\omega_e t + M_{\theta s}\sin\omega_e t \end{aligned}\right\} \tag{4.2.21}$$

式中 a——船本身的质量；

$J_{\theta\theta}$——船本身的纵向转动惯量。

$F_\zeta = F_{zc}\cos\omega_e t + F_{zs}\sin\omega_e t$ 是升沉运动的波浪扰动力。为了便于计算，将其分解为余弦项和正弦项。

$M_\zeta = M_{\theta c}\cos\omega_e t + M_{\theta s}\sin\omega_e t$ 是纵摇运动的波浪扰动力矩。

运动方程(4.2.21)中的系数 $A_{11}, A_{12}, \cdots$ 和 $A_{21}, A_{22}, \cdots$ 是待求的流体动力系数，它们是频率的函数。

船舶在频率为 ω 的规则波中以航速 v 前进时，以遭遇频率 ω_e 做升沉与纵摇运动，可写成

$$\left.\begin{aligned} z &= z_a\cos(\omega_e t+\varepsilon_{z\zeta}) \\ \theta &= \theta_a\cos(\omega_e t+\varepsilon_{\theta\zeta}) \end{aligned}\right\} \tag{4.2.22}$$

式中 z_a、θ_a——升沉与纵摇的幅值；

$\varepsilon_{z\zeta}$、$\varepsilon_{\theta\zeta}$——$z$、$\theta$ 相对于 $x=0$ 处的波浪相位差。

将式(4.2.21)中的第一个方程与式(4.2.19)比较，得系数

$$\left.\begin{aligned} A_{11} &= \int_L m'\mathrm{d}x_b \\ A_{12} &= \int_L\left(N'-v\frac{\mathrm{d}m'}{\mathrm{d}x_b}\right)\mathrm{d}x_b \\ A_{13} &= 2\rho g\int_L y_w\mathrm{d}x_b \\ A_{14} &= -\int_L m'x_b\mathrm{d}x_b \\ A_{15} &= -\int_L\left(N'x_b-2m'v-x_bv\frac{\mathrm{d}m'}{\mathrm{d}x_b}\right)\mathrm{d}x_b \\ A_{16} &= -\int_L\left(2\rho g y_w x_b-N'v+v^2\frac{\mathrm{d}m'}{\mathrm{d}x_b}\right)\mathrm{d}x_b \end{aligned}\right\} \tag{4.2.23}$$

而且

$$\begin{pmatrix} F_{zc}/\zeta_a \\ F_{zs}/\zeta_a \end{pmatrix} = 2\rho g\int_L y_w\mathrm{e}^{-kT^*}\begin{pmatrix}\cos\\ \sin\end{pmatrix}kx_b\mathrm{d}x_b \mp \omega\int_L\left(N'-v\frac{\mathrm{d}m'}{\mathrm{d}x_b}\right)\mathrm{e}^{-kT^*}\begin{pmatrix}\sin\\ \cos\end{pmatrix}kx_b\mathrm{d}x_b - \omega^2\int_L m'\mathrm{e}^{-kT^*}\begin{pmatrix}\cos\\ \sin\end{pmatrix}kx_b\mathrm{d}x_b \tag{4.2.24}$$

$$\left.\begin{aligned} A_{21} &= \int_L m'x_b^2\mathrm{d}x_b \\ A_{22} &= \int_L\left(N'x_b^2-2m'vx_b-vx_b^2\frac{\mathrm{d}m'}{\mathrm{d}x_b}\right)\mathrm{d}x_b \\ A_{23} &= 2\rho g\int_L\left(y_w x_b^2-N'vx_b+v^2x_b\frac{\mathrm{d}m'}{\mathrm{d}x_b}\right)\mathrm{d}x_b \\ A_{24} &= -\int_L m'x_b\mathrm{d}x_b \\ A_{25} &= -\int_L\left(N'x_b-x_bv\frac{\mathrm{d}m'}{\mathrm{d}x_b}\right)\mathrm{d}x_b \\ A_{26} &= -2\rho g\int_L y_w x_b\mathrm{d}x_b \end{aligned}\right\} \tag{4.2.25}$$

而且

$$\begin{pmatrix} M_{\theta c}/\zeta_a \\ M_{\theta s}/\zeta_a \end{pmatrix} = -2\rho g\int_L y_w x_b\mathrm{e}^{-kT^*}\begin{pmatrix}\cos\\ \sin\end{pmatrix}kx_b\mathrm{d}x_b \pm \omega\int_L(N'-v\frac{\mathrm{d}m'}{\mathrm{d}x_b})x_b\mathrm{e}^{-kT^*}\begin{pmatrix}\sin\\ \cos\end{pmatrix}kx_b\mathrm{d}x_b + \omega^2\int_L m'x_b\mathrm{e}^{-kT^*}\begin{pmatrix}\cos\\ \sin\end{pmatrix}kx_b\mathrm{d}x_b \tag{4.2.26}$$

由上述分析可见，若已知 N'、m'、$\frac{\mathrm{d}m'}{\mathrm{d}x_b}$，则可求出升沉及纵摇运动方程中的各系数。之后，就可以在各频率下解一对常系数耦合微分方程，求得升沉和纵摇的频率响应 $\frac{z_a}{\zeta_a}$ 与 $\frac{\theta_a}{k\zeta_a}$，这样就可求得船舶在规则波中纵向运动方程的解。各横剖段的阻尼系数 N' 及附加质量 m' 的求解方法将在 4.4 节中介绍。

4.2.2 船舶在规则斜波中的升沉与纵摇运动方程的建立

新切片法可以计算任意浪向下船舶各个自由度的摇荡运动，其所考虑的纵摇和升沉运动的力学模型是当船体在波浪中运动时，船体周围的流场用入射波的速度势叠加某一定的速度势来表示，使叠加后的速度势之和在离船体无穷远处满足入射波的速度势场的条件，而在船体表面上的水质点满足不可穿透性条件。

船体在外界波浪作用下做纵摇和升沉运动时，周围流场速度势可由三个速度势叠加，分别是入射波的速度势 Φ_w，由于波浪遇到船体而反射回来产生的绕射势 Φ_r 以及船体自身运动引起周围流体产生的辐射势 Φ_d。即

$$\Phi = \Phi_w + \Phi_r + \Phi_d \tag{4.2.27}$$

这些速度势均满足前面所说的条件。Φ_w、Φ_r、Φ_d 三种速度势所引起的流体压力的变化分别记为 p_w、p_r、p_d，将作用在横剖段上各点的这三种压力沿横剖面的周界积分可得作用在横剖段上的三种流体动力，即入射波的扰动力（弗劳德－克雷洛夫力）、绕射力和辐射力。将作用在各横剖段上的流体动力沿船长积分，可求出作用在船体上的总的流体动力，之后即可建立纵摇与升沉运动微分方程。

在大地坐标系下，入射势 $\Phi_w = \frac{\mathrm{i}g\zeta_a}{\omega}\mathrm{e}^{k\zeta + \mathrm{i}(k\xi + \omega t)}$，波浪沿大地系 $O_1\xi\eta\zeta$ 的 ξ 轴负向传播。

1. 辐射力

取船上 x 处的剖面，设剖面以速度 $\mathrm{e}^{\mathrm{i}\omega_e t}$ 做升沉运动，则流场的速度势可写为

$$\Phi(y,z,t) = \varphi(y,z)\mathrm{e}^{\mathrm{i}\omega_e t} \tag{4.2.28}$$

作用于横剖面的辐射力为

$$\begin{aligned} F_Z &= \int_{c_0} -\rho\frac{\partial\Phi}{\partial t}\cos(\hat{N,Z})\,\mathrm{d}l \\ &= -\rho\mathrm{i}\omega_e\int_{c_0}\varphi\cos(\hat{N,Z})\,\mathrm{d}l\cdot\mathrm{e}^{\mathrm{i}\omega_e t} \\ &= m_{33}(\mathrm{i}\omega_e)\mathrm{e}^{\mathrm{i}\omega_e t} + \mu_{33}\mathrm{e}^{\mathrm{i}\omega_e t} \end{aligned} \tag{4.2.29}$$

则

$$m_{33}(\mathrm{i}\omega_e) + \mu_{33} = -\rho i\omega_e\int_{c_0}(\varphi_c + i\varphi_s)\cos(\hat{N,Z})\,\mathrm{d}l$$

即

$$m_{33} = -\rho\int_{c_0}\varphi_c\mathrm{d}y,\mu_{33} = \rho\omega_e\int_{c_0}\varphi_s\mathrm{d}y$$

式中 m_{33}——剖面的升沉附加质量；

μ_{33}——剖面的升沉阻尼系数。

当船以速度 U 前进，做升沉和纵摇运动时，该横剖面的垂向位移为 $Z-x\theta$，取升沉向上为正，埋首(首倾)为正。

横剖面的垂向运动速度为 $\dot{Z}-x\dot{\theta}+U\theta$。

根据相对运动原理，流体相对于横剖面的速度为 $-\dot{Z}+x\dot{\theta}-U\theta$。

由于假设船舶做简谐振荡，则可设

$$\begin{cases} Z = Z_a e^{i(\omega_e t+\varepsilon_{z\zeta})} \\ \theta = \theta_a e^{i(\omega_e t+\varepsilon_{\theta\zeta})} \end{cases}$$

式中 $\varepsilon_{z\zeta}$——船舶升沉与船舶重心处的波浪的相位差；

$\varepsilon_{\theta\zeta}$——船舶纵摇与船舶重心处的波浪的相位差。

此时流场内的辐射势为

$$\begin{aligned}\Phi &= (-\dot{Z}+x\dot{\theta}-U\theta)\varphi \\ &= \omega_e\varphi_s Z-\varphi_c\dot{Z}+(-U\varphi_c-x\omega_e\varphi_s)\theta+\left(x\varphi_c-\frac{U}{\omega_e}\varphi_s\right)\dot{\theta}\end{aligned} \tag{4.2.30}$$

在平移坐标系下，线性伯努利方程动压力部分为

$$P=-\rho\left(\frac{\partial}{\partial t}-U\frac{\partial}{\partial x}\right)\Phi$$

则由辐射势 Φ 引起的流体动压力分布为

$$\begin{aligned}P &= -\rho\left(\frac{\partial}{\partial t}-U\frac{\partial}{\partial x}\right)\Phi \\ &=\rho\left[-U\left(\omega_e\varphi_s+x\omega_e\frac{\partial\varphi_s}{\partial x}+U\frac{\partial\varphi_c}{\partial x}\right)\theta+\left(x\omega_e\varphi_s+2U\varphi_c+Ux\frac{\partial\varphi_c}{\partial x}-\frac{U^2}{\omega_e}\frac{\partial\varphi_s}{\partial x}\right)\dot{\theta}+\right. \\ &\quad\left.\left(\frac{U}{\omega_e}\varphi_s-x\varphi_c\right)\ddot{\theta}+U\omega_e\frac{\partial\varphi_s}{\partial x}Z-\left(\omega_e\varphi_s+U\frac{\partial\varphi_c}{\partial x}\right)\dot{Z}+\varphi_c\ddot{Z}\right]\end{aligned} \tag{4.2.31}$$

作用于剖面上的辐射力为

$$F_Z=\int_{c_0}P\cos(\hat{N,Z})\,dl \tag{4.2.32}$$

由于 $m_{33}=-\rho\int_{c_0}\varphi_c dy$，$\mu_{33}=\rho\omega_e\int_{c_0}\varphi_s dy$，将 P 代入式(4.2.32)，得

$$\begin{aligned}F_Z=&\left[-U\frac{\partial(x\mu_{33})}{\partial x}+U^2\frac{\partial m_{33}}{\partial x}\right]\theta+\left(x\mu_{33}-Um_{33}-U\frac{\partial xm_{33}}{\partial x}-\frac{U^2}{\omega_e^2}\frac{\partial\mu_{33}}{\partial x}\right)\dot{\theta}+ \\ &\left(\frac{U}{\omega_e^2}\mu_{33}+xm_{33}\right)\ddot{\theta}+U\frac{\partial\mu_{33}}{\partial x}Z-\left(\mu_{33}-U\frac{\partial m_{33}}{\partial x}\right)\dot{Z}-m_{33}\ddot{Z}\end{aligned}$$

2. 恢复力

若横剖面的垂向位移为 $Z-x\theta$，则恢复力分布为 $P_s=-\rho g(Z-x\theta)$。

作用在剖面上的恢复力为

$$F_s=\int_{c_0}P_s\cos(\hat{N,Z})\,dl=\int_{c_0}[-\rho g(Z-x\theta)\cos(\hat{N,Z})\,dl]=-\rho g(Z-x\theta)y_w \tag{4.2.33}$$

式中　y_w——剖面在水线处的宽度。

3. 绕射力

假设船以速度 U 前进,同时在 Z 方向受约束不动。

将入射波势转化到平移坐标系下,得

$$\Phi_\omega = \frac{\mathrm{i}\zeta_a\omega}{k}\mathrm{e}^{kZ}\mathrm{e}^{\mathrm{i}(kx\cos k\chi - ky\sin k\chi + \omega_e t)}, k = \frac{\omega^2}{g} \tag{4.2.34}$$

则吃水 Z 处波浪质点的垂向速度分量为

$$U_Z = \frac{\partial\Phi_\omega}{\partial Z} = \mathrm{i}\zeta_a\omega\mathrm{e}^{kZ}\mathrm{e}^{\mathrm{i}(kx\cos k\chi - ky\sin k\chi + \omega_e t)} \tag{4.2.35}$$

垂向加速度分量为

$$\dot{U}_Z = \frac{\partial^2\zeta_B}{\partial t^2} = \frac{\partial^2}{\partial t^2}[\zeta_a\mathrm{e}^{kZ}\mathrm{e}^{\mathrm{i}(k\xi+\omega t)}] = \mathrm{i}\omega U_Z \tag{4.2.36}$$

我们用等效平均相对速度和加速度代替式(4.2.35)和式(4.2.36),得

$$\overline{U}_Z = \mathrm{i}\zeta_a\omega\mathrm{e}^{-kT^*}\mathrm{e}^{\mathrm{i}(kx\cos k\chi + \omega_e t)}$$

$$\overline{\dot{U}}_Z = \mathrm{i}\omega\overline{U}_Z$$

式中　T^*——剖面经动水压力修正后的吃水,可按式(4.2.37)或式(4.2.38)确定。

$$T^* = -\frac{1}{k}\ln\left(1 - \frac{k}{y_w}\right)\int_{-T}^{0} y_b\mathrm{e}^{kZ}\mathrm{d}Z \tag{4.2.37}$$

或

$$T^* = -\frac{1}{k}\ln\frac{1}{y_w}\int_{c_0}\mathrm{e}^{kZ}\cos(\hat{N,Z})\mathrm{d}l \tag{4.2.38}$$

此处的 y_b 为剖面在相应吃水处的宽度,y_w 同前。

仿照辐射势的计算方法,得到绕射势为

$$\Phi_d = \overline{U}_Z\varphi$$

作用在剖面上的绕射力为

$$\begin{aligned} F_d &= \mathrm{Re}\left\{\int_{c_0}\left[-\rho\left(\frac{\partial}{\partial t} - U\frac{\partial}{\partial x}\right)\Phi_d\cos(\hat{N,Z})\mathrm{d}l\right]\right\} \\ &= \mathrm{Re}\left[\left(\frac{\omega}{\omega_e}\mu_{33} - U\frac{\partial m_{33}}{\partial x}\right)\overline{U}_Z + \left(m_{33} + \frac{U}{\omega\omega_e}\frac{\partial\mu_{33}}{\partial x}\right)\overline{\dot{U}}_Z\right] \\ &= \left(\frac{\omega}{\omega_e}\mu_{33} - \frac{\partial m_{33}}{\partial x}U\right)(-\zeta_a\omega\mathrm{e}^{-kT^*})\sin(kx\cos\chi + \omega_e t) + \\ &\quad \left(m_{33} + \frac{U}{\omega\omega_e}\frac{\partial\mu_{33}}{\partial x}\right)(-\zeta_a\omega^2\mathrm{e}^{-kT^*})\cos(kx\cos\chi + \omega_e t) \end{aligned} \tag{4.2.39}$$

4. 波浪主干扰力

入射波作用于该横剖面的压力分布为

$$\begin{aligned} P_F &= -\rho\mathrm{Re}\left[\frac{\partial\Phi_\omega(\xi,\eta,\zeta;t)}{\partial t}\right] \\ &= \rho g\zeta_a\mathrm{e}^{k\zeta}\cos(k\xi + \omega t) \end{aligned}$$

$$=\rho g\zeta_a e^{kz}\cos(kx\cos\chi-ky\sin\chi+\omega_e t) \tag{4.2.40}$$

该横剖面的波浪主扰动力为

$$\begin{aligned}
F_w(x) &= \int_{c_0} P_F\cos(N\hat{,}Z)\mathrm{d}l \\
&= \int_{c_0}\rho g\zeta_a e^{kz}\cos(kx\cos\chi-ky\sin\chi+\omega_e t)\cos(N\hat{,}Z)\mathrm{d}l \\
&= \int_{c_0}\rho g\zeta_a e^{kz}[\cos(kx\cos\chi+\omega_e t)\cos(ky\sin\chi)+\sin(kx\cos k\chi+\omega_e t)\cdot \\
&\quad \sin(ky\sin k\chi)]\cos(N\hat{,}Z)\mathrm{d}l \\
&= \int_{c_0}\rho g\zeta_a e^{kz}\cos(kx\cos\chi+\omega_e t)\cos(ky\sin\chi)\cos(N\hat{,}Z)\mathrm{d}l+\int_{c_0}\rho g\zeta_a e^{kz}\cdot \\
&\quad \sin(kx\cos\chi+\omega_e t)\sin(ky\sin\chi)\cos(N\hat{,}Z)\mathrm{d}l \\
&= F_{w1}+F_{w2}
\end{aligned} \tag{4.2.41}$$

若剖面对称,则 $F_{w2}=0$。

综上所述,船在规则波中受到的升沉力和纵摇力矩分别为

$$\left.\begin{aligned}
F &= \int_L (F_z+F_s+F_d+F_w)\mathrm{d}x = a\ddot{Z} \\
M &= -\int_L (F_z+F_s+F_d+F_w)x\mathrm{d}x = J_{\theta\theta}\ddot{\theta}
\end{aligned}\right\} \tag{4.2.42}$$

把 F_z、F_s、F_d、F_w 各自的表达式代入式(4.2.42),整理后可得船纵向运动方程中各水动力系数 A_{33}、B_{33}、C_{33}、A_{35}、B_{35}、C_{35}、A_{55}、B_{55}、C_{55}、A_{53}、B_{53}、C_{53} 和各波浪扰动力及力矩 F_{zc}、F_{zs}、$M_{\theta c}$、$M_{\theta s}$ 的表达式,下面给出具体形式。

$$A_{33}=\int_L m_{33}\mathrm{d}x_b$$

$$B_{33}=\int_L \mu_{33}\mathrm{d}x_b - Um_{33}\Big|_{尾}^{首}$$

$$C_{33}=\int_L \rho g y_w \mathrm{d}x_b - U\mu_{33}\Big|_{尾}^{首}\quad(y_w\ 指水线宽)$$

$$A_{35}=-\int_L m_{33}x_b\mathrm{d}x_b-\frac{U}{\omega_e^2}\int_L \mu_{33}\mathrm{d}x_b$$

$$B_{35}=-\int_L \mu_{33}x_b\mathrm{d}x_b+U\int_L m_{33}\mathrm{d}x_b+U[x_b m_{33}]\Big|_{尾}^{首}+\frac{U^2}{\omega_e^2}\mu_{33}\Big|_{尾}^{首}$$

$$C_{35}=-\rho g\int_L y_w x_b\mathrm{d}x_b+U(x_b\mu_{33})\Big|_{尾}^{首}-U^2 m_{33}\Big|_{尾}^{首}$$

$$\begin{aligned}
\left.\begin{matrix}F_{zc}\\F_{zs}\end{matrix}\right/\zeta_a &= \rho g\int_L \begin{matrix}\cos\\\sin\end{matrix}(kx_b\cos\chi)\left[\int_{c_0} e^{kz}\cos(ky\sin\chi)\cos(N\hat{,}Z)\mathrm{d}l\right]\mathrm{d}x_b\ \pm \\
&\quad \rho g\int_L \begin{matrix}\sin\\\cos\end{matrix}(kx_b\cos\chi)\left[\int_{c_0} e^{kz}\sin(ky\sin\chi)\cos(N\hat{,}Z)\mathrm{d}l\right]\mathrm{d}x_b\ \mp \\
&\quad \omega\int_L e^{-kT^*}\left(\frac{\omega}{\omega_e}\mu_{33}-U\frac{\mathrm{d}m_{33}}{\mathrm{d}x_b}\right)\begin{matrix}\sin\\\cos\end{matrix}(kx_b\cos\chi)\mathrm{d}x_b-\omega^2\int_L e^{-kT^*}\cdot \\
&\quad \left(m_{33}+\frac{U}{\omega\omega_e}\frac{\mathrm{d}\mu_{33}}{\mathrm{d}x_b}\right)\begin{matrix}\cos\\\sin\end{matrix}(kx_b\cos\chi)\mathrm{d}x_b
\end{aligned}$$

$$A_{55} = \int_L m_{33} x_b^2 \mathrm{d}x_b + \frac{U}{\omega_e^2} \int_L x_b \mu_{33} \mathrm{d}x_b$$

$$B_{55} = \int_L \mu_{33} x_b^2 \mathrm{d}x_b + \frac{U^2}{\omega_e^2} \int_L \mu_{33} \mathrm{d}x_b - U(x_b^2 m_{33}) \Big|_{尾}^{首} - \frac{U^2}{\omega_e^2} (x\mu_{33}) \Big|_{尾}^{首}$$

$$C_{55} = \rho g \int_L y_w x_b^2 \mathrm{d}x_b - U^2 \int_L m_{33} \mathrm{d}x_b - U(x_b^2 \mu_{33}) \Big|_{尾}^{首} + U \int_L x_b \mu_{33} \mathrm{d}x_b + U^2 (x_b m_{33}) \Big|_{尾}^{首} + ag(z_B - z_G)$$

$$A_{53} = -\int_L m_{33} x_b \mathrm{d}x_b$$

$$B_{53} = -\int_L \mu_{33} x_b \mathrm{d}x_b - U \int_L m_{33} \mathrm{d}x_b + U(x_b m_{33}) \Big|_{尾}^{首}$$

$$C_{53} = -\rho g \int_L y_w x_b d x_b - U \int_L \mu_{33} \mathrm{d}x_b + U(x_b \mu_{33}) \Big|_{尾}^{首}$$

$$\left. \begin{matrix} M_{\theta s} \\ M_{\theta c} \end{matrix} \right/ \zeta_a = -\left. \begin{matrix} F_{zs} \\ F_{zc} \end{matrix} \right/ \zeta_a \cdot x_b$$

4.3 切片理论及方法概述

切片理论实质上是一种近似方法，它充分利用了船体细长这一特点，认为至少在船体的相当部分，流动主要局限在横向剖面内，从而把围绕船体的本质上的三维流动简化为绕各横剖面的二维流动。按二维流动求得各横剖面受到的流体作用力后，再将其沿船长方向叠加（积分）以求得船体上总的流体作用力。切片理论主要基于以下三个假设。

第一，细长体假设。

假设船体表面上单位法线向量 $\boldsymbol{n}$ 的三个分量 $\boldsymbol{n}_1$、$\boldsymbol{n}_2$、$\boldsymbol{n}_3$ 的 x 方向的分量可略去不计，并且流场沿纵向的变化缓慢，$\boldsymbol{n}_1 \ll \boldsymbol{n}_2$，$\boldsymbol{n}_1 \ll \boldsymbol{n}_3$，$\frac{\partial}{\partial x} \ll \frac{\partial}{\partial y}$，$\frac{\partial}{\partial x} \ll \frac{\partial}{\partial z}$，那么三维拉普拉斯方程可改写成二维拉普拉斯方程，如下：

$$\frac{\partial^2 \varphi(x;y,z)}{\partial y^2} + \frac{\partial^2 \varphi(x;y,z)}{\partial z^2} = 0$$

第二，高频低速假设。

假设波浪频率不太低，船体航速不太高，即 $\omega_0 \gg U \frac{\partial}{\partial x}$。

当船体有航速且做简谐振荡时，自由面条件可以记成：

$$-\omega^2 \varphi - 2\mathrm{i}U\omega \frac{\partial \varphi}{\partial x} + U^2 \frac{\partial^2 \varphi}{\partial x^2} + g \frac{\partial \varphi}{\partial z} = 0 \text{（在 } z = 0 \text{ 上）} \tag{4.3.1}$$

尽管在自由面上的流动有某种自由度，但主要仍受船体形状的支配。于是，当 U 和 g 都是量级 $O(1)$ 时，式（4.3.1）中的含 $\frac{\partial \varphi}{\partial x}$ 和 $\frac{\partial^2 \varphi}{\partial x^2}$ 项与其他项相比是高阶小量，可以略去，式（4.3.1）可改写为

$$-\omega^2\varphi+g\frac{\partial\varphi}{\partial z}=0(\text{在 } z=0 \text{ 上})$$

因为$\frac{\partial\varphi}{\partial z}=O\left(\frac{\varphi}{\varepsilon}\right)$是个大量,若要保留上面这一波浪形的自由表面条件,必须要满足$\omega=O(\varepsilon^{-\frac{1}{2}})$,这是切片理论的另一个主要假设,也是切片法的应用限制之一。它表明对于低频运动或者激振的来波波长大的情况,切片理论不再适用。切片理论只适用于频率为$O(\varepsilon^{-\frac{1}{2}})$量级的高频范围,或者说只适用于入射波波长与船宽同量级的短波情况。

第三,不计定常扰动势假设。

不计定常扰动势 $\boldsymbol{\Phi}_S$ 的影响,即取 $\nabla(-Ux+\Phi_S)\approx -U\boldsymbol{i}$($\boldsymbol{i}$ 为 x 方向的单位向量)。

4.3.1 STF 方法

STF 方法是求解频域稳态解的有效工具,可用于预报船舶在波浪中航行时的五自由度线性运动(缺纵荡)。这种方法不必求解三维有航速相应的边值问题,只要求解船舶各横剖面的二维零航速水动力问题即可。

1. 水动力系数的计算

船体受到的水动力(矩)为

$$H_j=-\mathrm{i}\rho\omega\iint\varphi n_j\mathrm{d}s+\rho u\iint_s\varphi m_j\mathrm{d}s-\rho u\int_{c_A}\varphi N_j\mathrm{d}l \tag{4.3.2}$$

积分路线是船表面 s 的周界。用切片法求解时,s 表示尾横剖面以前的船平均湿表面,c_A 为尾横剖面线。用速度势分解式,力(矩)H_j 可分成两部分,即

$$H_j=F_j+G_j$$

式中 F_j——波浪力(矩),即

$$F_j=-\rho\mathrm{i}\omega\iint_s n_j(\varphi_I+\varphi_D)\mathrm{d}s+u\rho\iint_s m_j(\varphi_I+\varphi_D)\mathrm{d}s-u\rho\int_{c_A}(\varphi_I+\varphi_D)N_j\mathrm{d}l \tag{4.3.3}$$

G_j——由船的微幅运动造成的辐射力(矩),即

$$G_j=-\rho\left[\iint_s\mathrm{d}s(\mathrm{i}\omega n_j-um_j)+u\int_{c_A}\mathrm{d}l\cdot N_j\right]\sum_{k=1}^{6}\zeta_k\varphi_k=\sum_{k=1}^{6}T_{jk}\zeta_k \tag{4.3.4}$$

这里的 T_{jk}表示船做 k 态单位振幅位移谐振时所受到的 j 方向的力(矩),即

$$T_{jk}=-\mathrm{i}\rho\omega\iint_s n_j\varphi_k\mathrm{d}s+u\rho\iint_s m_j\varphi_k\mathrm{d}s-u\rho\int_{c_A}N_j\varphi_k\mathrm{d}l \tag{4.3.5}$$

此处认为船体左右对称,因此当 j、k 中的一个是奇数而另一个是偶数时,T_{jk}都为零。按下面的方式分出 T_{jk}的实部和虚部,即

$$T_{jk}=\omega^2A_{jk}-\mathrm{i}\omega B_{jk} \tag{4.3.6}$$

则 A_{jk}就是附加质量,B_{jk}就是阻尼系数。

从 T_{jk}中分出与速度无关部分 T_{jk}^0和与速度无关的线积分 t_{jk}^A,即

$$T_{jk}^0=-\mathrm{i}\rho\omega\iint_s n_j\varphi_k^0\mathrm{d}s$$

$$t_{jk}^A=-\mathrm{i}\rho\omega\int_{c_A}N_j\varphi_k^0\mathrm{d}s \tag{4.3.7}$$

由 $\begin{cases}\varphi_j=\varphi_j^0(j=1,2,3,4)\\ \varphi_5=\varphi_5^0+\dfrac{u}{\mathrm{i}\omega}\varphi_3^0,\varphi_6=\varphi_6^0+\dfrac{u}{\mathrm{i}\omega}\varphi_2^0\end{cases}$ 可知

当 $j=1,2,3,4,k=1,2,3,4$ 时,有

$$T_{jk}=T_{jk}^0+\frac{u}{\mathrm{i}\omega}t_{jk}^A \tag{4.3.8}$$

当 $j=5,6,k=1,2,3,4$ 时,有

$$\begin{aligned}T_{5k}&=T_{5k}^0-\frac{u}{\mathrm{i}\omega}T_{3k}^0+\frac{u}{\mathrm{i}\omega}t_{5k}^A\\ T_{6k}&=T_{6k}^0-\frac{u}{\mathrm{i}\omega}T_{2k}^0+\frac{u}{\mathrm{i}\omega}t_{6k}^A\end{aligned} \tag{4.3.9}$$

当 $j=1,2,3,4,k=5,6$ 时,有

$$\begin{aligned}T_{j5}&=T_{j5}^0+\frac{u}{\mathrm{i}\omega}T_{j3}^0+\frac{u}{\mathrm{i}\omega}t_{j5}^A-\frac{u^2}{\omega^2}t_{j3}^A\\ T_{j6}&=T_{j6}^0-\frac{u}{\mathrm{i}\omega}T_{j2}^0+\frac{u}{\mathrm{i}\omega}t_{j6}^A+\frac{u^2}{\omega^2}t_{j2}^A\end{aligned} \tag{4.3.10}$$

当 $j=5,6,k=5,6$ 时,有

$$\begin{aligned}T_{55}&=T_{55}^0+\frac{u}{\omega^2}T_{33}^0+\frac{u}{\mathrm{i}\omega}t_{55}^A-\frac{u^2}{\omega^2}t_{53}^A\\ T_{66}&=T_{66}^0+\frac{u}{\omega^2}T_{22}^0+\frac{u}{\mathrm{i}\omega}t_{66}^A+\frac{u^2}{\omega^2}t_{62}^A\end{aligned} \tag{4.3.11}$$

这里应用了对称关系 $T_{jk}^0=T_{kj}^0$。根据以上讨论,可将水动力系数的计算问题归结为 T_{jk}^0 和 t_{jk}^A 的计算问题。

假设船宽和吃水都比船长小得多,于是 $\mathrm{d}s=\mathrm{d}l\cdot\mathrm{d}\xi$,则

$$\begin{aligned}T_{jk}^0&=-\mathrm{i}\rho\omega\iint_s n_j\varphi_k^0\mathrm{d}s=\int_L t_{jk}^\xi\mathrm{d}\xi\\ t_{jk}^\xi&=-\mathrm{i}\rho\omega\int_{c_\xi}n_j\varphi_k^0\mathrm{d}l\end{aligned} \tag{4.3.12}$$

式中 L——沿船长的积分;

c_ξ——位于平面 $x=\xi$ 上的横剖面曲线。

用数值方法求得二维横剖面的二维附加质量 a_{jk}^ξ 和阻尼系数 b_{jk}^ξ,这里的上标 ξ 表示位于平面 $x=\xi$ 上的横剖面,附加质量和阻尼系数由二维边值问题的解 $\Psi_k(k=2,3,4)$ 决定。得到二维附加质量和阻尼系数后,便可得到 $j,k=2,3,4$ 相应的 t_{jk}^ξ,即

$$t_{jk}^\xi=\omega^2a_{jk}^\xi-\mathrm{i}\omega b_{jk}^\xi(j,k=2,3,4)$$

把 t_{jk}^ξ 沿船长积分,得到 $T_{jk}^0(j=2,3,4,k=2,3,4)$。对于 $j=5,6,k=5,6$,也可得出相关表达式。全部结果为

$$\left.\begin{aligned}&T_{22}^0=\int_L t_{22}^\xi\mathrm{d}\xi,T_{24}^0=T_{42}^0=\int_L t_{24}^\xi\mathrm{d}\xi,T_{26}^0=T_{62}^0=\int_L\xi t_{22}^\xi\mathrm{d}\xi\\ &T_{33}^0=\int_L t_{33}^\xi\mathrm{d}\xi,T_{35}^0=T_{53}^0=\int_L\xi t_{33}^\xi\mathrm{d}\xi,T_{44}^0=\int_L t_{44}^\xi\mathrm{d}\xi\\ &T_{46}^0=T_{64}^0=\int_L\xi t_{24}^\xi\mathrm{d}\xi,T_{55}^0=\int_L t_{55}^\xi\mathrm{d}\xi,T_{66}^0=\int_L t_{22}^\xi\mathrm{d}\xi\end{aligned}\right\} \tag{4.3.13}$$

由 $\varphi_5^0 = -\xi\varphi_3^0$、$\varphi_6^0 = \xi\varphi_2^0$ 得

$$t_{26}^{\xi} = t_{62}^{\xi} = \xi t_{22}^{\xi}$$
$$t_{53}^{\xi} = t_{35}^{\xi} = -\xi t_{33}^{\xi}$$
$$t_{46}^{\xi} = t_{64}^{\xi} = \xi t_{24}^{\xi}$$
$$t_{55}^{\xi} = \xi^2 t_{33}^{\xi}$$
$$t_{66}^{\xi} = \xi^2 t_{22}^{\xi}$$

再由式(4.3.6)可得用二维附加质量 a_{jk}^{ξ} 与阻尼系数 b_{jk}^{ξ} 表示三维附加质量 A_{jk} 和阻尼系数 B_{jk} 的表达式。以 A_{33}、B_{33} 为例:

$$\omega^2 A_{33} - \mathrm{i}\omega B_{33} = T_{33} = T_{33}^0 + \frac{u}{\mathrm{i}\omega}t_{33}^A = \int_L t_{33}^{\xi}\mathrm{d}\xi + \frac{u}{\mathrm{i}\omega}t_{33}^A$$
$$= \omega^2\int_L a_{33}^{\xi}\mathrm{d}\xi - \mathrm{i}\omega\int_L b_{33}^{\xi}\mathrm{d}\xi + \frac{u}{\mathrm{i}\omega}(\omega^2 a_{33}^A - \mathrm{i}\omega b_{33}^A)$$

由此即得

$$A_{33} = \int_L a_{33}^{\xi}\mathrm{d}\xi - \frac{u}{\omega^2}b_{33}^A, B_{33} = \int_L b_{33}^{\xi}\mathrm{d}\xi + u a_{33}^A$$

同理可得其他各系数,具体形式略。

2. 波浪力(矩)的计算

波浪力(矩)包括绕射力(矩)和入射波的扰动力(矩)(弗劳德-克雷洛夫力)。当入射波是微幅单色波时,速度势的表达式为

$$\Phi_I(p,t) = \mathrm{Re}[\varphi_I(p)\mathrm{e}^{\mathrm{i}\omega_e t}]$$
$$\varphi_I(p) = \frac{\mathrm{i}g\zeta_a}{\omega}\mathrm{e}^{kz}\mathrm{e}^{-\mathrm{i}k(x\cos\beta - y\sin\beta)}$$

式中 ζ_a——波幅;

ω——波频;

k——波数,$k = \omega^2/g$;

β——浪向角;

ω_e——遭遇频率,$\omega_e = \omega + kv\cos\chi$。

二维剖面弗劳德-克雷洛夫力 $f_j(x)$ 为

$$f_j(x) = g\mathrm{e}^{-\mathrm{i}kx\cos\beta}\int_{c_x} N_j \mathrm{e}^{\mathrm{i}ky\sin\beta}\mathrm{e}^{kz}\mathrm{d}l$$

绕射力 $h_j(x)$ 为

$$h_j(x) = \omega_0\mathrm{e}^{-\mathrm{i}kx\cos\beta}\int_{c_x}(\mathrm{i}N_3 - N_2\sin\beta)\mathrm{e}^{\mathrm{i}ky\sin\beta}\mathrm{e}^{kz}\Psi_j\mathrm{d}l(j = 2,3,4)$$

波浪干扰力(矩)可表示为

$$\left.\begin{aligned} F_j &= \rho\alpha\int_L[f_j(\xi) + h_j(\xi)]\mathrm{d}\xi + \rho\alpha\frac{u}{\mathrm{i}\omega}h_j(x_A)(j = 2,3,4) \\ F_5 &= -\rho\alpha\int_L\left\{\xi[f_3(\xi) + h_3(\xi)] + \frac{u}{\mathrm{i}\omega}h_3(\xi)\right\}\mathrm{d}\xi - \rho\alpha\frac{u}{\mathrm{i}\omega}x_A h_3(x_A) \\ F_6 &= -\rho\alpha\int_L\left\{\xi[f_2(\xi) + h_2(\xi)] + \frac{u}{\mathrm{i}\omega}h_2(\xi)\right\}\mathrm{d}\xi + \rho\alpha\frac{u}{\mathrm{i}\omega}x_A h_2(x_A) \end{aligned}\right\} \quad (4.3.14)$$

从以上公式中可以看出，只要求得各横剖面的横荡、垂荡和横摇的三个速度势 Ψ_j($j=2,3,4$)，便可得到全部水动力，即波浪干扰力、绕射力和辐射力，即

$$G_j e^{\mathrm{i}\omega t} = \sum_{k=2}^{6} T_{jk}\zeta_k e^{\mathrm{i}\omega t} = -\sum_{k=2}^{6}(A_{jk}\ddot{\eta}_k + B_{jk}\dot{\eta})\ (j=2,3,\cdots,6) \tag{4.3.15}$$

3. 恢复力(矩)计算

用 Δ 表示排水体积，wp 表示水线面，A_{wp}表示水线面面积，则船体恢复力为

$$F^r = \rho g(\Delta - \eta_3 A_{wp} + \eta_5 \iint_{wp} x\mathrm{d}x\mathrm{d}y)e_3 \tag{4.3.16}$$

记浮心坐标为$(0,0,z_B)$，则

$$z_B = \frac{1}{\Delta}\iiint_v z\mathrm{d}v$$

恢复力矩为

$$M^r = -\rho g\eta_4\left(\iint_{wp} y^2\mathrm{d}x\mathrm{d}y + \Delta z_B\right)e_1 + \rho g\left[-\eta_3\iint_{wp} x\mathrm{d}x\mathrm{d}y + \eta_5\left(\iint_{wp} x^2\mathrm{d}x\mathrm{d}y + \Delta z_B\right)\right]e_2 \tag{4.3.17}$$

把恢复力(矩)和重力(矩)合并，记其第 j 个分量为

$$-\sum_{k=2}^{6} C_{jk}\eta_k\ (j=2,3,\cdots,6)$$

由此可得

$$C_{33} = \rho g A_{wp}$$

$$C_{35} = C_{53} = -\rho g\iint_{wp} x\mathrm{d}x\mathrm{d}y$$

$$C_{44} = \rho g\Delta(z_B - z_G) + \rho g\iint_{wp} y^2\mathrm{d}x\mathrm{d}y$$

$$C_{55} = \rho g\Delta(z_B - z_G) + \rho g\iint_{wp} x^2\mathrm{d}x\mathrm{d}y$$

其余的 C_{jk}都为零。

加入船体惯性力后可得船舶运动微分方程组：

$$\sum_{k=2}^{6}[(M_{jk} + A_{jk})\ddot{\eta}_k + B_{jk}\dot{\eta}_k + C_{jk}\eta_k] = F_j e^{\mathrm{i}\omega t} \tag{4.3.18}$$

4.3.2 二维半方法

二维半方法是针对高速船的一种简便有效的方法。所谓“二维半方法”即求解流场是二维的，自由面条件是三维的。二维半方法不仅能提高对中、高速单体船的运动预报的精度，而且特别适用于对多体船的运动预报。二维半方法同样基于细长体假设和不计定常扰动势假设，取消低航速假设，增加船前无兴波假设，即认为船前方无扰动，扰动由船首向后传，因此数值计算由船首向船尾进行，相当于在不同时刻计算不同横剖面内的流动，即交换空间和时间。

根据假设条件可知，船体表面的法向量为

$$(n_2,n_3,n_4,n_5,n_6)=[N_2,N_3,yN_3-(z-z_G)N_2,-xN_3,xN_2]$$

式中 N——船体横剖面周界上的单位法向量,指向横剖面内部。

取随船平移坐标系 $Oxyz$,船速为 u,流场速度势为

$$\Phi=\mathrm{Re}[\varphi(x,y,z)\mathrm{e}^{\mathrm{i}\omega t}]$$

该速度势既可以是绕射势,也可以是辐射势。式中,ω 为遭遇频率,$\varphi_j(j=2\sim7)$ 满足的定解条件如下:

$$\frac{\partial^2\varphi_j}{\partial y^2}+\frac{\partial^2\varphi_j}{\partial z^2}=0(流场内)$$

$$\left[\left(\mathrm{i}\omega_{\mathrm{e}}-u\frac{\partial}{\partial x}\right)^2+g\frac{\partial}{\partial z}\right]\varphi_j=0(z=0)$$

$$\frac{\partial\varphi_j}{\partial n}=\begin{cases}\mathrm{i}\omega_{\mathrm{e}}n_j+um_j(j=2\sim6)\\ -\dfrac{\partial\varphi_0}{\partial n}(j=7)\end{cases}\quad(物面条件)$$

$$\varphi_j=\frac{\partial\varphi_j}{\partial x}=0(x>x_f)$$

以 x_f 表示艏柱的纵向坐标,$m_2=m_3=m_4=0$,$m_5=N_3$,$m_6=-N_2$,把空间和时间做互换变换,即$(x_f-x)/u=t$,$x=x_f-ut$,对于每一个横剖面,根据它所在位置的纵向坐标 x 可确定 t 的值。

引入函数:

$$\psi(y,z,t)=\varphi(x_f-ut,y,z)\mathrm{e}^{\mathrm{i}\omega t}$$

根据 φ 的定解条件可以写出函数 ψ 的定解条件:

$$\frac{\partial^2\psi_j}{\partial y^2}+\frac{\partial^2\psi_j}{\partial z^2}=0$$

$$\frac{\partial^2\psi_j}{\partial t^2}+g\frac{\partial^2\psi_j}{\partial z^2}=0(z=0)$$

$$\frac{\partial\psi_j}{\partial n}=\begin{cases}(\mathrm{i}\omega_{\mathrm{e}}n_j+um_j)\mathrm{e}^{\mathrm{i}\omega_{\mathrm{e}}t(x)}(j=2\sim6)\\ -\dfrac{\partial\psi_0}{\partial n}\mathrm{e}^{\mathrm{i}\omega_{\mathrm{e}}t(x)}(j=7)\end{cases}$$

$$\psi_j=\frac{\partial\psi_j}{\partial t}=0[t(x_0)=0]$$

以上定解条件正是二维时域问题的定解条件,初始条件为在 $t=0$ 时刻的船首处取

$$\psi=0,\frac{\partial\psi}{\partial t}=0(z=0)$$

二维时域问题坐标系如图 4.3.1 所示,C_x 表示相应的横剖面曲线,F_x 表示平均自由面,横剖面与 y 轴交点分别为 P_1、P_2。

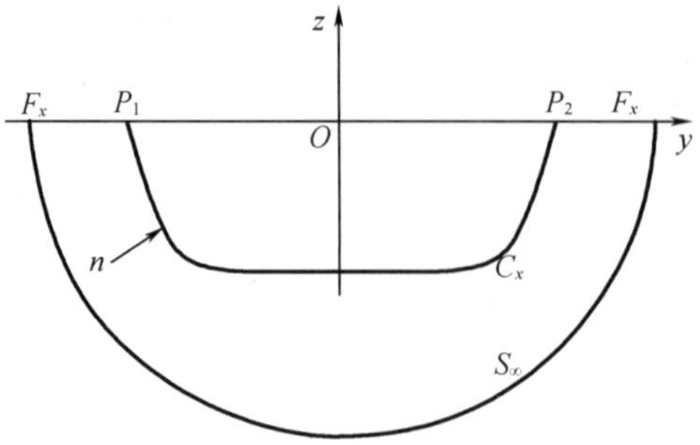

图 4.3.1　二维时域问题坐标系

引入二维无限水深时域格林函数：

$$\left.\begin{aligned} G(p,t;q,\tau) &= \ln\frac{r_{pq}}{r_{p\bar{q}}}\delta(t-\tau) - H(t-\tau)\,\widetilde{G}(p,t;q,\tau) \\ \widetilde{G}(p,t;q,\tau) &= 2\int_0^{\infty}\sqrt{\frac{g}{k}}\mathrm{e}^{k(z+\zeta)}\cos[k(y-\eta)]\sin[\sqrt{gk}(t-\tau)]\mathrm{d}k(z\leqslant 0,\zeta\leqslant 0) \end{aligned}\right\} \tag{4.3.19}$$

$p(y,z)$为场点，$q(\eta,\zeta)$为动点，$\bar{q}$是 q 关于静水面的对称点，并且

$$r_{pq}^2 = (y-\eta)^2 + (z-\zeta)^2$$

$$r_{p\bar{q}}^2 = (y-\eta)^2 + (z+\zeta)^2$$

$\delta(t)$为单位脉冲函数(Dirac delta 函数)，$H(t)$为单位阶跃函数。对函数 ψ 和格林函数 $\widetilde{G}$在平面域中用格林公式，再对 τ 在$(0,t)$中积分，得到

$$\int_0^t \mathrm{d}\tau \int_{C_\xi+F_\xi}\left(\widetilde{G}\frac{\partial\psi}{\partial n} - \psi\frac{\partial\widetilde{G}}{\partial n}\right)\mathrm{d}l = 0$$

于是可得

$$\psi(y,z,t) = \frac{1}{2\pi}\int_{C_x}\left[\psi\frac{\partial}{\partial n}\left(\ln\frac{r}{r'}\right) - \left(\ln\frac{r}{r'}\right)\frac{\partial\psi}{\partial n}\right]\mathrm{d}l + \frac{1}{2\pi}\int_0^t\mathrm{d}\tau\int_{C_\xi}\left(\widetilde{G}\frac{\partial\psi}{\partial n} - \psi\frac{\partial\widetilde{G}}{\partial n}\right)\mathrm{d}l + \frac{1}{2\pi g}\int_0^t\left\{\left[\widetilde{G}\frac{\partial\psi}{\partial\zeta} - \psi\frac{\partial\widetilde{G}}{\partial\zeta}\right]_{P_1} y_1'(x) - \left[\widetilde{G}\frac{\partial\psi}{\partial\zeta} - \psi\frac{\partial\widetilde{G}}{\partial\zeta}\right]_{P_2} y_2'(x)\right\}\mathrm{d}\tau \tag{4.3.20}$$

当(y,z)在横剖面线上时，式(4.3.20)等号右端的 2π 应换为 π。

下面给出二维时域物面非线性分布源积分方程模型。

$$-\pi\sigma(p,t) + \int_{C_x}\sigma(q,t)\frac{\partial}{\partial n}\ln\frac{r}{r'}\mathrm{d}l = -2\pi\frac{\partial\psi}{\partial n} + \int_0^t\int_{C_x}\sigma(q,\tau)\frac{\partial\widetilde{G}}{\partial n}\mathrm{d}l\mathrm{d}\tau + \frac{1}{g}\int_0^t\sigma\frac{\partial\widetilde{G}}{\partial n}n_y[\dot{\eta}_1(\tau)]^2\bigg|_{P=P_1}\mathrm{d}\tau - \frac{1}{g}\int_0^t\sigma\frac{\partial\widetilde{G}}{\partial n}n_y[\dot{\eta}_2(\tau)]^2\bigg|_{P=P_2}\mathrm{d}\tau \tag{4.3.21}$$

根据式(4.3.21)解出物面源强分布 $\sigma(p,t)$，然后由式(4.3.22)得到流场势 $\psi_j^0(p,t)$。

$$\psi_j^0(p,t)=\frac{1}{2\pi}\left\{-\int_{C_x}\sigma(q,t)\ln\frac{r}{r'}\mathrm{d}l+\int_0^t\mathrm{d}\tau\int_{C_x}\sigma(q,\tau)\widetilde{G}\mathrm{d}l+\right.$$
$$\left.\frac{1}{g}\int_0^t\sigma\widetilde{G}n_y[\dot{\eta}_1(\tau)]^2\Big|_{P=P_1}\mathrm{d}\tau-\frac{1}{g}\int_0^t\sigma\widetilde{G}n_y[\dot{\eta}_2(\tau)]^2\Big|_{P=P_2}\mathrm{d}\tau\right\}\tag{4.3.22}$$

4.4　二维剖面水动力系数的求解

关于二维物体在静水中振荡的水动力系数的求解，主要有两种方法。

1. 多极展开法

此方法可用于进行圆变换的任意形状的剖面。但在实际应用中，对于一些不对称剖面以及多体剖面的求解有很大困难。

2. 源汇分布法

此方法可以求解任意形状剖面的柱体振荡问题。它的基本思想是在剖面的浸湿边线上分布脉动源，源强度由剖面运动边界条件确定。流场的速度势由脉动源速度势叠加而得。然后根据线性伯努利方程得到柱体表面上的水动压力的分布，将水动压力沿着柱体表面积分就可得到附加质量和阻尼系数。

下面具体介绍源汇分布法，二维柱体剖面坐标系示意图如图4.4.1所示，流体域由水线以下船体剖面、自由面、远方边界及底部边界构成。

根据切片理论的假设，在上述流体域内可得到如下定解条件：

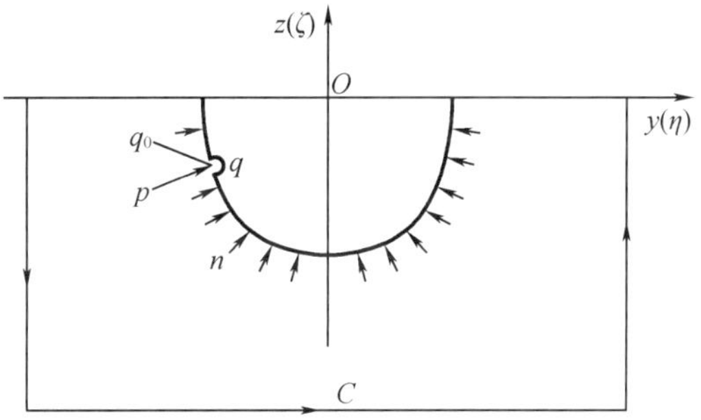

图4.4.1　二维柱体剖面坐标系示意图

$$\begin{cases}\nabla^2\varphi_j(y,z)=0(\text{流场中})\\ \dfrac{\partial\varphi_j}{\partial z}-k\varphi_j=0,k=\dfrac{\omega^2}{g}(z=0)\\ \dfrac{\partial\varphi_j}{\partial N}=N_j(\text{物面条件})\\ \lim\limits_{z\to-\infty}\nabla\varphi_j=0(\text{底部条件})\\ \lim\limits_{y\to\pm\infty}\dfrac{\partial\varphi_j}{\partial y}\mp\mathrm{i}k\varphi_j=0(\text{远方辐射条件})\end{cases}$$

上述定解条件是假设一二维柱体在无限水深的流场中做单位速度幅值为 $e^{-\mathrm{i}\omega_e t}$ 的周期性振荡时，空间辐射势的定解条件。

下面的二维频域格林函数，对上述定解条件问题求解。

$$\begin{cases}\nabla^2G[p(y,z),q(\eta,\zeta)]=0(\text{流场})\\ \dfrac{\partial G}{\partial z}-kG=0(z=0\ \text{自由面})\\ \lim\limits_{z\to-\infty}\nabla G=0(\text{底部条件})\\ \lim\limits_{y\to\pm\infty}\dfrac{\partial G}{\partial y}\mp\mathrm{i}kG=0(\text{远方条件})\end{cases}\tag{4.4.1}$$

式中　$p(y,z)$——场点；

$q(\eta,\zeta)$——源点。

满足上述定解条件的二维频域格林函数为

$$G[p(y,z);q(\eta,\zeta)] = \ln\frac{r_{pq}}{r_{p\bar{q}}} + 2p.v.\int_0^{\infty}\frac{1}{k-m}\mathrm{e}^{m(z+\zeta)}\cos m(y-\eta)\mathrm{d}m - 2\pi\mathrm{i}\mathrm{e}^{k(z+\zeta)}\cos k(y-\eta)$$

$$\stackrel{\text{def}}{=} G_1 + G_2 + G_3 + \mathrm{i}G_4 \tag{4.4.2}$$

式中 $r_{pq} = [(y-\eta)^2 + (z-\zeta)^2]^{\frac{1}{2}}$；

$r_{p\bar{q}} = [(y-\eta)^2 + (z+\zeta)^2]^{\frac{1}{2}}$。

流场中任一点 p 处的速度势为

$$\varphi(p) = \frac{1}{2\pi}\int_C\left[\varphi(q)\frac{\partial G(p,q)}{\partial N_q} - G\frac{\partial\varphi(q)}{\partial N_q}\right]\mathrm{d}l \tag{4.4.3}$$

C 为流场边界曲线，方向如图 4.4.1 所示，法线方向指向流场外部。

当 p 沿物面上一点 q_0 的法线方向趋向于物面上的点 q_0 时，有

$$\varphi(q_0) = \frac{1}{\pi}\int_{c_0-c_\varepsilon}\left[\varphi(q)\frac{\partial G(q_0,q)}{\partial N_q} - G\frac{\partial\varphi(q)}{\partial N_q}\right]\mathrm{d}l \tag{4.4.4}$$

式(4.4.4)即为混合分布模型，其中 c_ε 为以 q_0 为圆心、以 ε 为半径的小半圆。根据图 4.4.1 所示的法线方向和场点、源点的位置可以知道：当 q_0 点不动而 q 点沿法线 N_q 的方向移动时，小圆半径 r_{q_0q} 增大，因此，$\frac{\partial\ln r_{q0q}}{\partial N_q} = \frac{\partial\ln r_{q0q}}{\partial r_{q0q}} = \frac{1}{r_{q0q}} = \frac{1}{\varepsilon}$，从而，$\int_{c_\varepsilon}\frac{\partial\ln r_{q0q}}{\partial N_q}\mathrm{d}l = \frac{1}{\varepsilon}\int_{c_\varepsilon}\mathrm{d}l = \frac{1}{\varepsilon}\cdot\varepsilon\pi = \pi$；当 q 点不动而 q_0 点沿其法线 N_{q_0} 的方向移动时，小圆半径 r_{q0q} 减小，因此，$\frac{\partial\ln r_{q0q}}{\partial N_{q_0}} = -\frac{\partial\ln r_{q0q}}{\partial r_{q0q}} = -\frac{1}{r_{q0q}} = -\frac{1}{\varepsilon}$，从而，$\int_{c_\varepsilon}\frac{\partial\ln r_{q0q}}{\partial N_{q_0}}\mathrm{d}l = -\frac{1}{\varepsilon}\int_{c_\varepsilon}\mathrm{d}l = -\frac{1}{\varepsilon}\cdot\varepsilon\pi = -\pi$。采用分布源模型表示为

$$\varphi(p) = \frac{1}{2\pi}\int_{c_0}\sigma(q)G(p,q)\mathrm{d}l \tag{4.4.5}$$

式中 $\sigma(q)$——分布源强度；

c_0——物面周线。

根据物面条件，令 p 点趋于物面，并取法向导数得

$$\frac{\partial\varphi_j(p)}{\partial N_p} = N_j(p)$$

$$= -\frac{\sigma(p)}{2} + \frac{1}{2\pi}\int_{c_0-c_\varepsilon}\sigma(q)\frac{\partial G_1(p,q)}{\partial N_p}\mathrm{d}l + \frac{1}{2\pi}\int_{c_0}\sigma(q)\frac{\partial(G_2 + G_3 + \mathrm{i}G_4)}{\partial N_p}\mathrm{d}l \tag{4.4.6}$$

式中 j——剖面运动模态，取 2,3,4 分别对应横荡、升沉、横摇。

$$N_j(p) = \begin{cases} N_2(p)\ (j=2) \\ N_3(p)\ (j=3) \\ yN_3(p) - (z-z_G)N_2(p)\ (j=4) \end{cases} \tag{4.4.7}$$

式中 z_G——船重心在当前坐标系下的垂向位置。

对式(4.4.7)离散化求解,将物面 c_0 分成 N 段,每段用直线段代替,并设每段上分布源强度为常数,同时假定在每一线段的中点 p_n 上满足物面条件,则得

$$-\frac{1}{2}\sigma_n(p_n)+\frac{1}{2\pi}\sum_{\substack{i=1\\i\neq n}}^{N}\sigma_i\int_{\Delta c_i}\frac{\partial G_1(p_n,q)}{\partial N_{p_n}}\mathrm{d}l+\frac{1}{2\pi}\sum_{k=1}^{N}\sigma_k\int_{\Delta c_k}\frac{\partial(G_2+G_3+\mathrm{i}G_4)}{\partial N_{p_n}}\mathrm{d}l=N_j(p_n)\tag{4.4.8}$$

据式(4.4.8)可解得 $\sigma_n(n=1,2,\cdots,N)$。

再根据式(4.4.9)求解物面上的速度势:

$$\varphi(p_n)=\frac{1}{2\pi}\sum_{i=1}^{N}\sigma_i\int_{\Delta c_i}G(p_n,q)\,\mathrm{d}l\tag{4.4.9}$$

把求得的 $\sigma_n(n=1,2,\cdots,N)$ 代入式(4.4.9)可得物体表面的速度势 φ_j 分布。

流场内的速度势为

$$\Phi_j(y,z,t)=\varphi_j(y,z)\mathrm{e}^{-\mathrm{i}\omega_e t}$$

由线性伯努利方程,可得流场内的动压力分布:

$$P=-\rho\frac{\partial\Phi}{\partial t}=\rho\mathrm{i}\omega_e\varphi_j(y,z)\mathrm{e}^{-\mathrm{i}\omega_e t}\tag{4.4.10}$$

作用于物体上的水动力为

$$F_{kj}=\int_{c_0}PN_k\mathrm{d}l=\rho\mathrm{i}\omega_e\int_{c_0}\varphi_j(y,z)\frac{\partial\varphi_k}{\partial N}\mathrm{d}l\cdot\mathrm{e}^{-\mathrm{i}\omega_e t}\tag{4.4.11}$$

式中 F_{kj}——物体在 $j=2,3,4$ 方向上的运动在 $k=2,3,4$ 方向上引起的力,又可记为

$$F_{kj}=-m_{kj}\dot{u}_j-\mu_{kj}u_j$$

式中 $u_j=\mathrm{e}^{-\mathrm{i}\omega_e t}$;

m_{kj}——二维物体的附加质量;

μ_{kj}——二维物体的阻尼系数。

由此可得

$$\rho\int_{c_0}\varphi_j(y,z)\frac{\partial\varphi_k}{\partial N}\mathrm{d}l=m_{kj}+\frac{\mathrm{i}}{\omega_e}\mu_{kj}\tag{4.4.12}$$

具体数值计算过程此处不做详细介绍,由船体剖面各水动力系数沿船长方向积分便可得到船体总的水动力系数,将各水动力系数代入运动方程中求解便可得到船舶运动响应。

上述介绍的船舶运动预报理论方法是目前在船舶耐波性理论预报中应用较多、比较成熟的方法。此外,三维频域理论在肥大型船及海洋工程结构的运动与波浪载荷预报中被广泛应用,详细内容可参考专门介绍船舶运动与波浪载荷预报理论的相关资料。

由于基于的基本假设不同,不同的理论方法的适用范围也不同。在对船舶在波浪中的运动进行预报时,需要根据所计算的船舶自身的特点并结合各种理论的适用范围对理论方法进行合理选择。从未来船舶运动预报理论的发展趋势来看,由研究线性或(和)定常问题向研究非线性或(和)非定常问题发展、由基于理想流体的研究向基于黏性流体的研究发展形成了目前船舶耐波性理论预报的另两大发展趋势。

第5章　船舶运动的动力效应与耐波性事件

5.1　本章概述

船体相对于波面的运动幅度一般在首、尾端最大。在高海况下，船体因波浪作用而产生的运动可以使船首、船尾的底部及螺旋桨露出水面，或者使船体甲板没入水中，从而出现甲板上浪（图5.1.1）、底部砰击、螺旋桨出水等现象。这些现象经常在船舶高速迎浪航行时发生，由此可能造成对船体局部结构的冲击甚至破坏，船舶被动或主动减速，船体稳性降低甚至倾覆等后果。船体的剧烈运动还会造成螺旋桨效率的降低及船体阻力的增加，对船舶航行性能、结构强度及安全性等造成很大的影响。

(a)　　(b)

图5.1.1　甲板上浪

船舶在恶劣海况中航行时，来波作用于船体并超越干舷，水面高度超过甲板，就会发生海水大量涌上甲板的现象，这种现象称为甲板淹湿或者甲板上浪。甲板上浪可能在船体的任意位置出现，特别是在干舷较低的情况下。船舶在高速迎浪航行时发生的船体首部甲板上浪，对船舶性能的影响是很大的。一般情况下，甲板上的流体最终会慢慢流出甲板，不会引起危害，然而在恶劣的海况下，大量的海水涌上甲板所产生的巨大的冲击力会对甲板上的设备、货物和上层建筑等造成破坏。甲板上的货物也可能被冲散，影响船员在甲板上的正常作业和船舶的稳性。严重的甲板上浪甚至可能导致船舶的倾覆。因此，估算甲板上浪的可能性和防止或减少甲板上浪是非常重要的。甲板上浪的严重程度一般以甲板上浪概率来衡量。甲板上浪概率的定义为每周期内甲板上浪次数。研究甲板上浪水位高度、冲击速度及压力等，对分析甲板上浪对船舶运动的影响，特别是对船舶局部结构设计载荷的确定与结构优化设计具有重要意义。

船舶在波浪中的剧烈运动会造成船体底部露出水面，再次入水时会发生船体底部与水面之间的拍击，这种现象即所谓的“砰击”。砰击会对船体结构造成很大影响(图 5.1.2)。剧烈的砰击可能引起船体局部结构的损伤，极端情况下甚至会造成船体的破坏。由砰击引起的船体振动频率远高于船体自身在波浪中运动的自然频率，砰击引起的振动被称为“颤振”(whipping)，由此产生的疲劳载荷可能会降低船舶的使用寿命。而且，砰击往往是船舶主动减速的重要原因之一，一般船舶在遭遇 100 个波浪中发生超过 3 次以上砰击，将会主动减速。砰击发生概率是船舶耐波性评价衡准指标之一，此外发生砰击时作用在船体上的流体动力载荷对船舶结构设计非常重要，这两方面也是人们研究船舶砰击的主要内容。

(a)

(b)

图 5.1.2　砰击

船体尾部频繁出入水还会导致螺旋桨出水及螺旋桨飞车的出现，由此带来的螺旋桨桨扭矩及螺旋桨负载的突然增大或减小，会对主机、桨轴甚至螺旋桨本身造成破坏。

船舶在静水中的航速是由其静水阻力、螺旋桨效率及主机功率决定的。在恶劣海况下，由于风浪的作用，船舶自身的阻力会有所增加，主要包括风阻和波浪增阻。风阻是由于风作用在水面以上的船体造成的阻力增加，波浪增阻是由波浪的作用导致船体的摇荡运动造成的，由于空气的密度约为海水密度的千分之一，因而一般情况下波浪增阻要比风阻大得多。此外，由于船舶在波浪中的摇荡运动会导致螺旋桨效率降低，因此船舶在风浪中航行时的实际航速通常会较静水中的航速低。这种被动的速度损失与船体本身设计参数和风浪环境有关，有时会达到船体静水阻力的 20% ~30%，甚至更高，这对一些商用船舶来说造成的经济损失是很大的。

上述物理现象均由船舶遭遇的恶劣海况造成，此时海浪与船舶的运动不再满足线性假定，均表现出强非线性特征，一般称之为非线性动力效应。很明显，以上现象是船舶设计者们想要尽量避免发生的，但在恶劣海况下尤其是迎浪航行时又无法避免，因此我们需要研究以上物理现象的产生机理及影响因素，在船舶设计与使用过程中尽量降低其对船舶总体性能的影响。

5.2　首底砰击

船舶在大风浪中航行时，由于剧烈的升沉和纵摇运动，船首底部部分会露出水面。船首露出水面以后，由于回复力的作用，会以一定的速度向下回落，此时底部会与水面接触并发生拍击,称为砰击。砰击过程的作用时间是很短的,船体入水时会以较高的速度拍击水面,瞬间的能量释放将产生巨大的水动压力,该载荷作用于局部结构,随后将传至整个船体。巨大的脉冲压力必然会引起局部结构的破坏与变形,整个船体也会产生高频振动响应。流体与结构砰击是一个极为复杂的流体力学问题,涉及束缚气泡效应、水弹性作用、流体的可压缩性、自由面变形等诸多因素。再加上船体外形及运动的三维特征,使砰击问题的理论求解十分困难。

5.2.1　首底砰击概述

由于船体发生砰击的位置多在船首底部,而船首底部线型通常为楔形,因此为便于开展研究,国内外学者将船体首部入水砰击问题简化为楔形体入水问题,进行了大量理论与试验研究,为砰击的物理现象及水动力机理研究提供了有益的结论。现阶段的大多数计算模型都基于一些合理的近似,如假定流体理想、不可压缩,假定结构为刚体或线弹性体,即使基于这些假定,问题仍然十分复杂。目前还没有很完善的理论方法可以很好地解决三维全非线性砰击问题,大量研究需要依靠模型试验,常见的模型试验有楔形匀速或自由入水、二维船型剖面入水、锥形入水及球体入水,试验结果常用来验证理论计算和数值模拟的结果。还有一类试验是针对船舶砰击的,即在拖曳水池中的规则波、不规则波(即耐波性环境)下的砰击试验。试验的目的就是要得到特定结构在发生砰击瞬时的压力幅值与砰击角度、速度的关系,进而总结回归经验公式,这对船舶结构设计是非常重要的。

对流体与结构砰击载荷的理论研究从冯·卡门(Theodore von kármán)提出的预报水上飞机降落时其浮箱所受砰击载荷的简化方法开始。他假定物体穿透水面瞬间,自由面保持静止,且自由面上速度势 $\varphi=0$,流体无黏、无旋、不可压缩,引入速度势理论计算物体的附加质量及其变化率,基于动量交换的思想来求解砰击载荷(von Kármán 模型)。该模型对于解决小底升角的物体入水问题较为适用。在此之后出现了很多基于 von Kármán 模型的匹配修正方法,如采用船型剖面,将自由面的速度分布匹配成弧形、抛物形或者圆形。

后来,瓦格纳(Wagner)考虑自由液面升高,引入"湿表面"的概念。之后的很多研究都基于 Wagner 理论模型的思想进行修正,发展出了渐近匹配法、基于线性自由面条件的解析变换方法及二阶渐近匹配方法等。瓦格纳的方法适用于钝形物体入水的开始阶段,或者说斜升角较小时。

近年来的研究开始关注三维全非线性砰击问题的理论预报方法。研究方法包括基于势流理论的边界元法,基于黏流理论的 VOF(流体体积法)、LES(大涡模拟法)等方法,以及无网格方法如 SPH(光滑粒子法)、MPS(运动粒子半隐式方法)等。各阶段砰击理论预报方法入水模型如图 5.2.1 所示。

上述方法对楔形体入水问题的求解精度较高,与试验结果符合较好。对于首部大外飘的船舶或小船(如巡逻艇、滑行艇)及比较严重的砰击现象,必须计及砰击效应对运动的反馈,考虑船波相对运动的非线性,因而预报难度较大。

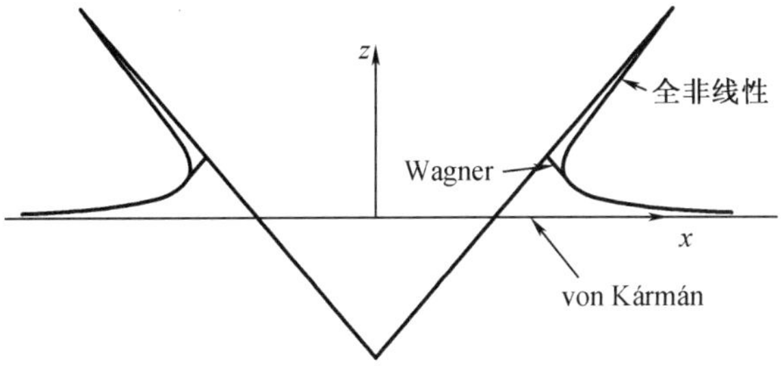

图 5.2.1 各阶段砰击理论预报方法入水模型

对砰击问题的研究一般分为两个方面，一方面是研究砰击过程中船波相互作用的力学问题，主要研究对作用于船体的砰击压力的预报方法；另一方面是研究砰击发生的概率，根据船波相对位置及相对运动速度的变化预报单位时间内砰击发生的次数，统计其发生概率。由于砰击对船舶结构的影响很大，对船舶垂荡和纵摇运动的影响不太明显，因此通常将砰击压力预报作为船舶结构设计载荷的一部分加以研究，而对于船舶耐波性而言，主要关注的是船舶砰击发生的次数和概率。下面介绍船舶砰击概率的预报方法。

5.2.2 首底砰击概率

船首底部产生砰击的条件如下。

(1)船首底部出水条件为 $r \geq T$，其中 r 为该横剖面相对于波面的相对位移，T 为该横剖面在静平衡时的吃水，如图 5.2.2 所示。

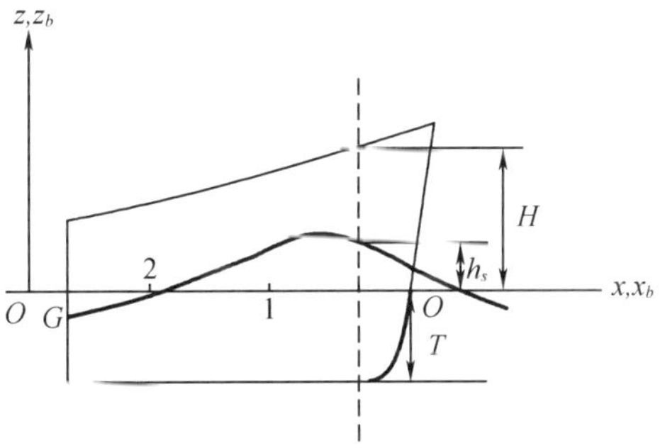

图 5.2.2 船首底部出水条件

(2)船首底部出水后向下回落时，与波面的相对速度即船底部拍击水面的速度 $\dot{r}$ 不小于某临界速度 v_{th}，即 $|\dot{r}| \geq v_{th}$。

相对速度 $\dot{r}$ 向上时为正值，向下时为负值，而底部拍击水面时，$\dot{r}$ 必然向下，即此时 $\dot{r}$ 本身为负值，所以必须有

$$\dot{r} \leq -v_{th}$$

假设相对位移 $r(t)$ 是正态平稳随机过程，则相对速度 $\dot{r}(t)$ 也是正态平稳随机过程，而且 $r(t)$ 与 $\dot{r}(t)$ 是相互独立的。因为当 $r-T<0$ 即 $r<T$ 时底部未出水，这时不可能产生砰

击；当 $r-T\geqslant 0$ 即 $r\geqslant T$ 时，底部可能产生砰击。所以作阶跃函数

$$u[r(t)-T]=\begin{cases}1(r\geqslant T)\\0(r<T)\end{cases}$$

则有

$$\mathrm{d}u[r(t)-T]=\dot{r}(t)\delta(r-T)\mathrm{d}t \tag{5.2.1}$$

式中　δ——脉冲函数。

式(5.2.1)是一个计数函数，它的意义是：在 t 时刻，在 $\mathrm{d}t$ 时间内，船首底部每出水或入水一次，此模型就产生一个正的或负的脉冲[随 $\dot{r}(t)$ 为正或负而定]。如果将 $\dot{r}(t)$ 取绝对值，则脉冲都变为正的，这样出水或入水都算一次正的，则

$$\mathrm{d}u[r(t)-T]=|\dot{r}(t)|\delta(r-T)\mathrm{d}t \tag{5.2.2}$$

现在再将第二个条件即 $\dot{r}(t)\leqslant -v_{\mathrm{th}}$ 考虑进去，将式(5.2.2)乘以阶跃函数

$$u[-\dot{r}-v_{\mathrm{th}}]=\begin{cases}1(\dot{r}<-v_{\mathrm{th}})\\0(\dot{r}\geqslant -v_{\mathrm{th}})\end{cases}$$

因此在 t_2-t_1 时间内发生砰击的次数为

$$N(t_2,t_1)=\int_{t_1}^{t_2}|\dot{r}(t)|\delta(r-T)u(-\dot{r}-v_{\mathrm{th}})\mathrm{d}t$$

以上是一次“现实”的砰击次数。若取多次“现实”的平均值，则

$$\begin{aligned}\overline{N(t_2,t_1)}&=E\left[\int_{t_1}^{t_2}|\dot{r}(t)|\delta(r-T)u(-\dot{r}-v_{\mathrm{th}})\mathrm{d}t\right]\\&=\int_{t_1}^{t_2}E[|\dot{r}(t)|\delta(r-T)u(-\dot{r}-v_{\mathrm{th}})]\mathrm{d}t\end{aligned}$$

由于所讨论的随机过程是平稳的，上述积分内的数学期望 E 是常数，因此有

$$\overline{N(t_2,t_1)}=(t_2-t_1)E[|\dot{r}(t)|\delta(r-T)u(-\dot{r}-v_{\mathrm{th}})]$$

因此，单位时间内的砰击次数为

$$\begin{aligned}\overline{N_{\mathrm{s}}}&=\frac{\overline{N(t_2,t_1)}}{t_2-t_1}\\&=E[|\dot{r}(t)|\delta(r-T)u(-\dot{r}-v_{\mathrm{th}})]\\&=\int_{-\infty}^{\infty}\int_{-\infty}^{\infty}|\dot{r}(t)|\delta(r-T)u(-\dot{r}-v_{\mathrm{th}})w(r,\dot{r})\mathrm{d}r\mathrm{d}\dot{r}\\&=\int_{-\infty}^{\infty}|\dot{r}(t)|u(-\dot{r}-v_{\mathrm{th}})w(T,\dot{r})\mathrm{d}\dot{r}\end{aligned} \tag{5.2.3}$$

式中　$w(r,\dot{r})$——r 与 $\dot{r}$ 的联合概率密度。因为 r 与 $\dot{r}$ 是相互独立的正态分布，所以

$$w(r,\dot{r})=\frac{1}{2\pi\sqrt{m_{0r}\cdot m_{0\dot{r}}}}\exp\left\{-\frac{r^2}{2m_{0r}}-\frac{\dot{r}^2}{2m_{0\dot{r}}}\right\} \tag{5.2.4}$$

在推导式(5.2.3)时，由于 $\delta(r-T)$ 中只在 $r-T=0$ 时才有意义，故取 $r=T$，则 $w(r,\dot{r})$ 可写作 $w(T,\dot{r})$，而且

$$\int_{-\infty}^{\infty}\delta(r-T)\mathrm{d}r=\int_{-\infty}^{\infty}\delta(r-T)\mathrm{d}(r-T)=1$$

在式(5.2.4)中取$|\dot{r}(t)|$是因为每振荡一次,向上和向下各有一个脉冲,而当$\dot{r}(t)<0$时,$|\dot{r}(t)|=-\dot{r}(t)$,故此时可用$-\dot{r}(t)$取代$|\dot{r}(t)|$,同时将式(5.2.4)代入式(5.2.3)得

$$\begin{aligned}\overline{N_s}&=\int_{-\infty}^{-v_{th}}-\dot{r}(t)\frac{1}{2\pi\sqrt{m_{0r}\cdot m_{0\dot{r}}}}\exp\left\{-\frac{T^2}{2m_{0r}}-\frac{\dot{r}^2}{2m_{0\dot{r}}}\right\}\mathrm{d}\dot{r}\\&=\frac{1}{2\pi\sqrt{m_{0r}\cdot m_{0\dot{r}}}}\exp\left\{-\frac{T^2}{2m_{0r}}\right\}\int_{-\infty}^{-v_{th}}-\dot{r}(t)\exp\left\{-\frac{\dot{r}^2}{2m_{0\dot{r}}}\right\}\mathrm{d}\dot{r}\\&=\frac{1}{2\pi\sqrt{m_{0r}\cdot m_{0\dot{r}}}}\exp\left\{-\frac{T^2}{2m_{0r}}\right\}\int_{-\infty}^{-v_{th}}-\exp\left\{-\frac{\dot{r}^2}{2m_{0\dot{r}}}\right\}\mathrm{d}\left(\frac{\dot{r}^2}{2m_{0\dot{r}}}\right)\\&=\frac{1}{2\pi}\sqrt{\frac{m_{0\dot{r}}}{m_{0r}}}\exp\left\{-\left(\frac{T^2}{2m_{0r}}+\frac{v_{th}^2}{2m_{0\dot{r}}}\right)\right\}\end{aligned}\tag{5.2.5}$$

式中 m_{0r}——所计算的横剖面的相对位移r的方差;

$m_{0\dot{r}}$——所计算的横剖面相对速度$\dot{r}$的方差。

式(5.2.5)中的积分上限本来是∞,但是因为只有到$-v_{th}$的范围才有意义,故积分上限取作$-v_{th}$。

由于该过程是平稳的,并且是窄带过程,故有

$$m_{0\dot{r}}=\omega_0^2m_{0r}\tag{5.2.6}$$

将式(5.2.6)改写为

$$\omega_0=\sqrt{\frac{m_{0\dot{r}}}{m_{0r}}}$$

式中 ω_0——相对位移能谱的中心频率。

故得

$$\frac{1}{2\pi}\sqrt{\frac{m_{0\dot{r}}}{m_{0r}}}=\frac{\omega_0}{2\pi}=\frac{1}{T_0}\tag{5.2.7}$$

若$\overline{N_s}$为单位时间(每秒)内发生砰击的次数,则一个周期T_0内发生砰击的次数为$\overline{N_s}T_0$。一个周期T_0内发生砰击的次数称为砰击概率,所以由式(5.2.5)与式(5.2.7)得出砰击概率为

$$P=P[r=T,\dot{r}\leqslant-v_{th}]=\exp\left\{-\left(\frac{T^2}{2m_{0r}}+\frac{\dot{r}^2}{2m_{0\dot{r}}}\right)\right\}\tag{5.2.8}$$

临界速度v_{th}可近似取为

$$v_{th}=0.09\sqrt{gL}$$

式中 L——船长。

严格地讲,临界速度与船型和船长是有关的。

5.3 甲板上浪和螺旋桨出水

5.3.1 甲板上浪

船舶甲板上浪主要是两种机制共同作用的结果,即陡峭而活力的波浪或波群和船舶的低头运动。甲板上浪发生过程大致可分为以下四个阶段:波浪爬高、甲板进水、甲板上水体流动和水体冲击甲板或甲板室。这些阶段互相连接,并不能严格分开。甲板上浪属于强非线性的波浪和结构物相互作用的问题,流场的强非线性以及波浪与海洋结构物的耦合作用是求解该问题的两大难点。早期对甲板上浪的研究大都以试验为主,理论研究主要是基于线性理论和概率统计方法研究甲板上浪高度、次数及概率等。近年来,随着计算手段和近似的数值计算方法的发展,特别是 VOF、LES、SPH 等 CFD 技术的应用,甲板上浪问题的数值理论和方法研究取得了一些重要进展。

目前对船舶甲板上浪问题的研究主要集中在下面两个方面。

一方面,基于船舶与波浪的相对运动,研究甲板上浪的物理现象。采用溃坝理论、CFD 技术等数值方法或模型试验方法研究甲板上浪高度分布、上浪水头压力分布及上浪水对甲板设备和上层建筑前壁等的冲击压力等。研究结果可以指导船舶首部线型、甲板结构及相关设备的设计。

另一方面,利用传统的理论分析方法即利用概率理论结合线性水动力理论来分析上浪的规律和甲板上浪概率问题。通常是以相对波浪运动的干舷超越量作为上浪发生的基本条件,如果把相对运动位移随时间的变化看成是一个随机过程,那么甲板上浪问题就是一个随机过程过阈特性的统计问题,这个阈值就是干舷高。这方面研究的主要目的是预报甲板上浪概率,并以其作为船舶耐波性评价指标体系中的一项衡准对船舶耐波性能进行评价,指导船舶航行与作业等。

这里主要介绍基于线性理论和概率统计方法的甲板上浪概率计算方法。

船舶发生甲板上浪的条件是 $r < -(H - h_s)$,如图 5.2.2 所示,H 是该横剖面处的干舷高度,h_s 表示船舶在静水中航行时,该横剖面处的兴波高度,可由试验测定或用式(5.3.1)估算。

$$h_s = \zeta_f e^{0.35(\xi-1)} \cos\left[\frac{2\pi(1-\xi)}{7.2Fr - 0.78}\right] - (0.0025Fr + 0.005)L\cos\left(\frac{\pi\xi}{2}\right) \tag{5.3.1}$$

式中 Fr——弗劳德数;

ζ_f——船舶在静水中航行时艏垂线处的兴波高度,为

$$\zeta_f = 0.75\frac{BL}{L_E}Fr^2, \xi = 2x/L, Fr = v/\sqrt{gL}$$

式中 L_E——进流段长度;

B——船宽;

x——所计算的横剖面至船中的距离。

因此,与计算底部砰击类似,可得单位时间(每秒)内甲板上浪次数为

$$\overline{N_w} = \frac{1}{2\pi}\sqrt{\frac{m_{0\dot{r}}}{m_{0r}}}\exp\left[-\frac{(H-h_s)^2}{2m_{0r}}\right]$$

甲板上浪的概率为

$$P_{w,D} = \exp\left[-\frac{(H-h_s)^2}{2m_{0r}}\right]$$

5.3.2 螺旋桨出水

船舶在海浪中航行时，由于剧烈的摇荡运动可能出现螺旋桨露出水面的情形，这时螺旋桨效率降低，产生飞车现象，且主机负荷不均匀。

如图 5.3.1 所示，D 为螺旋桨直径，设有D/n 的螺旋桨出水，T_p 为 D/n 螺旋桨处至静水面的距离。

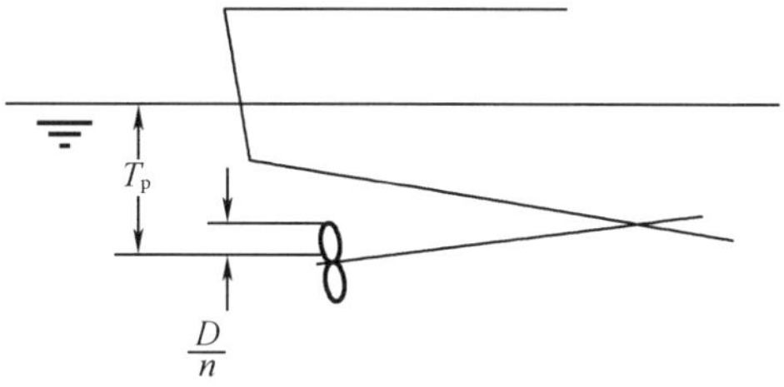

图 5.3.1 螺旋桨出水

螺旋桨出水的条件是

$$r > T_p$$

式中 r——螺旋桨盘面处船体横剖面的相对位移。

单位时间螺旋桨出水的次数为

$$\overline{N_p} = \frac{1}{2\pi}\sqrt{\frac{m_{0\dot{r}}}{m_{0r}}}\exp\left(-\frac{T_p^2}{2m_{0r}}\right)$$

螺旋桨出水的概率为

$$P_{p,u} = \exp\left(-\frac{T_p^2}{2m_{0r}}\right)$$

5.4 波 浪 增 阻

船舶在海浪中航行时的速度较在静水中的速度有所降低，其原因 方面是船舶阻力增加，另一方面是船舶剧烈摇荡导致螺旋桨效率降低。波浪中的阻力增加一般认为是受下列因素的影响。

一是由船舶纵摇和升沉运动的兴波引起的阻力；

二是由船舶纵摇和升沉运动时的兴波与入射海浪之间的相互干扰引起的阻力；

三是由入射波浪遇到船体反射引起的阻力，称为绕射效应。

波浪增阻是船舶耐波性研究的重要内容之一。近年来，随着国际环保压力的不断增大，国际海事组织（IMO）提出了新船能效设计指数（EEDI）。世界所有新造船舶及在航船舶都将受到严格的温室气体排放标准的限制，这更使得准确预报波浪增阻成为船舶设计建造中需要考虑的重要问题。

对船舶在规则波中的阻力分析如图 5.4.1 所示，该阻力主要由如下三部分组成。

R_c——船舶在静水中的阻力；

R_{aw}——船舶在波浪中超过 R_c 的阻力平均增值；

ΔR_w——船舶在波浪中的阻力随遭遇频率的变化相对于 R_{aw} 的变动值。

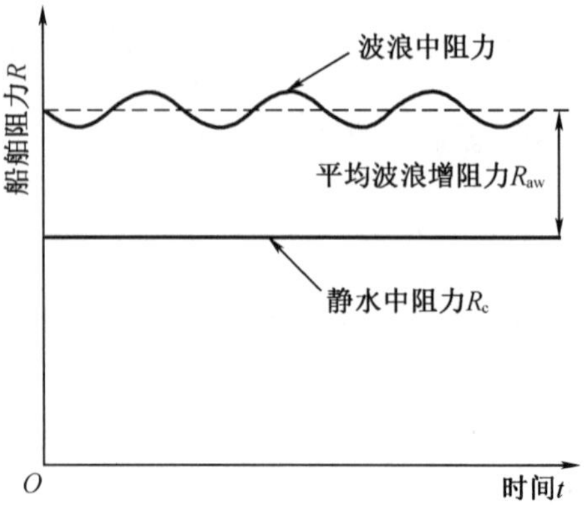

图 5.4.1

研究人员提出了许多计算波浪增阻的方法，这些方法是基于船舶运动预报理论，在大量试验分析的基础上得出的。通常认为波浪中的增阻的特性是：波浪中的增阻与波高的平方成正比；波浪中的增阻取决于船舶纵摇和升沉运动及其与波浪的相位关系。

这里我们只考虑波浪中增阻的主要部分，即由船舶升沉和纵摇运动所产生的辐射波而引起的阻力增加，对船舶的升沉和纵摇运动采用切片理论进行预报。先计算规则波中的波浪增阻，进而根据规则波中的波浪增阻计算不规则波中的波浪增阻。计算规则波中的波浪增阻的方法主要有辐射能量法、赛尔维逊方法及 Bose 压力积分法等。

5.4.1　规则波中波浪增阻的计算

船舶的升沉和纵摇运动阻尼所消耗的能量与保持船舶运动所需的功有关，阻尼所消耗的能量是由船舶给予的，并被流体的摩擦和船舶摇摆运动而产生的波浪辐射消耗。这些辐射波是由船舶阻尼间接引起的，所以可称为阻尼波。通过计算这些辐射阻尼波能量的大小就能确定船舶在波浪中的阻力增值。

如前所述，船舶在规则波中做摇荡运动时，其横剖段垂向运动的阻尼系数为

$$b(x_b) = N'(x_b) - v\frac{\mathrm{d}m'(x_b)}{\mathrm{d}x_b}$$

此横剖段与波浪的垂向相对速度为

$$v_z = \dot{z} - x\dot{\theta} + v\theta - \dot{\zeta}^* \tag{5.4.1}$$

则该横剖段做摇荡运动的阻尼力为 $bv_z\mathrm{d}x$，此阻尼力对水所做的功为 $(bv_z\mathrm{d}x)v_z\mathrm{d}t$，所以船舶在规则波中做摇荡运动时，在一个遭遇周期 T_e 内所辐射出去的能量为

$$E = \int_0^{T_e}\int_L b(x_b)v_z^2(x_b,t)\,\mathrm{d}x_b\mathrm{d}t \tag{5.4.2}$$

注意：式(5.4.1)中的垂向相对速度 v_z 与计算摇荡运动中的水动力系数时所用的相对速度相同，而与计算砰击、甲板上浪、螺旋桨出水时所用的相对速度 $\dot{r}$ 不同。这里，v_z 比 $\dot{r}$ 多了 $v\theta$ 项，这是因为在考虑船舶与水的相互作用时，所取的横剖面是空间固定剖面，而在计算砰击、甲板上浪、螺旋桨出水时所考虑的横剖面是运动的船体横剖面。此外，在 v_z 中采用 $\dot{\zeta}^*$ 而不是 $\dot{\zeta}$，这是因为在这里要考虑船体不同深度处，次波面振幅的衰减因子 e^{-kT^*}，而在计算砰击、甲板上浪、螺旋桨出水时只考虑表面波的运动与几何要素。

船舶在波浪中做摇荡运动时所耗散的能量 E，相对于船舶在静水中的情况而言，必须由船舶动力装置提供额外的功，这额外的功等于波浪增阻乘以一个遭遇周期内船舶前进的距

离,即一个波长 λ,即

$$R_{\mathrm{aw}}\lambda = E$$

所以

$$R_{\mathrm{aw}} = \frac{E}{\lambda} = \frac{k}{2\pi}\int_0^{T_e}\int_L b(x_b)v_z^2\mathrm{d}x_b\mathrm{d}t \tag{5.4.3}$$

记

$$v_z = v_{za}\cos(\omega_e t + \varepsilon)$$

则

$$\int_0^{T_e} v_z^2(x_b,t)\mathrm{d}t = v_{za}^2\int_0^{T_e}\cos^2(\omega_e t + \varepsilon)\mathrm{d}t = v_{za}^2\frac{T_e}{2} = v_{za}^2\frac{\pi}{\omega_e} \tag{5.4.4}$$

将式(5.4.4)代入式(5.4.3)得在规则波中的波浪增阻。

$$R_{\mathrm{aw}} = \frac{k}{2\omega_e}\int b(x_b)v_{za}^2(x_b)\mathrm{d}x_b \tag{5.4.5}$$

5.4.2 不规则波中平均增阻的计算

有了规则波中的波浪增阻,即可计算不规则波中的波浪增阻。这里的响应函数与前面所述的各运动的响应函数不同,这里输出的力(增阻)并不是输入的海浪波幅 ζ_a 的线性函数。试验表明,对于实际可能遇到的浪高情况下,由于对于同一频率,$R_{\mathrm{aw}}/\zeta_a^2$ 是常数,因此它具有线性系统的一个主要特征。此外设

$$R(\omega_e) = \frac{R_{\mathrm{aw}}}{\zeta_a^2}$$

为振幅响应算子来进行谱的变换后,所计算的波浪增阻与实验基本符合。因此,这里认为可以用谱分析法来计算不规则波中的波浪增阻。由此可得不规则波中的平均增阻为

$$\overline{R_{\mathrm{aw}}} = \lim_{\Delta\omega_e\to 0}\sum_{n=0}^{\infty}2\left(\frac{R_{\mathrm{aw}}}{\zeta_a^2}\right)_n\left(\frac{\frac{1}{2}\zeta_a^2}{\Delta\omega_e}\right)_n\Delta\omega_e = 2\int_0^{\infty}R(\omega_e)S_\zeta(\omega_e)\mathrm{d}\omega_e \tag{5.4.6}$$

式中,$S_\zeta(\omega_e) = \lim\limits_{\Delta\omega_e\to 0}\dfrac{\frac{1}{2}\zeta_a^2(\omega_e)}{\Delta\omega_e}$,是我们所定义的波能谱。

5.4.3 船舶在波浪中的失速

目前,对于船舶在波浪中失速的预报,通常包括以下三个方面。

(1)由波浪引起的船舶阻力增加,但在大的蒲福风级时需包括由相对风速引起的阻力增加,并由此预报由风和波浪引起的功率增值和相应的波浪失速值。

(2)利用理论预报或模型试验得到波浪中螺旋桨的性能,并由此预报由螺旋桨在波浪中推进效率的降低引起的船舶失速值。

(3)对船舶在波浪中的主动降速的计算和预报,一方面要考虑船舶航行安全性,避免船舶发生激烈的摇摆运动;另一方面还要考虑各类船舶完成任务所提出的特殊要求,如舰载机在起降作业时对运动参数的限制,此时就需结合船舶在进行作业任务时各运动参数极限

衡准值，进行船舶在波浪中主动降速的计算和预报。

人们对于船舶在波浪中失速的研究已有较长历史，现在从试验研究到理论研究都有较成熟的方法。但要注意的问题是，目前对船舶在波浪中失速的预报比较侧重于由波浪引起的阻力增加，而不考虑螺旋桨在波浪中的性能变化，通常沿用静水中敞水桨的性能曲线。事实上，当船舶在波浪中航行时，螺旋桨的性能也发生变化。

第6章　船舶大幅非线性摇荡运动

前几章讨论的船舶摇荡运动均为微幅假设下的线性摇荡运动，可以用二阶常系数线性微分方程描述，用普通的数学方法求精确解。实际上，船舶在大风浪里的摇荡运动并非是微幅，尤其是船舶的大幅横摇更为突出，它属于典型的非线性运动问题。近些年来，关于船舶非线性运动的研究引起世界各国学者极大的重视，但由于问题比较复杂，迄今为止并未得到很好解决。船舶大幅横摇时，表征横摇运动的微分方程的系数不再是常数，不能再将船舶看成是时间恒定的线性系统，线性理论也不再适用，对于影响船舶横摇的非线性因素必须予以考虑。本章仅就目前较普遍采用的处理船舶非线性横摇的方法做扼要介绍。

6.1　非线性阻尼力矩

目前，使用水动力理论获得船舶阻尼尚存在很大的困难，一般是通过试验数据拟合求解阻尼系数。弗劳德最早提出使用线性项加平方阻尼项的阻尼模型：

$$M(\dot{\varphi}) = A\dot{\varphi} + B\dot{\varphi}\left|\dot{\varphi}\right| \tag{6.1.1}$$

式中　A——线性阻尼力矩系数；

B——非线性阻尼力矩系数。

绝对值是为了保证阻尼力矩与横摇角速度方向相反。但此模型中的绝对值项难以使用数学方法求解。

为了弥补该模型的缺陷，20世纪70年代后，多种新的阻尼模型被提出。Haddara M R和Dazell J F建立并深入研究了线性项加立方项的阻尼模型：

$$M(\dot{\varphi}) = A\dot{\varphi} + B\dot{\varphi}^3 \tag{6.1.2}$$

实际应用情况表明，这种模型拟合试验结果可以得到更为精确的结果，适用于分析大幅横摇运动时船舶受到的非线性阻尼力矩。

通过更深入的研究，Cardo A等人最终将阻尼模型用横摇角速度的奇次幂和偶次幂的乘积的级数形式表示出来，即

$$M(\varphi,\dot{\varphi}) = \sum_{ij} M_{ij}\varphi^i\dot{\varphi}^j \quad (i = 0,2,4,\cdots,j = 1,3,5,\cdots) \tag{6.1.3}$$

式中，横摇角速度的奇次幂是为了保证阻尼方向和速度方向相反，偶次幂是为了保证阻尼方向和运动方向相反。在实际应用中，根据研究问题的差异及其对精度的要求，选取式(6.1.3)中的前几项进行拟合，即可满足要求。

通过多次试验检验并考虑到数学处理上的方便，选取线性项加立方项的阻尼模型已经可以得到较为理想的拟合结果。

船舶非线性横摇阻尼系数的估算可以采用试验法、经验公式法、CFD方法等。

6.1.1 非线性阻尼力矩与消灭曲线关系

采用试验法可通过船舶自由横摇衰减试验来提取线性及非线性阻尼系数，下面来推导线性阻尼系数和非线性阻尼系数与消灭系数的关系式。

消灭曲线以衰减曲线相邻两振幅 φ_k 和 φ_{k+1} 的平均值 $\varphi_m=(\varphi_k+\varphi_{k+1})/2$ 为横坐标，以其差 $\Delta\varphi=\varphi_k-\varphi_{k+1}$ 为纵坐标，作 $\Delta\varphi=f(\varphi_m)$ 曲线即为消灭曲线。消灭曲线与阻尼力矩具有相同的表达式，即

$$\Delta\varphi=a\varphi_m+b\varphi_m^3 \tag{6.1.4}$$

式中 a、b——消灭系数。

利用能量法计算船舶由横摇角 φ_k 至 φ_{k+1} 的势能减少，为

$$\begin{aligned}\Delta E&=\int_0^{\varphi_k}\Delta\overline{GM}\varphi\mathrm{d}\varphi-\int_0^{\varphi_{k+1}}\Delta\overline{GM}\varphi\mathrm{d}\varphi\\&=\frac{1}{2}\Delta\overline{GM}(\varphi_k^2-\varphi_{k+1}^2)\\&=\Delta\overline{GM}\frac{\varphi_k+\varphi_{k+1}}{2}(\varphi_k-\varphi_{k+1})\\&=\Delta\overline{GM}\varphi_m\Delta\varphi\end{aligned} \tag{6.1.5}$$

而阻尼力矩在 φ_k 至 φ_{k+1} 这段时间内消耗的能量为

$$W=-\int_{\varphi_k}^{\varphi_{k+1}}(A\dot{\varphi}+B\dot{\varphi}^3)\mathrm{d}\varphi \tag{6.1.6}$$

在一个周期内，可将横摇近似认为是简谐振动，即令 $\varphi=\varphi_m\cos(\omega_0t)$，则可以得到能量耗散为

$$W=-\left(\frac{\omega_0\pi}{2}A\varphi_m^2+\frac{4\omega_0^2}{3}B\varphi_m^3\right) \tag{6.1.7}$$

由于阻尼耗散的能量等于势能的减少，即 $W=\Delta E$，与式(6.1.4)对比，则可以得到阻尼系数 A、B 和消灭系数 a、b 的关系。

$$A=\frac{2\Delta\overline{GM}}{\omega_0\pi}a \tag{6.1.8}$$

$$B=\frac{3\Delta\overline{GM}}{4\omega_0^2}b \tag{6.1.9}$$

由上面的关系式，可以通过消灭曲线求得阻尼系数，其中，消灭系数可以通过船模试验记录的衰减曲线拟合得到。

6.1.2 横摇阻尼经验公式估算方法

目前，横摇模型试验及经验公式估算仍是确定和修正横摇阻尼的两种重要手段。然而在实际的求解过程中，常会遇到试验资料匮乏的情况，因此就需要依靠经验公式来确定横摇阻尼。当然，经验公式也来源于众多学者对船模试验结果的归纳与总结，从而可以用其在缺乏试验资料的情况下对横摇运动问题进行求解。下面介绍几个常用的横摇阻尼经验

公式,这些经验公式适用于不同的设计阶段,研究人员应根据已知条件及自身情况来选取合适的经验公式。

1. 贝尔登公式

最为简易地估算横摇阻尼的经验公式是贝尔登公式。其平方阻尼系数可表示为

$$B = kLb^4 \tag{6.1.10}$$

式中 L——船长;

b——船宽;

k——经验系数,可由表 6.1.1 选取。

表 6.1.1 k 值选取

序号	船型特征	$k/(\mathrm{t\cdot m^{-4}\cdot s^2})$
1	型线接近于回转体而突出品不大的船	0.001
2	型线比较丰满而突出品较大的船	0.002
3	具有折角舭部的船	0.003

在估算得到平方阻尼后,可通过能量法将其转换为等效线性阻尼,其原理是:将阻尼力矩在一个完整的横摇周期内所做的功,分别按平方阻尼形式及线性阻尼形式计算,二者是相等的,从而得到等效线性阻尼系数与平方阻尼系数的关系。

$$2\overline{N}_\varphi = \frac{8}{3\pi}Bn_\varphi\varphi_\mathrm{m} \approx 0.85Bn_\varphi\varphi_\mathrm{m} \tag{6.1.11}$$

式中 B——平方阻尼系数;

n_φ——横摇频率;

φ_m——横摇幅值。

从式(6.1.11)中可以看出,贝尔登公式虽然形式简单,计算快速简便,但它只考虑了船型、船长及船宽等少数船型参数与横摇阻尼间的关系,且经验系数 k 的取值方法相对来说也比较粗略,故其只适用于船舶方案设计初期对横摇阻尼的估算。

2. 渡边公式

渡边在对船模试验资料进行了研究,并将船型、主尺度及舭龙骨等所产生的影响考虑在内后,总结出了平方阻尼的近似估算公式。

$$\left.\begin{aligned}
B_{10} &= \frac{Ld}{DhT_\varphi^2}\left\{\left(0.03 + 0.78C_\mathrm{B}\frac{d}{L}\right) + \sigma_0\frac{A_\mathrm{b}}{L^2}\right\}\left\{l^3\left[1 + \frac{1}{4}\left(\frac{d}{l}\right)^2\right] + \frac{f(C_\mathrm{w})B^4}{64d}\right\}\\
B_{20} &= \frac{Ld}{DhT_\varphi^2}\left\{\left(0.02 + 1.1C_\mathrm{B}\frac{d}{L}\right) + \sigma_0\frac{A_\mathrm{b}}{L^2}\right\}\left\{l^3\left[1 + \frac{1}{4}\left(\frac{d}{l}\right)^2\right] + \frac{f(C_\mathrm{w})B^4}{64d}\right\}
\end{aligned}\right\} \tag{6.1.12}$$

式中 L——船长;

B——船宽;

d——吃水;

D——排水量;

C_B——方形系数；

T_φ——横摇固有周期；

h——初稳心高；

l——重心至吃水一半处距离，即 $l = Z_g - d/2$；

A_b——单侧舭龙骨的面积；

σ_0——方形系数与舭龙骨宽长比 β 的函数；

f——水线面系数 C_w 的函数。

同理也可以换算得出线性横摇阻尼。此种方法虽然在估算公式中计入了船型、主尺度及舭龙骨尺寸等因素对横摇阻尼的影响，但不足的是它只给出了横摇角为10°及20°两种情况下的估算公式，计算范围受到很大限制，并不适合广泛应用。

3. 尼古拉也夫公式

计算零航速时无因次横摇衰减系数的尼古拉也夫公式可表示为

$$\left.\begin{aligned} 2\mu &= k_1 \frac{LB^4}{D(B^2+H^2)}\varphi_A \quad (\text{无舭龙骨}) \\ (2\mu)_B &= 2\bar{\mu}\left(1 + k\frac{2S_B}{LB}\right) \quad (\text{有舭龙骨}) \end{aligned}\right\} \tag{6.1.13}$$

式中 L——船长；

B——型宽；

H——型深；

D——排水量；

k_1——经验系数，对于海船，一般取 $k_1 = 0.055 \sim 0.060$；

k——舭龙骨影响系数，一般取10左右；

S_B——单舷舭龙骨面积；

φ_A——横摇幅值，平均取0.5～0.6 rad。

此方法分别给出了裸船体及其加装舭龙骨后横摇衰减系数的估算公式，从而可以比较并分析给出舭龙骨的存在对横摇阻尼结果的影响，但也可以看出式(6.1.13)中横摇幅值的平均取值为0.5～0.6 rad，属于大幅横摇状态，所以该公式在使用中也存在一定的局限性。

4. 米勒公式

米勒等人对大量军舰模型的静水横摇衰减曲线进行了分析整理，给出了等效线性无因次阻尼系数与船体主尺度、舭龙骨尺度及航速等因素相关的近似计算公式，即

对于零航速情况：

$$\bar{\mu}_\varphi = \frac{0.55\left[S_B b_B^{\frac{1}{2}} + 0.002\,4LBd^{\frac{1}{2}}\right]d^{\frac{5}{2}}\varphi_m^{\frac{1}{2}}}{DB^2} \tag{6.1.14}$$

对于有航速情况：

$$\bar{\mu}_\varphi(Fr) = \bar{\mu}_\varphi + 0.000\,85\frac{L}{B}\left(\frac{L}{h}\right)^{\frac{1}{2}}\left(\frac{Fr}{C_B}\right)\left[1 + \frac{Fr}{C_B} + 2\left(\frac{Fr}{C_B}\right)^2\right] \tag{6.1.15}$$

式中 d——满载水线的中点与舭部之间的距离；

Fr——弗劳德数；

b_B——舭龙骨宽度；

h——横稳心高。

米勒公式适用于细长圆舭军舰船型，舭龙骨长宽比为 40～50，横摇角幅值为15°～20°，即属于中等以上横摇状态。

5. Ikeda 经验公式

此经验公式是由 Ikeda 等人于 1978 年基于大量船模试验及结合实船测试结果分析提出的。他提出在横摇阻尼的预报中，可以将总阻尼分成五大部分来进行求解，分别是兴波阻尼部分、摩擦阻尼部分、旋涡阻尼部分、升力阻尼部分及附体阻尼部分。等效线性总阻尼可表达为

$$B_{44}=B_{44\mathrm{W}}+B_{44\mathrm{F}}+B_{44\mathrm{E}}+B_{44\mathrm{L}}+B_{44\mathrm{APP}} \tag{6.1.16}$$

式中 $B_{44\mathrm{W}}$——兴波阻尼；

$B_{44\mathrm{F}}$——摩擦阻尼；

$B_{44\mathrm{E}}$——旋涡阻尼；

$B_{44\mathrm{L}}$——升力阻尼；

$B_{44\mathrm{APP}}$——附体阻尼。

等效线性横摇总阻尼及横摇频率的无因次化形式可表示为

$$\hat{B}_{44}=\frac{B_{44}}{\rho\nabla B^2}\sqrt{\frac{B}{2g}} \tag{6.1.17}$$

$$\hat{\omega}=\omega\sqrt{\frac{B}{2g}} \tag{6.1.18}$$

横摇阻尼的各成分阻尼的估算方法如下。

(1)兴波阻尼

兴波阻尼部分一般可以利用势流理论的方法计算得到。对于一般的散货船型，此阻尼成分将占总阻尼的 5%～30%，而对于吃水较浅且较宽的船型，此比例还会有所增加。Yuki Kawahara 等通过对一系列的试验结果的处理和总结，提出了一种更为简便的估算兴波阻尼的方法。简化公式如下：

$$\hat{B}_{\mathrm{w}}=\frac{A_1}{x_5}\cdot\exp\{-A_2[\log(x_5)-A_3]^2/144\} \tag{6.1.19}$$

其中，各中间参数的表达式如下：

$$A_1=(A_{11}x_4^2+A_{12}x_4+A_{13})AA_1$$

$$A_2=-1.402x_4^3+7.189x_4^2-10.993x_4+9.45$$

$$A_3=A_{31}x_4^6+A_{32}x_4^5+A_{33}x_4^4+A_{34}x_4^3+A_{35}x_4^2+A_{36}x_4+A_{37}+AA_3$$

$$AA_1=(AA_{11}x_3+AA_{12})(1-x_4)+1.0$$

$$AA_3=AA_{31}(-1.055\,84x_6^9+12.688x_6^8-63.705\,34x_6^7+172.845\,71x_6^6-274.057\,1x_6^5+257.687\,05x_6^4-141.409\,15x_6^3+44.131\,77x_6^2-7.165\,4x_6-0.049\,5x_1^2+0.451\,8x_1-0.616\,55)$$

$$AA_{31}=(-0.376\,7x_1^3+3.39x_1^2-10.356x_1+11.588)AA_{311}$$

$$AA_{32}=-0.072\,7x_1^2+0.7x_1-1.281\,8$$

$$AA_{311}=(-17.102x_2^3+41.495x_2^2-33.234x_2+8.800\,7)x_4+36.566x_2^3-89.203x_2^2+71.8x_2-18.108$$

$$A_{31}=-7\,686.028\,7x_2^6+30\,131.567\,8x_2^5-49\,048.966\,4x_2^4+42\,480.770\,9x_2^3-20\,665.147x_2^2+5\,355.203\,5x_2-577.882\,7$$

$$A_{32}=61\,639.910\,3x_2^6-241\,201.059\,8x_2^5+392\,579.593\,7x_2^4-340\,629.469\,9x_2^3+166\,348.691\,7x_2^2-43\,358.793\,8x_2+4\,714.791\,8$$

$$A_{33}=-130\,677.490\,3x_2^6+507\,996.260\,4x_2^5-826\,728.712\,7x_2^4+722\,677.104x_2^3-358\,360.739\,2x_2^2+95\,501.494\,8x_2-10\,682.861\,9$$

$$A_{34}=-110\,034.658\,4x_2^6+446\,051.22x_2^5-724\,186.464\,3x_2^4+599\,411.926\,4x_2^3-264\,294.718\,9x_2^2+58\,039.732\,8x_2-4\,774.641\,4$$

$$A_{35}=709\,672.065\,6x_2^6-2\,803\,850.239\,5x_2^5+4\,553\,780.501\,7x_2^4-3\,888\,378.990\,5x_2^3+1\,839\,829.259x_2^2-457\,313.693\,9x_2+46\,600.823$$

$$A_{36}=-822\,735.928\,9x_2^6+3\,238\,899.730\,8x_2^5-5\,256\,636.547\,2x_2^4+4\,500\,543.147x_2^3-2\,143\,487.350\,8x_2^2+538\,548.119\,4x_2-55\,751.152\,8$$

$$A_{37}=299\,122.872\,7x_2^6-1\,175\,773.160\,6x_2^5+1\,907\,356.135\,7x_2^4-1\,634\,256.817\,2x_2^3+780\,020.939\,3x_2^2-196\,679.714\,3x_2+20\,467.090\,4$$

$$AA_{11}=AA_{111}x_2^2+AA_{112}x_2+AA_{113}$$

$$AA_{12}=AA_{121}x_2^2+AA_{122}x_2+AA_{123}$$

$$AA_{111}=17.945x_1^3-166.294x_1^2+489.799x_1-493.142$$

$$AA_{112}=-25.507x_1^3+236.275x_1^2-698.683x_1+701.494$$

$$AA_{113}=9.077x_1^3-84.332x_1^2+249.983x_1-250.494$$

$$AA_{121}=-16.872x_1^3+156.399x_1^2-460.689x_1+463.844$$

$$A_{122}=24.015x_1^3-222.507x_1^2+658.027x_1-660.665$$

$$AA_{123}=-8.56x_1^3+79.549x_1^2-235.827x_1+236.579$$

$$A_{11}=A_{111}x_2^2+A_{112}x_2+A_{113}$$

$$A_{12}=A_{121}x_2^3+A_{122}x_2^2+A_{123}x_2+A_{124}$$

$$A_{13}=A_{131}x_2^3+A_{132}x_2^2+A_{133}x_2+A_{134}$$

$$A_{111}=-0.002\,222x_1^3+0.040\,871x_1^2-0.286\,866x_1+0.599\,424$$

$$A_{112}=0.010\,185x_1^3-0.161\,176x_1^2+0.904\,989x_1-1.641\,389$$

$$A_{113}=-0.015\,422x_1^3+0.220\,371x_1^2-1.084\,987x_1+1.834\,167$$

$$A_{121}=-0.062\,866\,7x_1^4+0.498\,925\,9x_1^3+0.527\,35x_1^2-10.791\,867\,2x_1+16.616\,327$$

$$A_{122}=0.114\,066\,7x_1^4-0.810\,896\,3x_1^3-2.218\,683\,3x_1^2+25.126\,974x_1-37.772\,977\,8$$

$$A_{123}=-0.058\,933\,3x_1^4+0.263\,970\,4x_1^3+3.194\,966\,7x_1^2-21.812\,656\,9x_1+31.411\,350\,8$$

$$A_{124}=0.010\,766\,7x_1^4+0.001\,870\,4x_1^3-1.249\,440\,83x_1^2+6.942\,793\,1x_1-10.201\,899\,2$$

$$A_{131}=0.192\,207x_1^3-2.787\,462x_1^2+12.507\,855x_1-14.764\,856$$

$$A_{132}=-0.350\,563x_1^3+5.222\,348x_1^2-23.974\,852x_1+29.007\,851$$

$$A_{133}=0.237\,069x_1^3-3.535\,062x_1^2+16.368\,376x_1-20.539\,908$$

$$A_{134}=-0.067\,119x_1^3+0.966\,362x_1^2-4.407\,535x_1+5.894\,703$$

$$x_1=B/d,x_2=C_{\mathrm{B}},x_3=C_{\mathrm{m}},x_4=1-OG/d,x_5=\hat{\omega},x_6=x_4-AA_{32} \tag{6.1.20}$$

式中 B——船宽；

d——吃水；

C_{B}——方形系数；

C_{m}——中横剖面系数；

$\hat{\omega}$——无因次船舶横摇频率；

OG——从水线面到横摇中心的距离，向下为正；

x——纵向位置的无量纲值。

有航速时，兴波阻尼可表示为

$$B_{44\mathrm{W}}=B_{44\mathrm{W0}}\times0.5(\{(A_2+1)+(A_2-1)\tan h[20(\tau-0.3)]\}+(2A_1-A_2-1)\exp[-150(\tau-0.25)^2]) \tag{6.1.21}$$

$$A_1=1+\xi_d^{-1/2}\exp(-2\xi_d)$$

$$A_2=0.5+\xi_d^{-1}\exp(-2\xi_d)$$

$$\xi_d=\omega^2d/g$$

$$\tau=U\omega/g$$

式中 ω——横摇频率；

d——吃水；

U——船舶航速（以 m/s 计，以下各处相同）。

（2）摩擦阻尼

摩擦阻尼是由船舶在横摇运动过程中作用于船体表面的摩擦应力引起的。对于船长为 2 m 的船模，其摩擦阻尼成分占总阻尼的 8% ~10%。但此阻尼成分受雷诺数（尺度效应）的影响较大，故实船的摩擦阻尼成分仅占总阻尼的 1% ~3%。Kato 等在总结了试验结果的基础上，给出了估算完全浸没在水中的圆柱体摩擦阻尼的半经验公式，其形式与 Blasius 给出的圆柱横摇的摩擦阻尼一致。假定层流中零航速时船体的摩擦阻尼为

$$B_{44\mathrm{F0}}=\frac{4}{3\pi}\rho S_f r_f^3\varphi_{\mathrm{a}}\omega_0 C_f \tag{6.1.22}$$

$$C_f=1.328\left(\frac{2\pi v}{3.22r_f^2\varphi_{\mathrm{a}}^2\omega}\right) \tag{6.1.23}$$

$$r_f=\frac{1}{\pi}\left[(0.887+0.145C_{\mathrm{B}})\frac{S_f}{L}-2\,\overline{OG}\right] \tag{6.1.24}$$

$$S_f=L(1.7d+C_{\mathrm{B}}B) \tag{6.1.25}$$

式中 C_f——摩擦系数；

r_f——船体舭部的平均半径；

S_f——湿表面积。

有航速时，摩擦阻尼为

$$B_{44F} = B_{44F0}\left[1 + 4.1\left(\frac{U}{\omega L}\right)\right] \tag{6.1.26}$$

而在考虑到湍流影响后,零航速时的摩擦阻尼可表示为

$$B_{44F0} = 0.787\rho S_f r_f^2 \sqrt{\omega v}\left[1 + 0.008\,14\left(\frac{r_f^2 \varphi_a^2 \omega}{v}\right)^{0.386}\right] \tag{6.1.27}$$

式(6.1.27)中,前一项为层流中的摩擦阻尼,后一项为考虑湍流影响后所做出的修正。

该情况下,有航速的摩擦阻尼的求法同层流情况。

在摩擦阻尼的计算中,ρ 为水密度,φ_a 为横摇幅值,ω 为横摇频率,C_B 为方形系数,v 为水的运动黏性系数,OG 为水线面到横摇中心距离,L 为船长,B 为船宽,d 为吃水。

(3)旋涡阻尼

裸船体在横摇运动过程中产生的旋涡阻尼主要是由船体大变形处的旋涡及流体分离引起的。而旋涡的位置及数量取决于两个船型参数:半宽吃水比($H_0 = B/2d$)与面积系数($\sigma = S/Bd$),其中,S 为船体剖面在自由面以下的面积,B 为船宽,d 为吃水。图 6.1.1 为船体剖面产生的旋涡阻尼,展示了 Ikeda 等在试验结果上总结给出的船体剖面周围旋涡的位置及数量。同时,他指出裸船体的旋涡阻尼成分与横摇幅值及横摇固有频率相关,即旋涡阻尼大小只取决于船型本身,与 KC 数无关。图 6.1.2 给出了船体剖面的压力分布形式。

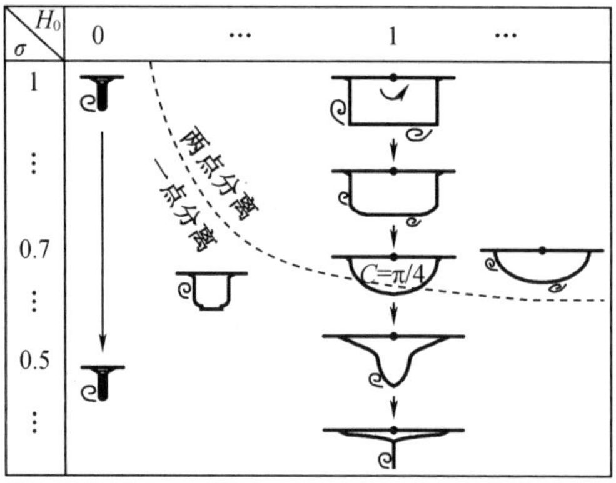

图 6.1.1　船体剖面产生的旋涡阻尼

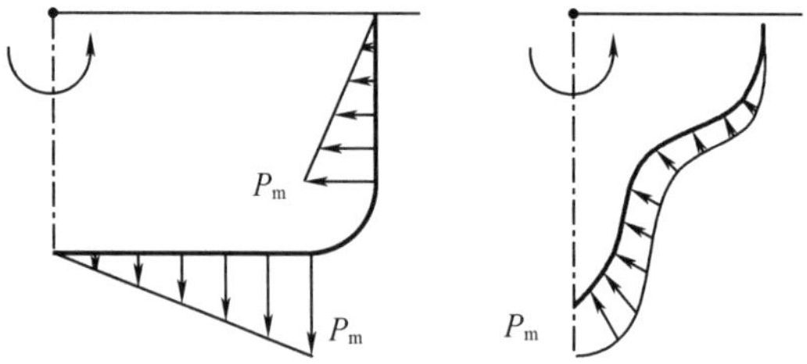

图 6.1.2　船体剖面的压力分布形式

无航速情况下,单位船长的旋涡阻尼可表示为

$$B_{44E0} = \frac{4}{3\pi}\rho d^4 \varphi_a \omega C_p C_R \tag{6.1.28}$$

式中，

$$C_p = 0.5[0.87\exp(-\gamma) - 4\exp(-0.187\gamma) + 3] \tag{6.1.29}$$

$$C_R = \left(\frac{r_{\max}}{d}\right)^2 \left[\left(1 - f_1 \frac{R}{d}\right)\left(1 - \frac{\overline{OG}}{d} - f_1 \frac{R}{d}\right) + f_2\left(H_0 - f_1 \frac{R}{d}\right)^2\right] \tag{6.1.30}$$

其中

$$f_1 = 0.5\{1 + \tan h[20(\sigma - 0.7)]\} \tag{6.1.31}$$

$$f_2 = 0.5(1 - \cos \pi\sigma) - 1.5\{1 - \exp[-5(1 - \sigma)]\}\sin^2 \pi\sigma \tag{6.1.32}$$

$$f_3 = 1 + 4\exp[-1.65 \times 10^5(1 - \sigma)^2] \tag{6.1.33}$$

$$R = \begin{cases} 2d\sqrt{\dfrac{H_0(\sigma - 1)}{\pi - 4}}\left(R < d \text{ 且 } R < \dfrac{B}{2}\right) \\ d\left(H_0 \geqslant 1 \text{ 且} \dfrac{R}{d} > 1\right) \\ \dfrac{B}{2}\left(H_0 \leqslant 1 \text{ 且 } H_0 < \dfrac{R}{d}\right) \end{cases} \tag{6.1.34}$$

$$H_0 = B/2d \tag{6.1.35}$$

$$\sigma = S/Bd \tag{6.1.36}$$

而速度增加比例 γ 可表示为

$$\gamma = \frac{\sqrt{\pi} f_3}{2d\left(1 - \dfrac{\overline{OG}}{d}\right)\sqrt{H_0'\sigma'}}\left(\gamma_{\max} + \frac{2M}{H}\sqrt{A_1^2 + B_1^2}\right) \tag{6.1.37}$$

$$H_0' = \frac{H_0}{1 - \dfrac{\overline{OG}}{d}}, \sigma' = \frac{\sigma - \dfrac{\overline{OG}}{d}}{1 - \dfrac{\overline{OG}}{d}} \tag{6.1.38}$$

$$H = 1 + a_1^2 + 9a_3^2 + 2a_1(1 - 3a_3)\cos 2\psi - 6a_3\cos 4\psi \tag{6.1.39}$$

$$A_1 = -2a_3\cos 5\psi + a_1(1 - a_3)\cos 3\psi + [(6 - 3a_1)a_3^2 + (a_1^2 - 3a_1)a_3 + a_1^2]\cos \psi \tag{6.1.40}$$

$$B_1 = -2a_3\sin 5\psi + a_1(1 - a_3)\sin 3\psi + [(6 + 3a_1)a_3^2 + (3a_1 + a_1^2)a_3 + a_1^2]\sin \psi \tag{6.1.41}$$

$$M = \frac{B}{2(1 + a_1 + a_3)} \tag{6.1.42}$$

$$\gamma_{\max} = M\sqrt{[(1 + a_1)\sin \psi - a_3\sin 3\psi]^2 + [(1 - a_1)\cos \psi + a_3\cos 3\psi]^2} \tag{6.1.43}$$

$$a_1 = \frac{H_0 - 1}{H_0 + 1}(a_3 + 1) \cdot a_3 = \frac{-c_1 + 3 - \sqrt{9 - 2c_1}}{c_1} \tag{6.1.44}$$

$$c_1 = 3 + \frac{4\sigma}{\pi} + \left(1 - \frac{4\sigma}{\pi}\right)\left(\frac{H_0 - 1}{H_0 + 1}\right)^2 \tag{6.1.45}$$

$$\psi = \begin{cases} 0 = \psi_1[\gamma_{\max}(\psi_1) \geqslant \gamma_{\max}(\psi_2)] \\ \dfrac{1}{2}\cos^{-1}\dfrac{a_1(1 + a_3)}{4a_3} = \psi_2[\gamma_{\max}(\psi_1) < \gamma_{\max}(\psi_2)] \end{cases} \tag{6.1.46}$$

对于整船的旋涡阻尼大小，可由二维各站剖面的旋涡阻尼沿船长的积分得到。而有航速时的旋涡阻尼可表示为

$$B_{44\mathrm{E}}=B_{44\mathrm{E0}}\frac{(0.04K)^2}{1+(0.04K)^2} \tag{6.1.47}$$

式中，$K=\frac{\omega L}{U}$，表示衰减频率。可以看出，旋涡阻尼部分将随航速的增加而减小，而减小的阻尼部分可由升力阻尼弥补。

上述公式适用于常规宽度吃水比的尖角型船，对于浅吃水船并不适用。Standing 指出这些公式也并不能很好地估算驳船的横摇阻尼。为填补这一空白，Ikeda 等人对扁平型驳船做了一系列试验，给出了估算驳船旋涡阻尼的经验公式：

$$B_{44\mathrm{E0}}=\frac{2}{\pi}\rho Ld^4\left(H_0^2+1-\frac{\overline{OG}}{d}\right)\left[H_0^2+\left(1-\frac{\overline{OG}}{d}\right)^2\right]\varphi_{\mathrm{a}}\omega_{\mathrm{e}} \tag{6.1.48}$$

在旋涡阻尼的计算中，ρ 为水密度，d 为吃水，φ_{a} 为横摇幅值，ω 为横摇频率，OG 为水线面到横摇中心的距离，R 为舭龙骨安装处的半径，H_0 为半宽吃水比，σ 为面积系数，γ 为速度增加比例，C_p、C_R、f_1、f_2、f_3、H_0'、σ'、H、A_1、B_1、M、ψ、$\gamma_{\max}$ 均为中间参数，c_1、a_1、a_3 均为衰减系数，L 为船长，B 为船宽，U 为航速。

(4)升力阻尼

船舶升力阻尼是由船舶航行时随摇荡运动而产生的升力引起的。升力阻尼随航速的增大而增大，零航速时升力阻尼为零。

升力阻尼的估算公式：

$$B_{44\mathrm{L}}=\frac{1}{2}\rho ULdK_N l_0 l_R\left[1-1.4\frac{\overline{OG}}{l_R}+\frac{0.7\,\overline{OG}^2}{l_0 l_R}\right] \tag{6.1.49}$$

式中，

$$l_0=0.3d,\ l_R=0.5d \tag{6.1.50}$$

$$k_N=2\pi\frac{d}{L}+\kappa\left(4.1\frac{B}{L}-0.045\right) \tag{6.1.51}$$

系数 κ 可由式(6.1.52)求得：

$$\kappa=\begin{cases}0\ (C_{\mathrm{M}}\leqslant 0.92)\\ 0.1\ (0.92<C_{\mathrm{M}}\leqslant 0.97)\\ 0.3\ (0.97\leqslant C_{\mathrm{M}}<0.99)\end{cases} \tag{6.1.52}$$

在升力阻尼的计算过程中，ρ 为水密度，L 为船长，B 为船宽，d 为吃水，C_{M} 为中横剖面系数，U 为航速，k_N 为倾斜恒定升力系数，l_0 为横摇中心与攻角的垂向距离，l_R 为横摇中心与横摇升力作用点的垂向距离，OG 为水线面到横摇中心的距离，κ 为中间参数。

(5)舭龙骨阻尼

在船舶总阻尼中，舭龙骨阻尼所占比例较高，一般能达到 50% ~80%。在计算过程中，通常将其分为以下四个部分进行求解：

$$B_{\mathrm{BK}}=B_{\mathrm{BKN0}}+B_{\mathrm{BKH0}}+B_{\mathrm{BKL}}+B_{\mathrm{BKW}} \tag{6.1.53}$$

式中　B_{BKN0}——舭龙骨压力阻尼；

B_{BKH0}——由舭龙骨引起的船体表面压力分布改变而形成的阻尼；

B_{BKL}——舭龙骨产生的升力阻尼；

B_{BKW}——舭龙骨产生的兴波阻尼。

船体做横摇运动时，舭龙骨背面产生涡流，形成负压力，正面形成正压力，从而产生压差，由此压差引发的阻尼即称为舭龙骨压力阻尼 B'_{BKN0}。

一般地，等效线性化后的二维剖面的舭龙骨压力阻尼 B'_{BKN0} 为

$$B'_{\mathrm{BKN0}}=\frac{8}{3\pi}\rho r^3\omega\varphi_{\mathrm{a}}b_{\mathrm{BK}}f^2C_{\mathrm{D}} \tag{6.1.54}$$

$$C_{\mathrm{D}}=22.5\frac{b_{\mathrm{BK}}}{\pi r\varphi_{\mathrm{a}}f}+2.4 \tag{6.1.55}$$

$$r=d\sqrt{\left[H_0-\left(1-\frac{\sqrt{2}}{2}\right)\frac{R}{d}\right]^2+\left[1-\frac{\overline{OG}}{d}-\left(1-\frac{\sqrt{2}}{2}\right)\frac{R}{d}\right]^2} \tag{6.1.56}$$

$$f=1+0.3\exp[-160(1-\sigma)] \tag{6.1.57}$$

式(6.1.54)~式(6.1.57)中，r 为舭龙骨位置与横摇轴间的距离，C_{D} 为舭龙骨阻力系数，b_{BK} 为舭龙骨宽度，f 为考虑舭部来流速度影响的修正系数。

除舭龙骨压力阻尼外，舭龙骨的存在还会使船体表面上的流体压力分布改变，正面船体处压力相对增大，背面压力相对减小，由此压差引发的阻尼称为舭龙骨船体压差阻尼 B'_{BKH0}。

由图6.3可以得到负压力的作用区域为

$$\frac{S_0}{b_{\mathrm{BK}}}=0.3\frac{\pi r\varphi_{\mathrm{a}}f}{b_{\mathrm{BK}}}+1.95 \tag{6.1.58}$$

则 B'_{BKH0} 为

$$B'_{\mathrm{BKH0}}=\frac{4}{3\pi}\rho r^2f^2\omega\varphi_{\mathrm{a}}\int_G C_{\mathrm{P}}l\mathrm{d}G \tag{6.1.59}$$

式中 G——剖面围长；

l——力矩。

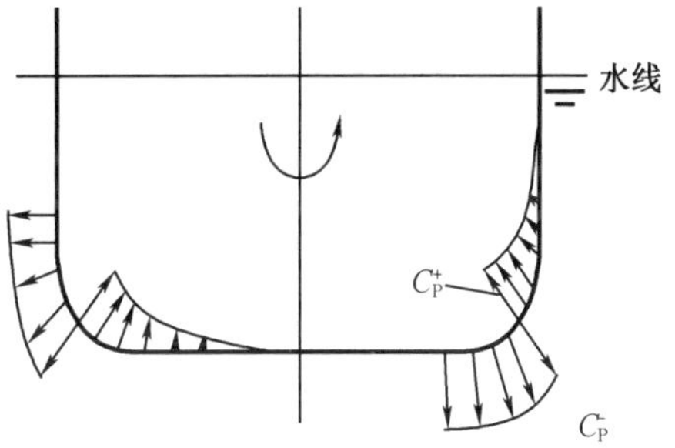

图6.1.3 舭龙骨产生的船体压力分布(Ikeda,1977)

积分 $\int_G C_{\mathrm{P}}l\mathrm{d}G$ 的值可通过式(6.1.60)进行求解：

$$\int_G C_{\mathrm{P}}l\mathrm{d}G=d^2(-AC_{\mathrm{P}}^-+BC_{\mathrm{P}}^+) \tag{6.1.60}$$

正压力系数 C_{P}^+ 可按经验设置为1.2，则由 $C_{\mathrm{D}}=C_{\mathrm{P}}^+-C_{\mathrm{P}}^-$ 可得到负压力系数 C_{P}^- 为

$$C_{\mathrm{P}}^-=1.2-C_{\mathrm{D}}=-22.5\frac{b_{\mathrm{BK}}}{\pi r\varphi_{\mathrm{a}}f}-1.2 \tag{6.1.61}$$

中间参数 A、B 的表达式为

$$A=(m_3+m_4)m_8-m_7^2 \tag{6.1.62}$$

$$B=\frac{m_4^3}{3(H_0-0.215m_1)}+\frac{(1-m_1)^2(2m_3-m_2)}{6(1-0.215m_1)}+m_1(m_3m_5+m_4m_6) \tag{6.1.63}$$

$$m_1=\frac{R}{d},m_2=\frac{\overline{OG}}{d},m_3=1-m_1-m_2,m_4=H_0-m_1 \tag{6.1.64}$$

$$m_5=\frac{0.414H_0+0.065\,1m_1^2-(0.382H_0+0.010\,6)m_1}{(H_0-0.215m_1)(1-0.215m_1)} \tag{6.1.65}$$

$$m_6=\frac{0.414H_0+0.065\,1m_1^2-(0.382H_0+0.010\,6)m_1}{(H_0-0.215m_1)(1-0.215m_1)}. \tag{6.1.66}$$

$$m_7=\begin{cases}\dfrac{S_0}{d}-0.25\pi m_1(S_0>0.25\pi R)\\[2ex]0(S_0\leqslant 0.25\pi R)\end{cases} \tag{6.1.67}$$

$$m_8=\begin{cases}m_7+0.414m_1(S_0>0.25\pi R)\\[2ex]m_7+0.414m_1\left[1-\cos\left(\dfrac{S_0}{R}\right)\right](S_0\leqslant 0.25\pi R)\end{cases} \tag{6.1.68}$$

式中 R——舭龙骨安装处的舭部半径。

$$R=\begin{cases}2d\sqrt{\dfrac{H_0(\sigma-1)}{\pi-4}}\left(R<d\ 且\ R<\dfrac{B}{2}\right)\\[2ex]d\left(H_0\geqslant 1\ 且\dfrac{R}{d}>1\right)\\[2ex]\dfrac{B}{2}\left(H_0\leqslant 1\ 且\ H_0<\dfrac{B}{d}\right)\end{cases} \tag{6.1.69}$$

在最初的估算方法中并没有考虑舭龙骨的升力阻尼部分。然而,对于具有较大盘面比舭龙骨的船舶来说,在高速航行时由舭龙骨引起的升力会增加船舶的横摇阻尼,故此部分阻尼并不能忽略不计。利用 Jones 理论,可得出由舭龙骨升力引起的升力阻尼部分为

$$B_{BKL}=\rho\pi r^2 b_{BK}^2 U \tag{6.1.70}$$

当船舶的横摇角较大时,舭龙骨还会引起兴波阻尼。零航速时,舭龙骨引起的兴波阻尼为

$$\hat{B}_{44BKW0}\approx C_{BK}(b_{BK})\exp\left[-\frac{w^2}{g}d_{BK}(\varphi)\right] \tag{6.1.71}$$

式(6.1.71)中,C_{BK}为舭龙骨宽度 d_{BK} 的相关函数,此处可将其简化为舭龙骨宽度与船宽的比值。零幅值时,此部分阻尼也为零。d_{BK} 为自由面与舭龙骨安装位置间的距离,可表示为

$$d_{BK}(\varphi)=r\left[\left(\frac{2\dfrac{d}{B}}{\sqrt{1+\left(\dfrac{2d}{B}\right)^2}}\right)\cos\varphi-\sin\varphi\left(\frac{1}{\sqrt{1+\left(\dfrac{2d}{B}\right)^2}}\right)\right] \tag{6.1.72}$$

式中,d 为吃水,B 为船宽。有航速时的舭龙骨引起的兴波阻尼成分的计算方法可参照兴波阻尼的方法。通常舭龙骨产生的兴波阻尼部分很小,可忽略不计。

在求出各部份阻尼部分后,相加得到横摇总阻尼,进而求出无因次横摇阻尼系数 2μ。

从上述横摇阻尼的计算过程可以看出,Ikeda 经验公式无疑是复杂且烦琐的,但它的优势在于将横摇阻尼的组成成分具体化且分别给出了相应各成分阻尼的估算公式(除兴波阻尼用势流理论方法计算得到外),不仅给出了较为全面的影响各成分阻尼的相关参数,提高了横摇阻尼结果的精度,同时还可以计算得出各成分阻尼在总阻尼中所占的比例,进而比

较分析各成分阻尼对总阻尼的贡献情况,故目前此种方法仍具有较大的应用价值。由于此方法的计算过程需要较为详细的船型资料,因此一般可以用来估算详细设计阶段船舶的横摇阻尼。

6.2 复原力矩的非线性

复原力矩的非线性是由船舶静稳性曲线的真实形状确定的,当船舶横摇角度较小时(一般不超过10°~15°),复原力矩与横摇角呈线性关系,即

$$M(\varphi)=D\,\overline{GM}\varphi \tag{6.2.1}$$

式中 D——船的排水量;

$\overline{GM}$——船的初稳性高。

随着横摇角的增大,复原力矩与横摇角呈现出非线性关系,为此,需在整个稳性存在范围内对静稳性曲线进行拟合,考虑到恢复力矩方向与横摇角方向始终相反,因此拟合关系式只有奇次幂项,即

$$M(\varphi)=GZ\cdot D=D\cdot\overline{GM}\varphi+C_3\varphi^3+C_5\varphi^5+C_7\varphi^7+\cdots \tag{6.2.2}$$

式中,$C_3,C_5,C_7,\cdots$ 为非线性复原力矩系数,可通过拟合静稳性曲线得到。通常选用线性项加立方项加五次方项复原力矩模型即能较精确地拟合静稳性曲线。

6.3 其他非线性因素

船舶做大幅横摇时,附加惯性力矩不再是常数,而是横摇角的函数,从而引起船舶横摇运动的非线性。

若不做微幅假设,则波浪将是一个非线性随机变量。由于船舶的大幅横摇运动,波浪扰动力矩与横摇角有关,这些因素也会引起船舶横摇运动的非线性。

由于问题的复杂性,通常认为船舶横摇运动的非线性主要表现为阻尼力矩的非线性和复原力矩的非线性,而忽略附加惯性力矩和波浪扰动力矩的非线性的影响。

6.4 横浪上的非线性横摇

6.4.1 横浪上的非线性横摇运动方程

考虑阻尼力矩的非线性和复原力矩的非线性,选取线性项加立方项非线性阻尼力矩模型和线性项加立方加五次方项复原力矩模型,则船舶在横浪上的非线性横摇运动方程可写为

$$(J_{\varphi\varphi}+\Delta J_{\varphi\varphi})\ddot{\varphi}+D_1\dot{\varphi}+D_3\dot{\varphi}^3+D\cdot\overline{GM}\varphi+C_3\varphi^3+C_5\varphi^5=D\cdot\overline{GM}\alpha_{e0}\cos(\Omega t) \tag{6.4.1}$$

将式(6.4.1)等号两边同除以 $J_{\varphi\varphi}+\Delta J_{\varphi\varphi}$,可得

$$\ddot{\varphi}+2\mu\dot{\varphi}+\mu_3\dot{\varphi}^3+\omega_0^2\varphi+\alpha_3\varphi^3+\alpha_5\varphi^5=Ke\cos(\Omega t) \tag{6.4.2}$$

式中 $\mu=\dfrac{D_1}{2(J_{\varphi\varphi}+\Delta J_{\varphi\varphi})}$;

$\mu_3=\dfrac{D_3}{J_{\varphi\varphi}+\Delta J_{\varphi\varphi}}$;

$\omega_0=\sqrt{\dfrac{D\cdot\overline{GM}}{J_{\varphi\varphi}+\Delta J_{\varphi\varphi}}}$;

$\alpha_3=\dfrac{C_3}{J_{\varphi\varphi}+\Delta J_{\varphi\varphi}}$;

$\alpha_5=\dfrac{C_5}{J_{\varphi\varphi}+\Delta J_{\varphi\varphi}}$;

$Ke=\dfrac{J}{J_{\varphi\varphi}+\Delta J_{\varphi\varphi}}\alpha_{e0}\Omega^2$。

6.4.2 横浪上的非线性横摇运动方程的解

可采用多尺度法求解非线性横摇运动方程。多尺度法不把微分方程的解看作单一变量 t 的函数,而把 $t,\varepsilon t,\varepsilon^2 t,\ \varepsilon^3 t,\cdots$ 都当作时间尺度(或独立时间变量),把解看作这些时间尺度的函数。不同的时间尺度描述变化过程的不同节奏,阶数越低,变化越缓慢,阶数越高,变化越迅速。因此,引入不同尺度的时间变量:

$$T_0=t,T_1=\varepsilon t,T_2=\varepsilon^2 t,\cdots,T_n=\varepsilon^n t \tag{6.4.3}$$

它们是相互独立的变量。因此,非线性方程的解可以表示为多个不同时间尺度的函数,即

$$x(t,\varepsilon)=x_0(T_0,T_1,T_2)+\varepsilon x_1(T_0,T_1,T_2)+\varepsilon^2 x_2(T_0,T_1,T_2)+\cdots \tag{6.4.4}$$

式(6.4.4)中所需的时间尺度的个数可根据希望达到的近似程度确定。

对时间 t 的导数可以用对 T_n 的偏导数表示:

$$\frac{\mathrm{d}}{\mathrm{d}t}=\frac{\partial}{\partial T_0}+\varepsilon\frac{\partial}{\partial T_1}+\varepsilon^2\frac{\partial}{\partial T_2}+\cdots=D_0+\varepsilon D_1+\varepsilon^2 D_2+\cdots \tag{6.4.5}$$

$$\frac{\mathrm{d}^2}{\mathrm{d}t^2}=D_0^2+2\varepsilon D_0D_1+\varepsilon^2(D_1^2+2D_0D_2)+\varepsilon^3(2D_0D_3+2D_1D_2)+\cdots \tag{6.4.6}$$

式中,$D_0,D_1,D_2,\cdots$分别表示对 $T_0,T_1,T_2,\cdots$求偏导数。

定义微分算子符号为

$$D_n=\frac{\partial}{\partial T_n}(n=0,1,2,\cdots) \tag{6.4.7}$$

将动力学方程中的微分运算以式(6.4.5)和式(6.4.6)代入。变量 x 也按式(6.4.4)展开并代入动力学方程。比较 ε 的同次幂系数,就得到各阶近似的线性偏微分方程组。在依次求解过程中,利用消除长期项的附加条件和初始条件,导出各阶近似解的确定表达式。

对于船舶在规则横浪下的非线性运动方程,引入小量 ε,则方程(6.4.2)可写为

$$\ddot{\varphi}+\omega_0^2\varphi+\varepsilon(2\mu\dot{\varphi}+\mu_3\dot{\varphi}^3+\alpha_3\varphi^3+\alpha_5\varphi^5)=\varepsilon Ke\cos(\Omega t) \tag{6.4.8}$$

当 $\Omega\approx\omega_0$ 时,系统将发生主共振。引入调谐因子 σ 来描述 Ω 与 ω_0 的近似程度:

$$\Omega^2 = \omega_0^2 + \varepsilon\sigma \tag{6.4.9}$$

根据式(6.4.9)可将式(6.4.8)重写成如下表达形式：

$$\ddot{\varphi} + \Omega^2\varphi + \varepsilon(2\mu\dot{\varphi} + \mu_3\dot{\varphi}^3 + \alpha_3\varphi^3 + \alpha_5\varphi^5 - \sigma\varphi) = \varepsilon K\mathrm{e}\cos(\Omega t) \tag{6.4.10}$$

讨论二阶近似解，令

$$\varphi(t,\varepsilon) = \varphi_0(T_0,T_1,T_2) + \varepsilon\varphi_1(T_0,T_1,T_2) + \varepsilon^2\varphi_2(T_0,T_1,T_2) \tag{6.4.11}$$

将式(6.4.5)、式(6.4.6)及式(6.4.11)代入式(6.4.8)，并令 ε 的同次幂系数为零，得到以下各阶近似的线性偏微分方程组：

$$D_0^2\varphi_0 + \Omega^2\varphi_0 = 0 \tag{6.4.12}$$

$$D_0^2\varphi_1 + \Omega^2\varphi_1 = -2D_0D_1\varphi_0 - 2\mu D_0\varphi_0 + \sigma\varphi_0 - \mu(D_0\varphi_0)^3 - \alpha_3\varphi_0^3 - \alpha_5\varphi_0^5 + K\mathrm{e}\cos(\Omega T_0) \tag{6.4.13}$$

$$\begin{aligned} D_0^2\varphi_2 + \Omega^2\varphi_2 = & -2D_0D_2\varphi_0 - 2D_0D_1\varphi_1 - D_1^2\varphi_0 + \sigma\varphi_1 - 2\mu D_0\varphi_1 - 2\mu D_1\varphi_0 - \\ & 3\mu_3(D_0\varphi_0)^2D_0\varphi_1 - 3\mu_3(D_0\varphi_0)^2D_1\varphi_0 - 3\alpha_3\varphi_0^2\varphi_1 - 5\alpha_5\varphi_0^4\varphi_1 \end{aligned} \tag{6.4.14}$$

不难解得零次近似方程式(6.4.12)的实值通解，并将其写成复函数形式：

$$\varphi_0(T_0,T_1,T_2) = A(T_1,T_2)\mathrm{e}^{\mathrm{i}\Omega T_0} + \overline{A}(T_1,T_2)\mathrm{e}^{-\mathrm{i}\Omega T_0} \tag{6.4.15}$$

式中 i——单位虚数；

A——慢变时间 T_1、T_2 的未知的复函数，由 φ_1、φ_2 不出现长期项的条件确定；

$\overline{A}$——A 的共轭复数。

将式(6.4.15)代入一次近似方程式(6.4.13)的右端，得

$$\begin{aligned} D_0^2\varphi_1 + \Omega^2\varphi_1 = & \left(\frac{K\mathrm{e}}{2} + \sigma A - 2\mathrm{i}\mu\Omega A - 3\alpha_3A^2\overline{A} - 10\alpha_5A^3\overline{A}^2 - 3\mathrm{i}\mu_3\Omega^3A^2\overline{A} - 2\mathrm{i}\Omega D_1A\right)\mathrm{e}^{\mathrm{i}\Omega T_0} + \\ & (-\alpha_3A^3 - 5\alpha_5A^4\overline{A} + \mathrm{i}\mu_3\Omega^3A^3)\mathrm{e}^{3\mathrm{i}\Omega T_0} - \alpha_5A^5\mathrm{e}^{5\mathrm{i}\Omega T_0} + YY \end{aligned} \tag{6.4.16}$$

式中 YY——前面各项的共轭项。

为使 φ_1 不出现长期项，要求待定函数 A 必须满足

$$\frac{K\mathrm{e}}{2} + \sigma A - 2\mathrm{i}\mu\Omega A - 3\alpha_3A^2\overline{A} - 10\alpha_5A^3A^2 - 3\mathrm{i}\mu_3\Omega^3A^2\overline{A} - 2\mathrm{i}\Omega D_1A = 0 \tag{6.4.17}$$

消除长期项后，可得方程式(6.4.13)的特解式，如下：

$$\varphi_1 = \left(\frac{1}{8\Omega^2}\alpha_3A^3 + \frac{5}{8\Omega^2}\alpha_5A^4\overline{A} - \frac{1}{8}\mathrm{i}\mu_3\Omega A^3\right)\mathrm{e}^{3\mathrm{i}\Omega T_0} + \frac{1}{24\Omega^2}\alpha_5A^5\mathrm{e}^{5\mathrm{i}\Omega T_0} + YY \tag{6.4.18}$$

将式(6.4.15)和式(6.4.18)代入式(6.4.14)，可得

$$\begin{aligned} D_0^2\varphi_2 + \Omega^2\varphi_2 = & \left(-\frac{3}{8\Omega^2}\alpha_3^2A^3\overline{A} - \frac{5}{\Omega^2}\alpha_3\alpha_5A^4\overline{A}^3 - \frac{95}{6\Omega^2}\alpha_5^2A^5\overline{A}_4 + \frac{3}{2}\mathrm{i}\alpha_3\mu_3\Omega A^3\overline{A}^2 + \right. \\ & \frac{15}{2}\mathrm{i}\Omega\alpha_5\mu_3A^4\overline{A}^3 + \frac{9}{8}\mu_3^2\Omega^4A^3\overline{A}^2 - 2\mathrm{i}\Omega D_2A - 2\mu D_1A - 6\Omega^2\mu_3A\overline{A}D_1A + \\ & \left.3\Omega^2\mu_3A^2D_1A - D_1^2A\right)\mathrm{e}^{\mathrm{i}\Omega T_0} + \left(\frac{1}{8\Omega^2}\sigma\alpha_3A^3 - \frac{3}{4\Omega}\mathrm{i}\alpha_3\mu - \frac{3}{4\Omega^2}\alpha_3^2A^4\overline{A} + \right. \\ & \frac{5}{8\Omega^2}\sigma\alpha_5A^4\overline{A} - \frac{15}{4\Omega}\mathrm{i}\mu\alpha_3A^4\overline{A} - \frac{61}{8\Omega^2}\alpha_3\alpha_5A^5\overline{A}^2 - \frac{235}{12\Omega^2}\alpha_5^2A^6\overline{A}^3 - \frac{1}{8}\mathrm{i}\mu_3\sigma\Omega A^3 - \\ & \frac{3}{4}\mu\mu_3\Omega^2A^3 - \frac{3}{2}\mathrm{i}\alpha_3\mu_3\Omega A^4\overline{A} - \frac{55}{8}\mathrm{i}\alpha_5\mu_3\Omega A^5\overline{A}^2 - \frac{9}{4}\mu_3^2\Omega^4A^4\overline{A} - \end{aligned}$$

$$\frac{9}{4\Omega}\mathrm{i}\alpha_3 A^2 D_1 A - \frac{15}{\Omega}\mathrm{i}\alpha_5 A^3 \overline{A} D_1 A + \frac{3}{4}\Omega^2 \mu_3 A^2 D_1 A - \frac{15}{4\Omega}\mathrm{i}\alpha_5 A^4 D_1 \overline{A}\Big) \mathrm{e}^{3\mathrm{i}\Omega T_0} +$$

$$\Big(-\frac{3}{8\Omega^2}\alpha_3^2 A^5 + \frac{1}{24\Omega^2}\sigma\alpha_5 A^5 - \frac{5}{12\Omega}\mathrm{i}\alpha_5 A^5 - \frac{37}{8\Omega^2}\alpha_3\alpha_5 A^6 \overline{A} - \frac{55}{4\Omega^2}\alpha_5^2 A^7 \overline{A}^2 +$$

$$\frac{3}{2}\mathrm{i}\Omega\alpha_3\mu_3 A^5 + \frac{55}{8}\mathrm{i}\Omega\alpha_5\mu_3 A^6 \overline{A} + \frac{9}{8}\mu_3^2\Omega^4 A^5 - \frac{25}{12\Omega}\mathrm{i}\alpha_5 A^4 D_1 A\Big) \mathrm{e}^{5\mathrm{i}\Omega T_0} +$$

$$\Big(-\frac{3}{4\Omega^2}\alpha_3\alpha_5 A^7 - \frac{95}{24\Omega^2}\alpha_5^2 A^8 \overline{A} + \frac{5}{4}\mathrm{i}\alpha_5\mu_3\Omega A^7\Big) \mathrm{e}^{7\mathrm{i}\Omega T_0} - \frac{5}{24\Omega^2}\alpha_5^2 A^9 \mathrm{e}^{9\mathrm{i}\Omega T_0} + YY \tag{6.4.19}$$

为使 φ_2 不出现久期项,必须有

$$-\frac{3}{8\Omega^2}\alpha_3^2 A^3 \overline{A} - \frac{5}{\Omega^2}\alpha_3\alpha_5 A^4 \overline{A}^3 - \frac{95}{6\Omega^2}\alpha_5^2 A^5 \overline{A}^4 + \frac{3}{2}\mathrm{i}\alpha_3\mu_3\Omega A^3 \overline{A}^2 + \frac{12}{2}\mathrm{i}\Omega\alpha_5\mu_3 A^4 \overline{A}^3 +$$

$$\frac{9}{8}\mu_3^2\Omega^4 A^3 \overline{A}^2 - 2\mathrm{i}\Omega D_2 A - 2\mu D_1 A - 6\Omega^2\mu_3 A \overline{A} D_1 A + 3\Omega^2\mu_3 A^2 D_1 A - D_1^2 A = 0 \tag{6.4.20}$$

消除长期项后,由式(6.4.19)可得 φ_2 的特解,为

$$\varphi_2 = \Big(-\frac{1}{64\Omega^4}\sigma\alpha_3 A^3 + \frac{3}{32\Omega^3}\mathrm{i}\mu\alpha_3 A^3 + \frac{3}{32\Omega^4}\alpha_3^2 A^4 \overline{A} - \frac{5}{64\Omega^4}\sigma\alpha_5 A^4 \overline{A} + \frac{15}{32\Omega^3}\mathrm{i}\mu\alpha_5 A^4 \overline{A} +$$

$$\frac{61}{64\Omega^4}\alpha_3\alpha_5 A^5 \overline{A}^2 + \frac{235}{96\Omega^4}\alpha_5^2 A^6 \overline{A}^3 + \frac{3}{32}\mu\mu_3 A^3 + \frac{1}{64\Omega^4}\mathrm{i}\sigma\mu_3 A^3 + \frac{3}{16}\mathrm{i}\alpha_3\mu_3 A^4 \overline{A} +$$

$$\frac{55}{64\Omega}\mathrm{i}\alpha_5\mu_3 A^5 \overline{A}^2 + \frac{9}{32}\Omega^2\mu_3^2 A^4 \overline{A} + \frac{9}{32\Omega^3}\mathrm{i}\alpha_3 A^2 D_1 A + \frac{15}{8\Omega^3}\mathrm{i}\alpha_5 A^3 \overline{A} D_1 A - \frac{3}{32}\mu_3 A^2 D_1 A +$$

$$\frac{15}{32\Omega^3}\mathrm{i}\alpha_5 A^4 D_1 \overline{A}\Big) \mathrm{e}^{3\mathrm{i}\Omega T_0} + \Big(\frac{1}{64\Omega^4}\alpha_3^2 A^5 - \frac{1}{576\Omega^4}\sigma\alpha_5 A^5 + \frac{5}{288\Omega^3}\mathrm{i}\mu\alpha_5 A^5 + \frac{37}{192\Omega^4}\alpha_3\alpha_5 A^6 \overline{A} +$$

$$\frac{55}{96\Omega^4}\alpha_5^2 A^7 \overline{A}^2 - \frac{1}{16\Omega}\mathrm{i}\alpha_3\mu_3 A^5 - \frac{55}{192\Omega}\mathrm{i}\alpha_5\mu_3 A^6 \overline{A} - \frac{3}{64}\Omega^2\mu_3^2 A^5 + \frac{55}{288\Omega^3}\mathrm{i}\alpha_5 A^4 D_1 A\Big) \mathrm{e}^{5\mathrm{i}\Omega T_0} +$$

$$\Big(\frac{1}{64\Omega^4}\alpha_3\alpha_5 A^7 + \frac{95}{1\,152\Omega^4}\alpha_5^2 A^8 \overline{A} - \frac{5}{192\Omega}\mathrm{i}\alpha_5\mu_3 A^7\Big) \mathrm{e}^{7\mathrm{i}\Omega T_0} + \frac{1}{384\Omega^4}\alpha_5^2 A^9 \mathrm{e}^{9\mathrm{i}\Omega T_0} + YY \tag{6.4.21}$$

由式(6.4.11)、式(6.4.15)、式(6.4.18)和式(6.4.21)可得 φ 的二阶近似解的复数形式:

$$\varphi = A\mathrm{e}^{\mathrm{i}\Omega T_0} + \varepsilon\Big[\Big(\frac{1}{8\Omega^2}\alpha_3 A^3 + \frac{5}{8\Omega^2}\alpha_5 A^4 \overline{A} - \frac{1}{8}\mathrm{i}\mu_3\Omega A^3\Big) \mathrm{e}^{3\mathrm{i}\Omega T_0} + \frac{1}{24\Omega^2}\alpha_5 A^5 \mathrm{e}^{5\mathrm{i}\Omega T_0}\Big] +$$

$$\varepsilon^2\Big[\Big(-\frac{1}{64\Omega^4}\sigma\alpha_3 A^3 + \frac{3}{32\Omega^3}\mathrm{i}\mu\alpha_3 A^3 + \frac{3}{32\Omega^4}\alpha_3^2 A^4 \overline{A} - \frac{5}{64\Omega^4}\sigma\alpha_5 A^4 \overline{A} + \frac{15}{32\Omega^3}\mathrm{i}\mu\alpha_5 A^4 \overline{A} +$$

$$\frac{61}{64\Omega^4}\alpha_3\alpha_5 A^5 \overline{A}^2 + \frac{235}{96\Omega^4}\alpha_5^2 A^6 \overline{A}^3 + \frac{3}{32}\mu\mu_3 A^3 + \frac{1}{64\Omega}\mathrm{i}\sigma\mu_3 A^3 + \frac{3}{16}\mathrm{i}\alpha_3\mu_3 A^4 \overline{A} + \frac{55}{64\Omega}\mathrm{i}\alpha_5\mu_3 A^5 \overline{A}^2 +$$

$$\frac{9}{32}\Omega^2\mu_3^2 A^4 \overline{A} + \frac{9}{32\Omega^3}\mathrm{i}\alpha_3 A^2 D_1 A + \frac{15}{8\Omega^3}\mathrm{i}\alpha_5 A^3 \overline{A} D_1 A - \frac{3}{32}\mu_3 A^2 D_1 A + \frac{15}{32\Omega^3}\mathrm{i}\alpha_5 A^4 D_1 \overline{A}\Big) \mathrm{e}^{3\mathrm{i}\Omega T_0} +$$

$$\Big(\frac{1}{64\Omega^4}\alpha_3^2 A^5 - \frac{1}{576\Omega^4}\sigma\alpha_5 A^5 + \frac{5}{288\Omega^3}\mathrm{i}\mu\alpha_5 A^5 + \frac{37}{192\Omega^4}\alpha_3\alpha_5 A^6 \overline{A} + \frac{55}{96\Omega^4}\alpha_5^2 A^7 \overline{A}^2 -$$

$$\frac{1}{16\Omega}\mathrm{i}\alpha_3\mu_3A^5-\frac{55}{192\Omega}\mathrm{i}\alpha_5\mu_3A^6\bar{A}-\frac{3}{64}\Omega^2\mu_3^2A^5+\frac{55}{288\Omega^3}\mathrm{i}\alpha_5A^4D_1A\Bigg)\mathrm{e}^{5\mathrm{i}\Omega T_0}+$$
$$\left(\frac{1}{64\Omega^4}\alpha_3\alpha_5A^7+\frac{95}{1\ 152\Omega^4}\alpha_5^2A^8\bar{A}-\frac{5}{192\Omega}\mathrm{i}\alpha_5\mu_3A^7\right)\mathrm{e}^{7\mathrm{i}\Omega T_0}+\frac{1}{384\Omega^4}\alpha_5^2A^9\mathrm{e}^{9\mathrm{i}\Omega T_0}\Bigg]+YY \tag{6.4.22}$$

式(6.4.17)和式(6.4.20)联立可得求解 A 的平均方程：

$$D_1A=-\frac{1}{4\Omega}\mathrm{i}K\mathrm{e}-\mu A-\frac{1}{2\Omega}\mathrm{i}\sigma A+\frac{3}{2\Omega}\mathrm{i}\alpha_3A^2\bar{A}+\frac{5}{\Omega}\mathrm{i}\alpha_5A^3\bar{A}^2-\frac{3}{2}\mu_3\Omega^2A^2\bar{A} \tag{6.4.23}$$

$$D_2A=-\frac{1}{16\Omega^3}\mathrm{i}\sigma K\mathrm{e}+\frac{1}{8\Omega^2}\mu K\mathrm{e}-\frac{1}{8\Omega^3}\mathrm{i}\sigma^2A-\frac{1}{2\Omega}\mathrm{i}\mu^2A-\frac{3}{16\Omega^3}\mathrm{i}\alpha_3K\mathrm{e}A^2+\frac{3}{8\Omega^3}\mathrm{i}\alpha_3K\mathrm{e}A\bar{A}+$$
$$\frac{3}{4\Omega^2}\mathrm{i}\sigma\alpha_3A^2\bar{A}+\frac{3}{2\Omega^2}\mu\alpha_3A^2\bar{A}-\frac{15}{16\Omega^3}\mathrm{i}\alpha_3^2A^3\bar{A}^2-\frac{5}{4\Omega^3}\mathrm{i}\alpha_5K\mathrm{e}A^3\bar{A}+\frac{15}{8\Omega^3}\mathrm{i}\alpha_5K\mathrm{e}A^2\bar{A}^2+$$
$$\frac{5}{2\Omega^3}\mathrm{i}\sigma\alpha_5A^3\bar{A}^2+\frac{10}{\Omega^2}\mu\alpha_5A^3\bar{A}^2-\frac{5}{\Omega^3}\mathrm{i}\alpha_3\alpha_5A^4\bar{A}^3-\frac{55}{12\Omega^3}\mathrm{i}\alpha_5^2A^5\bar{A}^4+\frac{9}{16}\mu_3K\mathrm{e}A^2+$$
$$\frac{3}{8}\mu_3K\mathrm{e}A\bar{A}+\frac{3}{2}\sigma\mu_3A^2\bar{A}-\frac{3}{2}\alpha_3\mu_3A^3\bar{A}^2+\frac{15}{4}\alpha_5\mu_5A^4\bar{A}^3+\frac{9}{16}\mathrm{i}\mu_3^2\Omega^3A^3\bar{A}^2 \tag{6.4.24}$$

由公式

$$\frac{\mathrm{d}A}{\mathrm{d}t}=D_0A+\varepsilon D_1A+\varepsilon^2D_2A \tag{6.4.25}$$

则$\frac{\mathrm{d}A}{\mathrm{d}t}$可写为

$$\frac{\mathrm{d}A}{\mathrm{d}t}=\varepsilon\left(-\frac{1}{4\Omega}\mathrm{i}K\mathrm{e}-\mu A-\frac{1}{2\Omega}\mathrm{i}\sigma A+\frac{3}{2\Omega}\mathrm{i}\alpha_3A^2\bar{A}+\frac{5}{\Omega}\mathrm{i}\alpha_5A^3\bar{A}^2-\frac{3}{2}\mu_3\Omega^2A^2\bar{A}\right)+$$
$$\varepsilon^2\Bigg(-\frac{1}{16\Omega^3}\mathrm{i}\sigma K\mathrm{e}+\frac{1}{8\Omega^2}\mu K\mathrm{e}-\frac{1}{8\Omega^3}\mathrm{i}\sigma^2A-\frac{1}{2\Omega}\mathrm{i}\mu^2A-\frac{3}{16\Omega^3}\mathrm{i}\alpha_3K\mathrm{e}A^2+\frac{3}{8\Omega^3}\mathrm{i}\alpha_3K\mathrm{e}A\bar{A}+$$
$$\frac{3}{4\Omega^2}\mathrm{i}\sigma\alpha_3A^2\bar{A}+\frac{3}{2\Omega^2}\mu\alpha_3A^2A-\frac{15}{16\Omega^3}\mathrm{i}\alpha_3^2A^3\bar{A}^2-\frac{5}{4\Omega^2}\mathrm{i}\alpha_5K\mathrm{e}A^3\bar{A}+\frac{15}{8\Omega^3}\mathrm{i}\alpha_3\sigma_5A^2\bar{A}^2+$$
$$\frac{5}{2\Omega^3}\mathrm{i}\sigma\alpha_5\bar{A}^2+\frac{10}{\Omega^2}\mu\alpha_5A^3\bar{A}^2-\frac{5}{\Omega^3}\mathrm{i}\alpha_3\alpha_5A^4\bar{A}^3-\frac{55}{12\Omega^3}\mathrm{i}\alpha_5^2A^5\bar{A}^4+\frac{9}{16}\mu_3K\mathrm{e}A^2+\frac{3}{8}\mu_3K\mathrm{e}A\bar{A}+$$
$$\frac{3}{2}\sigma\mu_3A^2\bar{A}-\frac{3}{2}\alpha_3\mu_3A^3\bar{A}^2+\frac{15}{4}\alpha_5\mu_3A^4\bar{A}^3+\frac{9}{16}\mathrm{i}\mu_3^2\Omega^3A^3\bar{A}^2\Bigg) \tag{6.4.26}$$

复函数 A 是 T_1、T_2 的函数，为便于求解式(6.4.26)，可将 $A(T_1,T_2)$ 写为指数形式，即

$$A(t)=\frac{1}{2}a(t)\mathrm{e}^{\mathrm{i}\beta(t)} \tag{6.4.27}$$

将式(6.4.27)代入式(6.4.26)中并分离实部、虚部，得到极坐标形式的平均方程，为

$$\dot{a}=\varepsilon\left(-\mu a-\frac{1}{2\Omega}K\mathrm{e}\sin\beta-\frac{3}{8}\mu_3\Omega^2a^3\right)+\varepsilon^2\Bigg(\frac{1}{4\Omega^2}\mu K\mathrm{e}\cos\beta-\frac{1}{8\Omega^3}\sigma K\mathrm{e}\sin\beta+$$
$$\frac{3}{8\Omega^2}\mu\alpha_3a^3+\frac{9}{32\Omega^3}\alpha_3K\mathrm{e}a^2\sin\beta+\frac{5}{8\Omega^2}\mu\alpha_5a^5+\frac{25}{64\Omega^3}\alpha_5K\mathrm{e}a^4\sin\beta+\frac{3}{8}\sigma\mu_3a^3+$$
$$\frac{15}{32}\mu_3K\mathrm{e}a^2\cos\beta-\frac{3}{32}\alpha_3\mu_3a^5+\frac{15}{256}\alpha_5\mu_3a^7\Bigg) \tag{6.4.28}$$

$$\dot{\beta}=\varepsilon\left(-\frac{\sigma}{2\Omega}-\frac{1}{2\Omega a}K e\cos\beta+\frac{3}{8\Omega}\alpha_3a^2+\frac{5}{16\Omega}\alpha_5a^4\right)+\varepsilon^2\left(-\frac{1}{8\Omega^3}\sigma^2-\frac{1}{2\Omega}\mu^2-\right.$$

$$\frac{1}{8\Omega^3a}\sigma K e\cos\beta-\frac{1}{4\Omega^2a}\mu K e\sin\beta+\frac{3}{16\Omega^3}\sigma\mu_3a^2+\frac{3}{32\Omega^3}\alpha_3Keacos\beta-\frac{15}{256\Omega^3}\alpha_3^2a^4+$$

$$\frac{5}{32\Omega^3}\sigma\alpha_5a^4+\frac{5}{64\Omega^3}\alpha_5Kea^3\cos\beta-\frac{5}{64\Omega^3}\alpha_3\alpha_5a^6-\frac{55}{3\,072\Omega^3}\alpha_5^2a^8+\frac{3}{32}\mu_3Keasin\beta+$$

$$\left.\frac{9}{256}\mu_3^2\Omega^3a^4\right)\tag{6.4.29}$$

平均方程(6.4.28)和(6.4.29)的定常解就是原方程式(6.4.10)的周期解,因此研究原系统周期解的稳定性可以转化为研究平均方程(6.4.28)和(6.4.29)的定常解的稳定性问题。

为求解原方程(6.4.10)的解,将 A 的指数形式代入式(6.4.22),则将式(6.4.22)化为三角函数形式,即为 φ 的实数形式的二阶近似解:

$$\varphi(t,\varepsilon)=a\cos(\Omega T_0+\beta)+\varepsilon\left\{\frac{1}{32\Omega^2}\alpha_3a^3\cos[3(\Omega T_0+\beta)]+\frac{5}{128\Omega^2}\alpha_5a^5\cos[3(\Omega T_0+\beta)]+\right.$$

$$\left.\frac{1}{384\Omega^2}\alpha_5a^5\cos[5(\Omega T_0+\beta)]+\frac{1}{32}\mu_3\Omega a^3\sin[5(\Omega T_0+\beta)]\right\}+$$

$$\varepsilon^2\left\{\frac{1}{32\Omega^4}\sigma\alpha_3a^3\cos[3(\Omega T_0+\beta)]+\frac{9}{256\Omega^4}\alpha_3Kea^2\cos(3\Omega T_0+2\beta)+\right.$$

$$\frac{3}{64\Omega^3}\mu\alpha_3a^3\sin[3(\Omega T_0+\beta)]-\frac{21}{1\,024\Omega^4}\alpha_3^2a^5\cos[3(\Omega T_0+\beta)]+$$

$$\frac{1}{1\,024\Omega^4}\alpha_3^2a^5\cos[5(\Omega T_0+\beta)]+\frac{5}{128\Omega^4}\sigma\alpha_5a^5\cos[3(\Omega T_0+\beta)]+$$

$$\frac{1}{384\Omega^4}\sigma\alpha_5a^5\cos[5(\Omega T_0+\beta)]+\frac{15}{256\Omega^4}\alpha_5Kea^4\cos(3\Omega T_0+2\beta)-$$

$$\frac{15}{1\,024\Omega^4}\alpha_5Kea^4\cos[3(\Omega T_0+\beta)]+\frac{25}{9\,216\Omega^4}\alpha_5Kea^4\cos[5(\Omega T_0+\beta)]+$$

$$\frac{15}{128\Omega^3}\mu\alpha_5a^5\sin(3\Omega T_0+4\beta)+\frac{5}{1\,152\Omega^3}\mu\alpha_5a^5\sin(5\Omega T_0+4\beta)-$$

$$\frac{41}{1\,024\Omega^4}\alpha_3\alpha_5a^7\cos[3(\Omega T_0+\beta)]+\frac{1}{1\,024\Omega^4}\alpha_3\alpha_5a^7\cos[5(\Omega T_0+\beta)]+$$

$$\frac{1}{4\,096\Omega^4}\alpha_3\alpha_5a^7\cos[7(\Omega T_0+\beta)]-\frac{55}{3\,072\Omega^4}\alpha_5^2a^9\cos[3(\Omega T_0+\beta)]+$$

$$\frac{5}{9\,216\Omega^4}\alpha_5^2a^9\cos[5(\Omega T_0+\beta)]+\frac{95}{294\,912\Omega^4}\alpha_5^2a^9\cos[7(\Omega T_0+\beta)]+$$

$$\frac{1}{98\,304\Omega^4}\alpha_5^2a^9\cos[9(\Omega T_0+\beta)]+\frac{3}{64}\mu\mu_3a^3\cos[3(\Omega T_0+\beta)]-$$

$$\frac{1}{64\Omega}\sigma\mu_3a^3\sin[3(\Omega T_0+\beta)]-\frac{3}{256\Omega}\mu_3Kea^2\sin(3\Omega T_0+2\beta)+$$

$$\frac{3}{128\Omega}\alpha_3\mu_3a^5\sin[3(\Omega T_0+\beta)]+\frac{1}{256\Omega}\alpha_3\mu_3a^5\sin[5(\Omega T_0+\beta)]+$$

$$\frac{25}{215\Omega}\alpha_5\mu_3a^7\sin[3(\Omega T_0+\beta)]+\frac{5}{768\Omega}\alpha_5\mu_3a^7\sin[5(\Omega T_0+\beta)]+$$

$$\frac{5}{12\ 288\Omega}\alpha_5\mu_3a^7\sin[7(\Omega T_0+\beta)]+\frac{27}{1\ 024}\mu_3^2\Omega^2a^5\cos[3(\Omega T_0+\beta)]-$$

$$\left.\frac{3}{1\ 024\Omega}\mu_3^2\Omega^2a^5\cos[5(\Omega T_0+\beta)]\right\} \tag{6.4.30}$$

这里,稳态周期横摇的幅值 a 和相位 β 由平均方程式(6.4.28)和式(6.4.29)解出,对于稳态周期响应有 $\dot{a}=0$ 和 $\dot{\beta}=0$,可用数值方法求得 a 和 β。

由式(6.4.28)和式(6.4.29)可得一阶近似的极坐标形式的平均方程,为

$$\dot{a}=\varepsilon\left(-\mu a-\frac{1}{2\Omega}Ke\sin\beta-\frac{3}{8}\mu_3\Omega^2a^3\right) \tag{6.4.31}$$

$$\dot{\beta}=\varepsilon\left(-\frac{\sigma}{2\Omega}-\frac{1}{2\Omega a}Ke\cos\beta+\frac{3}{8\Omega}\alpha_3a^2+\frac{5}{16\Omega}\alpha_5a^4\right) \tag{6.4.32}$$

此方程的非零常值特解与稳态周期运动对应。令 $\dot{a}=\dot{\beta}=0$,导出

$$\mu a+\frac{3}{8}\mu_3\Omega^2a^3=-\frac{1}{2\Omega}Ke\sin\beta \tag{6.4.33}$$

$$-\frac{1}{2\Omega}\sigma a+\frac{3}{8\Omega}\alpha_3a^3+\frac{5}{16\Omega}\alpha_5a^5=\frac{1}{2\Omega}Ke\cos\beta \tag{6.4.34}$$

消去 β 后,得到一阶近似的幅频关系式:

$$\left(\mu a+\frac{3}{8}\mu_3\Omega^2a^3\right)^2+\left(-\frac{1}{2\Omega}\sigma a+\frac{3}{8\Omega}\alpha_3a^3+\frac{5}{16\Omega}\alpha_5a^5\right)^2=\frac{1}{4\Omega^2}Ke^2 \tag{6.4.35}$$

其中

$$Ke=\frac{J}{J+\Delta J}\alpha_m\Omega^2 \tag{6.4.36}$$

下面以 Wright 和 Marshfield 提供的低干舷船模为例,分析该船模的非线性横摇运动,该船模参数如表 6.4.1 所示。

表 6.4.1 Wright 和 Marshfield 低干舷船模的有关参数

J	ΔJ	ω_0	α_3/ω_0^2	α_5/ω_0^2	μ	μ_3
J	$0.25J$	5.277 9	−1.691 19	0.632 97	0.085 5	0.108

由数值求解平均方程式(6.4.31)和式(6.4.32),得到 a 和 β 的常数值,代入式(6.4.30),得到二阶近似解。当 $\alpha_m=0.18$、$\Omega=4.5$ 时,该船模的非线性横摇运动时历图如图 6.4.1 所示,由一阶近似的幅频关系式(6.4.35)可得该船模的幅频响应曲线。

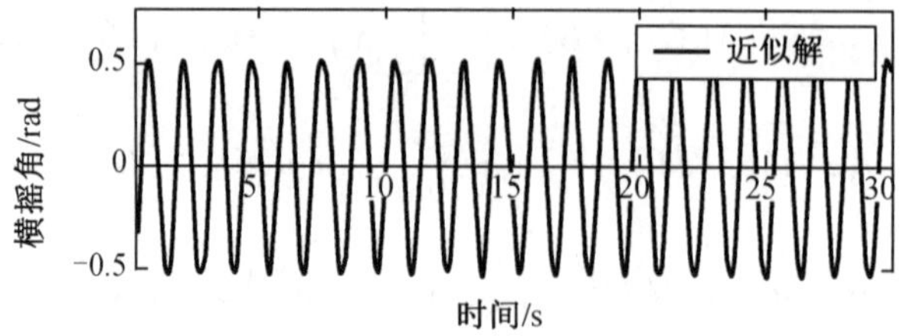

图 6.4.1　非线性横摇运动时历图

则由式(6.4.35)及式(6.4.36)可得主共振情况下的幅频响应曲线,图 6.4.2 为波浪中一阶近似接近共振的幅频响应曲线。

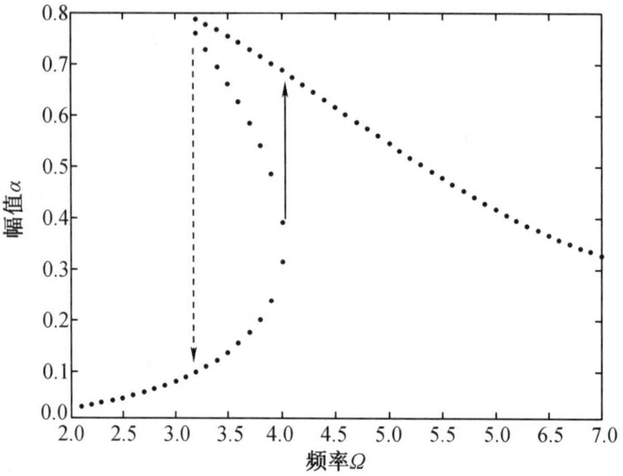

图 6.4.2　波浪中一阶近似接近主共振的幅频响应曲线

由图 6.4.2 可以看出,船舶非线性横摇运动有跳跃现象产生,该幅频响应曲线并非单值,这是一种特殊的动态分岔现象。当波浪频率在 3.2 ~4.0 之间时,同一频率对应于振幅的三个不同值。当波浪频率在 3.2 ~4.0 之间由小到大变化时,振幅会由三个振幅的最小值突跃到最大值;由大到小变化时,振幅会由三个振幅的最大值突降到最小值。

第 7 章　船舶耐波性设计

船舶耐波性是由许多基本的耐波性因素决定的，通常包括六自由度的运动、关键点处线（角）速度、线（角）加速度，以及甲板上浪、螺旋桨出水、舰首砰击等耐波性事件和晕船率等。耐波性设计是指基于船舶任务书的要求，在综合论证分析的基础上，结合船舶的总体性能要求，使规定的耐波性指标得以实现且总体性能达到优化。本章对耐波性设计的目标、任务及耐波性评估方法等进行介绍。

7.1　本 章 概 述

耐波性的定义为船舶在规定的海洋环境条件下能够完成任务的能力；其相反定义为不能胜任的能力。对应的量化指标，前者为完成任务的概率，通常以可以完成任务时间的百分比表示；后者为任务失败的概率，其指标为误工率。

耐波性指标是一个综合性指标，受环境条件、船舶任务等诸多因素的影响，对于承担多种任务的船舶，对应每一项任务有一个量化指标。设计者的任务首先是能算出这些量化指标，其次是改进设计并使各指标有所提高。

耐波性设计应从船舶初步设计阶段开始。在船舶初步设计阶段，需将耐波性指标与船舶的其他性能（如阻力、稳性、操纵性等）指标同时考虑，综合权衡。在进行耐波性设计时，以耐波性指标为设计参数，依据海洋风浪资料，应用船舶运动（包括其衍生运动）及风浪中失速等的计算方法，对船舶耐波性做出综合评价。在此基础上完成船舶耐波性的设计，包括对船型主尺度及为了实现指标而采取的各种措施（如减摇装置、防溅条等）的设计。

7.2　耐波性设计的目标

耐波性设计的目标就是界定耐波性指标，并使之实现。

7.2.1　耐波性指标

1. 耐波性指标的定义

耐波性指标常以完成任务时间的百分比表示，有如下两种形式。

（1）耐波性指标一（简单记作 SPI－1）

定义：船舶在规定的装载及环境条件下，能够完成任务的时间百分比，即

$$\mathrm{SPI}-1=\frac{\text{海浪中能够完成任务的时间}}{\text{静水中能够完成任务的时间}}\times 100\% \qquad (7.2.1)$$

耐波性指标一也可用船在海浪中不能作业的时间（即误工期）计算，即为误工率（简单记作 d_t），d_t 同 SPI－1 存在下列关系：

$$d_t = 1 - (\mathrm{SPI} - 1) \qquad (7.2.2)$$

(2)耐波性指标二(简单记作 SPI-2)

定义:船舶在同样污底及装载情况下,在静水中航行两地(或多地)所需的时间(记作 t_s)与其在给定海况或季节中航行该地实际所需的时间(记作 t_w)的比值,即

$$\mathrm{SPI} - 2 = \frac{t_s}{t_w} \qquad (7.2.3)$$

航行时间指标等价于期望航速比率,以 V_s 或 V_w 分别表示航行于静水的设计航速及航行于海浪中的平均航速,则 SPI-2 可以表示为

$$\mathrm{SPI} - 2 = \frac{V_w}{V_s} \qquad (7.2.4)$$

2. 决定耐波性指标的因素

耐波性指标取决于船舶任务、环境条件、船舶响应及耐波性衡准(要素及其数值)四个因素。这些因素必需全面考虑,不可或缺。

7.2.2 耐波性衡准

1. 耐波性衡准要素

(1)各种船舶通用的耐波性衡准要素一般可归纳为绝对运动振幅、绝对速度及加速度、相对于波面的运动、飞机的相对运动这四类要素。

对于具体的船舶,并不总是要求全部满足上述四类要素,而是从任务出发,选取对参与完成任务的各子系统(船上系统及设备)的功能及人员素质影响大的要素。

(2)影响人员行为能力的特殊衡准。对于以人员作业为主的船舶,人员的感受及行为能力是选取其耐波性衡准要素的非常重要的因素,这类衡准主要有:主观运动幅值(记作 SM)、运动引起的工作中断(记作 MII)以及人员在船上各处行动时能承受的加速度极限。

2. 耐波性衡准值

船舶耐波性衡准是指衡量船舶耐波性优劣的标准。耐波性衡准值是根据船舶的种类及作业类型选取的,各衡准要素推荐值可查询相关船舶设计手册。

关于人员作业,因各类人员及其作业性质不同,所能忍受的加速度及横摇大小也不同,推荐采用表 7.2.1 所给出的衡准值。

表 7.2.1 各类人员所能忍受的加速度与横摇的衡准值

垂向加速度	横向加速度	横摇/(°)	人员分类
$0.20g$	$0.10g$	6.0	轻手工劳动者
$0.15g$	$0.07g$	4.0	重手工劳动者
$0.10g$	$0.05g$	3.0	智力工作着
$0.05g$	$0.04g$	2.5	运送旅客
$0.02g$	$0.03g$	2.0	邮船旅客

注:表中 g 为重力加速度。

3. 任务衡准组

参与执行任务的各子系统(包括人员、设备等)耐波性衡准值中最低值的组合称为任务衡准组。

7.2.3 耐波性指标的计算

在进行耐波性指标计算前,需先明确船舶的主要任务和各任务的相对重要性,明确选定任务衡准组,同时具备各种海况下船舶运动性能的计算方法及适应短期(或长期)耐波性指标计算所需的风、浪统计资料。

耐波性指标根据其具体的表现形式如 SPI - 1 和 SPI - 2 而有所不同,具体计算步骤可查询相关船舶设计手册。

7.3 各设计阶段的耐波性设计任务

以最低的费用提供一艘性能满足要求的船舶是船舶设计的总任务,性能满足要求意即该船有最大的作业能力。耐波性设计的任务就是追求最大的作业能力。耐波性的优劣主要取决于船型、主尺度等主要要素,为此,耐波性设计应在决定作业能力,选取船的主要要素时即设计最初阶段介入,同其他性能设计相融合,贯穿于船舶设计的全过程,通过在各设计阶段完成规定的任务,达到总的目标。

7.3.1 船舶设计最初阶段的耐波性设计任务

设计最初阶段系指确定船舶的类型、规模及主尺度的设计阶段及其以前的各设计阶段。军舰的设计阶段区分较细,可以认为是初步设计、概念设计及可行性分析等早期设计阶段[相当于我国海军标准《海军舰船研制申报工作一般规定》(HJB 35 - 1990)中规定的拟定战术、技术指标书及其以前的设计阶段]。

该阶段的耐波性设计任务可按如下步骤进行。

(1)明确作业需求(设计输入)。

(2)选择主尺度及船型系数。

(3)估算耐波性指标。

(4)估算经济效益。

(5)做出耐波性设计说明书(设计输出)。

7.3.2 详细设计阶段的耐波性设计任务

该阶段的耐波性设计任务可按如下步骤进行。

(1)保持上阶段耐波性设计说明书所达到的耐波性指标。

(2)船体附件及其水上部分横剖面形状的设计。

(3)计算加速度(或 MSI① 及 SM)沿船长的分布。

(4)船上指定点惯性负载的计算。

---

① MSI 是晕船的指标。

(5)减摇装置的细节设计。

(6)本阶段设计输出的文字化。

7.4 耐波性经验设计

影响舰船耐波性的因素很多,高耐波性、低阻力水面舰船的船型设计实践证明,对于排水式舰船,主船体船型对耐波性和阻力性能有较大影响,以下给出四种提升耐波性的途径并加以分析和讨论。

1. 增长船长,提高修长度

在排水量∇不变的条件下,增长船长 L 即提高修长度,无论是对快速性还是对耐波性来说都会有好处。船长越短,则船体的纵向转动惯性半径越短,纵摇固有周期也就越短,容易与短波发生谐振;反之,船长越长,纵摇固有周期也就越长,越不易发生谐振。因此,在排水量相同的情况下,船长越长,其抗风浪能力也就越强。

2. 船体横剖面向深 V 形发展

相对于常规的圆舭型船,深 V 船型有良好的耐波性、稳定性及操纵性等性能,其优良的耐波性在高海况下表现得尤为突出。理论研究和试验均发现,小吨位深 V 船型的耐波性与大吨位的圆舭型船的耐波性相当,如 4 500 t 的深 V 形护卫舰的耐波性约相当于 8 000 t 的圆舭型驱逐舰。

3. 船的排水容积和质量分布后移,形成尖劈型船体

船体首部砰击与船体前部的底部升高角的大小密切相关,砰击加速度减小会导致船首入水阻力小而易产生纵摇运动。过深的首部还会导致航向稳定性变差、阻力增加以及随浪时的船体横甩等问题出现。平衡这些问题的可行途径是减小前体部分的横剖面积,使浮力的分布后移,当然船体重心也必须后移,以使船体在所要求的吃水下保持静力平衡。

4. 适当增大首干舷,改善适航性能

增大首干舷可减小和避免甲板上浪及淹湿现象的发生。

下面从一般的单体船的研究角度出发,对船舶主尺度和主要船型参数与耐波性之间的敏感性进行分析。

船长(L):船舶在汹涛上的性能与姿态在很大程度上取决于船舶的长度。波浪的扰动力和扰动力矩对于小船来说要比大船大些。船长越长,在各种海况中,船舶越能维持中等程度纵摇及甲板上浪,航速范围也就越大。对耐波性而言,$L/\nabla^{1/3}$越大越有利。$L/\nabla^{1/3}$越大,在各种海况中,能维持中等程度纵摇及甲板干燥的航速范围也就越大。

船宽(B):尽管船舶设计师趋向于采用较小的 L/B,但是船宽主要应适应总布置及满足稳性的要求,对耐波性的影响一般不显著。取大的 B/T 对增加横摇阻尼有利。

吃水(T):一般说来,运动特性和推进特性均随 L/T 的增大而减小(对较长的波浪)或增大(对较短的波浪),即吃水小的船舶在波浪中更易遭受砰击。建议 T/L 大于 0.045,以避免过剧的砰击。

首干舷高:船首部的干舷对于减小上浪的频率极为重要。

固有周期:初步设计时应估计摇荡运动的固有周期。为了在运动能被接受的情况下达到较高的航速,纵摇及垂荡的固有周期(T_θ 及 T_Z)应取较小的值,而横摇固有周期(T_φ)应取

较大的值。

浮心纵向位置(x_{CB})和水线面面积形心的纵向位置(x_{CF}):x_{CB}和x_{CF}之间相距大者对减小运动有利。

方形系数(C_B):方形系数对船舶在波浪中运动的影响一般不大,但大的方形系数会使处于(或接近于)谐摇的垂荡运动加大,推力增值也有类似的情况。

水线面系数(C_{WP}):C_{WP}对耐波性的影响显著。国内外许多研究成果表明,C_{WP}(尤其是前体的C_{WP})取大的值对提高耐波性总是有益的。

棱形系数(C_P):虽然从甲板上浪的角度看,加大棱形系数是不可取的,但这对总的摇荡运动特性却是很有利的。

外飘:设计水线以上的横剖面形状以无折角的常规形状为佳。过大的外飘及折角对纵摇、垂荡的影响不大,但加大了相对运动,导致甲板上浪增加,增大了甲板淹湿概率,增加了舷侧砰击,使波浪增阻加大,进而导致较大的失速。

由上述内容可知,从船舶耐波性的角度考虑选择船型及主尺度要素是很复杂的,相关问题至今还没有得到很好的解决。上述一些分析和结论只能为船舶设计时的综合分析提供参考。

7.5 耐波性评估方法

船舶耐波性需要通过某一方式进行评估。下面主要介绍两种常用的耐波性评估方法:一种不受耐波性衡准值的限制,仅依据运动响应(含衍生事件)大小的排序,确定一个品级数,如贝尔斯(Bales)首先提出的品级法;另一种是以耐波性衡准(要素及衡准值)为基础提出的衡准法。

7.5.1 品级法

品级法由贝尔斯提出,后经推广应用,现可用于多种船型。下面简单介绍贝尔斯的方法。

贝尔斯以品级因子 R 表示耐波性的优劣程度,R 大者表示耐波性良好。他在驱逐舰耐波性试验及分析计算的基础上,建立 R 同船型参数的关系,即

$$R = a_0 + a_1 C_{WF} + a_2 C_{WA} + a_3 \left(\frac{T}{L}\right) + a_4 \left(\frac{C}{L}\right) + a_5 C_{VPF} + a_6 C_{VPA} \tag{7.5.1}$$

式中 $a_0, a_1, \cdots, a_6$——回归系数;

C_{WF}——舯前水线面面积系数;

C_{WA}——舯后水线面面积系数;

L——船长;

T——吃水;

C——龙骨截止点至艏垂线的距离;

C_{VPF}——舯前垂向棱形系数;

C_{VPA}——舯后垂向棱形系数。

贝尔斯对20艘驱逐舰做运动计算,进行回归分析(以 C_{WF}、C_{WA}、$\frac{T}{L}$、$\frac{C}{L}$、C_{VPF}及 C_{VPA}六个

船型参数为变量），定出回归系数 $a_0, a_1, \cdots, a_6$，代入式(7.5.1)得

$$R = 8.422 + 45.104C_{\mathrm{WF}} + 10.078C_{\mathrm{WA}} - 378.465\left(\frac{T}{L}\right) + 1.273\left(\frac{C}{L}\right) - 23.501C_{\mathrm{VPF}} - 15.875C_{\mathrm{VPA}} \tag{7.5.2}$$

式(7.5.2)也可用 L、B、T、C、A_{WF}、A_{WA}、∇_{F} 及 ∇_{A} 等船型参数表示，即

$$R = 8.422 + 45.104\left(\frac{2A_{\mathrm{WF}}}{\frac{L}{B}}\right) + 10.078\left(\frac{2A_{\mathrm{WA}}}{\frac{L}{B}}\right) - 378.465\left(\frac{T}{L}\right) + 1.273\left(\frac{C}{L}\right) - 23.501\left(\frac{\nabla_{\mathrm{F}}}{\frac{A_{\mathrm{WF}}}{T}}\right) - 15.875\left(\frac{\nabla_{\mathrm{A}}}{\frac{A_{\mathrm{WF}}}{T}}\right) \tag{7.5.3}$$

R 即为目标函数，而 L、B、T 等船型参数为变量。

该方法的应用需受数据库船型（驱逐舰）及船型参数范围的限制。贝尔斯所用数据库的主尺度范围如下：

$$\left.\begin{aligned} &117.8\ \mathrm{m} \leqslant \frac{L}{\mu} \leqslant 135.8\ \mathrm{m} \\ &12.68\ \mathrm{m} \leqslant \frac{B}{\mu} \leqslant 14.98\ \mathrm{m} \\ &4.05\ \mathrm{m} \leqslant \frac{T}{\mu} \leqslant 5.14\ \mathrm{m} \end{aligned}\right\} \tag{7.5.4}$$

式中　$\mu = \dfrac{\Delta}{4\,300}$，$\Delta$ 为排水量，单位为 t。

在此范围内，对于式(7.5.3)的变量限制条件如下：

$$\left.\begin{aligned} &L_1 \leqslant L \leqslant L_2 \text{ 或 } L = L_0 \\ &B_1 \leqslant B \leqslant B_2 \text{ 或 } B = B_0 \\ &T_1 \leqslant T \leqslant T_2 \text{ 或 } T = T_0 \\ &C_1 \leqslant C \leqslant C_2 \text{ 或 } C = C_0 \\ &(A_{\mathrm{WF}})_1 \leqslant (A_{\mathrm{WF}}) \leqslant (A_{\mathrm{WF}})_2 \text{ 或 } A_{\mathrm{WF}} = (A_{\mathrm{WF}})_0 \\ &(A_{\mathrm{WA}})_1 \leqslant (A_{\mathrm{WA}}) \leqslant (A_{\mathrm{WA}})_2 \text{ 或 } A_{\mathrm{WA}} = (A_{\mathrm{WA}})_0 \\ &(\nabla_{\mathrm{F}})_1 \leqslant \nabla_{\mathrm{F}} \leqslant (\nabla_{\mathrm{F}})_2 \text{ 或 } \nabla_{\mathrm{F}} = (\nabla_{\mathrm{F}})_0 \\ &(\nabla_{\mathrm{A}})_1 \leqslant \nabla_{\mathrm{A}} \leqslant (\nabla_{\mathrm{A}})_2 \text{ 或 } \nabla_{\mathrm{A}} = (\nabla_{\mathrm{A}})_0 \\ &(C_{\mathrm{WF}})_1 \leqslant C_{\mathrm{WF}} \leqslant (C_{\mathrm{WF}})_2 \text{ 或 } C_{\mathrm{WF}} = (C_{\mathrm{WF}})_0 \\ &(C_{\mathrm{WA}})_1 \leqslant C_{\mathrm{WA}} \leqslant (C_{\mathrm{WA}})_2 \text{ 或 } C_{\mathrm{WA}} = (C_{\mathrm{WA}})_0 \\ &\left(\frac{T}{L}\right)_1 \leqslant \frac{T}{L} \leqslant \left(\frac{T}{L}\right)_2 \text{ 或 } \frac{T}{L} = \left(\frac{T}{L}\right)_0 \\ &\left(\frac{C}{L}\right)_1 \leqslant \frac{C}{L} \leqslant \left(\frac{C}{L}\right)_2 \text{ 或 } \frac{C}{L} = \left(\frac{C}{L}\right)_0 \\ &(C_{\mathrm{VPF}})_1 \leqslant C_{\mathrm{VPF}} \leqslant (C_{\mathrm{VPF}})_2 \text{ 或 } C_{\mathrm{VPF}} = (C_{\mathrm{VPF}})_0 \\ &(C_{\mathrm{VPA}})_1 \leqslant C_{\mathrm{VPA}} \leqslant (C_{\mathrm{VPA}})_2 \text{ 或 } C_{\mathrm{VPA}} = (C_{\mathrm{VPA}})_0 \end{aligned}\right\} \tag{7.5.5}$$

式中，下标为 2 的各参数是其上限，下标为 1 的各参数是其下限，下标为 0 者是指定值的参数。式(7.5.2)中各参数的上、下限不能超出式(7.5.4)及表 7.5.1 的限制。

表 7.5.1　式(7.5.2)中的参数变化范围

参数	参数变化范围		变化对 R 的作用
	最小值	最大值	
C_{WF}	0.565	0.698	5.999
C_{WA}	0.834	0.922	0.887
$\frac{T}{L}$	0.031 5	0.041 1	3.633
$\frac{C}{L}$	0.600	0.850	0.318
C_{VPF}	0.677	0.807	3.055
C_{VPA}	0.551	0.690	2.207

由于现实设计环境中往往要求固定某些船型参数(满足其他性能或总布置的要求)，因此，选取 R 表达式中的变量时不应单纯从追求 R 最大处着眼，而应全面考虑、综合平衡，从变量(船型参数)的改变对 R 值的影响程度着眼，选择作用大、对其他性能影响较小的参数。贝尔斯的方法适用于驱逐舰，对于与驱逐舰的船型不同的船型，也可参照贝尔斯的方法建立新的合适的数学模型。

7.5.2　衡准法

衡准法之一——劳埃德法是以耐波性衡准为基础的耐波性估算方法，其从驱逐舰完成航渡任务出发选定四个耐波性衡准要素。

(1)桥楼(第 8 站)处垂向加速度超过 3.0 m/s^2 的概率 p_1。

(2)飞行甲板(第 19.5 站)处垂向加速度超过 3.0 m/s^2 的概率 p_2。

(3)艏柱处相对运动超过干舷的概率 p_3。

(4)首底部 0.2L 处(第 4 站)的压力超过 100 kN/m^2 的砰击概率 p_4。

$p_1 \sim p_4$ 的目标值(即能保证任务完成的耐波性衡准值)记作 $p_1^* \sim p_4^*$，设计船的 $p_1 \sim p_4$ 与目标值 $p_1^* \sim p_4^*$ 越接近，则该船的耐波性越好。

据此，劳埃德采用 $p_1 \sim p_4$ 同 $p_1^* \sim p_4^*$ 之间的误差的平方和，即

$$\varepsilon = \sum_{k=1}^{4} (\ln p_k - \ln p_k^*)^2 \tag{7.5.6}$$

作为目标函数。ε 的大小表征了耐波性的优劣。ε 为最小(零或接近零)的船型表示其耐波性良好。劳埃德用回归分析方法将四个衡准值($\ln p_k$)同主尺度及船型系数(即变量 X_i、X_j)建立起回归方程。

令

$$Y_{rk} = \ln p_{rk}(k = 1, 2, \cdots, 4) \tag{7.5.7}$$

则

$$Y_r = \sum a_{ij} X_i X_j (i = 0, 1, \cdots, 10; j = 0, 1, \cdots, 10) \tag{7.5.8}$$

式中，X_i 的定义如表 7.5.2 所示。

表 7.5.2　变量(X_i)的定义

变量	变化范围	变量	变化范围
$X_0 = 1$		$X_6 = \frac{M}{5\,000}$(正规化船的质量,t)	$M_{min} \sim M_{max}$
$X_1 = \frac{L}{100}$(正规化船长,m)	$L_{min} \sim L_{max}$	$X_7 = \frac{X_G}{1}$(正规化无因次重心纵向位置，$X_G = \frac{2 \times 重心距舯距}{L}$)	$X_{G\,min} \sim X_{G\,max}$
$X_2 = \frac{B}{10}$(正规化船宽,m)	$B_{min} \sim B_{max}$		
$X_3 = \frac{T}{5}$(正规化吃水,m)	$T_{min} \sim T_{max}$	$X_8 = \frac{C_{WF}}{1}$(正规化前体水线面系数)	$G_{WF\,min} \sim G_{WF\,max}$
$X_4 = \frac{B_T}{10}$(正规化方型尾宽度,m)	$B_{T\,min} \sim B_{T\,max}$	$X_9 = \frac{C_M}{1}$(正规化舯剖面面积系数)	$C_{m\,min} \sim C_{m\,max}$
$X_5 = \frac{T_T}{1}$(正规化方型尾吃水,m)	$T_{T\,min} \sim T_{T\,max}$	$X_{10} = \frac{F}{5}$(正规化首干舷)	$F_{min} \sim F_{max}$

式(7.5.8)的 66 项系数 a_{ij} 可用下述方法求得。先选定型船(劳埃德选 1 000 艘型船)，对型船选定海况(劳埃德选定海况为 $H_{\frac{1}{3}} = 7.5$ m，$T_m = 13.5$ s 的勃雷特许奈德谱，长峰不规则迎浪，航速为 25 kn①)进行船舶运动计算(采用电子计算机计算程序)，求出上述四个衡准值，然后用式(7.5.8)求出回归系数，建成永久性的资料库。

利用资料库的数据，先设定初始点船型参数并选定变量范围，继而用式(7.5.6)找出耐波性满足四个衡准要求的各方案船舶的主尺度及船型系数。

采用劳埃德法时应注意式(7.5.7)和式(7.5.8)适用于高海况($H_{\frac{1}{3}} = 7.5$ m)，对于较低海况，如用式(7.5.7)找出的 p_{rk} 代入式(7.5.6)中，导致 $\ln p_k - \ln p_k^*$ 为负值，则选出的船型比型船耐波性差。因此，应用此方法时必须注意所选海况应同数据库海况一样，亦即选择的海况应同目标概率相匹配，因为 p_k^* 不随海况的改变而改变，所以高海况针对尺度较大的船，而较低海况对应尺度较小的船。

① 1 kn = 1.852 km/h。

第8章　船舶减摇技术

此前，我们着重从理论和试验两方面讨论了船舶在波浪中摇荡运动的规律和计算方法。本章将讨论如何将所掌握的规律和计算方法应用于船舶设计，以提高船舶的耐波性，减小船舶摇荡运动的危害。目前，主要从两方面考虑提高船舶的耐波性：一是设计耐波性优良的船型；二是装设减摇装置。

船舶设计的成功与否，最终要以实船在海上航行的性能来检验，而海上是经常有风浪的，所以船舶性能的优劣很大程度上视其耐波性如何。随着耐波性的理论和试验研究的发展，近年来人们日益重视耐波性并有可能根据耐波性进行船型选择。但由于耐波性所包含的内容很广泛，情况较复杂，相关学科也在发展中，因此，目前人们主要是从纵摇和升沉及与其相联系的首部垂向加速度、甲板上浪、首底砰击、风浪中失速等方面考虑选择主尺度和船型要素。

至于减摇问题，自船舶从帆船时代跃入钢船时代，随着船体阻尼的急剧下降，摇幅增大，这引起了人们的重视。由于横摇阻尼相对较小，易于控制，因此，目前已有多种装置可成功地用来减小横摇。

目前采用的减摇装主要有三种：舭龙骨、减摇鳍和减摇水舱。人们也曾使用重力式减摇装置和回转仪减摇装置，因现在已不采用，故本章对这类减摇装置不予介绍。

8.1　船型选择

依据耐波性的要求选择船舶的主尺度和船型要素是一个极其复杂的问题，因为纵摇、升沉、首部垂向加速度、甲板上浪、砰击和失速等对主尺度和船型要素的要求是多种多样的，有的甚至是互相矛盾的。所以，要想方便而有效地依据耐波性的要求进行选择，理应具备两个条件：一是提供可靠的海浪资料和预报各耐波性的方法；二是应有统一的、为大家所共同接受的各耐波性衡准。

关于第一个条件涉及的计算方法的问题，可利用第7章的理论计算和第8章的船模试验。对纵向运动而言，预报还是比较可信的。至于海浪资料，最好提供所设计船舶将来经常航行的海区的浪谱；否则，取定某一波谱，其计算结果只能做比较用。关于第二个条件，有些学者对某一个或几个有关的耐波性提出了衡准建议，例如，刘易斯对普通货船曾提出如下三条衡准。

第一，甲板上浪。满载时，在任一风浪中，首部露天甲板上浪次数一小时内不超过10次。对长152.4 m、纵摇周期 $T_\theta=7.2$ s 的船舶，上浪概率为0.02。

第二，砰击。在典型的压载状态下，任一风浪中，每小时砰击次数最多为5次。对于与第一条中相同的船舶，砰击概率为0.01。

第三，垂向加速度。旅客住舱的垂向加速度的1/10最大平均值为0.2g，船员住舱和工作区则为 0.4g(g 为重力加速度)。

但是,由于耐波性评价问题的复杂性,迄今尚无统一的、被普遍接受的耐波性衡准。鉴于上述情况,从耐波性方面考虑船型设计,一般可采用如下方法。

一是根据所设计船舶的战术技术任务书要求,参考已有的船模试验和实船资料,选取多种初始方案。

二是对所选的各种初始方案,利用第 7 章的理论计算方法进行理论预报。必要时,以一种方案为基础,变化其中一个或几个参数,做耐波性的系列计算。从这些大量的、比较容易计算的结果中,选出符合要求的最佳设计方案。由于运动的理论计算和模型试验结果符合得比较好,由此选出的方案,基本上能满足工程设计的需要。

三是在对重要的船舶设计时,可以上面所选的设计方案为基础,再做有限的船模试验,以最终确定设计方案。

上述第二种方法已在第 4 章中说明,第三种方法将在第 9 章中说明,下面针对第一种方法,介绍部分船模系列试验资料及由此所得的一般规律,供选择初始方案时参考。

8.1.1 船舶的主尺度和有关要素对船舶在不规则波中耐波性的影响

1968 年和 1970 年,莫尔(Moor)在规则的波浪中进行了船模系列自航试验,测量了船模的纵摇和升沉运动以及波浪中功率的增加等。他将试验结果换算成实船在不规则波中的纵摇和升沉运动的有义值以及波浪中功率增值的平均值,并通过多重回归分析,把纵摇和升沉运动的有义值及功率增值的平均值等与船舶的主尺度、航速等表示成简单的代数方程。从而可以求得纵摇和升沉的有义值、功率的增值与船舶的主尺度、航速间的关系。

莫尔在试验中采用的船模是中速和快速的干货船、油船、散装货船等,它们的方形系数 $C_B=0.55\sim0.88$。他共进行了两次试验和分析整理。第一次用 34 只船模,根据试验结果给出了纵摇、升沉运动的有义值和功率增值的平均值的表达式,但该表达式没有考虑球鼻艏的影响。

莫尔把船模在规则波中的迎浪试验结果,换算到 $L_{\delta p}$ 分别为 122 m、183 m 和 305 m 的实船上,并利用 BTTP 波谱,计算各实船在四个蒲福风级下的海浪中纵摇、升沉运动的有义值和功率增值的平均值。L_{bp} 为船首尾垂线间长(船长)。蒲福风级和对应的有义波高如表 8.1.1 所示。

表 8.1.1　蒲福风级和对应的有义波高

蒲福风级	5	6	7	8
有义波高/m	2.74	4.24	5.73	7.40

(1)纵摇角有义值

$$(2\theta_a)_{\frac{1}{3}}=A_0+A_1C_w+A_2C_B+A_3\frac{L}{B}+A_4\frac{L}{T}+A_5L_{OB}+A_6\frac{R_{yy}}{L}+A_7\frac{0.552\,0v}{\sqrt{L}}+A_8\left(\frac{0.552\,0v}{\sqrt{L}}\right)^2(^\circ)\tag{8.1.1}$$

式中 A_0、A_1、A_2、A_3、A_4、A_5、A_6、A_7、A_8——随蒲福风级、船长变化的系数(表 8.1.2),如果计算的实船长度不是表 8.1.2 所列的数值,可以用内插法求得;

C_w——船舶满载水线面系数,如果在设计初期 C_w 未知,可利用莫尔给出的该类船舶的 C_w 统计资料估算,如图 8.1.1 所示;

C_B——方形系数;

L/B——船的长宽比;

L/T——长度吃水比;

C_{OB}——浮心在中横剖的纵向位置以相对船长的百分数表示;

R_{yy}——实船的纵向质量惯性半径,以船长的百分比表示,当缺乏这方面时,可近似取 $R_{yy}=0.25L_{bp}$;

$\frac{v}{\sqrt{L}}$——速长比,其中 v 的单位是 kn,L 的单位是 m。

表 8.1.2 $A_0 \sim A_8$

蒲福风级	L_{bp}/m	A_0	A_1	A_2	A_3	A_4	A_5	A_6	A_7	A_8
5	122	3.650 0	-16.190 0	9.100 0	0.2220 0	-0.051 0	-0.069 0	14.800 0	7.600 0	-5.130 0
	152	3.960 0	-12.390 0	6.970 0	0.2030 0	-0.032 9	-0.068 0	5.000 0	5.760 0	-4.240 0
	183	3.380 0	-8.310 0	4.430 0	0.1650 0	-0.016 7	-0.057 0	0.200 0	3.760 0	-2.990 0
	244	2.030 0	-3.590 0	1.860 0	0.0780 0	-0.003 7	-0.032 0	-1.700 0	1.400 0	-1.280 0
	305	1.170 0	-1.610 0	0.850 0	0.0380 0	-0.000 1	-0.018 0	-1.700 0	0.400 0	-0.470 0
6	122	5.330 0	-22.330 0	12.530 0	0.260 0	-0.074 5	-0.095 0	25.200 0	9.090 0	-5.890 0
	152	5.070 0	-19.720 0	11.170 0	0.264 0	-0.060 4	-0.093 0	15.700 0	8.860 0	-6.110 0
	183	5.120 0	-15.320 0	8.580 0	0.247 0	0.040 7	-0.085 0	0.100 0	6.940 0	-5.110 0
	244	3.660 0	-7.870 0	4.150 0	0.160 0	-0.013 9	-0.058 0	0.900 0	3.380 0	-2.780 0
	305	2.340 0	-4.250 0	2.250 0	0.090 0	-0.005 2	-0.037 0	-1.900 0	1.620 0	-1.440 0
7	122	6.890 0	-26.650 0	15.000 0	0.317 0	-0.092 3	-0.110 0	31.300 0	10.410 0	6.590 0
	152	5.590 0	-24.450 0	13.780 0	0.315 0	-0.080 3	-0.104 0	25.500 0	10.790 0	-7.090 0
	183	5.490 0	-21.450 0	12.110 0	0.309 0	-0.065 2	-0.101 0	16.500 0	9.930 0	-6.880 0
	244	5.950 0	-19.680 0	7.250 0	0.243 0	-0.031 0	-0.083 0	3.100 0	0.110 0	-4.680 0
	305	3.570 0	-7.830 0	4.130 0	0.155 0	-0.013 8	-0.057 0	-0.400 0	3.280 0	-2.700 0
8	122	8.740 0	-30.590 0	17.250 0	0.357 0	-0.105 8	-0.124 0	36.500 0	11.540 0	-7.260 0
	152	7.170 0	-28.170 0	15.790 0	0.339 0	-0.095 2	-0.113 0	32.100 0	11.330 0	-7.250 0
	183	6.160 0	-25.930 0	14.020 0	0.335 0	-0.084 4	-0.113 0	26.200 0	11.360 0	-7.500 0
	244	5.950 0	-19.690 0	11.090 0	0.300 0	-0.055 3	-0.104 0	10.900 0	9.000 0	-6.460 0
	305	4.890 0	-12.830 0	6.980 0	0.236 0	-0.029 1	-0.082 0	2.800 0	5.770 0	-4.440 0

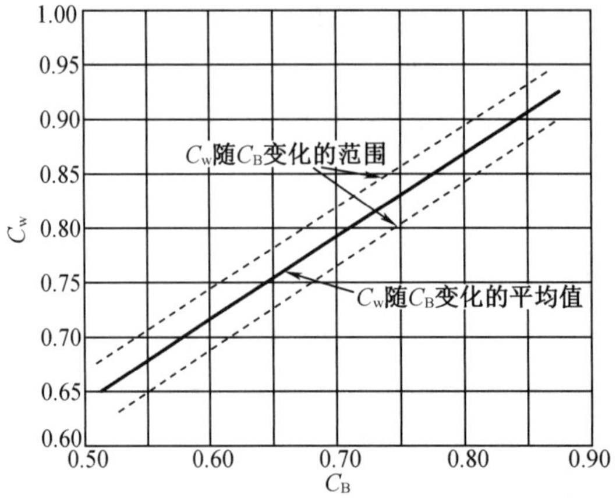

图 8.1.1　莫尔给出的该类船舶的 C_w 的统计资料

根据式(8.1.1)可以计算出实船在各蒲福风级下的纵摇角有义值。由式(8.1.1)和表(8.1.2)不难看出,纵摇角随蒲福风级、方形系数、吃水和纵向质量惯性半径的增加而增大,随船长、船舶满载水线面系数和船宽的增加而减小。

(2)升沉有义值

$$(2x_a)_{\frac{1}{3}} = 0.304\,8 \times \left[A_0 + A_1 C_w + A_2 C_B + A_3 \frac{L}{B} + A_4 \left(\frac{L}{T}\right)^{-1} + A_5 L_{OB} + A_6 \frac{R_{yy}}{L} + A_7 \frac{v}{\sqrt{L}}\right] (\mathrm{m}) \tag{8.1.2}$$

式(8.1.2)中各符号的含义与式(8.1.1)相同。$A_0 \sim A_7$ 如表 8.1.3 所示,如果计算的实船长度不是表中值,也可采用内插法求上述各系数。

表 8.1.3　$A_0 \sim A_7$

蒲福风级	L_{bp}/m	A_0	A_1	A_2	A_3	A_4	A_5	A_6	A_7
5	122	-0.180 0	-13.300 0	4.620 0	0.100 0	78.600 0	0.205 0	23.500 0	3.630 0
	152	0.900 0	-12.540 0	3.630 0	0.175 0	65.400 0	0.204 0	19.200 0	2.500 0
	183	2.060 0	-9.660 0	2.010 0	0.191 0	41.800 0	0.163 0	13.600 0	1.250 0
	244	2.380 0	-5.290 0	0.630 0	0.146 0	13.600 0	0.083 0	6.500 0	0.020 0
	305	2.180 0	-2.670 0	0.040 0	0.097 0	0.300 0	0.035 0	2.400 0	-0.490 0
6	122	1.560 0	-18.190 0	6.520 0	0.066 0	108.000 0	0.282 0	31.500 0	5.790 0
	152	0.490 0	-20.500 0	7.110 0	0.145 0	115.900 0	0.306 0	34.600 0	5.310 0
	183	1.690 0	-18.710 0	5.380 0	0.234 0	97.000 0	0.299 0	29.300 0	3.700 0
	244	3.710 0	-12.360 0	2.400 0	0.244 0	48.900 0	0.201 0	17.700 0	1.290 0
	305	3.120 0	-7.900 0	1.110 0	0.197 0	22.900 0	0.122 0	10.500 0	0.150 0

表 8.1.3(续)

蒲福风级	L_{bp}/m	A_0	A_1	A_2	A_3	A_4	A_5	A_6	A_7
7	122	5.310 0	-21.650 0	7.690 0	0.073 0	124.500 0	0.327 0	33.100 0	7.100 0
	152	1.460 0	-24.910 0	8.910 0	0.140 0	146.500 0	0.371 0	42.800 0	7.750 0
	183	0.850 0	-26.170 0	8.720 0	0.235 0	149.000 0	0.409 0	43.800 0	6.890 0
	244	3.410 0	-20.940 0	5.070 0	0.344 0	100.700 0	0.349 0	31.000 0	3.620 0
	305	3.800 0	-15.180 0	3.080 0	0.307 0	60.300 0	0.244 0	21.600 0	1.720 0
8	122	10.920 0	-24.680 0	8.420 0	0.061 0	135.400 0	0.413 0	33.600 0	7.960 0
	152	6.060 0	-26.140 0	9.720 0	0.109 0	162.800 0	0.440 0	45.000 0	9.210 0
	183	2.530 0	-31.720 0	11.360 0	0.180 0	183.600 0	0.473 0	53.400 0	9.650 0
	244	3.130 0	-31.200 0	9.330 0	0.321 0	169.700 0	0.512 0	48.700 0	7.260 0
	305	4.600 0	-25.120 0	6.100 0	0.403 0	118.300 0	0.413 0	36.900 0	4.330 0

由式(8.1.2)和表(8.1.3)可以看出,船舶升沉有义值随蒲福风级、方形系数、吃水、船舶的纵向质量惯性半径、航速的增加以及浮心位置的向前移动而增大,随船长、船舶满载水线面系数及船宽的增加而减小。

由此,可以分析船舶的主尺度和有关要素对船舶迎浪航行的纵摇和升沉运动的综合影响。

在浪级不变的条件下,增加船舶的方形系数、吃水和纵向质量惯性半径对于减小纵摇和升沉运动均是不利的。增加船舶的长度、船舶满载水线面系数和船宽却能使纵摇和升沉运动均得到改善。但改变浮心的纵向位置将对船舶的纵摇和升沉运动两者有相反效果,即浮心位置向前移动使纵摇运动幅度减小而升沉运动幅度增大,浮心位置向后移动时则效果相反。

升沉运动幅度随航速的增加而增大。就纵摇运动幅度而言,低速船随航速的增加而增大,高速船则相反。

根据上述分析可以认为,从改善船舶的纵摇和升沉运动特性的角度出发,减小方形系数、吃水和纵向质量惯性半径,以及增加船长、船舶满载水线面系数、船宽等均是有利的。

(3)波浪中功率增值的平均值

莫尔将波浪中所增加的平均功率 ΔP_w 用一无因次系数 $C\Delta P_w/L^{3\frac{1}{2}}$ 表示成与船主尺度及有关要素的关系,即

$$\frac{C\Delta P_w}{L^{3\frac{1}{2}}}=1.014\times\left[A_0+A_1(C_B-0.5)^5+A_2\frac{L}{B}+A_3\frac{L}{T}+A_4L_{OB}+A_5\frac{R_{yy}}{L}+\beta\left(A_6+A_7\frac{L}{T}\right)+A_8\frac{0.552\,1v}{\sqrt{L}}\right](\text{hp}^{①}) \tag{8.1.3}$$

① 1 hp(马力)=745.699 9 W。

式中　ΔP_{w}——波浪中增加的功率，hp；

$C = 5.74 \times 10^{5}$；

β——球鼻艏的因子，当有球鼻艏时 $\beta = 1$，若无球鼻艏，$\beta = 0$。

系数 $A_0 \sim A_8$ 如表 8.1.4 所示。此表用法同表 8.1.2 及表 8.1.3。

表 8.1.4　$A_0 \sim A_8$

蒲福风级	L_{bp}/m	A_0	A_1	A_2	A_3	A_4	A_5	A_6	A_7	A_8
5	122	-0.615 0	41.400 0	-0.115 0	0.009 1	0.040 0	2.910 0	0.209 0	-0.007 3	1.528 0
	152	-0.408 0	28.500 0	-0.063 0	0.008 6	0.026 0	1.680 0	0.109 0	-0.003 7	0.891 0
	183	-0.194 0	16.500 0	-0.034 0	0.007 4	0.015 0	0.700 0	0.060 0	-0.002 1	0.454 0
	244	-0.044 0	6.600 0	-0.011 0	0.003 4	0.005 0	0.110 0	0.023 0	-0.000 9	0.128 0
	305	-0.016 0	2.800 0	-0.004 0	0.001 4	0.002 0	0.030 0	0.009 0	-0.000 4	0.041 0
6	122	-0.041 0	80.000 0	-0.247 0	0.017 9	0.076 0	5.440 0	0.470 0	-0.017 2	3.111 0
	152	-0.919 0	63.200 0	-0.166 0	0.014 9	0.059 0	4.220 0	0.297 0	-0.010 4	3.235 0
	183	-0.625 0	45.000 0	-0.101 0	0.014 0	0.042 0	2.590 0	0.175 0	-0.006 0	1.400 0
	244	-0.185 0	19.000 0	-0.037 0	0.009 2	0.017 0	0.610 0	0.069 0	-0.002 6	0.472 0
	305	-0.066 0	9.400 0	-0.015 0	0.004 7	0.007 0	0.170 0	0.032 0	-0.001 3	0.179 0
7	122	-0.358 0	126.000 0	-0.394 0	0.028 5	0.110 0	7.770 0	0.753 0	-0.028 3	4.761 0
	152	-0.308 0	97.100 0	-0.288 0	0.022 3	0.092 0	6.590 0	0.539 0	-0.019 5	3.675 0
	183	-0.113 0	78.100 0	-0.201 0	0.019 1	0.073 0	5.080 0	0.357 0	-0.012 5	2.702 0
	244	-0.496 0	39.900 0	-0.085 0	0.015 9	0.037 0	1.890 0	0.153 0	-0.005 4	1.156 0
	305	-0.179 0	20.400 0	-0.039 0	0.009 8	0.017 0	0.580 0	0.075 0	-0.002 9	0.482 0
8	122	-0.630 0	191.800 0	-0.385 0	0.043 1	0.150 0	10.580 0	1.061 0	-0.040 5	6.721 0
	152	-0.586 0	140.000 0	-0.431 0	0.032 6	0.125 0	8.760 0	0.820 0	-0.030 6	5.253 0
	183	-0.481 0	112.000 0	-0.326 0	0.026 4	0.105 0	7.410 0	0.605 0	-0.021 9	4.157 0
	244	-0.984 0	72.400 0	-0.171 0	0.021 1	0.067 0	4.230 0	0.301 0	-0.010 5	2.320 0
	305	-0.459 0	39.500 0	-0.084 0	0.016 6	0.036 0	1.730 0	0.152 0	-0.005 5	1.113 0

由式(8.1.3)及表 8.1.4 可以看出，船舶在波浪中的功率增值随风级、船长、方形系数、船宽、船舶的纵向质量惯性半径和航速的增加而增加；浮心位置向前移使功率增加；功率随船舶吃水的增加而减小；球鼻艏的存在使功率增大。

由上述内容综合分析船舶主尺度和其他要素对船舶运动及其在波浪中的功率增加的影响可知，除了方形系数和纵向质量惯性半径等变化对船舶运动和失速有一致的影响外，其他因素的变化往往对船舶运动和失速有相反的影响，如增加船长、船宽虽对船舶运动有利，但使其失速加大；增加吃水使船舶失速减少，但对其运动不利等。由此可见，确定船舶的主尺度时需要全面权衡。

最后应指出，莫尔所给出的计算式是根据大量的船模试验结果并通过统计分析得到的。各主尺度间的变化是不相关的，反映了它们独立地对船舶运动和功率的影响。事实上，在船舶设计初始阶段，对设计方案的选取是需要在一定的条件下改变有关尺度和要素的，而且一个尺度或要素的变化将引起其他尺度和要素的变化。通常的情况是：在排水量不变的条件下改变主尺度或要素，比较船舶的运动和功率的增加。

例如，使排水体积保持不变，一艘船减小方形系数、加大船长，而另一艘船增大方形系数、减小吃水，按上述计算方法将得出结论：后者的运动比前者小。如果只从方形系数去判断会得出不正确的结论，这是因为后者的方形系数虽然增大了，但由于吃水的减小比方形系数的增大对船舶运动产生更显著的影响，故使船舶运动减小。

斯簧(Swoan)根据系列60船模在规则波中的适航性系列试验结果，对一排水体积 $V = 15\ 000\ \mathrm{m}^3$，航速为15 kn的船变换了主尺度(在排水量不变的前提下，分别进行了方形系数、长度吃水比和长宽比三个要素的系列变化)，进行运动性能的研究。斯簧对试验结果用纽曼波谱计算了船舶在不规则波中迎浪航行的纵摇、升沉运动以及轴功率(SHP)的增加。图8.1.2～图8.1.4所示为有义波高分别为 $(2\zeta_a)_{\frac{1}{3}} = 4.5\ \mathrm{m}$、$(2\zeta_a)_{\frac{1}{3}} = 2.0\ \mathrm{m}$ 时，主尺度比和船型系数对船舶纵摇、升沉运动以及轴功率的影响。

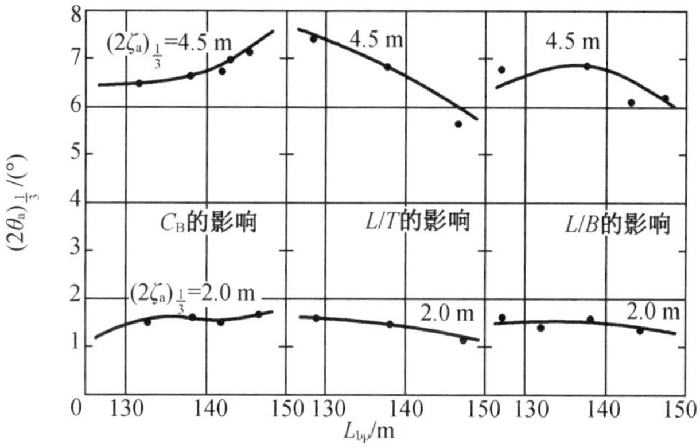

图8.1.2　主尺度比和船型系数对船舶纵摇运动的影响

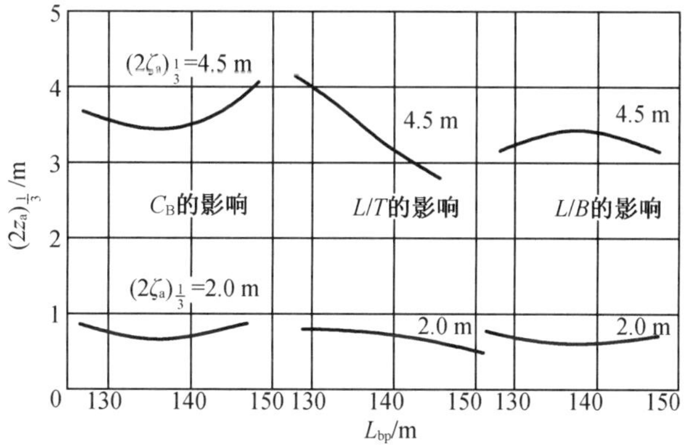

图8.1.3　主尺度比和船型系数对船舶升沉运动的影响

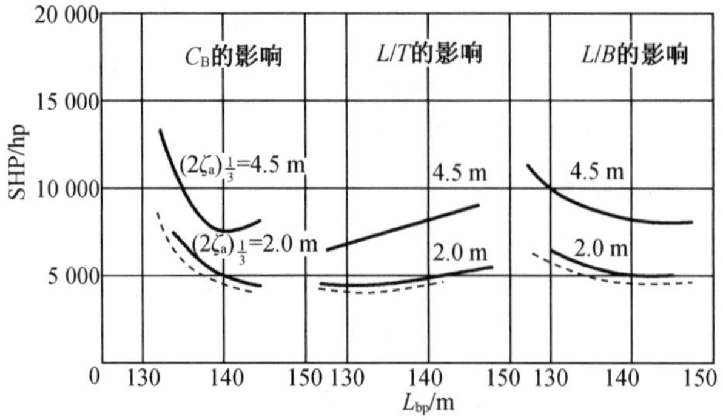

虚线表示静水轴马力。

图 8.1.4　主尺度比和船型系数对轴功率的影响

从图 8.1.2～图 8.1.4 中可以看出：

第一，主尺度比对船舶运动的影响。

在排水量保持不变的条件下，当采用增加 L/T 的方法来增加船长时，运动幅值有明显的下降。也就是说，吃水大的船舶比吃水小的船舶的运动幅值大，因为吃水小的船舶具有较大的兴波阻尼。L/T 对船舶运动的影响较弱。若以减小 C_B 来增加船长，则往往会带来较大的运动幅值。可见，在斯簧给定的条件下，"通过减小方形系数来增加船长对船舶运动并无改善"这一结论同莫尔的结论不一致，其他要素对船舶运动的影响与莫尔的结论基本一致。

第二，主尺度比对船舶在波浪中的阻力增加的影响。

从图 8.1.4 中看出，船舶在波浪中总轴功率的变化趋势和静水时基本一致，即船舶在静水中的最佳阻力的大小通常和其在波浪中的情况相符合。从图 8.1.4 中还可以看出，在排水量、航速及波高一定时，不同长度的船舶在波浪中的轴功率的增加基本上是一常数而和静水阻力无关。

船舶主尺度对甲板上浪、砰击、升沉加速度等的影响更复杂，至今不曾见到这方面较成熟的可供设计使用的资料。刘易斯曾对 L/T 不同的系列 60 船模进行了这方面的性能计算，计算结果证实了较大的 L/T 使船艏柱运动和升沉加速度较小。假如首干舷是与船长成比例的，那么随 L/T 的增大，甲板上浪减少。但是吃水的过度减小将引起艏柱出水及砰击的发生。图 8.1.5 给出了一艘长 152.4 m 的船在严重的迎浪状态下，其艏柱相对运动与航速、L/T 的关系。

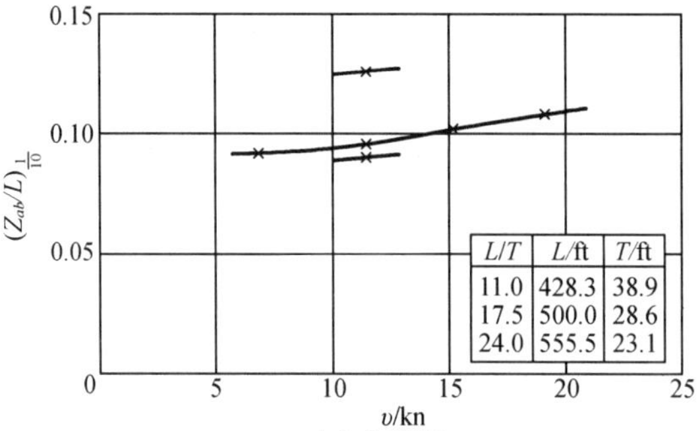

1 ft=0.304 8 m。

图 8.1.5　艏柱相对运动与航速、L/T 的关系

8.1.2 船舶首部横剖面形状对其运动性能和失速的影响

关于船舶首部横剖面形状对其运动性能和失速的影响,各国水池都曾进行过一系列模型试验和比较,但所得出的结论并不完全一致。一般认为 U 形剖面在静水中的阻力较低,而 V 形剖面在波浪中的运动性能较好。图 8.1.6 ~ 图 8.1.8 是荷兰试验池对系列 60 船模变更剖面形状对其升沉、纵摇及推力影响的试验结果。由图 8.1.6 ~ 图 8.1.8 可以看出,当波长大于船长[$(\lambda/L)>1$]时,V 形剖面的运动幅值较 U 形的小;当波长小于船长[$(\lambda/L)<1$]时,剖面形状对运动幅值的影响不显著,但是从波浪中推力增加(或阻力增加)的角度来看,还是 U 形剖面较好。

因此,一般大型的货船和油船多采用 U 形剖面,而小型渔船等多采用 V 形剖面。

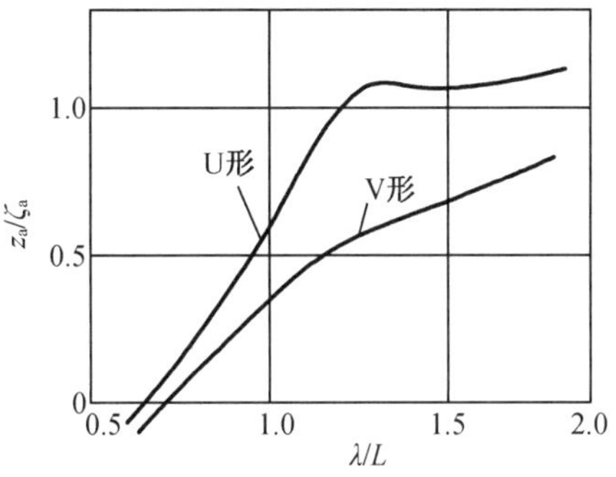

图 8.1.6 变更剖面形状对船舶升沉运动的影响

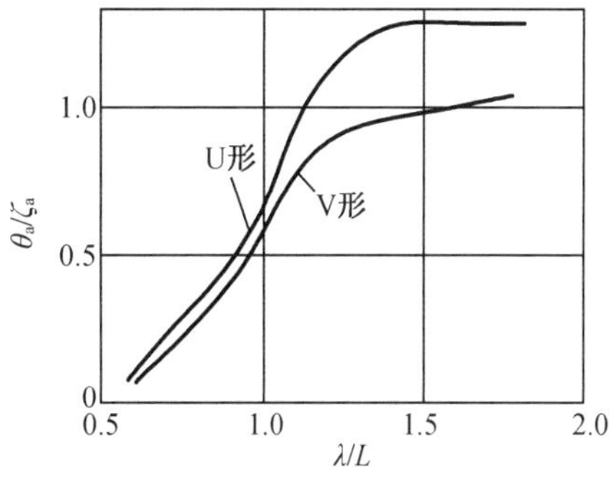

图 8.1.7 变更剖面形状对船舶纵摇运动的影响

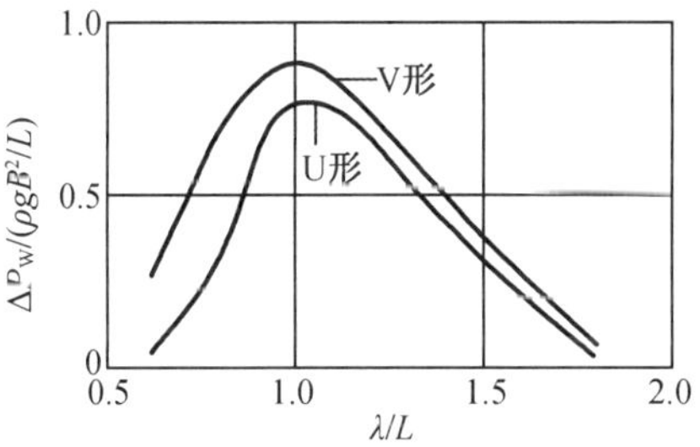

图 8.1.8 变更剖面形状对船舶推力的影响

8.1.3 球鼻艏对船舶耐波性的影响

目前,国内外不少船舶都采用球鼻艏,它在静水中具有最佳阻力的结论已被试验证实。但它在波浪中的性能却值得探讨。

格雷兹玛为了比较球鼻艏船在波浪中的运动性能,利用 $C_B=0.65$ 的系列 60 船模在规则波中迎浪的情况下进行试验。其中一只船模装有球鼻艏,一只船模无球鼻艏,但两者的后体和方形系数基本相同,只是有球鼻艏的船模进水角做了相应的修改。

然后,根据规则波的试验结果,换算到一艘 400 ft(1 ft = 0.304 8 m)长的实船在不规则波中迎浪航行的运动性能和总轴功率。有无球鼻艏对船舶纵摇、升沉运动和轴功率的影响如图 8.1.9 ~ 图 8.1.11 所示。从图 8.1.9 ~ 图 8.1.11 中可以看出,有球鼻艏船的纵摇运动较弱,纵摇角有义值比无球鼻艏船小 0.2° ~ 0.4°,但升沉有义值却增大了 0.06 ~ 0.24 m。有球鼻艏船需要更大的轴功率来维持一定的航速。

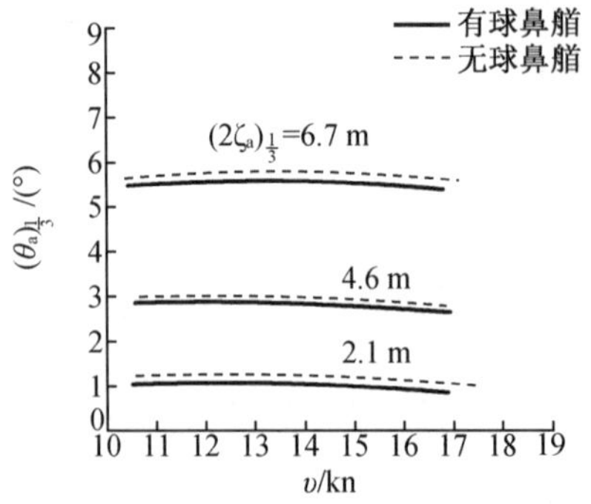

图 8.1.9　有无球鼻艏对船舶纵摇运动的影响

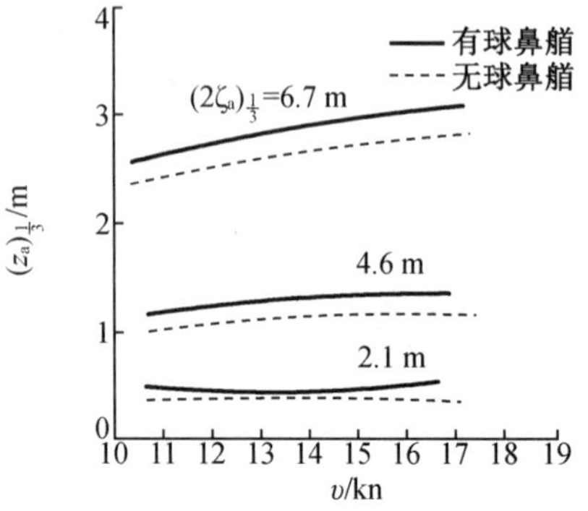

图 8.1.10　有无球鼻艏对船舶升沉运动的影响

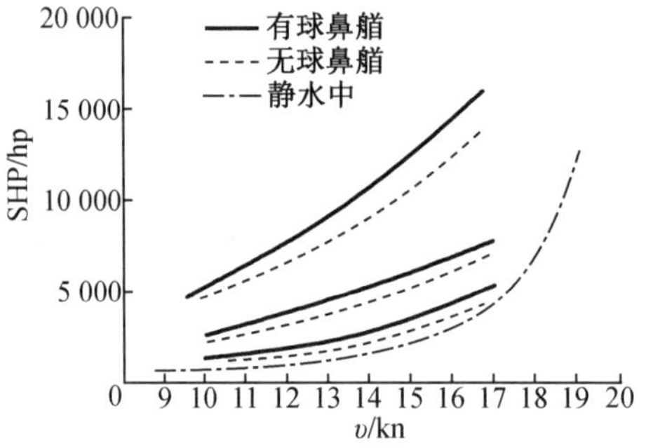

图 8.1.11　有无球鼻艏对船舶轴功率的影响

就速度损失而言,若船舶保持恒定功率 6 500 hp,在有义波高为 2.1 m 的波浪中,其失速可以忽略;在有义波高为 4.6 m 的波浪中,有球鼻艏船比无球鼻艏船失速大约 0.3 kn;在有义波高为 6.7 m 的波浪中,有球鼻艏船比无球鼻艏船失速大约 0.6 kn。

由此可见,有球鼻艏船在波浪中并无优越性。日本研究人员也曾对超级油轮、渔船和驱逐舰等进行了有无球鼻艏的试验分析,所得结论基本同上。

关于船舶主尺度、主要要素以及剖面形状等对其在波浪中的运动、失速的影响是很复杂的,上面一些结论不能作为普遍的规律。但是根据上面的分析,似乎可以得出这样的结论:一般在波浪中运动辐度较小的船型,在波浪中的阻力(或失速)却增加较大,反之亦然。

由此可见,从船舶运动和在波浪中的阻力增加这两者来考虑选择船舶的主尺度要素等,很多方面是相矛盾的。因此在船舶设计中,应针对这些矛盾进行综合分析,来确定比较合理的主尺度要素。

8.1.4 首干舷的选择

首干舷高直接和甲板上浪有关。图 8.1.12 给出了三类船的相对首干舷高随船长变化的实船统计曲线。但这不能作为普遍规律对待,因为艏干舷高在很大限度上取决于船速,图 8.1.13 所示为某货船首干舷随航速的变化。

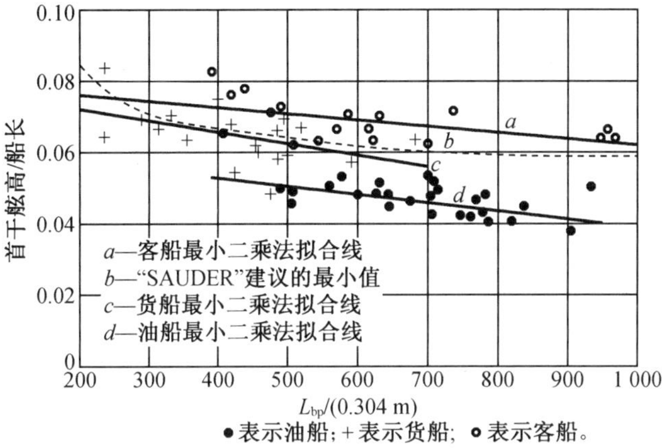

图 8.1.12 三类船的相对首干航高随船长变化的实船统计曲线

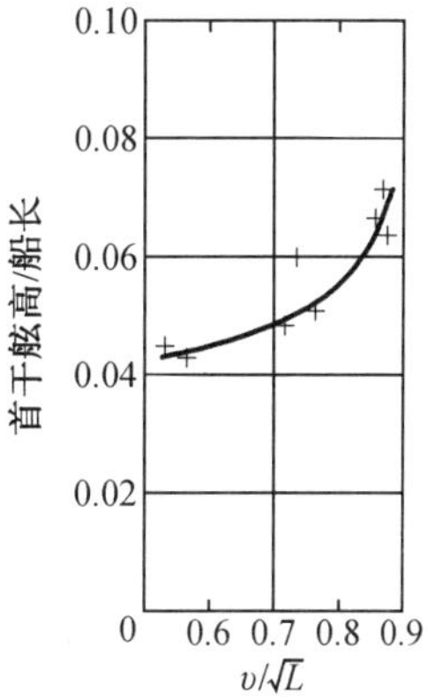

图 8.1.13 某货船首干舷随航速的变化

首干舷的外形即首部水线以上的线型,对船舶运动和马力增加的影响不大,但过大的外飘会产生较严重的飞溅和局部砰击。

8.2 船舶减横摇技术

我们知道,影响横摇摇幅的主要因素是固有周期和阻尼。前者要求船舶在做横摇运动时尽可能避开共振区,但固有周期不能随意增大,特别在不规则波中,各种频率的成分波都有,因此很难完全避开共振区;后者的作用是降低共振摇幅。

百余年来,人们一直致力于研究减缓舰船运动的措施。世界各国先后研究了近几百种不同形式的减摇装置,但目前世界上广泛采用的仅是舭龙骨、减摇水舱和减摇鳍,它们的作用均是减缓横摇。其中,居垄断地位的是减摇鳍,其减摇效果最佳。

8.2.1 舭龙骨

舭龙骨是一种根据流体动力的作用产生稳定力矩的减摇装置。在船体两侧舭部装配占船长的 1/4 ~ 1/2、宽度为 0.3 ~ 0.2 m 的钢板条,大致垂直于船体并与船体固接,如图 8.2.1 所示。

早在 19 世纪初,人们在帆船时代已开始使用舭龙骨来减缓横摇。但是对舭龙骨进行较系统的试验研究还是从 19 世纪 70 年代开始的。

由第 1 章可知,船体的阻尼一般可分为兴波阻尼、旋涡阻尼和摩擦阻尼三种。其中,摩擦阻尼所占的比例很小,可以忽略。在小角度横摇($\varphi<6°$)时,阻尼以兴波阻尼为主。随着横摇幅度的增大,旋涡阻尼成分逐渐加大,可认为横摇引起的旋涡阻尼与横摇角速度的平方成比例(即非线性的阻尼)。在中等横摇下,旋涡阻尼至少与兴波阻尼有同一数量级。在船上安装舭龙骨主要就是增加旋涡阻尼以达到减缓横摇的目的。

池田等人根据试验分析,认为舭龙骨阻尼由三部分组成。

一是舭龙骨压力阻尼(N_{BN})。船舶横摇运动在舭龙骨背面产生涡流,形成负压力,在正面为正压力,正背面间形成压差。在舭龙骨上形成的正压力与横摇运动方向相反,称此阻尼为舭龙骨压力阻尼(图 8.2.2)。它的大小主要取决于舭龙骨面积和舭龙骨相对来流的速度的大小。

图 8.2.1 舭龙骨

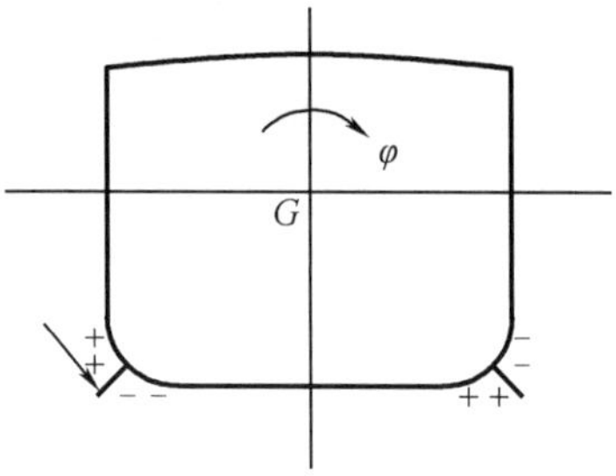

图 8.2.2 舭龙骨压力阻尼

二是舭龙骨船体压差阻尼(N_{BH})。在船舶做横摇运动时,舭龙骨的存在使船体上的流体压力分布发生变化,舭龙骨正面船体处的压力相对增加,背面压力相对减小,其压差产生的阻尼称为舭龙骨船体压差阻尼。它主要取决于船型。

三是舭龙骨兴波阻尼(N_{BW})。当船舶横摇角比较大时,舭龙骨还将产生兴波阻尼。

图 8.2.3 表示了三种阻尼成分所占的比例。显然,舭龙骨兴波阻尼很小,舭龙骨阻尼主要由舭龙骨压力阻尼和舭龙骨船体压差阻尼组成。

舭龙骨除了会增加横摇阻尼之外,由于其扰动周围的水还将引起船舶横摇附加质量惯性矩的增加。根据勃拉哥维辛斯基进行的试验分析,可认为有舭龙骨船比无舭龙骨船的附加质量惯性矩增大了 20% ~30% ,如图 8.2.4 所示。附加质量惯性矩的增大使横摇周期增大。

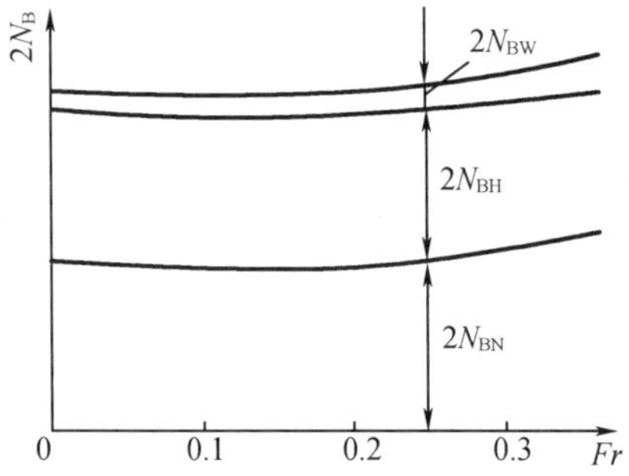

图 8.2.3 三种阻尼成分所占的比例

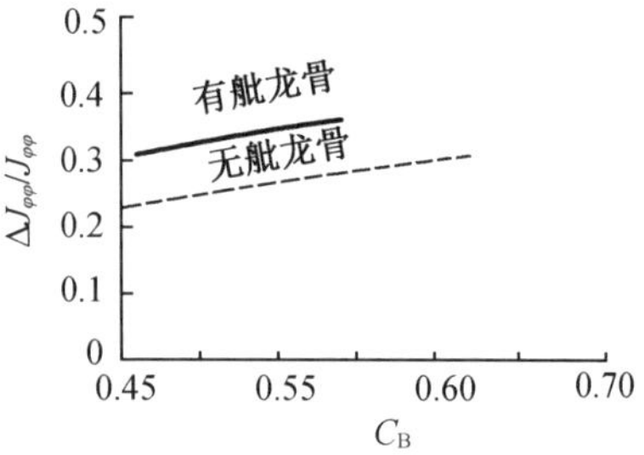

图 8.2.4 有舭龙骨船与无舭龙骨船的附加质量惯性矩的比较

舭龙骨所提供的横摇附加质量惯性矩 ΔJ_{B} 可用式(8.2.1)近似估算。

$$\Delta J_{B} \approx \rho\pi r^{2} l b^{2} \tag{8.2.1}$$

式中 l——舭龙骨长度,m;

b——舭龙骨宽度,m。

1. 舭龙骨阻尼的近似计算

在船舶设计初始阶段,初步确定舭龙骨尺度后,可按下述公式估算舭龙骨阻尼。

(1)舭龙骨总阻尼力矩 M_{B} 近似计算公式

$$M_{B} = 0.4 S_{B} r^{3} \varphi^{2} \quad (\mathrm{t \cdot m}) \tag{8.2.2}$$

式中 S_{B}——两舷舭龙骨总面积,m;

φ——横摇角速度,rad/s;

r——横摇轴 Gx 至舭龙骨纵中心线的距离,m。

(2)尼古拉也夫公式(计算舭龙骨无因次横摇衰减系数 $2\mu_{\varphi B}$)

$$2\mu_{\varphi B} = 2\mu_{\varphi\varphi}\frac{20S_{B}}{L \cdot B} \tag{8.2.3}$$

式中 L——船长;

B——船宽;

$\mu_{\varphi\varphi}$——无舭龙骨船无因次横摇衰减系数。

(3)琼斯公式

琼斯根据对轻型舰艇的横摇衰减曲线的分析,给出了舭龙骨的无因次衰减系数。

$$2\mu_{\varphi B} = \frac{\rho S_{B} r^{3} n_{\varphi}^{2} \varphi_{a}}{Dh} C_{BK} \tag{8.2.4}$$

式中 $C_{BK} = \dfrac{2.1625}{\dfrac{r\varphi_{a}}{b}} + 3$;

D——船排水量。

2. 舭龙骨减摇效果的分析

一般舭龙骨的总面积 $S_{B} = (2\% \sim 4\%) LB$($L$ 为船长,B 为船宽)。舭龙骨的减摇效果与舭龙骨的宽度有关,由舭龙骨引起的附加阻尼随其宽度的增加而增大,如图 8.2.5 所示为消灭系数 N 随舭龙骨宽度的变化,但舭龙骨宽度一般不应超出船舶横剖面的最大边框线,平均是船宽的 3% ~5% ,一般为 0.3 ~1.2 m。

通常,舭龙骨长度为 $L/4 \sim L/2$,但因各类船型不同,其长度存在一有效值。当超过有效值再增加其长度,舭龙骨效能变化不大。原因是靠船首尾的舭龙骨处在船舭部曲率减小的位置,故阻尼力矩很小。图 8.2.6 表示一小客船消灭系数 N 随舭龙骨长度的变化。

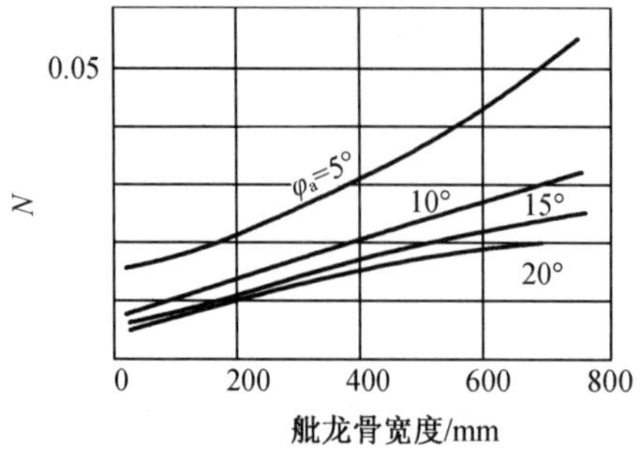

图 8.2.5　消灭系数 N 随舭龙骨宽度的变化

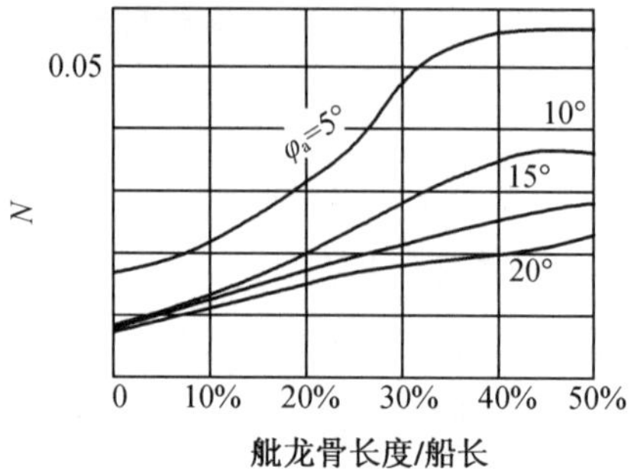

图 8.2.6　一小客船消灭系数 N 随舭龙骨长度的变化

田中经过多次试验分析，认为对于方形系数较小的船舶，舭龙骨在船首尾端的作用很小，建议采用宽而短的舭龙骨，一般取 $l \ngtr 0.4L$；而对于方形系数大的船舶，舭龙骨长度可取大些（$l = 0.6L$），宽度取小一些。

（1）舭龙骨位置对减摇效果的影响

贝克曾在船的侧面、舭部和底部等处装舭龙骨进行试验，结果证明：装在舭部的舭龙骨的减摇效果最好。原因是舭部距船重心 G 较远，舭部曲率大，此处流速较大，可提高舭龙骨引起的阻尼力矩。图 8.2.7 所示是元良诚三利用保角变换求得的回转物体周围水流流速分布图。在转角处，水的流速较大且流动方向与横摇运动方向相反，因此装于舭部的舭龙骨的减摇效果最好。而装于船侧面和底部的舭龙骨的减摇效果很差，所以不将舭龙骨装在这些位置。

（2）航速对舭龙骨减摇效果的影响

试验证明，航速增加使船舶本身的阻尼增大，但是在不同的航速下，有舭龙骨船的阻尼与无舭龙骨船的阻尼之差是一常数，如图 8.2.8 所示。由此可见，舭龙骨的绝对效果与航速无关。这一事实更说明了舭龙骨的作用主要是增加旋涡阻尼，而绝不是像过去有人认为的像水翼一样产生升力而起减摇作用。

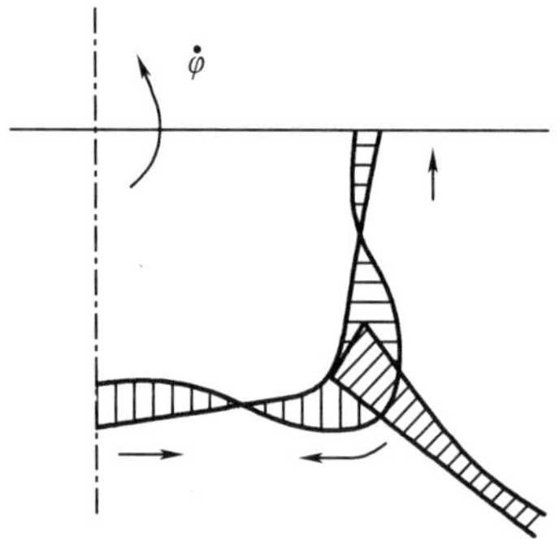

图 8.2.7　回转物体周围水流流速分布图

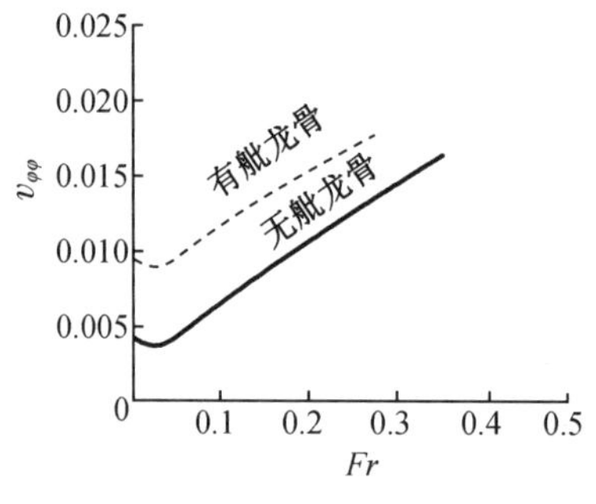

图 8.2.8　有舭龙骨船与无舭龙骨船的阻尼

舭龙骨一般使船舶的静水航速减少2% ~3%，但在波浪中，因为舭龙骨的作用会使横摇减小，所以这对维持高航速是有利的。

舭龙骨沿船舶的纵向布置应为沿流线方向，以减少其引起的航行阻力。流线的确定主要依据利用船模在水池中试验的结果。

另外，舭龙骨与船体的连接强度应低于船体的强度，这样在舭龙骨遭受碰撞时，只使连接处损坏而不破坏船体。

因为设置舭龙骨最简单又有一定的减摇效果，一般可减小 30% 左右的横摇，所以，目前绝大多数船舶上都装有舭龙骨。

虽然舭龙骨的应用很普遍且历史很久，但因舭龙骨的作用原理比较复杂，目前尚不能用完整的理论计算方法来获得舭龙骨的形状和尺寸，主要依靠船模试验或一些近似公式估算。关于横摇阻尼的理论与试验研究是当前世界上关于船舶耐波性的研究中的重要课题之一。

8.2.2　减摇鳍

减摇鳍最早于 1923 年由日本的元良信太郎设计，并装于对马岛航线的“睦丸”船上，实船试验获得良好的效果，平均减摇效果 70% 左右。

后来，日本三菱造船有限公司将此专利权转让给英国的丹尼 - 布朗兄弟公司。随着自动控制技术的发展，丹尼 - 布朗兄弟公司对原装置进行了改进并命名为“丹尼 - 布朗”减摇鳍。

减摇鳍是主动式减摇装置，其构造主要包括机翼型的鳍、转鳍传动装置、控制系统等部分。

减摇鳍是各种减摇装置中减摇效果最佳的一种，最好可达 90% 以上。例如，1958 年英国“玛丽皇后号”船在大风浪条件下进行了减摇鳍性能的试验。当减摇鳍工作时，船的横摇角平均在 2°左右；而减摇鳍不工作时，横摇角达 25°。可见减摇效果是相当可观的。

典型减摇鳍主要有：不可收放式减摇鳍[图 8.2.9(a)]、可伸缩减摇鳍[图 8.2.9(b)]、可收放式减摇鳍[图 8.2.9(c)]、零航速减摇鳍(图 8.2.10)等。我国从 20 世纪 60 年代中期开始进行减摇鳍的研究和制造，现在已有相当的发展，大批舰船装备了我国自行设计制造的减摇鳍。

(a)不可收放式减摇鳍　　(b)可伸缩减摇鳍　　(c)可收放式减摇鳍

图 8.2.9　减摇鳍

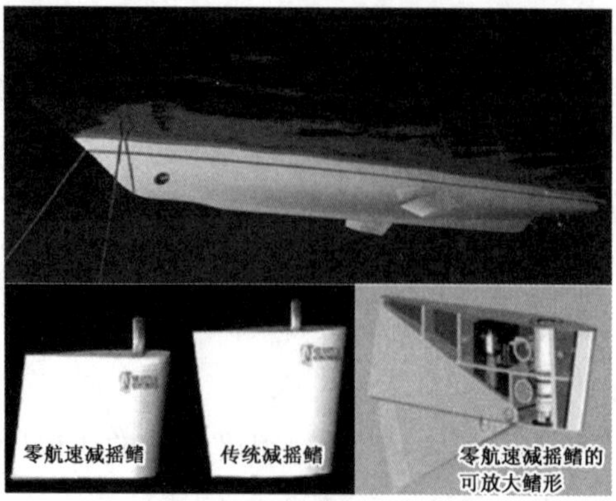

图 8.2.10　零航速减摇鳍

1. 减摇鳍的基本原理

减摇鳍是由船体两舷伸出的机翼型鳍，当船舶在波浪中航行并产生横摇运动时，鳍在自动控制系统的操纵下随船舶的横摇规律不断改变鳍角 a_f，因而产生周期性的稳定力矩 M_s 来抵抗海浪扰动力矩。

若船舶以速度 v 在静水中航行，则当鳍转一角度 a_f 时，在鳍上将产生升力 L_f（图 8.2.11），即

$$L_f = \frac{1}{2}\rho C_l S_f v^2 \tag{8.2.5}$$

式中　C_l——鳍升力系数；

S_f——鳍的面积；

v——航速；

ρ——水的密度。

升力作用线垂直于水流相对速度和鳍的轴线。由于鳍的布置左右对称，因此当一舷的鳍产生的升力向上时，另一舷鳍产生的升力向下，如图 8.2.12 所示。这样，左右鳍产生的升力相对横摇轴 Gx 的力矩（稳定力矩）为

$$M_s = 2L_f l_f \cos \varepsilon_f \tag{8.2.6}$$

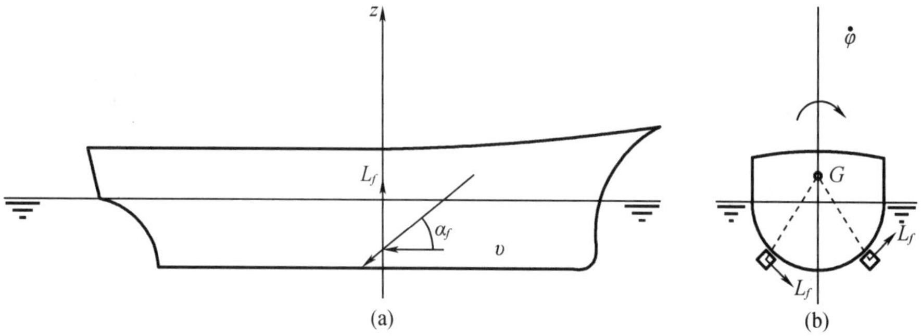

图 8.2.11　减摇鳍的基本原理 1

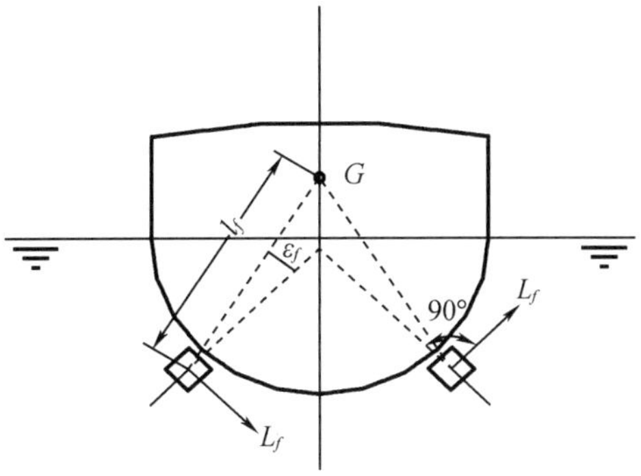

图 8.2.12 减摇鳍的基本原理 2

当 ε_f 很小时,式(8.2.6)可近似写成

$$M_s \approx 2L_f \cdot l_f$$

式中 ε_f——鳍轴轴线与自鳍中心至穿过船重心的纵轴垂线(l_f)间夹角。

当船舶航行在波浪中并发生横摇时,鳍角将不断地受自动控制的作用而周期性地改变大小和方向,也就是周期性地改变稳定力矩的大小和方向,以抵抗波浪对船舶的扰动力矩,从而达到减缓横摇的效果。

减摇鳍系统可用以简单的方框图来说明,如图 8.2.13 所示。该系统是以船舶的横摇角速度信号 $\varphi(t)$ 为输入,经减摇鳍自动控制系统将横摇角速度信号进行放大、综合,转换为按一定规律控制的鳍转角 $a_f(t)$ 作为输出;然后以鳍转角 $a_f(t)$ 为输入,根据鳍水动力特征转换为稳定力矩 M_s 作为最后输出。显然,鳍建立的稳定力矩与船的横摇运动密切相关。

由上面简单叙述可知,减摇鳍减摇性能的好坏与自动控制系统和鳍的水动力特性有关。自动控制系统在减摇鳍系统中无疑占重要地位,但它不是本学科所研究的内容,因此本书不做介绍,这里仅对与本学科密切相关的内容做简要介绍。

2. 减摇鳍的控制规律

下面结合横摇运动方程来分析各种控制鳍运动规律的减摇作用。

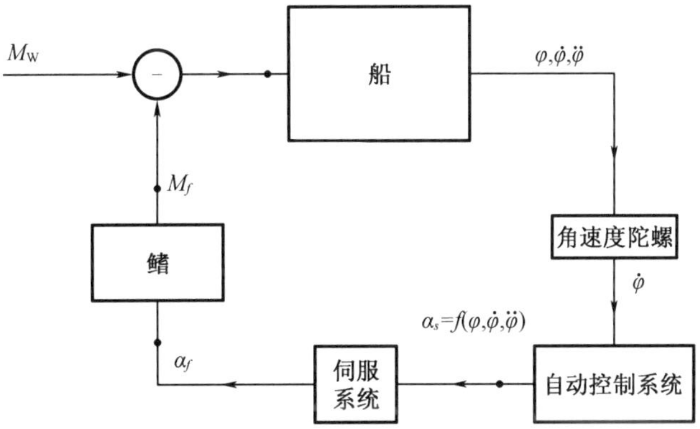

图 8.2.13 减摇鳍系统

(1)横摇角速度信号控制鳍的运动

装减摇鳍船的横摇运动方程可以写成

$$(J_{\varphi\varphi}+\Delta J_{\varphi\varphi})\ddot{\varphi}+2N_{\varphi\varphi}\dot{\varphi}+Dh\varphi=F_{\varphi\varphi}-M_s \tag{8.2.7}$$

式中 M_s——减摇鳍建立的稳定力矩。

式(8.2.7)中其他项的意义同前几章讲的横摇运动方程一样。

当鳍按横摇角速度信号控制时,有

$$M_s=B\dot{\varphi} \tag{8.2.8}$$

式中 B——稳定力矩的比例系数,与鳍的水动力特性以及鳍的安装位置等因素有关。

将式(8.2.8)代入式(8.2.7),经整理得

$$(J_{\varphi\varphi}+\Delta J_{\varphi\varphi})\ddot{\varphi}+(2N_{\varphi\varphi}+B)\dot{\varphi}+Dh\varphi=F_{\varphi\varphi} \tag{8.2.9}$$

从式(8.2.9)可看出,正比于横摇角速度的稳定力矩等于增加船舶的阻尼力矩,主要减小了共振区的横摇。

因为船舶本身的阻尼系数相对于 $J_{\varphi\varphi}+\Delta J_{\varphi\varphi}$和 Dh 是一个小量,因此采用增加阻尼的方法减少共振区的横摇。

例如,一艘 5 000 t 的船,装有舭龙骨的总面积 $S_B=3\%S_W$,装一对鳍(展长 $l=3.2$ m,舷长 $b=2.0$ m)。当鳍不工作时,在航速为 18 kn 的情况下,船的无因次阻尼系数$\mu_{\varphi\varphi}\approx0.095$;当鳍工作时,产生的附加阻尼 $\Delta\mu_j=0.6$,它是鳍不工作时的无因次阻尼系数的 6.3 倍。

因此,确定了减摇鳍系统是以角速度信号为主控信号的。

(2)横摇角信号控制鳍的运动

当按横摇角信号控制鳍的运动时,鳍建立的稳定力矩为

$$M_s=A\varphi \tag{8.2.10}$$

此时,装鳍船的横摇运动方程为

$$(J_{\varphi\varphi}+\Delta J_{\varphi\varphi})\ddot{\varphi}+2N_{\varphi\varphi}\dot{\varphi}+(Dh+A)\varphi=F_{\varphi\varphi} \tag{8.2.11}$$

由此可得船的横摇固有频率为

$$n_1=n_\varphi\sqrt{1+\frac{A}{Dh}} \tag{8.2.12}$$

式中 n_φ——无减摇鳍船的横摇固有频率,$n_\varphi=\sqrt{Dh/(J_{\varphi\varphi}+\Delta J_{\varphi\varphi})}$。

从式(8.2.12)中可看出,建立正比横摇角的稳定力矩相当于改变了船舶的固有频率和稳性。当系数 $A>0$ 时,船舶的稳性和固有频率都有所增加;当 $A<0$ 时,结果相反。所以取 A 恒大于零。

按横摇角信号控制鳍的运动,仅仅使船舶共振点向高频方向移动,并没有减小多少横摇角,因此一般不单独采用它。

如果将横摇角和横摇角速度信号联合起来应用,其建立的稳定力矩为

$$M_s=A\varphi+B\dot{\varphi} \tag{8.2.13}$$

对于式(8.2.13)中的系数 B 从保证船舶在共振区有最佳减摇效果出发来选择,而对于系数 A 从使减摇鳍在低频波浪中也有较好的减摇效果出发来选择。可见,按这两个信号控

制鳍的运动，既保证了在共振区有好的减摇效果，也改善了在低频波浪中的减摇效果。

(3)横摇角加速度信号控制鳍的运动

当以横摇角加速度信号控制鳍的运动时，建立的稳定力矩为

$$M_s = C\ddot{\varphi} \tag{8.2.14}$$

此时，装鳍船的横摇运动方程为

$$(J_{\varphi\varphi} + \Delta J_{\varphi\varphi} + C)\ddot{\varphi} + 2N_{\varphi\varphi}\dot{\varphi} + Dh\varphi = F_{\varphi\varphi} \tag{8.2.15}$$

将式(8.2.15)两边除以 $J_{\varphi\varphi} + \Delta J_{\varphi\varphi} + C$ 得

$$\ddot{\varphi} + 2\nu_2\dot{\varphi} + n_2^2\varphi = \frac{F_{\varphi\varphi}}{J_{\varphi\varphi} + \Delta J_{\varphi\varphi} + C} \tag{8.2.16}$$

式中 $2\nu_2$——鳍工作时船舶的阻尼系数。

$$2\nu_2 = \frac{2N_{\varphi\varphi}}{J_{\varphi\varphi} + \Delta J_{\varphi\varphi} + C} = 2\nu_{\varphi\varphi}\frac{J_{\varphi\varphi} + \Delta J_{\varphi\varphi}}{J_{\varphi\varphi} + \Delta J_{\varphi\varphi} + C}$$

式中 n_2——鳍工作时船舶的固有频率。

$$n_2 = \sqrt{\frac{Dh}{J_{\varphi\varphi} + \Delta J_{\varphi\varphi} + C}} = n_\varphi\sqrt{\frac{J_{\varphi\varphi} + \Delta J_{\varphi\varphi}}{J_{\varphi\varphi} + \Delta J_{\varphi\varphi} + C}}$$

式中 $n_{\varphi\varphi}$——鳍不工作时船舶的固有频率；

$\nu_{\varphi\varphi}$——鳍不工作时船舶的阻尼系数。

由上面关系式可以看出，正比于角加速度的稳定力矩相当于改变了船舶的惯性矩，当 $C>0$时，横摇共振区向低频移动，同时 $\nu_2<\nu_{\varphi\varphi}$，因此船舶在共振区的摇幅有所增加。

因为 C 一般比 $J_{\varphi\varphi} + \Delta J_{\varphi\varphi}$小很多，所以按角速度信号控制鳍的运动的减摇效果不大。

如果将角速度和角加速度信号联合控制鳍的运动，有

$$M_s = B\dot{\varphi} + C\ddot{\varphi} \tag{8.2.17}$$

这样既可在共振区保证最佳减摇效果，又改善了在高频波浪中的减摇效果。对于系数 B 的确定原则同前，对于系数 C 的确定以减摇鳍在高频波浪中有较好减摇效果为原则。

(4)按横摇角、横摇角速度、横摇角加速度控制鳍的运动

按三个信号控制鳍的运动时，建立的稳定力矩为

$$M_s = A\varphi + B\dot{\varphi} + C\ddot{\varphi} \tag{8.2.18}$$

此时，装鳍船的横摇运动方程为

$$(J_{\varphi\varphi} + \Delta J_{\varphi\varphi} + C)\ddot{\varphi} + (2N_{\varphi\varphi} + B)\dot{\varphi} + (Dh + A)\varphi = F_{\varphi\varphi} \tag{8.2.19}$$

如果令

$$\frac{J_{\varphi\varphi} + \Delta J_{\varphi\varphi} + C}{J_{\varphi\varphi} + \Delta J_{\varphi\varphi}} = \frac{2N_{\varphi\varphi} + B}{2N_{\varphi\varphi}} = \frac{Dh + A}{Dh} = K \tag{8.2.20}$$

则式(8.2.19)变为

$$(J_{\varphi\varphi} + \Delta J_{\varphi\varphi})\ddot{\varphi} + 2N_{\varphi\varphi}\dot{\varphi} + Dh\varphi = \frac{F_{\varphi\varphi}}{K} \tag{8.2.21}$$

式(8.2.21)说明，如果控制鳍运动的三个系数满足关系式(8.2.20)，相当于扰动力矩减为 $1/K$，所以横摇也减为 $1/K$，并且与波浪频率无关。这样便于利用规则波结果来预报不

规则波的横摇运动。

这种控制规律有时称为力矩控制。在近代的减摇鳍控制系统中，一般是以这种控制规律来控制鳍的运动的，以使减摇鳍在不规则波中具有最佳减摇效果。

对于上述几种控制规律下，装鳍船减摇效果的分析如图 8.2.14 所示。

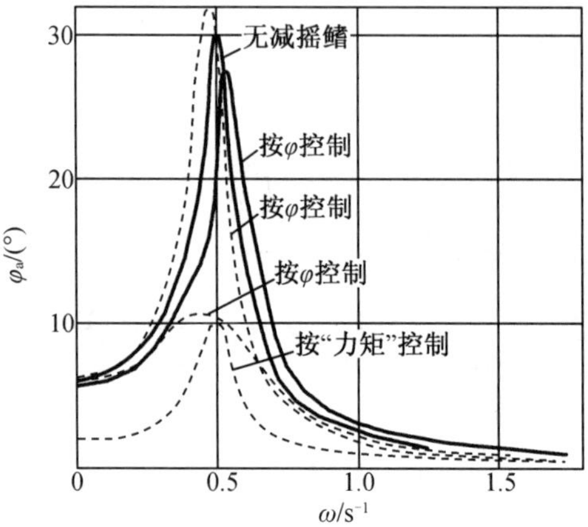

图 8.2.14　装鳍船减摇效果的分析

1 000 t 以下的中小型舰船的横摇固有周期较短(3 ~ 8 s)，在这类船上装减摇鳍主要是以角速度为主控信号，同时利用微分和积分电路得到一定比例的角加速度信号和角度信号，这样既保证了在共振区有最佳的减摇效果，又适当地改善了低频和高频区的减摇效果。

最后应指出，按理论上确定的控制系数 A、B、C 不一定是最佳值，因为理论计算是在线性假定下进行的，实际的系统是非线性的，还有相位滞后等影响。为了使减摇鳍在实际工作中有最好的减摇效果，其控制系数在初步确定后应根据模拟试验以及实船试验来最后确定。

3. 减摇鳍设计的有关问题

这里主要讨论与船舶总体性能、减摇效率以及鳍流体动力性能相关的减摇鳍设计问题。因为鳍水动力特性的好坏直接影响减摇效果和转鳍功率的大小。

(1)鳍安装的位置

鳍在船舶上最理想的位置是船舯的舭部。原因是鳍和横摇中心之间距离最大，舭部是唯一可提供装不可收放鳍的地方，使鳍限制在船舶的外框线内，避免鳍遭受碰撞。一般对不可收放鳍的安装有一要求：保证避碰角 β_f 不大于 5°，如图 8.2.15 所示。

鳍在船舯位置，可避免船舶操舵运动的相互作用影响。

为了避免鳍上发生空泡，鳍应位于水面下尽可能深的位置。

当鳍因其他原因不能位于船舯时，鳍的位置向前比向后好，因为船体前半部的周围流场受扰动较小，边界层较薄，所以对有效鳍面积影响较小。图 8.2.16 给出了边界层厚度沿船长的变化。

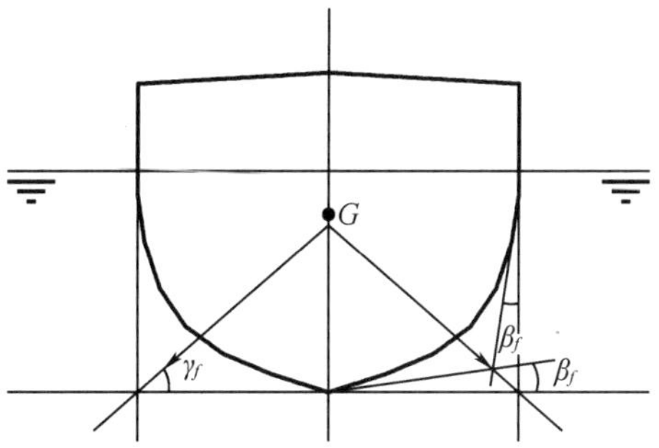

图 8.2.15　不可收放鳍的安装

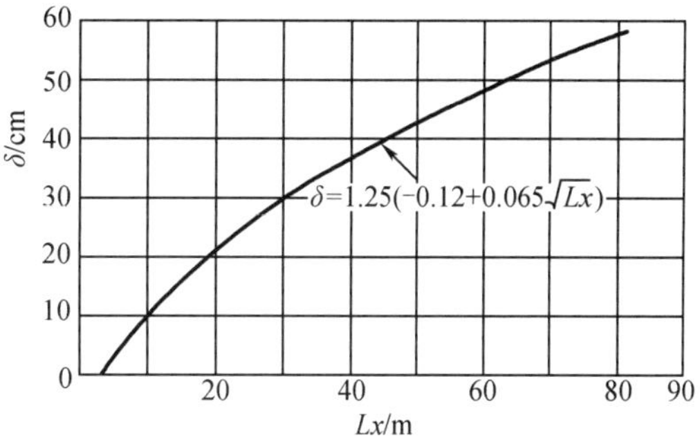

图 8.2.16　边界层厚度沿船长的变化

(2)鳍的选择

鳍的结构形式分为开襟式(或称带襟翼的)鳍和非开襟式(整体式)鳍,如图 8.2.17 所示。1 000 t 以下的中小型舰船多采用不可收放鳍,鳍展弦比较小($\lambda_f = 0.5 \sim 1.0$),可转大角度以提供升力,又考虑鳍结构尽量简单,所以常常选择非开襟式鳍。

大型舰船上的减摇鳍的鳍展弦比较大($\lambda_f = 1 \sim 2$),鳍角受升力失速和空泡限制,为了提高升力和抑制空泡,常常采用后缘开襟式鳍。在提供同样升力情况下,开襟式鳍的转鳍功率比非开襟式鳍要小,但结构复杂。

图 8.2.17　鳍的结构形式

对于鳍剖面翼型,因为要求鳍在转正负相同角度时,建立相等的升力,所以鳍的剖面应是对称翼型。平面形状一般是矩形或梯形。

选取的翼型应具有大升力、小阻力、压力分布比较均匀的特性。高速舰船上的鳍可能产生空泡,导致升力下降,压力中心后移,因此要考虑选择在空泡状态下有良好水动力特性的翼型。目前国外的减摇鳍普遍选用 NACA－00 系列对称翼型,在空泡状态下水动力性能较好。

对于鳍剖面厚度,要在满足强度要求的基础上尽量薄,因为薄翼型对抑制空泡发生和发展有利。

(3)鳍水动力的计算

船舶上的鳍在水中做复杂的运动:鳍随船舶一起做前进运动;船舶的横摇、纵摇和升沉运动等使鳍在水中做复杂的振荡运动;构对鳍轴的转动。

计算一个做复杂的非定常运动的鳍的水动力是相当困难的。目前,关于鳍水动力的计算主要根据风洞或水洞试验得到定常的水动力特性曲线以做某些近以计算。

①鳍升力计算

一般认为非定常运动对鳍升力的影响不大,因此可按定常假设计算鳍的升力,只是在计算鳍的真实攻角时,要考虑由船舶升沉、横摇等运动在鳍处引起的斜流角 $\Delta\alpha$,这样鳍的真实攻角应为

$$\alpha = \alpha_f + \Delta\alpha \tag{8.2.22}$$

式中 α_f——鳍本身的转角。

当已知船舶的升沉、横摇运动,可以利用式(8.2.23)计算斜流角。

对于规则波情况,则有

$$\Delta\alpha = \frac{\dot{\varphi} l_f}{v} \pm \frac{\dot{z}}{v}\cos\gamma_f \tag{8.2.23}$$

式中 γ_f——鳍轴线与基线夹角,如图 8.2.15 所示。

式(8.2.23)等号右边第二项前面的正负号表示计算左右鳍的斜流角,若左鳍取正,则右鳍取负。所以在计算转鳍力矩时,将左右鳍视作各自独立的转鳍系统,只要取 $\alpha = \alpha_f + \dot{\varphi} l_f/v + (\dot{z}/v)\cos\gamma_f$ 就可以了,而计算左右鳍产生的稳定力矩时,应取 $\alpha = \alpha_f + \dot{\varphi} l_f/v$ 来计算鳍上的升力。

这样计算稳定力矩的式(8.2.6)可以写为

$$M_s = \rho v^2 S_f C_f^a\left(\alpha_f + \frac{\dot{\varphi} l_f}{v}\right) l_f \tag{8.2.24}$$

式中 C_f^a——升力系数曲线的斜率。

对不规则波情况,可根据求得船舶在不规则波中升沉速度和横摇角速度的方差(即 $m_{\dot{z}}$ 和$m_{\dot{\varphi}}$),类似于式(8.2.23),求出斜流角方差 $m_{\Delta\alpha}$,即

$$m_{\Delta\alpha} = \frac{l_f^2}{v^2} m_{\dot{\varphi}} \pm \frac{\cos^2 v_f}{v^2} m_{\dot{z}} \tag{8.2.25}$$

式中 $m_{\dot{\varphi}}$——横摇角速度方差;

$m_{\dot{z}}$——升沉速度的方差。

有了斜流角的方差,就可以根据计算需要求出任意保证率下的斜流角。一般是取平均斜流角计算。在中等海况下,斜流角为 3°左右;在恶劣海况下,斜流角可能超过 15°,对鳍水动力影响是不能忽略的。

②转鳍力矩计算

计算转鳍力矩必须考虑非定常运动的影响,因为转鳍速度对转鳍力矩的影响较大,计算转鳍力矩的精度直接影响对转鳍功率的选择。目前,关于小展弦比机翼非定常水动力矩的计算问题尚没有解决,主要原因是鳍非定常运动时,其压力中心是变化的。这里介绍一种目前设计中采用的近似计算方法。

霍洛季林等人认为,转鳍力矩由四部分组成:鳍的水动力矩 M_1、转鳍机构的各种摩擦力矩 M_2、鳍质量与鳍受到的浮力不平衡引起的相对鳍轴的力矩 M_3,如果有襟翼还应包括转动襟翼的力矩。这里以非开襟鳍为例,总的转鳍力矩 M 为

$$M = M_1 + M_2 + M_3 \tag{8.2.26}$$

a. 转鳍水动力矩

尤金建议的小展弦比机翼非定常运动时的物理模型如图 8.2.18 所示,由一个无限长的附着涡线、两个“Γ”形涡、无穷多根平行于附着涡线的自由尾涡及无数对“Γ”形涡组成。其相对鳍轴的水动力矩主要由两部分组成,即以鳍各瞬时非定常运动参数为定常运动参数引起的定常水动力矩和由鳍加速运动引起的惯性力矩。水动力矩系数的表达式为

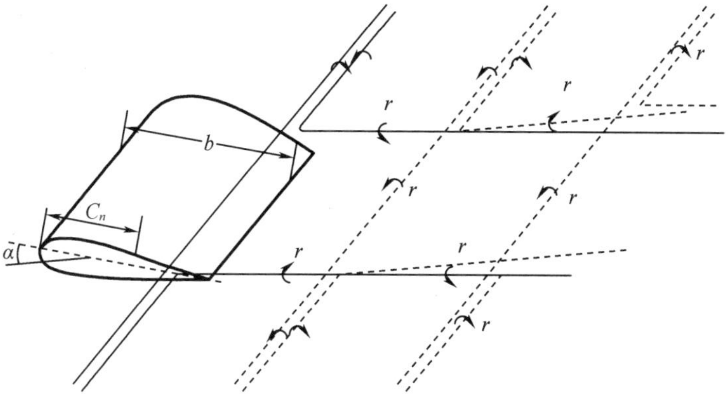

图 8.2.18 小展弦比机翼非定常运动时的物理模型

$$C_{m_1} = (\overline{C}_d - \overline{x}_0) C_l(\alpha) + \frac{\partial C_l}{\partial \alpha}\frac{b\overline{x}_0^2}{v}\omega_{af} - \frac{\mu\pi}{2}(0.5 - \overline{x}_\sigma)\frac{b}{v}$$

$$\frac{\mathrm{d}\overline{u}}{\mathrm{d}t}\cos\alpha_f + \frac{\pi}{2}\left[\mu(0.5 - \overline{x}_\sigma)^2 + \frac{\xi}{12}\lambda\right]\frac{b^2}{v^2}\frac{\mathrm{d}\omega_{af}}{\mathrm{d}t} \tag{8.2.27}$$

并有

$$M_1 = \frac{1}{2}\rho v^2 S_f b C_{m1} \tag{8.2.28}$$

式中 $\overline{u} = u/v$;

u——由船舶横摇、升沉运动在鳍上引起的垂向分速度;

ξ——鳍展弦比有限性对鳍附加惯性矩修正(图 8.2.19);

μ——鳍展弦比有限性对鳍附加质量的修正(图 8.2.19);

C_n——附着涡线距鳍首缘的距离(图 8.2.20);

$\overline{x}_0 = (C_n - x_\sigma)/b$;

b——鳍弦长;

$\overline{x}_\sigma = x_\sigma/b$——鳍轴线距鳍首缘距离与弦长之比;

ω_{af}——转鳍频率(通常按 0.5% 保证率减摇后船舶的横摇角速度计算);

$\overline{C}_d = C_d/b$——压力中心距鳍首缘距离与弦长之比。

当相对频率 $\overline{K} = [(\omega_{af}b)/v] \leqslant 0.1$ 时,式(8.2.27)的最后一项可忽略不计;当 $K > 0.1$

时,要用全式计算。

水动力是转鳍力矩的主要部分。

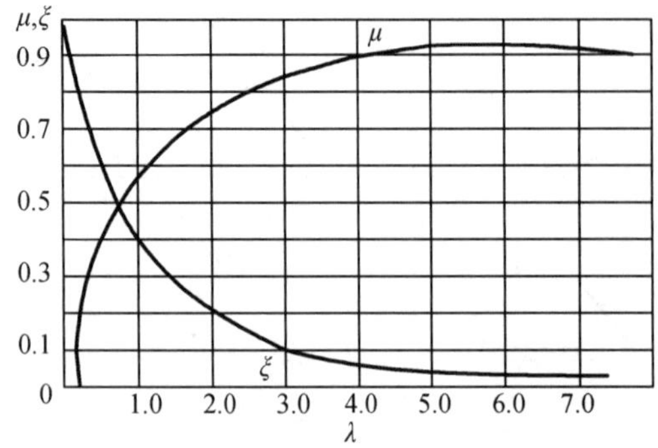

图 8.2.19　ξ 和 μ

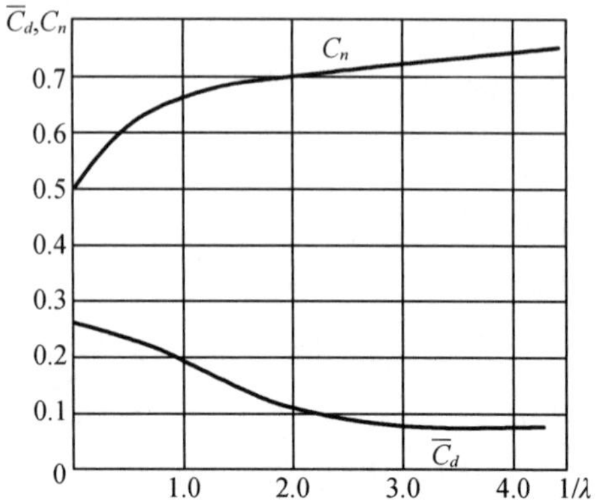

图 8.2.20　$\overline{C}_d$ 和 C_n

b. 摩擦力矩

$$M_2 = \frac{2}{\pi}\sum_n f_n R_n r_n \tag{8.2.29}$$

式中　f_n——第 n 个支承处的摩擦系数(滑动轴承一般取 0.16 ~0.22,滚动轴承取 0.01);

R_n——第 n 个支承点的支承反力;

r_n——第 n 个支承处轴半径。

c. 不平衡力矩

$$M_3 = 0.15\rho g b^2 l_f (0.425 - \bar{x}_\sigma) \tag{8.2.30}$$

式中　l_f——鳍展长。

按上述各式计算的结果相加可得总转鳍力矩。一般计算是取鳍工作的 n 个航速和对应的鳍角以及不同的轴位置,在半个周期范围内计算。从中选出一组在半周期里转鳍力矩相对较小、比较均匀的数据,鳍轴最佳位置由此就确定下来。图 8.2.21 为一典型的转鳍力矩曲线。

d. 转鳍功率

当计算出转鳍力矩 M 后即可计算转鳍所需功率。即

$$P_f = \frac{M\dot{\alpha}_f}{75\eta}\quad(\text{hp}) \tag{8.2.31}$$

式中　η——转鳍机构传动效率(对液压传动一般取 $\eta = 0.6 \sim 0.7$,电力传动 $\eta = 0.4 \sim 0.5$,机械传动效率查有关机械设计手册);

$\dot{\alpha}_f$——转鳍角速度。

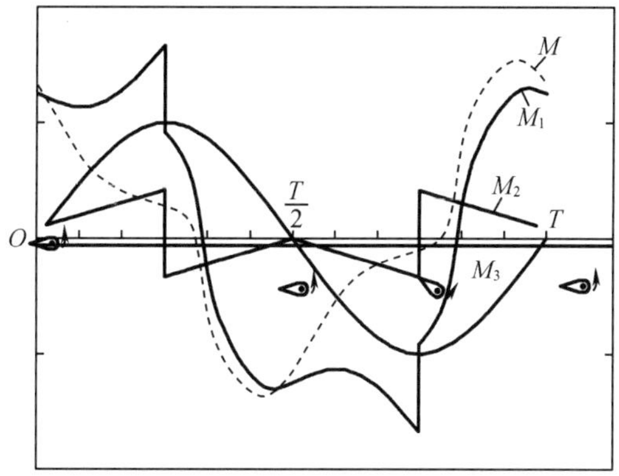

图 8.2.21 典型的转鳍力矩曲线

由于转鳍角速度是一个随机变量，因此为了使估计的功率比较可靠，考瑙莱建议，在设计海况下，假定每振荡 10 次出现一次鳍达到极限角为计算条件，即

$$\dot{\alpha}_{f\max} = 1.43 n_{\varphi} \alpha_{f\max} \tag{8.2.32}$$

式中 n_{φ}——船舶的固有横摇频率；

$\alpha_{f\max}$——鳍的最大转角。

最后说明一点，我们在减摇鳍设计实践中，按上述近似方法计算出转鳍功率并进而确定的减摇鳍装置功率往往偏小，因为鳍实际工作在复杂的流场中，鳍的运动又是随机多变的，为了保证鳍在各种海况下能安全可靠地工作，建议在确定减摇鳍总功率时，有必要在上面近似计算功率的基础上再增加 30% ~40%。

(4)静特征数

在减摇鳍设计中，通常以静特征数表示减摇鳍的容量。所谓的"静特征数"是指船舶在静水中以减摇鳍产生的最大稳定力矩作用于船舶上，使船舶达到的最大静倾角，记为 φ_s。其表达式为

$$\varphi_s = \frac{M_s}{Dh} \tag{8.2.33}$$

由式(8.2.33)看出，静特征数表征了减摇鳍的最大减摇能力。静特征数大，说明减摇能力大。可见它是获得高减摇效果的基础。当然要获得好的减摇效果还必须有性能好的控制系统。

减摇鳍的静特征数主要根据经验确定，与船舶的大小、航区的气象以及舰船武备等特殊要求有关。

对于在气象条件良好的航线上航行的客船，φ_s 取 4°以下；对一般海情的航线，φ_s 取 5° ~6°；而对于军用舰艇和小艇，φ_s 一般均取 6°以上。

根据减摇鳍设计任务书提出的静特征数，可以初步确定鳍的面积和尺寸。

(5)影响鳍水动力特征的主要因素

实践证明，减摇鳍的实际减摇能力要比设计的减摇能力低，主要原因如下。

①船体边界层的影响

由于鳍部分浸入在船体边界层里，如图 8.2.22 所示。边界层流速将小于来流速度，使

鳍有效面积减小。洛艾德根据试验建议边界层影响修正系数为

$$E_{BL}=1.0-0.21\frac{\delta}{b}$$

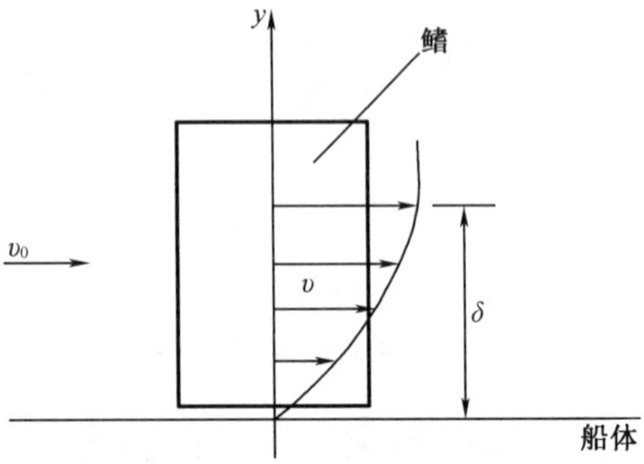

图 8.2.22　船体边界层的影响

边界层厚度按卡门公式计算，即

$$\delta=0.377x_fR_n^{-\frac{1}{5}} \tag{8.2.34}$$

式中　x_f——从船艏柱至鳍处的距离；

R_n——以 x_f 为特征长度的雷诺数。

②鳍与舭龙骨干扰的影响

通常在装减摇鳍的舰船上，仍然保留部分舭龙骨，以保证舰船在鳍不工作时具备一定的横摇阻尼。处在鳍前面的舭龙骨对鳍水动力的影响很小，可以不考虑。一般鳍前缘与舭龙骨尾缘间距约半个鳍弦长即可。鳍后舭龙骨处于鳍后的下洗流里，在这段舭龙骨上产生的一升力与鳍产生的升力相反，如图 8.2.23 所示。洛艾德用试验方法测得零频率时鳍与舭龙骨干扰的影响（图 8.2.24）。图 8.2.24 中的曲线可近似用鳍与舭龙骨的修正系数表达，即 $E_{fB}\approx0.84$。

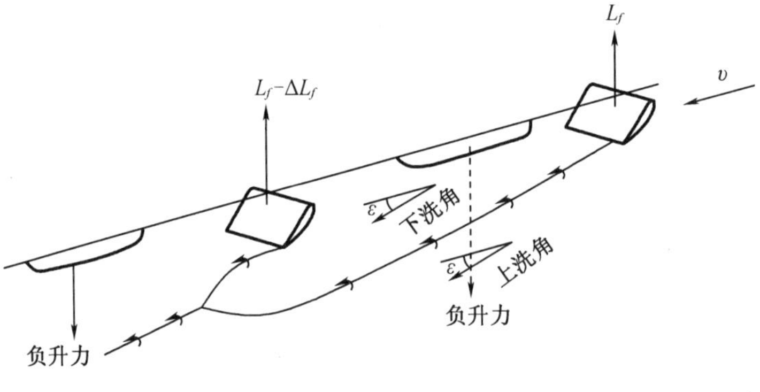

图 8.2.23　舭龙骨上产生的升力与鳍产生的升力比较

对于两对或多对鳍，鳍与鳍之间的舭龙骨有一定的整流作用，从而补偿了舭龙骨对前鳍升力的不利影响。试验分析证明，合理地选择鳍间舭龙骨的尺寸和布局，可使这部分干

扰影响降至很小。洛艾德根据试验,如图 8.2.25 所示,建议取 $E_{fBf} \approx 1.0$。

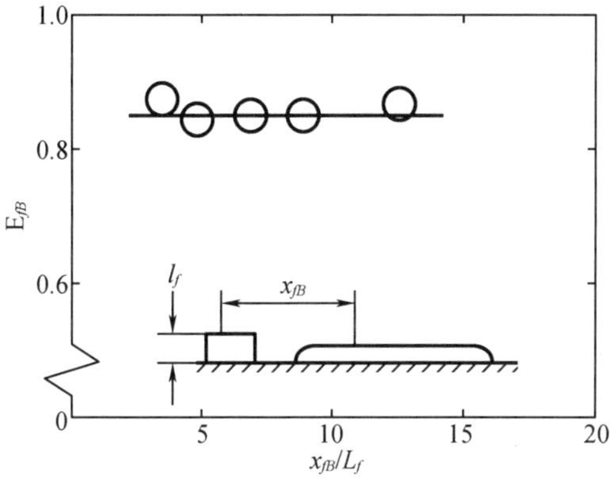

图 8.2.24 零频率时鳍与舭龙骨干扰的影响

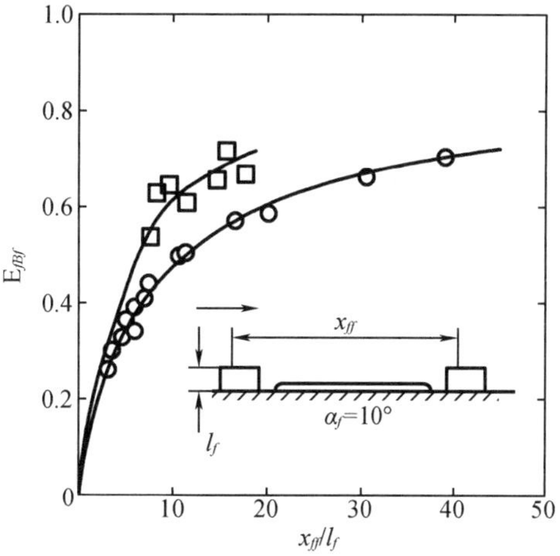

图 8.2.25 洛艾德的试验

③鳍与鳍干扰的影响

对于较大吨位的舰船,为保证有足够的减摇鳍容量,需要两对或多对鳍。同所有升力面一样,鳍上下表面的压差导致水绕鳍的端部从高压面向低压面流动,并形成涡从鳍梢部泻出。当鳍转一正攻角时,鳍后尾流的涡旋运动,在端涡线和船体之间的区域是下洗,而在端涡线外侧区域是上洗,如图 8.2.26 所示。如果第二个鳍在前鳍之后不远处,则该鳍大部分处在下洗区域里,使第二鳍上攻角减小,导致升力低。如果第二鳍在更远的后方,其鳍大部分处在上洗区域里,反而使第二鳍升力增加。但实际上往往做不到这点,原因是船舶的长度是有限的,且鳍的布局又受总体布局等因素的限制。

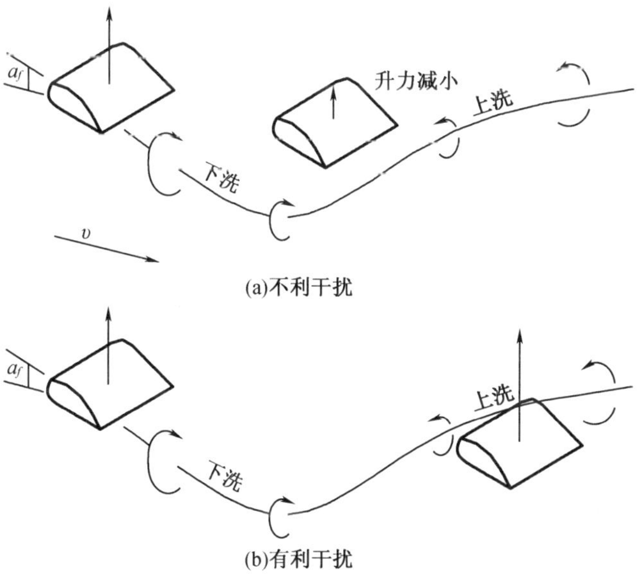

图 8.2.26 鳍后尾流的涡旋运动

在鳍零频率时，即使鳍间距很大，其干扰影响也是相当大的，如图 8.2.27 所示，随转鳍频率和鳍间距的增大，干扰影响减小。实际上，鳍的间距是有限的，转鳍频率是随机的，很难得到干扰影响很小的方案。哈尔滨工程大学根据鳍与鳍流体动力干扰的理论和试验研究，对多对鳍方案提出在同样展弦比的条件下，采用小尺度的前鳍、大尺度的后鳍，这样可大大降低鳍间的干扰影响（对于常规的多对鳍，各鳍尺度是一样的）。图 8.2.28 表示三种鳍组合在零频率下的干扰试验结果。此设想已在舰艇两对鳍上采用，实船试验证明是成功的。

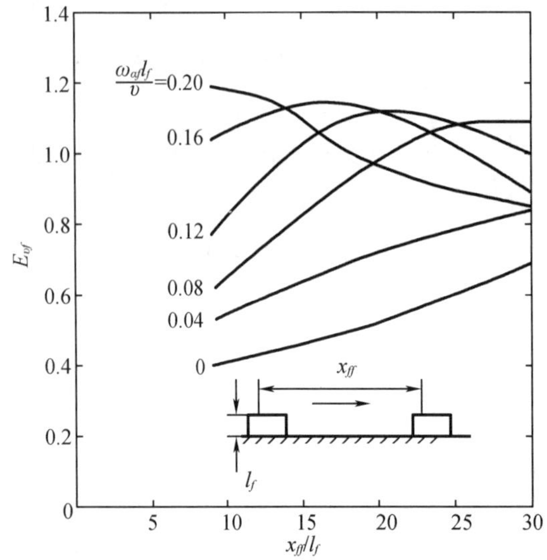

图 8.2.27　转鳍频率、鳍间距与干扰影响的关系

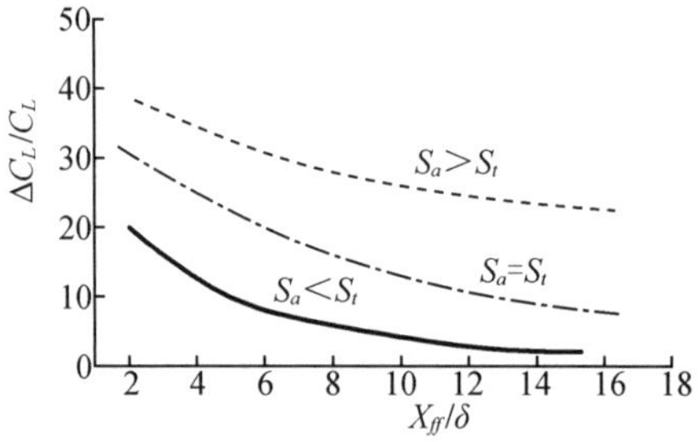

图 8.2.28　三种鳍组合在零频率下的干扰试验结果

④横荡和艏摇的影响

对于不可收放式鳍，鳍轴线与基线成一角度，鳍的升力将有一横向分量，会引起船的横荡和艏摇。这两种横向运动将引起类似于船舶转弯时造成的横倾力矩，从而减小了鳍的稳定力矩。研究表明，这种影响仅在船舶摇荡运动频率非常低时有一定影响，但在发生最大横摇运动固有频率区附近，其影响是很小的，可以忽略。

（6）鳍减摇效果的估算

在船舶初步设计阶段，通常采取单自由度的横摇运动方程，鳍按单一横摇角速度信号控制，其角速度控制系数初步定为

$$C_2 = \frac{K_f \alpha_{f\max}}{n_\varphi (\bar{\tilde{\varphi}}_{a1/3})_u} \tag{8.2.35}$$

式中　K_f——战术技术要求的减摇倍数；

$(\bar{\tilde{\varphi}}_{a1/3})_u$——没减摇船在设计海况下最剧烈横倾运动航向上的横摇角有义幅值。

当减摇鳍工作时，总的横摇阻尼系数为

$$(2v_{\varphi\varphi})_f = \frac{2N_{\varphi\varphi} + K_m C_2 + K_m\left(\frac{l_f}{v}\right)}{J_{\varphi\varphi} + \Delta J_{\varphi\varphi}} \tag{8.2.36}$$

式中 $K_m = \rho v^2 C_l^a l_f S_f$;

$K_m\left(\frac{l_f}{v}\right)$——鳍被动减摇作用引起的横摇阻尼。

将式(8.2.36)代入式(3.2.12),得到减摇鳍工作时的横摇运动方程,即

$$\ddot{\varphi} + (2v_{\varphi\varphi})_f\,\dot{\varphi} + n_\varphi^2 = n_\varphi^2 \alpha_{e0} \sin \omega_e t \tag{8.2.37}$$

对式(8.2.37)按谱分析法求出船舶减摇后横摇运动统计值,作为第一近似,即得

$$(\bar{\bar{\varphi}}_{a1/3})_f = 2.0\sqrt{(m_{0\varphi})_f} \tag{8.2.38}$$

$$(\bar{\bar{\alpha}}_{a1/3}) = 2.0C_2\sqrt{(m_{2\varphi})_f} \tag{8.2.39}$$

检验初选的 C_2 及鳍角是否满足下面的两个条件:

$$\frac{(\bar{\bar{\varphi}}_{a1/3})_u}{(\bar{\bar{\varphi}}_{a1/3})_f} \leqslant K_f \tag{8.2.40}$$

$$(\bar{\bar{\alpha}}_{a1/3}) \leqslant \alpha_{f\max} \tag{8.2.41}$$

若式(8.2.40)和式(8.2.41)得不到满足,可视第一次近似值与初值的差异情况,再适当调整 φ_{st} 或 C_2 以及鳍极限角 $\alpha_{f\max}$,重复上述计算,反复迭代,直到满足上述两个条件,计算结束。

上述计算方法为减摇鳍设计初始阶段确定鳍主尺度、展弦比、鳍最大转角、鳍面积及总布局提供了基本依据,简单方便。

实际上,减摇鳍是包括鳍、自动控制和伺服系统在内的横摇稳定装置。装鳍船在波浪中减摇效果的好坏取决于船舶自身横摇特性、鳍的水动力以及自动控制和伺服系统的性能。另外,鳍的实际工作是非线性的,这些因素对减摇性能都有很大影响。前面叙述的方法没有考虑减摇鳍系统的特性,且鳍角是线性的,按此方法估算的减摇效果一般比实际减摇效果好。

当减摇鳍完全确定后,为了较准确地预报装鳍船在不规则波中的减摇效果,应在上面叙述的船舶运动预报理论的基础上,加上减摇鳍实际系统的特性,联立求解减摇后船舶的横摇运动性能。

8.2.3 减摇水舱

1. 被动式减摇水舱

将靠近船舯部两舷的水舱在底部用管道连接起来,向舱内注入适量的水。利用船舶本身的横摇运动引起水舱内水的物理运动来产生稳定力矩。它不需要任何动力,所以称之为被动式减摇水舱。它是各类减摇装置中比较简单、造价较低的一种。

被动减摇水舱(以下简称为“被动水舱”)最常用的是 U 形水舱和槽形水舱两种。图 8.2.29 所示是一种 U 形水舱。

被动水舱的工作原理是使设计的水舱内水振荡的固有频率等于船舶横摇的固有频率,这样在共振的条件下,水舱是随船舶一起运动的,而水舱里的水的运动滞后横摇角 90°,

图 8.2.30表示水舱里的水的运动与船舶横摇运动的关系。

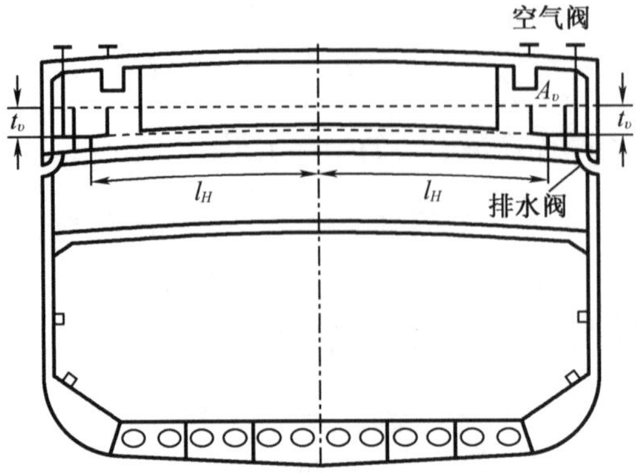

图 8.2.29 U 形水舱

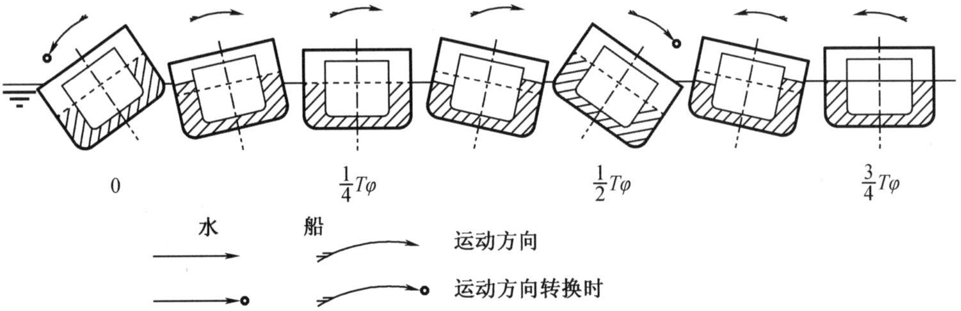

图 8.2.30 水舱里的水的运动与船舶横摇运动的关系

同时,当船舶横摇的固有频率等于波浪的扰动力矩频率时,也发生共振,这时船舶的横摇角滞后波浪扰动力矩 90°。这样水舱里的水的运动就滞后波浪扰动力矩 180°。也就是说,水舱里的水的质量引起的稳定力矩方向恰好和波浪扰动力矩方向相反,从而使共振区横摇减小。这就是所谓的“双共振减摇原理”。

假如一 U 形水舱为等截面的,如图 8.2.31 所示,则沿水舱轴线各点的速度、加速度相同。

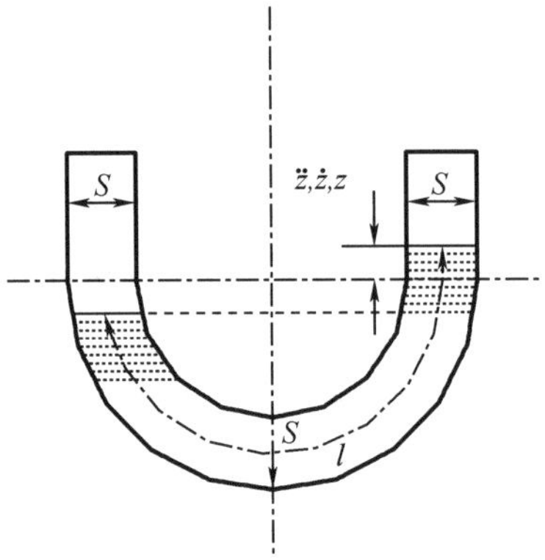

图 8.2.31 等截面的 U 形水舱

这个水舱振荡系统的振荡方程为

$$\rho sl\ddot{z} + 2N_w \dot{z} + 2\rho gsz = 0 \tag{8.2.42}$$

式(8.2.42)等号两边除以 ρsl 得

$$\ddot{z} + 2v_w \dot{z} + n_w^2 z = 0 \tag{8.2.43}$$

式中

$$2v_w = \frac{2N_w}{\rho sl} \tag{8.2.44}$$

$$n_w = \sqrt{\frac{2g}{l}} \tag{8.2.45}$$

于是有

$$T_w = 2\pi \sqrt{\frac{l_v + l_H\left(\frac{A_v}{A_H}\right)}{g}} \tag{8.2.46}$$

式中 l_H——两舷水舱轴线间距离之半；

A_v——两舷水舱的截面积；

A_H——连接管道的截面积。

水舱内水的振荡周期是水舱的一个重要参数，在设计减摇水舱时，应使它与船舶的固有周期相等，以达到最好的减摇效果。由式(8.2.46)可看出，在一定范围内，改变水舱的尺度和水量可以改变其固有周期 T_w。但由于波浪频率在很宽范围内变化，当水舱形状尺寸已定时，仅靠调节水量改变其固有周期 T_w 往往不能满足要求。为弥补这一不足，可在连通管道处装节流阀，通过改变连通管道的截面积来改变水舱固有周期，它可改善水舱在长遭遇周期上的减摇效果。

水舱阻尼是水舱设计的另一个重要参数。阻尼太小，有可能使共振区外船舶的横摇角增大很多，因此要选择适当的阻尼。如图 8.2.29 所示，空气阀就是起调节水舱阻尼的作用。

理想情况下是使装减摇水舱船的频率响应曲线在较宽的频率带内比较平坦。如图 8.2.32表示有无水舱船的频率响应曲线以及水舱阻尼对船舶频率响应曲线的影响。

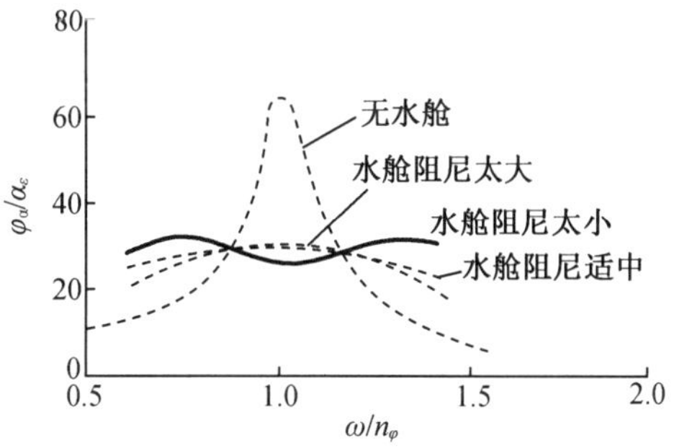

图 8.2.32 有/无水舱船的频率响应曲线以及水舱阻尼对船舶频率响应曲线的影响

20 世纪 60 年代开始，出现了一种新型水舱——槽形水舱，如图 8.2.33 所示。

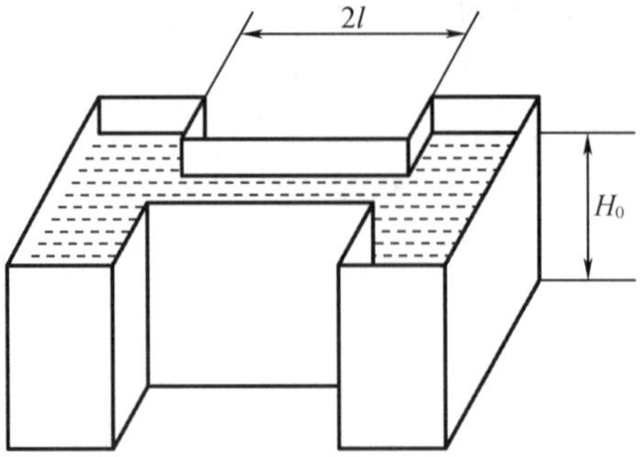

图 8.2.33 槽形水舱

它依靠船舶的横摇运动,使水舱内的水在水槽内往复运动,舷侧水柜内的水表面上下波动而产生稳定力矩。

槽形水舱的设计原理原则上同 U 形水舱相同,即使水舱内水振荡的固有周期等于船舶的固有周期,图 8.2.33 所示槽形水舱内水的振荡周期可估算为

$$T_w = 2\pi l/0.88\sqrt{gH_0} \tag{8.2.47}$$

由式(8.2.47)可看出,水舱内水的振荡周期 T_w 主要取决于 l 和 H_0。当水舱形状、尺度确定后,通过调节水量改变 H_0,则该周期可在较大范围内变化,这也是槽形水舱的一大优点。

为了适应海洋波浪频率在较宽范围内的变化,可在通道中间加阻尼栅或阻尼阀,改变水舱的阻尼以使在共振区达到较好的减摇效果,最佳阻尼主要是用试验方法求得的。考虑到水舱在船舶上的具体布局,槽形水舱的形状也有许多种,如图 8.2.34 所示。

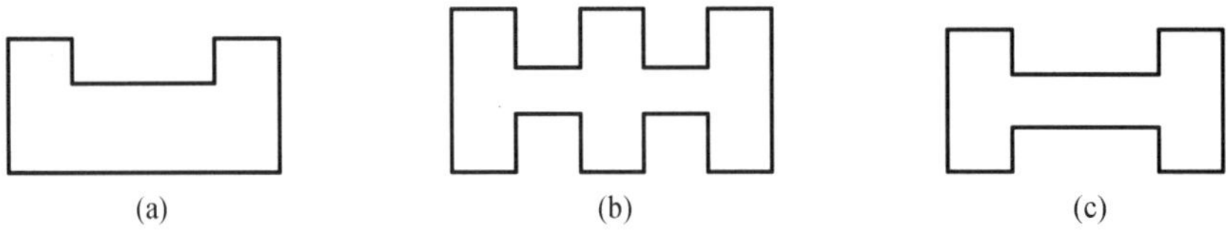

图 8.2.34 槽形水舱的形状

被动式减摇水舱仅在中等海况和在船舶初稳心高 h 限定范围以内,在很接近船舶固有频率附近提供有限的减摇效果,最好的减摇效果可达 60% ~70%,离开共振区其减摇效果显著下降,在较长的遭遇周期上使横摇角增加。它的优点是设备简单、费用低及在任何航速下均有一定的减摇效果。

为了改善被动水舱的减摇性能,人们研发了一种可控被动式减摇水舱。其主要是在水舱通道上安装了节流阀,通过横摇传感装置调节阀门开启和关闭的程度,控制水的流量,使这种减摇水舱比被动水舱能在较宽的频率范围内有效工作。

静特征数是表征减摇水舱减摇能力的衡准,是以水舱内的水使船舶在静水中产生的最大横倾角定义的,即

$$\varphi_s = \frac{M}{Dh}$$

式中 M_s——水舱内的水对船舶所能产生的最大稳定力矩。如图 8.2.29 所示的水舱,最大稳定力矩为

$$M_s = 2\rho g A_v z_m l_H \tag{8.2.48}$$

式中 z_m——水舱内水相对平衡位置的最大垂直位移。

静特征数越大,水舱的作用效果越好,但同时其质量、体积也增大,因此一般设计减摇水舱时取 $\varphi_s = 2° \sim 4°$,也可近似取水舱内水的质量为船舶的排水量的 1% ~2% 或载货量的 1.5% ~3%。要考虑水舱内水的自由液面对初稳性的影响。有人建议水舱内水的自由液面使初稳心高的减小量应不大于 25% h。

减摇水舱多数装设在船舶的重心上。例如,将水舱布置在主机舱上,这样可以少占有效空间而又不降低重心。另外,将水舱布置在船舶重心之上,使得由水舱内水的水平加速度引起的惯性力矩与水的质量在垂直方向上产生的力矩一致,可提高减摇效果。

但不能单从减摇效果出发考虑水舱装设位置,而必须从总体布局上考虑,选取最合适的位置。

2. 主动式减摇水舱

为了弥补被动式减摇水舱的一些不足,有人提出了主动式减摇水舱(简称“主动式水舱”),图 8.2.35 所示是主动式减摇水舱示意图。

主动式减摇水舱的工作原理是依靠角速度陀螺感应船舶的横摇角速度信号,控制阀伺服机构,控制阀张开的大小由泵将水从一舷打到另一舷的水量建立稳定力矩。

主动式水舱的设计和被动水舱类似,要根据水舱内水的自由液面影响所允许降低的初稳心高,确定水舱的最大减摇能力,并选取最佳水舱的阻尼。根据主动式水舱最大允许的减摇能力,确定在共振横摇下需要的最小输入功率,以此功率选取泵。主动式水舱的减摇效果在共振区主要取决于水舱高度和泵的功率。在共振区以外,主动式水舱的减摇效果主要取决于控制规律及泵的功率。足够的水舱高度和泵的功率可以使主动式水舱具有很好的减摇效果。图 8.2.36 为各类减摇水舱减摇效果的典型曲线。

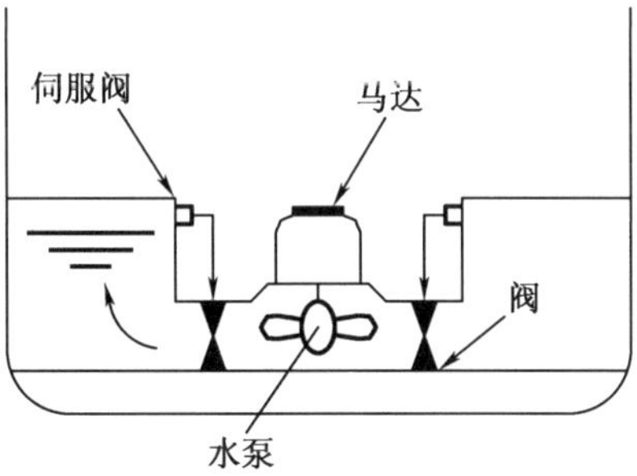

图 8.2.35 主动式减摇水舱示意图

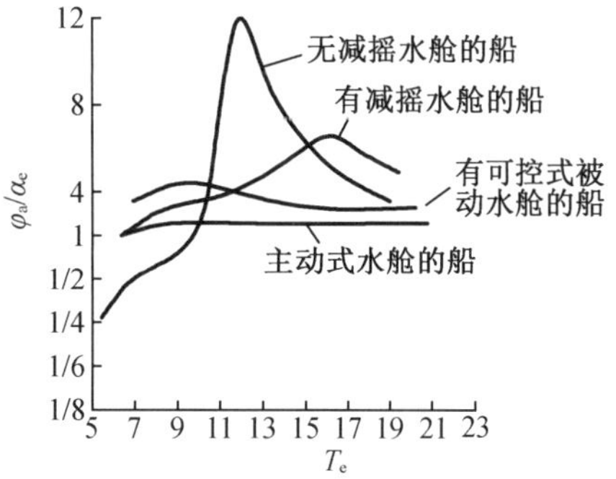

图 8.2.36 各类减摇水舱减摇效果的典型曲线

主动式减摇水舱所需设备很多,包括控制系统,伺服系统,测水舱内水头或压力、水流速传感器,大功率的泵和原动机等。可见,此装置比较复杂,并且费用高,所以还没有在实

际中使用。

总之,减摇水舱对改善低速船、海上作业的浮动平台等特种船舶的横摇性能具有独特的优点。

虽然减摇水舱的发展历史已相当长,但至今关于水舱的设计问题尚不能从理论上得到圆满的解决。通常是以模型试验来确定水舱的形状、尺度及减摇效果。当然,最终还是要经实船试验验证的。

8.3 船舶减纵向运动技术

8.3.1 船舶减纵向运动技术概述

船舶纵向运动对船舶的正常运营及军船作业或作战效能有很大影响。以纵摇为例,剧烈的纵摇将使船舶遭受严重的上浪、砰击,对船上设备、船体结构强度及人员安全造成很大威胁。纵摇和升沉运动引起的垂向加速度也是造成船员、旅客晕船率较高的主要原因。因此船舶减纵向运动技术一直是造船工程师们致力研究的内容。以纵摇为例,纵摇的稳定问题和横摇有很大区别,由于船体本身的纵摇阻尼力(矩)很大,因此需要更大的力(矩)才能进一步加大这一阻尼,有效对抗外力(矩),从而可能会产生振动及强度方面的问题;同时纵摇幅频响应的峰值区相对于横摇对应的频带更宽,而减纵摇只有在谐摇范围附近才较为有效,在面对更长或更短的波时,其减摇效果大为降低。上述问题给减纵向运动技术的研究带来很大困难,因此对于减缓舰船纵向运动,虽然近百年来舰船研究人员曾进行大量理论、模型及实船试验研究,提出了几十种方法,这些方法基于流体动力原理,在舰船首部、尾部加鳍(既有被动鳍也有主动鳍),通过建立减纵向运动的稳定力矩来抵抗波浪产生的纵摇力矩,但多数方法因效果不明显、强度不够以及引起船体振动等宣告失败。

迄今真正应用于实船上且减纵向运动效果明显的减纵向运动装置还不多见,特别是在较大吨级的水面舰船上。国外文献报道的减纵向运动装置也只是在百吨以下的小艇上采用的尾板减纵摇装置。人们对控制舰船纵向运动的研究几乎是和对控制横摇运动的研究同时开始的,设计师们也曾像控制横摇运动一样,给舰船加装主动式或被动式首、尾鳍。加装附体的减摇效果是值得肯定的,美国、英国、苏联均做过实船对比试验。试验结果表明,首鳍减摇效果显著。但关键的问题在于加装附体会产生副作用,引起附体强度及船体振动等问题。例如,苏联做过大量的试验,给舰船加装固定式首鳍,结果证明这一方法确实能有效地抑制舰船的纵向运动,但由于存在鳍的强度及引起船体振动方面的问题,因此一直没有真正应用于实船。同时,由于船体尾部流场边界层较厚,因此一般尾鳍的效果不如首鳍明显。对于首鳍的主动化,人们也曾尝试过,有些情况下其效果比固定式好,但并不十分显著,而且主动鳍会出现空化及鳍角饱和现象。另外,船体首部舱室狭窄也给鳍的主动化带来许多困难,而且控制装置费用较高。20 世纪 80 年代,日本研究者在百吨以下小艇船底首部加装一流线型半潜首,有效地抑制了舰船的纵向运动,尤其是对首部加速度的抑制效果明显,但是在船舶航行速度较高时产生的阻力却比原船增加了约10%(半潜首排水量占全船的10%)。

我国研究者在水面船舶减纵向运动技术研究领域也开展了大量研究,包括减纵摇鳍、主动式或被动式减摇水翼等减摇装置,但未取得减纵向运动技术的实质性突破。直到20世纪90年代,李积德等发明了一种新型水面船舶减纵向运动组合附体(简称"组合附体"),成功解决了困扰造船界百余年的难题。其研发的新型减纵向运动组合附体经450 t级实船海试验证,表明减纵摇效果达到40% ~50%,提高了一级作业海情,对快速性、操纵性几乎没有影响,没有出现引起船体振动的问题,实现了船舶减纵向运动技术的重大突破。

8.3.2 减纵向运动组合附体技术

1. 减纵向运动组合附体技术的减摇原理

舰船减纵向运动技术最大的难点在于需要很大的稳定力矩,这导致提供稳定力矩的附体会承受很大的水动力载荷,而附体结构强度很难满足这一需求,而且这一水动力载荷还会引起船体剧烈振动。在解决减纵向运动关键技术之前,先要解决减纵向运动附体承受载荷过大的问题,同时还要考虑工程可行性的问题。

减纵向运动组合附体基于流体动力原理及复合技术,属流体动力型被动式减纵向运动装置,由流线型半潜体和安装在半潜体两侧的一对特殊艏鳍组成,通过半潜体与主船体固接并被布置在近船首底部,如图8.3.1所示。当船舶在波浪中航行并产生纵向运动时,根据阻尼力的物理特征,组合附体上产生的纵向运动运动阻尼力的方向始终与其纵向运动的方向相反,以达到减缓其纵向运动的目的。组合附体上产生的足够大的减纵向运动稳定力矩分别由半潜体和艏鳍承担,其中,半潜体上主要产生涡流阻尼,艏鳍上主要产生动升力阻尼,从而保证了组合附体结构强度满足工程设计要求。同时,将艏鳍布置在半潜体上,又将半潜体安装在船首底部,保证了艏鳍不出水,从而避免了国外所报道的因减纵向运动附体出水砰击而引起的自身振动及激起的船体剧烈振动的问题。因此,减纵向运动组合附体破解了困扰减纵向运动技术的两大关键技术难题,即附体上承受的流体动力载荷过大,强度无法满足要求及由附体砰击引起的船体强烈振动的问题。

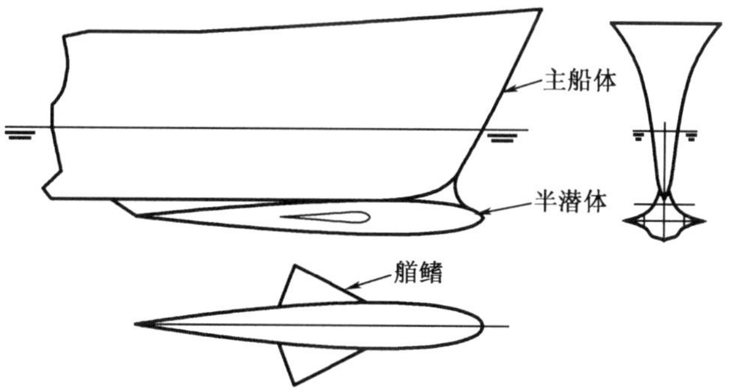

图8.3.1 减纵向运动组合附体

水池模型试验与实船海试结果均表明，该组合附体对原船静水阻力基本无影响，波浪增阻显著降低，减纵向运动运动效果显著。图 8.3.2 ~ 图 8.3.5 所示为一组加装组合附体的船与原船 1/25 模型静水阻力比较和对应实船在 27 kn 航速下的纵摇、升沉及首部垂向加速度水池模型试验曲线。

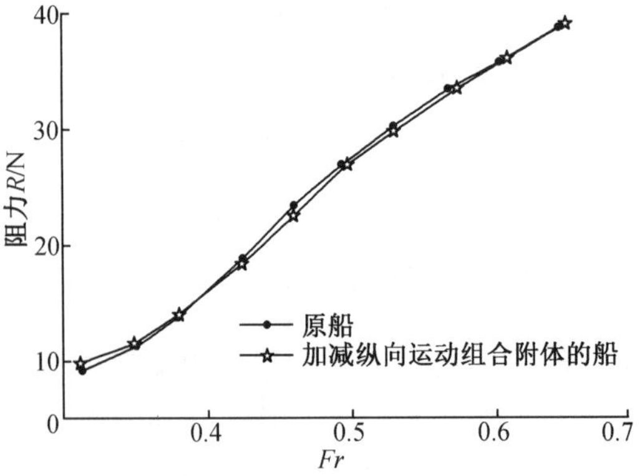

图 8.3.2　静水阻力对比

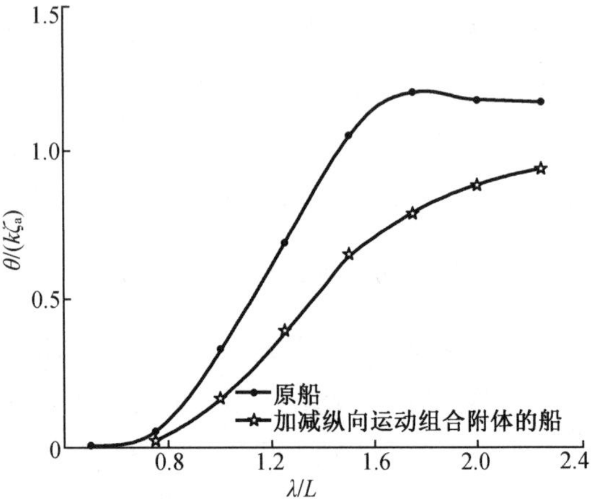

图 8.3.3　纵摇运动响应对比

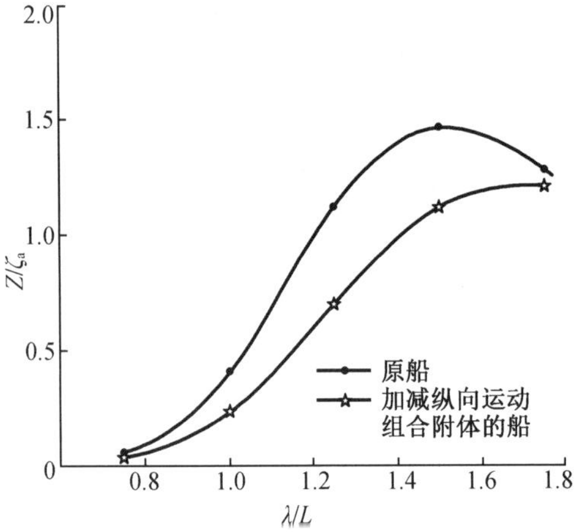

图 8.3.4　升沉运动响应对比

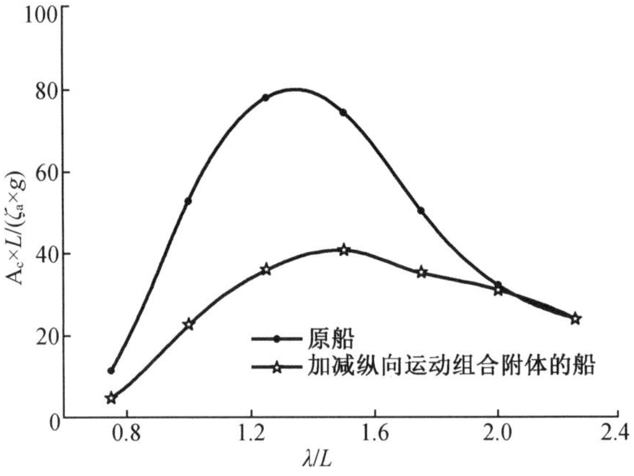

图 8.3.5　首部垂向加速度响应对比

2002 年的实船对比试验得出如下结论：加装组合附体对原船的快速性和操纵性没有影响。加装组合附体的船与原船的耐波性对比试验：3 级海况（$H_{\frac{1}{3}}=1.06$ m）下迎浪时，加装组合附体的船的纵摇角减小了 29% ~40%，首部加速度减小了 52% ~68%。加装组合附体的船可在 4 级海况下高速平稳航行，较原船提高一个浪级。而且现场测试结果表明，在同样主机转速下，加装组合附体的船在波浪中的航速与其静水航速相当，波浪增阻大幅降低。振动测试表明，加装组合附体的船的振动冲击性能大幅改善。这也是世界上首次在 450 t 级船上成功实现舰船减纵向运动的实船试验。

2. 加装减纵向运动组合附体舰船运动的预报方法

对于加装半潜体、高航速的舰船，当其在纵向平面内做振荡运动（即做垂荡和纵摇运动）时，附体的存在，特别是附体横向尺度的影响，使由水黏性作用引起的阻尼力（矩）比常规单体船在相同运动状态时的黏性阻尼力(矩)大得多。如忽略这部分由水黏性作用引起的阻尼力(矩),仅应用势流理论计算水动力阻尼力(矩)来预报此类船型的运动,所得出的结果将与一个具有弱阻尼的线性系统振荡时的振幅响应特征十分相近,在谐振区更是如此,即响应曲线的峰区部分十分尖陡,对应的频率带很窄。这是因为按势流理论假定所计算的阻尼主要是兴波阻尼,所以对此类加装组合附体的船型在波浪上的运动性能进行理论计算预报时,必须考虑组合附体黏性水动力的影响。

考虑到加装半潜体的剖面与小水线面双体船剖面的型式的相似性,可以采用小水线面双体船剖面水动力系数的计算原理来计算相关数据。根据产生的原因不同,将由黏性引起的力分为两部分:一部分为与来流攻角和速度有关的黏性升力;另一部分为与剖面横向绕流速度的平方成正比的黏性横向阻力。该方法在小水线面双体船的运动预报中被广泛采用,效果很好,对单体复合船型纵向运动的预报也能较好地反映出组合附体的黏性效应,这里不做详细介绍。

RANS(Reynolds averaged Navier-Stokes)方法近年来在船舶水动力性能预报方面应用得越来越深入,它可以考虑流体的黏性并能方便地处理两相流及自由液面问题,且计算精度能够满足工程精度要求。采用 RANS 方法计算船体水动力系数和组合附体动升力系数,并代入船体运动方程对切片法进行修正,在求解运动方程后便可以得到经过黏性修正的单体复合船型运动的预报结果。下面详细介绍该方法。

(1)计及黏性影响的水动力修正系数的计算

研究表明,在深 V 船型纵摇阻尼中,黏性阻尼所占比例不大,用 CFD 方法计算的水动力系数与用源汇分布法得到的结果基本一致。对于加装组合附体部分剖面,由于黏性阻尼所占比例很大,因此需应用 CFD 方法计算计及黏性影响的组合附体的部分船体剖面水动力系数,计算剖面的间距可根据组合附体形状进行细化。

先计算各船体剖面在不同圆频率下做垂向微幅简谐振荡的非定常力,计算流域及网格划分如图 8.3.6 所示。计算模型可以采用有限体积法对流体域进行离散,流体域可取为 10 倍船宽 ×10 倍吃水;划分网格时,将船体剖面上网格密度设置为 0.1 m,并对船体周围流域 6 倍船宽与 4 倍吃水的范围内网格进行加密,考虑船体剖面形状较复杂,建议采用三角形非结构化网格;采用有限体积法对流域进行离散,流域分为水和空气两部分,自由液面用 VOF 方法处理,采用 PISO 算法。湍流模型可采用 RNG $-\kappa-\varepsilon$ 模型,并采用动网格技术,模拟船体剖面在流体域中的受迫简谐振荡运动,计算剖面非定常力(矩)。

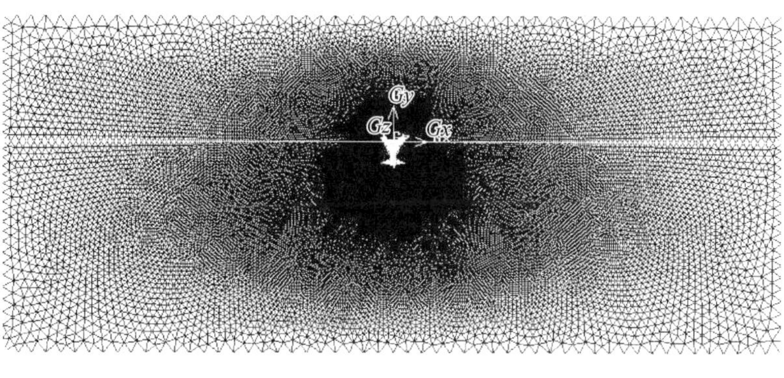

图 8.3.6 计算流域及网格划分

由计算的非定常力(矩)可得到剖面水动力系数,下面给出由升沉运动非定常垂向力计算剖面升沉附加质量和阻尼系数的计算原理:设升沉附加质量为 λ_{33},升沉阻尼系数为 μ_{33},升沉位移为 Z,升沉速度为 $\dot{Z}$,升沉加速度为 $\ddot{Z}$,升沉幅值为 A,初相位为 θ_0,辐射力为 F_z,恢复力为 F_s,垂向非定常力 $F=F_z+F_s$,垂向非定常力的幅值为 F_a。

对船体剖面 $t=0$ 时,$Z=0$,设 $Z=A\sin\omega t$

则

$$\dot{Z}=\omega A\cos\omega t,\ddot{Z}=-\omega^2 A\sin\omega t$$

因为

$$F_z=-\lambda_{33}\ddot{Z}-\mu_{33}\dot{Z},F_s=-\rho gBZ$$

所以垂向非定常力

$$F=F_z+F_s=-\lambda_{33}\ddot{Z}-\mu_{33}\dot{Z}-\rho gBZ$$

由计算可得垂向非定常力 F,经分离可得到如下形式:

$$F=F_a\cos(\omega t+\theta_0)=F_a\cos\omega t\cos\theta_0-F_a\sin\omega t\sin\theta_0 \tag{8.3.1}$$

故得

$$F_a\cos\omega t\cos\theta_0-F_a\sin\omega t\sin\theta_0=\lambda_{33}A\omega^2 A\sin\omega t-\mu_{33}A\omega\cos\omega t-\rho gBA\sin\omega t \tag{8.3.2}$$

比较系数得

$$\lambda_{33}=\frac{\rho gBA-F_a\sin\theta_0}{A\omega^2},\ \mu_{33}=-\frac{F_a\cos\theta_0}{A\omega} \tag{8.3.3}$$

式中 B——横剖面水线宽;

A——升沉幅值;

F_a——垂向非定常力幅值;

θ_0——初相位。

ρ、g、B、A 和 ω 均为已知。可见,只要从由计算所得的垂向非定常力 F 中分离出 F_a 和 θ_0 便可求得升沉附加质量 λ_{33} 和升沉阻尼系数 μ_{33}。

图 8.3.7 所示为采用 Fluent 软件计算某船首部加装组合附体剖面做简谐强迫升沉运动垂向非定常力的结果,通过插值拟合可以得到规则的余弦曲线,按上述方法对该力分解便可得到剖面的升沉附加质量 λ_{33} 和升沉阻尼系数 μ_{33},计算结果如图 8.3.8 和图 8.3.9 所示。

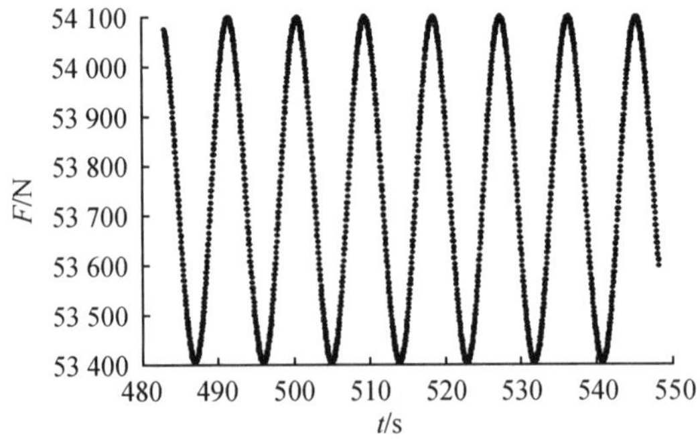

图 8.3.7 垂向非定常力的结果

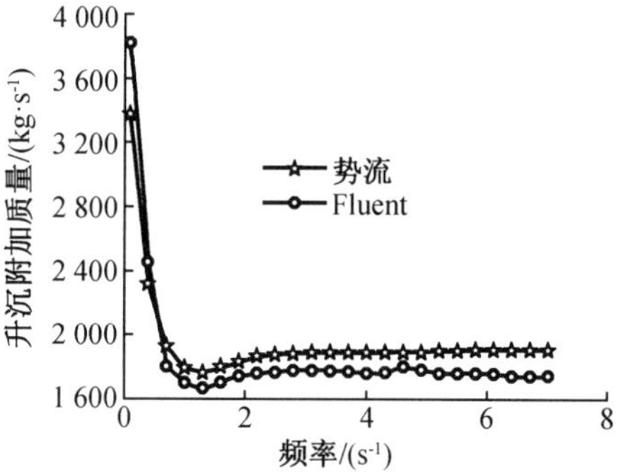

图 8.3.8 升沉附加质量计算结果

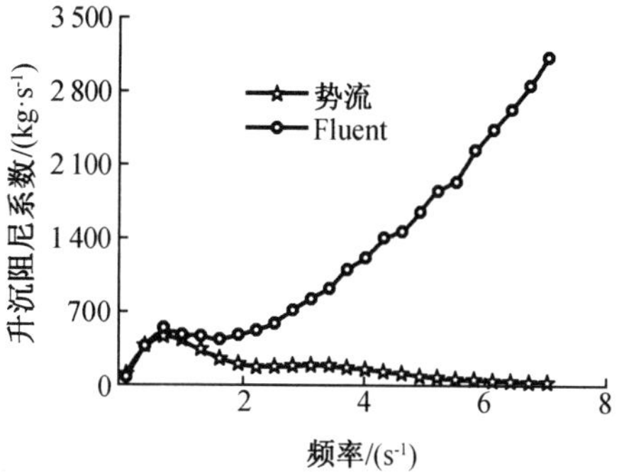

图 8.3.9 升沉阻尼系数计算结果

用 Fluent 软件计算的水动力系数结果减去源汇分布法计算结果得到复合船型水动力黏性修正系数,代入船舶纵向运动方程可得

$$(M+A_{33}+A_{33}^{*})\ddot{Z}+(B_{33}+B_{33}^{*})\dot{Z}+C_{33}Z+(A_{35}+A_{35}^{*})\ddot{\theta}+(B_{35}+B_{35}^{*})\dot{\theta}+C_{35}\theta=F_{3}\mathrm{e}^{-\mathrm{i}\omega_{e}t}$$

$$(I_{\theta}+A_{55}+A_{55}^{*})\ddot{\theta}+(B_{55}+B_{55}^{*})\dot{\theta}+C_{55}\theta+(A_{53}+A_{53}^{*})\ddot{Z}+(B_{53}+B_{53}^{*})\dot{Z}+C_{53}Z=F_{5}\mathrm{e}^{-\mathrm{i}\omega_{e}t} \tag{8.3.4}$$

式中,带“ * ”者为水动力黏性修正系数。

(2)计及组合附体动升力影响的水动力修正系数的计算

减纵向运动组合附体的作用主要体现在两方面:一是组合附体产生黏性阻尼力(矩)以抑制船体纵向运动;二是在航行时,组合附体产生与船体纵向运动方向相反的动升力阻尼力(矩)以抑制船体纵向运动。因此,在对加装组合附体船进行纵向运动预报时还必须考虑组合附体动升力的影响。

组合附体动升力 F_f 可以用 $F_f - \frac{1}{2}\rho U^2 SC_L^{\alpha}\alpha$ 表示,其中 ρ 为水密度,U 为船的航速,S 为组合附体在 xOy 平面的投影面积,C_L^{α} 为组合附体升力系数对攻角的导数,α 为攻角。

组合附体的攻角 $\alpha=\theta+[\dot{Z}-x_f\dot{\theta}-\dot{\zeta}(x_f,0,-d_f)]/U$,其中 θ 为纵摇角,$\dot{\theta}$ 为纵摇角速度,$\dot{Z}$ 为升沉速度,$\dot{\zeta}$ 为波浪的垂向速度,x_f 和 d_f 分别为组合附体的纵向和垂向安装位置。

本书引入组合附体动升力修正系数。组合附体的动升力(矩)F_f、M_f 可分别写成如下形式:

$$\left.\begin{aligned}F_f&=\rho U^2 SC_L^{\alpha}\{\theta+[\dot{z}-x_f\dot{\theta}-\dot{\zeta}(x_f,y_f,-d_f)]/U\}\\ M_f&=-x_fF_f=-x_f\rho U^2 SC_L^{\alpha}\{\theta+[\dot{z}-x_f\dot{\theta}-\dot{\zeta}(x_f,y_f,-d_f)]/U\}\end{aligned}\right\} \tag{8.3.5}$$

又有

$$\left.\begin{aligned}F_f &= B_{33}^f \dot{z} + A_{35}^f \ddot{\theta} + B_{35}^f \dot{\theta} + C_{35}^f \theta + F_{fv} \mathrm{e}^{-\mathrm{j}\omega_e t}\\ M_f &= B_{55}^f \dot{\theta} + C_{55}^f \theta + + B_{53}^f \dot{z} + M_{fv} \mathrm{e}^{-\mathrm{j}\omega_e t}\end{aligned}\right\} \tag{8.3.6}$$

因此得

$$\left.\begin{aligned}&B_{33}^f = \rho USC_L^\alpha, B_{35}^f = -\rho USC_L^\alpha x_f, B_{55}^f = \rho USC_L^\alpha x_f^2\\ &C_{35}^f = 2\times\frac{1}{2}\rho U^2 SC_L^\alpha, C_{55}^f = -\rho U^2 SC_L^\alpha x_f\\ &F_{fv} = \mathrm{j}\omega A\rho USC_L^\alpha \mathrm{e}^{-kd_f}\mathrm{e}^{(\mathrm{j}kx_f\cos\beta)}\\ &M_{fv} = -\mathrm{j}\omega A\rho USC_L^\alpha x_f \mathrm{e}^{-kd_f}\mathrm{e}^{(\mathrm{j}kx_f\cos\beta)}\end{aligned}\right\} \tag{8.3.7}$$

式中　x_f——组合附体形心位置的纵向位置距船舯的距离；

d_f——垂向位置距基线的距离。

只要求出组合附体升力系数对攻角的导数 C_L^α，就可以得到加装组合附体船受组合附体动升力影响的相关水动力修正系数。

采用 RANS 方法可以方便地求解无界流中组合附体的升力系数。图 8.3.10 所示为某组合附体升力系数曲线计算结果。计算升力系数对攻角的导数可得组合附体动升力修正系数。

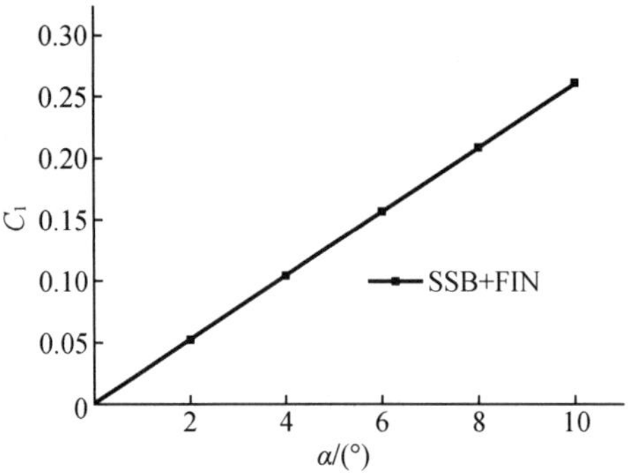

图 8.3.10　某组合附体升力曲线计算结果

将组合附体动升力修正系数及半潜体和鳍上产生的动升力 F_f、M_f 加入运动方程得

$$\left.\begin{aligned}&(M + A_{33} + A_{33}^*)\ddot{z} + (B_{33} + B_{33}^* + B_{33}^f)\dot{z} +\\ &C_{33}z + (A_{35} + A_{35}^*)\ddot{\theta} + (B_{35} + B_{35}^* + B_{35}^f)\dot{\theta} +\\ &(C_{35} + C_{35}^f)\theta = (F_3 - F_f)\mathrm{e}^{-\mathrm{j}\omega_e t}\\ &(I_\theta + A_{55} + A_{55}^*)\ddot{\theta} + (B_{55} + B_{55}^* + B_{55}^f)\dot{\theta} +\\ &(C_{55} + C_{55}^f)\theta + (A_{53} + A_{53}^*)\ddot{z} +\\ &(B_{53} + B_{53}^* + B_{53}^f)\dot{z} + C_{53}z = (F_5 - M_f)\mathrm{e}^{-\mathrm{j}\omega_e t}\end{aligned}\right\} \tag{8.3.8}$$

式中，带上角标“f”的项为组合附体动升力修正项。

对经水动力系数修正后的运动方程进行求解便可得到加装组合附体船纵向运动响应。下面给出某船加装组合附体前后的纵向运动响应预报结果。图 8.3.11、图 8.3.12 所示为某千吨级船在实船航速为 24 kn($Fr=0.37$)时，分别采用势流方法与黏流方法预报迎浪的升沉及纵摇响应结果与模型试验结果的比较。

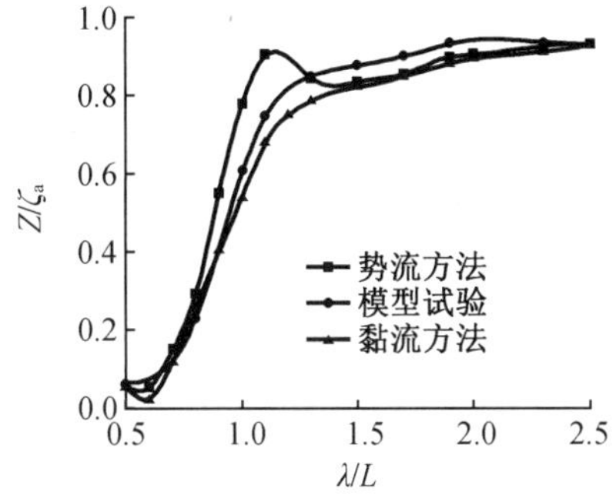

图 8.3.11 升沉响应结果与模型试验结果的比较

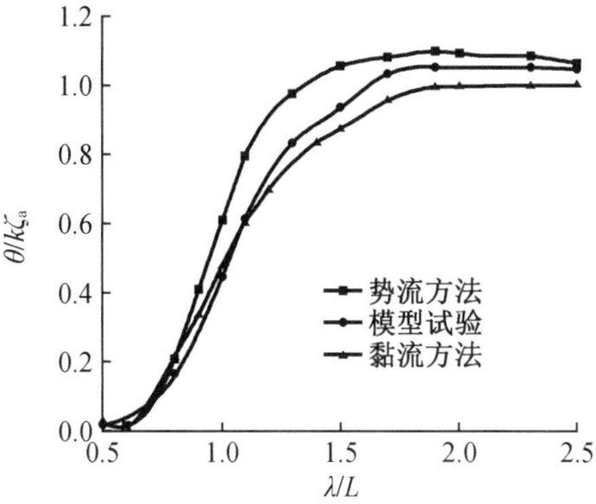

图 8.3.12 纵摇响应结果与模型试验结果的比较

3. 高耐波性单体复合船型

(1)高耐波性单体复合船型的构型原理

基于减纵向运动组合附体技术,配合耐波性优良的单体深 V 船型研发的高耐波性单体复合船型,其耐波性较同吨级常规圆舭船型有大幅提升。以某千吨级船型为例,其主船体为千吨级单体深 V 船型,船型主尺度如表 8.3.1 所示,首部加装减纵向运动组合附体,组合附体由一流线型半潜体和一对艏鳍组成。图 8.3.13 所示为组合附体侧视和俯视示意图,其中半潜体采用 NACA00 系列翼型,横剖面为上下非对称的半椭圆形;艏鳍截面采用 ЦАГИ 翼型,艏鳍前缘位于半潜体最大剖面处。图 8.3.14 所示为生成的千吨级高耐波性单体复合船型效果图。

表 8.3.1 船型主尺度

设计水线长/m	设计水线宽/m	设计吃水/m	排水量/t
83.8	11	3.2	1220

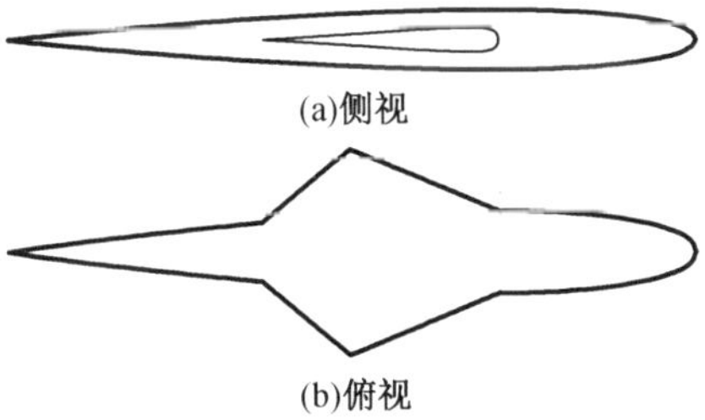

图 8.3.13 组合附体侧视和俯视示意图

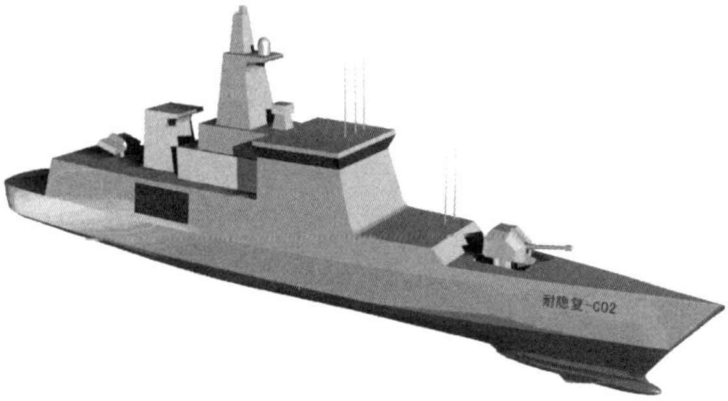

图 8.3.14 生成的千吨级高耐波性单体复合船型效果图

水池模型试验结果表明,生成的千吨级单体复合船型的静水阻力与同吨级圆舭船型相当,耐波性得到大幅提升。水池试验模型的缩尺比为 1:25,测量了千吨级圆舭船型和单体复合船型模型的静水阻力和在规则波中的运动响应。试验在哈尔滨工程大学拖曳水池实验室进行,波浪由摇板式造波机模拟,模型阻力及运动采用四自由度适航仪测量。图 8.3.15为两船型模型静水阻力曲线,图 8.3.16、图 8.3.17 所示分别为两船型在对应实船航速为 18 kn 和 24 kn 时迎浪航行的运动响应曲线。

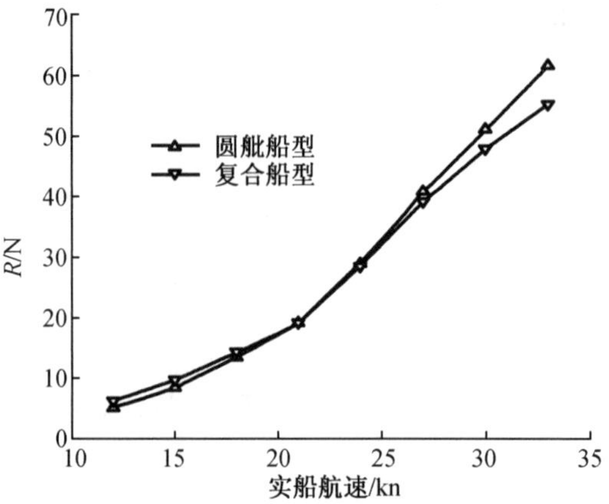

图 8.3.15　两船型模型静水阻力曲线

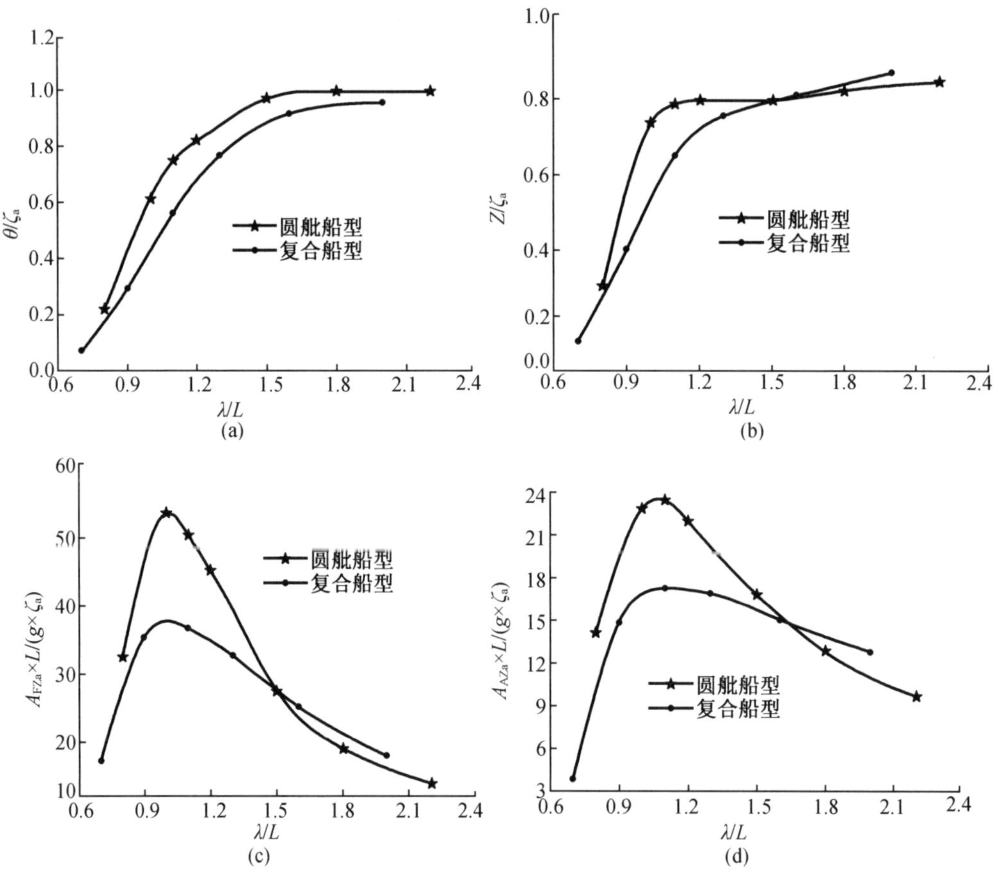

图 8.3.16　实船航速为 18 kn 时迎浪航行的响应曲线

由模型静水阻力试验结果可见，与同吨级圆舭船型比较，单体复合船型的静水阻力在低速时略有增加。随着航速的提高，两者的阻力逐渐接近，到高速时减阻。分析原因：低速时，单体复合船型采用的深 V 船型和加装的组合附体使船体湿表面积增加，导致船体摩擦阻力增加，而低速时的摩擦阻力为总阻力的主要成分，因而总阻力较圆舭船型增加；随着航速的提高，兴波阻力为总阻力的主要成分，组合附体和主船体之间产生有利干扰，使船体兴波阻力降低，因而总阻力降低。

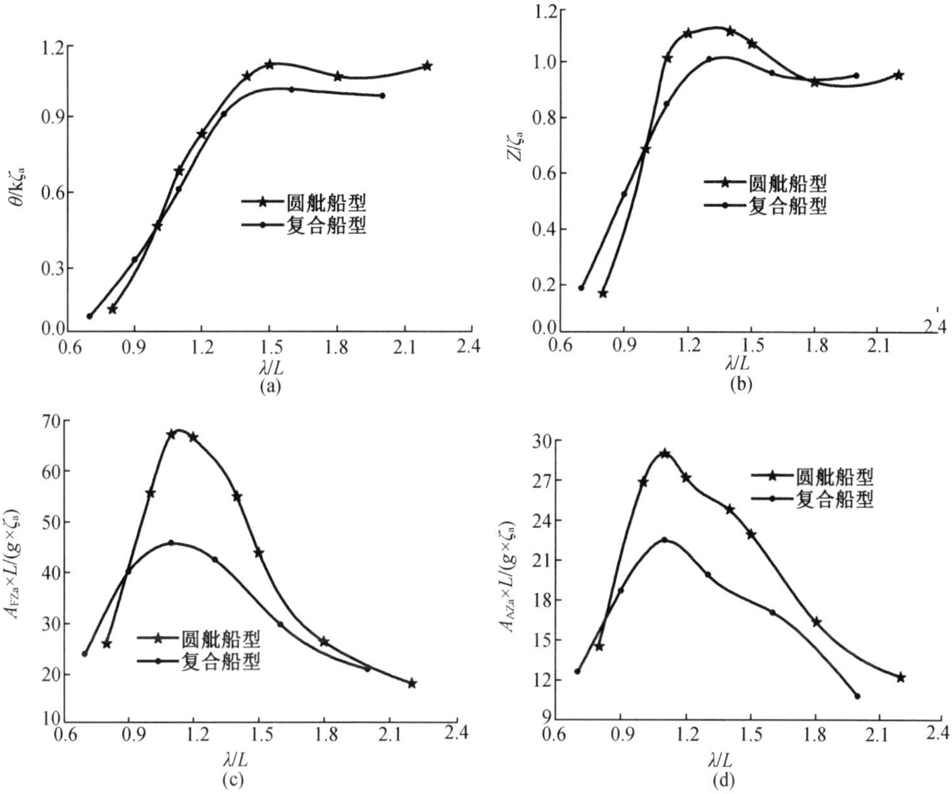

图 8.3.17　实船航速为 24 kn 时迎浪航行的响应曲线

由模型规则波试验结果可见，与同吨级圆舭船型比较，单体复合船型耐波性大幅提升，特别是各运动响应峰值大幅降低。纵向运动响应峰值减幅可达 25%，首尾加速度响应峰值减幅可达 30%，由此可见，单体复合船型对船体纵向运动响应特别是中心频率处运动响应的抑制作用是很显著的。

(2)高耐波性单体复合船型的大型化

单体复合船型在 450 t 级圆舭型船、600 t 级深 V 形船、千吨级深 V 形船上的成功应用证明，合理的主船体和组合附体设计可以将高耐波性单体复合船型技术向大型化推广。多年的研究结果表明：主船体构型、组合附体的尺寸、型式和安装位置等对单体复合船型的静水阻力性能和耐波性均有很大影响。在将该复合船型向大型化推广的过程中，不能简单按照仿似变化方法根据小型艇设计经验来设计大型船舶，这主要因为大型船舶的纵向运动响应比较缓慢，垂向速度比小型船低，而与速度密切相关的黏性阻尼也随之变小，所以要考虑主船体与组合附体的适配性，合理设计组合附体的尺寸。

哈尔滨工程大学的李积德教授在千吨级高耐波性单体复合船型的基础上，综合应用深 V

形主船体、首部减纵摇组合附体和尾板技术，进一步研发了4 000 t级高耐波性单体复合船型。

应用减纵向运动组合附体技术，针对4 000 t级船纵向运动特性，重点在潜体线型、主尺度及与主船体的配合方面做了较大的改进设计，充分发挥潜体的涡流阻尼效应，使其产生足够大的减纵摇稳定力矩；在船舶尾部通过加装尾板降低船体兴波阻力，生成4 000 t级单体深V复合船型，如图8.3.18所示。经水池模型试验及实际海浪环境下的大尺度模型试验，结果表明：该船型耐波性得到大幅提升，波浪增阻与圆舭原船型相比大幅降低。

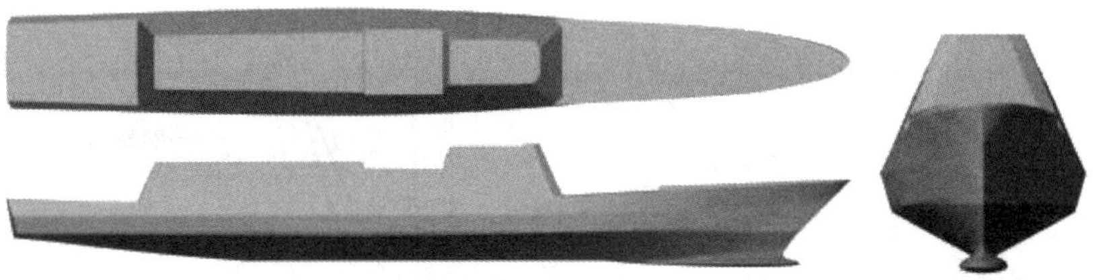

图8.3.18　4 000 t级单体深V复合船型

水池模型试验模型的缩尺比为1:40，模型静水阻力试验结果如图8.3.19所示，圆舭船型、加组合附体复合船型、加组合附体和尾板复合船型模型规则波试验结果如图8.3.20所示，复合船型相对圆舭船型运动响应峰值处的减摇效果如表8.3.2所示。

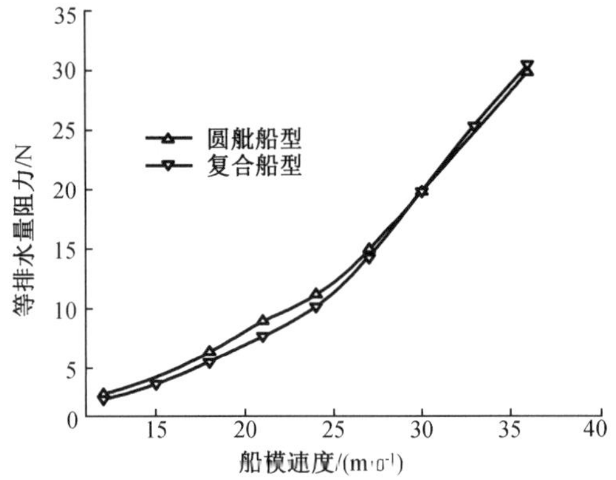

图8.3.19　模型静水阻力

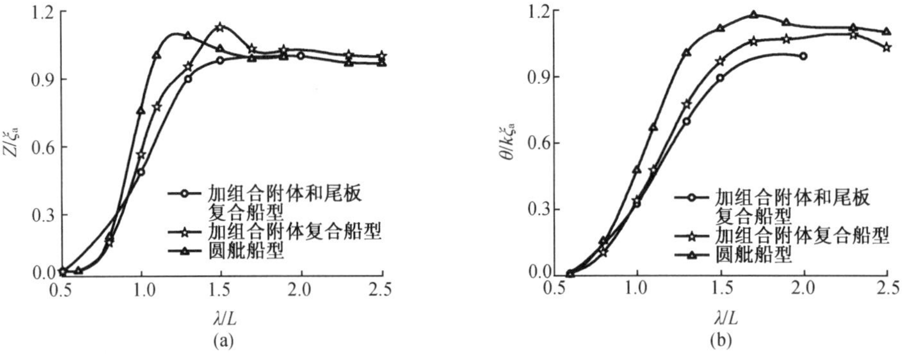

图8.3.20　圆舭船型、加组合附体复合船型、加组合附体和尾板复合船型模型规则波试验结果

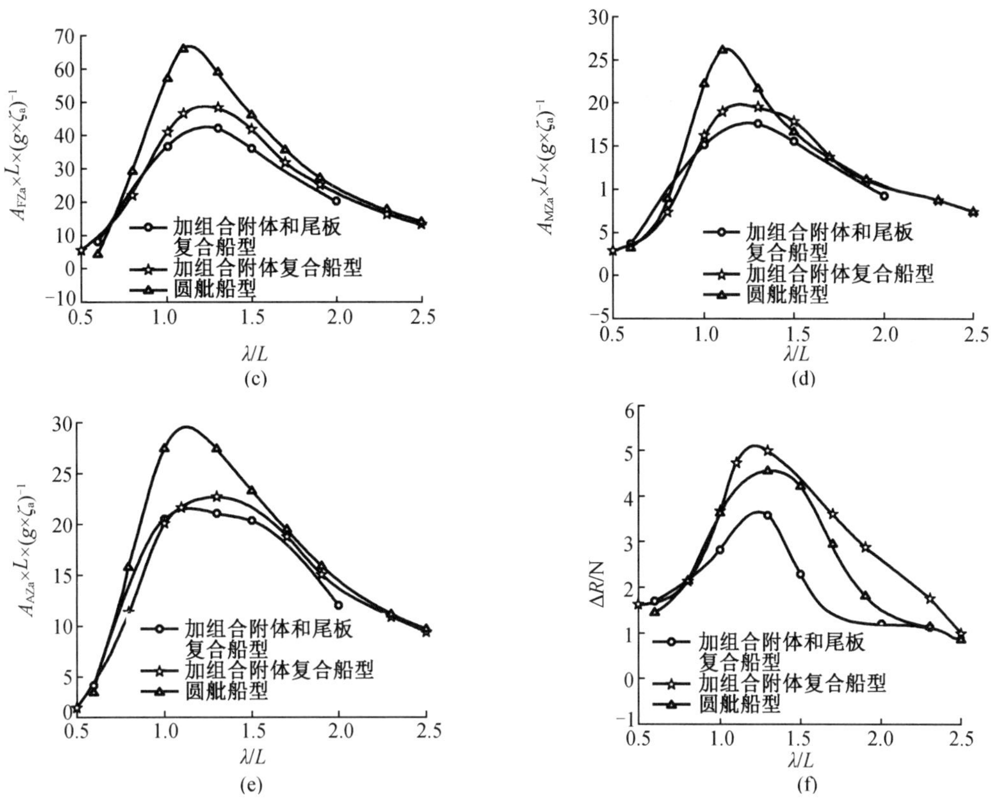

图 8.3.20(续)

表 8.3.2 复合船型相对圆舭船型运动响应峰值处的减摇效果

船型	航速/kn	峰值处减摇效果/%			
		纵摇	升沉	首部加速度	尾部加速度
加组合附体复合船型	18	-21.1	-10.7	-20.4	-18.8
	24	-23.1	-17.6	-24.0	-17.9
	30	-28.7	-22.9	-29.7	-20.2
加组合附体和尾板复合船型	18	-24.8	-41.0	-28.2	-26.5
	24	-32.4	-37.4	-35.3	-24.7
	30	-30.9	-35.8	-36.1	-25.3

从水池模型试验结果可见,对于静水阻力而言,研发的4 000 t级单体复合船型在中低航速下的静水阻力性能较同吨级圆舭船型略有增加,高速时可以实现减阻;对于耐波性而言,单体复合船型较圆舭船型有较大改善,加装组合附体使复合船型的耐波性与圆舭船型相比有大幅提升,加装尾板后,在尾板和组合附体的联合作用下,耐波性进一步得到提升,同时复合船型波浪增阻较圆舭船型也大幅减小。

由此可见,基于减纵向运动组合附体技术可以将单体复合船型向大型水面舰船推广。但对于不同船型需根据其排水量、构型、航行海域及作业任务等情况的不同进行设计。

第 9 章　船舶耐波性试验

船舶耐波性试验是研究船舶耐波性能的重要手段之一，主要目的是：分析确定船在波浪上的耐波性能；为船舶设计选择优良耐波性能的船型提供依据；检验理论计算结果的正确性；寻求减缓船舶摇荡运动的有效措施等。

船舶耐波性试验分为两大类：

一是实船试验。根据试验大纲所规定的船舶装载和波浪情况，选择适当的海域进行有关耐波性试验。实船试验的主要目的是鉴定船舶耐波性；寻求实船试验与船模试验的相关性；检验理论预报的精度和可信度等。

实船试验是最真实和最实际的，但进行实船耐波性方面的试验相当艰苦和困难。例如，要等到满足试验要求的海况不容易，试验前的物质准备及参试人员的组织、必要的测试仪器的准备、安全保障等涉及众多人员，耗资巨大。倘若一次试验不成功，再重复试验是很困难的，甚至因海况变化而中止试验并返航。所以这类试验实例是很有限的，正因为如此，有关实船耐波性的试验资料是非常珍贵的。

二是船模试验。船模耐波性试验是在水池中或自然环境中进行的，可以较方便地改变装载情况和波浪要素，可以进行几个船模的对比试验，而且试验可重复进行。因此，船模耐波性试验方法被广泛采用。

9.1　船舶耐波性水池模型试验

9.1.1　试验原理及方法

1. 船模试验的相似律

用船模试验来研究船舶耐波性，须遵守力学相似律，即模型和实船应几何相似、运动相似和动力相似。满足了这些条件后，我们就可将模型试验的结果换算到实船上去。

(1) 几何相似

模型与实船相似，即它们对应的线性尺度的比例是一样的，即

$$\frac{L_s}{L_m}=\frac{B_s}{B_m}=\frac{T_s}{T_m}=\lambda_0 \tag{9.1.1}$$

式中　L——船的长度；

B——宽度；

T——吃水；

s——实船；

m——模型。

而且，任意对应的尺度之比都等于 λ_0。我们称 λ_0 为尺度比。模型的全部尺度以实船

的对应尺度除以 λ_0 而得。

(2)运动相似

在几何相似的条件下,处于定常流动中的模型与实船,其对应点上的速度值成同一比例,即

$$\frac{v_{s1}}{v_{m1}}=\frac{v_{s2}}{v_{m2}}=\cdots=C_v(\text{常数}) \tag{9.1.2}$$

式中 v_s——实船的速度;

v_m——模型的速度;

1,2,⋯——对应点的位置。

这个条件称为模型与实船运动相似。

(3)动力相似

在运动相似的条件下,作用在模型与实船对应点上的某种力的比值相同,即

$$\frac{F_{s1}}{F_{m1}}=\frac{F_{s2}}{F_{m2}}=\cdots=C_F(\text{常数}) \tag{9.1.3}$$

式中 F_{s1}、F_{s2}、⋯——作用在实船对应点上的力;

F_{m1}、F_{m2}、⋯——作用在模型对应点上的力。

这个条件称为模型与实船动力相似。

由于流体中有惯性力、黏性力和重力等不同性质的力的作用,在动力相似的条件下,对应点上的力多边形几何相似,而且具有同一比例。对于两种不同性质的力,可以写出它们各自的动力相似条件,每一个这样的相似条件称为部分相似条件。要想获得完全的动力相似条件,必须遵守流动的所有各个部分相似条件。但并非所有的部分相似条件都有同样重要的作用。如摩擦力在船舶摇荡运动的某些问题中只起次要的作用,因此摩擦方面的相似条件不怎么重要。对于研究船舶摇荡运动最有意义的是重力与惯性力之间的部分相似条件,即弗劳德数相等:

$$\frac{v_m}{\sqrt{gL_m}}=\frac{v_s}{\sqrt{gL_s}} \tag{9.1.4}$$

由于船舶摇荡是一非定常运动,因此其还应满足非定常流动的相似条件,即斯特鲁哈尔数相等:

$$\frac{v_m t_m}{L_m}=\frac{v_s t_s}{\sqrt{L_s}} \tag{9.1.5}$$

式中 t——时间间隔或摇荡周期。

由式(9.1.4)和式(9.1.5)可得到如下关系式:

$$\frac{v_s}{v_m}=\sqrt{\frac{L_s}{L_m}}=\lambda_0^{\frac{1}{2}} \tag{9.1.6}$$

$$\frac{t_s}{t_m}=\sqrt{\frac{L_s}{L_m}}=\lambda_0^{\frac{1}{2}} \tag{9.1.7}$$

在力学相似条件下,当忽略船模与实船试验时所处水的密度差别时,可以得到船模与实船之间质量、力、静力矩和惯性矩等的关系。

质量关系为

$$\frac{\Delta_s}{\Delta_m}=\frac{\rho_s V_s}{\rho_m V_m}=\frac{L_s^3}{L_m^3}=\lambda_0^3 \tag{9.1.8}$$

式中 Δ——质量；

ρ——水的密度；

V——排水体积。

质量惯性矩关系为

$$\frac{\Delta_s L_s^2}{\Delta_m L_m^2}=\lambda_0^5 \tag{9.1.9}$$

线加速度关系为

$$\frac{L_s}{t_s^2}:\frac{L_m}{t_m^2}=\frac{L_s}{L_m}:\frac{t_m^2}{t_s^2}=1 \tag{9.1.10}$$

表(9.1.1)列出了实船与船模各相似量的比值。并且，线性尺度的比值不仅是指几何相似规律所确定的外表尺度，而且也指重心坐标、稳心半径及稳心高、稳性臂、船舶质量惯性半径等。

表 9.1.1　实船与船模各相似量的比值

相似量	比值	相似量	比值
线性尺度	λ_0	体积、质量、力	λ_0^3
角度	1	体积、质量及力的静矩	λ_0^4
线速度	$\lambda_0^{\frac{1}{2}}$	体积及质量的惯性矩	λ_0^5
时间间隔、振荡周期	$\lambda_0^{\frac{1}{2}}$	压力	λ_0
线加速度	1	功、能量	λ_0^4
角速度	$\lambda_0^{-\frac{1}{2}}$	功率	$\lambda_0^{3.5}$
角加速度	λ_0^{-1}	动能、冲量	$\lambda_0^{3.5}$
面积	λ_0^2	动量矩	$\lambda_0^{4.5}$

2. 船模的静力校准和动力校准

为了保证船模在波浪中的运动和实船相似，除了与实船几何相似、试验速度相似外，还应使二者自摇周期相似。

对几何形状和质量相似的船模，其升沉自摇周期是相似的。但对于横摇和纵摇还应遵守质量分布相似，即重心位置、质量惯性矩相似，也即船模的排水量为

$$D_m=\frac{D_s}{\lambda_0^3} \tag{9.1.11}$$

船模重心坐标为

$$x_{gm}=\frac{x_{gs}}{\lambda_0}\quad z_{gm}=\frac{z_{gs}}{\lambda_0} \tag{9.1.12}$$

船模惯性矩(转动惯量)为

$$(J_{\varphi\varphi})_{\rm m}=\frac{(J_{\varphi\varphi})_{\rm s}}{\lambda_0^5}\quad (J_{\theta\theta})_{\rm m}=\frac{(J_{\theta\theta})_{\rm s}}{\lambda_0^5} \tag{9.1.13}$$

要使船模与实船的质量分布相似,在试验前应对船模进行静力校准和动力校准。

船模的静力校准:按式(9.1.11)与式(9.1.12)确定船模质量及其重心位置。船模重心纵向位置的确定可利用如图9.1.1所示的方法,即将船模的一端悬吊,将另一端置于台秤上面的支座上。

由力矩方程 $Dx_0=px$ 得

$$x_0=\frac{p}{D}x \tag{9.1.14}$$

式中 D——船模重力;

p——船模在支座上的压力,由台秤称出;

x_0——船模重心 G 到悬吊平面的距离;

x——支座至悬吊平面的距离。

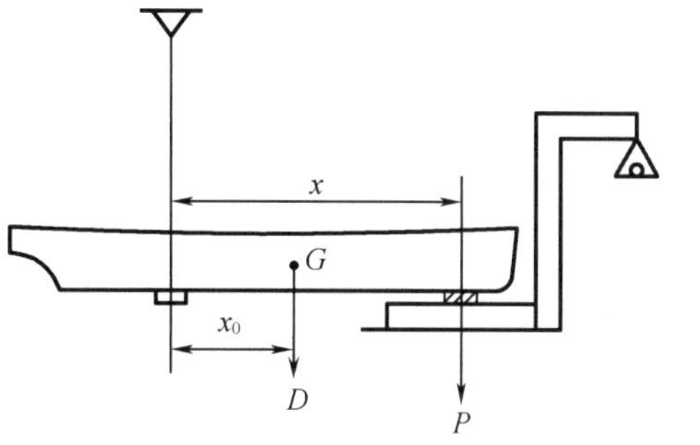

图9.1.1 船模重心纵向位置的确定

船模重心的纵向位置也可用类似于实船横倾试验的方法确定。沿船模的甲板横向移动重物造成横倾力矩 $M=pl$(p 为重物重力,l 为移动臂),并量取此时船模的横倾角 φ,可得横稳心高为

$$h=\frac{M}{D\tan\varphi} \tag{9.1.15}$$

于是,船模重心的纵坐标为

$$z_{\rm g}=z_{\rm e}+r-h \tag{9.1.16}$$

式中 $z_{\rm e}$——船模浮心的纵坐标,由计算得出;

r——稳心半径,由计算得出。

船模的动力校准:按式(9.1.13)确定船模对纵轴或横轴的质量惯性矩。

实船的质量惯性矩数值通常是预先给定的。对于处在方案设计阶段的或缺乏质量惯性矩的船舶,可按近似公式计算其质量惯性矩。

纵向惯性半径为

$$K_{\theta\theta}\approx 0.25L,\ J_{\theta\theta}=\frac{D}{g}K_{\theta\theta}^2 \tag{9.1.17}$$

横向惯性半径为

$$K_{\varphi\varphi}\approx 0.35B, J_{\varphi\varphi}=\frac{D}{g}K_{\varphi\varphi}^2 \tag{9.1.18}$$

式中 L——船长；

B——船宽。

船模纵向质量惯性矩的校准可在惯量调整台上进行。调整台是专门为了调整船模重心位置和质量惯性矩而设置的框架。纵向质量惯性矩是通过测量框架－船模系统的振荡周期来调整的。

当没有惯量调整台时，船模的纵向惯性矩可用双线悬吊法来确定，即以绕竖轴的惯性矩 $J_{\theta\theta}$ 来替代绕横轴的惯性矩 $J_{\theta\theta}$。

根据惯性矩的定义有

$$J_{\theta\theta}=\int_M(x^2+z^2)\mathrm{d}m=\int_M x^2\mathrm{d}m+\int_M z^2\mathrm{d}m \tag{9.1.19}$$

$$J_{\varphi\varphi}=\int_M(x^2+y^2)\mathrm{d}m=\int_M x^2\mathrm{d}m+\int_M y^2\mathrm{d}m \tag{9.1.20}$$

由于船舶的高度比长度要小得多，因此式(9.1.19)中第二项积分的数值不超过第一项积分的1%～1.5%；式(9.1.20)中第二项积分的数值也不超过第一项积分的2%～3%。所以可得

$$J_{\varphi\varphi}-J_{\theta\theta}=\int_M y^2\mathrm{d}m-\int_M z^2\mathrm{d}m\approx(0.01\sim 0.02)\int_M x^2\mathrm{d}m \tag{9.1.21}$$

可见，$J_{\theta\theta}$ 与 $J_{\varphi\varphi}$ 之差为1%～2%，故上述替代是可行的。

用双线悬吊法确定惯性矩 $J_{\theta\theta}$ 时，船模应悬吊在两根等长度的绳子下，并将绳子固定在船模纵中剖面上，且两固定点与船模重心等距(图9.1.2)。使船模在水平面内绕纵轴做振荡运动，以秒表测定振荡周期 τ。根据测得的 τ，用振荡理论可计算出 $J_{\varphi\varphi}$。

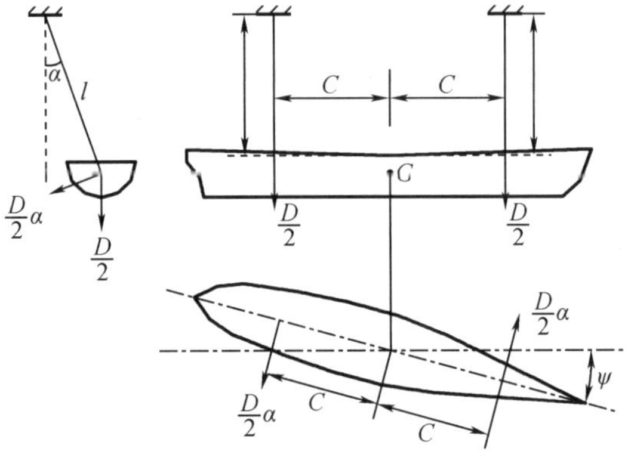

图9.1.2 双线悬吊法

船模在水平面内做振荡运动的微分方程式可写成

$$J_{\varphi\varphi}\ddot{\psi}=M \tag{9.1.22}$$

式中 M——船模回复至原始位置的稳定力矩。

如图9.1.2所示，当船模绕纵轴转动 ψ 角，绳子对纵向位置的偏角为 α。重力对绳子的

法向分量等于 $D\alpha/2$，其在水平面内的力矩为

$$M = -\frac{D}{2}\alpha \cdot 2c = -Dc\alpha$$

由几何关系可知：

$$l\alpha = c\psi, \alpha = \frac{c}{l}\psi$$

将其代入力矩表达式，得

$$M = -\frac{Dc^2}{l}\psi \tag{9.1.23}$$

式中　l——绳子自悬吊点至其在船模上固定点的长度；

c——船模重心 G 至绳子的距离。

将式(9.1.23)代入式(9.1.22)，得

$$J_{\varphi\varphi}\ddot{\psi} + \frac{Dc^2}{l}\psi = 0 \tag{9.1.24}$$

除以 $J_{\psi\psi}$，得

$$\ddot{\psi} + \omega^2\psi = 0 \tag{9.1.25}$$

式中　ω——绕纵轴的振荡圆频率，

$$\omega = \sqrt{\frac{Dc^2}{J_{\varphi\varphi}l}} \tag{9.1.26}$$

船模在水平面内的振荡周期为

$$\tau = \frac{2\pi}{\omega} = 2\pi\sqrt{\frac{J_{\varphi\varphi}l}{Dc^2}} \tag{9.1.27}$$

由式(9.1.27)得

$$J_{\varphi\varphi} = \frac{Dc^2\tau^2}{4\pi^2 l} \tag{9.1.28}$$

船模横向质量惯性矩的校准，也是采用上面类似的方法，使惯性矩满足式(9.1.13)。船模按图9.1.3所示悬吊，横杆 b 和配重 a 可上下移动，以调整船模重心纵向位置。重心确定后，在横杆 b 两端同时将配重 a 向里或向外移动，即可改变横向惯性矩，从而改变摇荡周期。使船模做摇荡运动，以秒表测量周期 τ_1，根据物理摆的振荡周期公式得

$$\tau_1 = 2\pi\sqrt{\frac{J_0}{Dh_1}} \tag{9.1.29}$$

式中　J_0——船模相对于横荡轴的惯性矩；

h_1——船模重心 G 至固定点的距离。

由此可求出

$$J_0 = Dh_1\left(\frac{\tau_1}{2\pi}\right)^2 \tag{9.1.30}$$

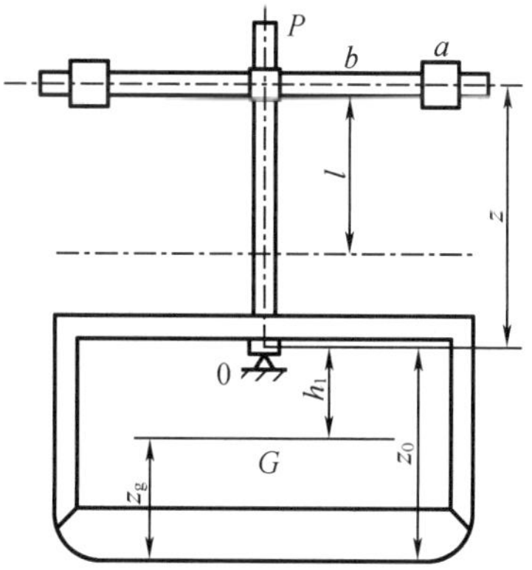

P—摇荡轴；O—纵向杆与船模连接点，即固定点；h_1—船模重心到固定点的距离；l—横杆配重沿垂向移动距离；z—固定点到横杆的距离。

图9.1.3　船模横向质量惯性矩的校准

船模对穿过其重心的纵轴的质量惯性矩为

$$J_{\varphi\varphi}=J_0-\frac{D}{g}h_1^2=Dh_1\left[\left(\frac{\tau_1}{2\pi}\right)^2-\frac{h_1}{g}\right] \tag{9.1.31}$$

如果 $J_{\varphi\varphi}$ 与所求的不符,则在横杆上移动配重,以改变周期 τ_1,直至 $J_{\varphi\varphi}$ 符合要求为止。

如果 h_1 未知,也可以在动力校准过程中求得。

进行船模动力校准时应非常仔细,因为校准中有任何不精确之处都将导致船模试验的不准确。而且,若干摇荡参数是作为大数量之差而确定的,因此动力校准时产生的较小误差可在确定这些摇荡参数时引起极大的误差。

3. 船模尺度及试验波浪要素的确定

耐波性试验的船模尺度应根据如下几个因素确定。

(1)尺度效应

因为船模在水池中试验不能满足完全的动力相似律,船模耐波性试验只能要求弗劳德数和斯特鲁哈尔数相似,而雷诺数不能相似。船模尺度和实船尺度相差很大,将引起船模试验值与实船的差异,称此为尺度效应。通常认为升沉、纵摇和阻力增值试验的尺度效应不严重,但横摇试验的尺度效应比较明显,试验时需要慎重考虑。

(2)池壁效应

目前,多数船模耐波性试验是在长条拖曳水池中进行的。如果模型速度和遭遇频率过低,则船模运动的兴波向池壁扩散并将反射回来干扰船模边外的波浪,使船模边沿原来的波峰和波谷位置受到影响,从而使船模的运动发生变化,称此现象为池壁效应,这和水池宽度、模型长度、模型速度和试验波长有关。英国船池协会(BTTP)根据沃塞斯(Vossers)和斯簧的工作绘制了如图 9.1.4 所示的池壁效应衡准曲线,图中 W 是水池宽度,L_m 是船模长度,β 是船模纵摇和升沉运动所产生的首波系移动的方向与船模纵中剖面的夹角,如图 9.1.5 所示。

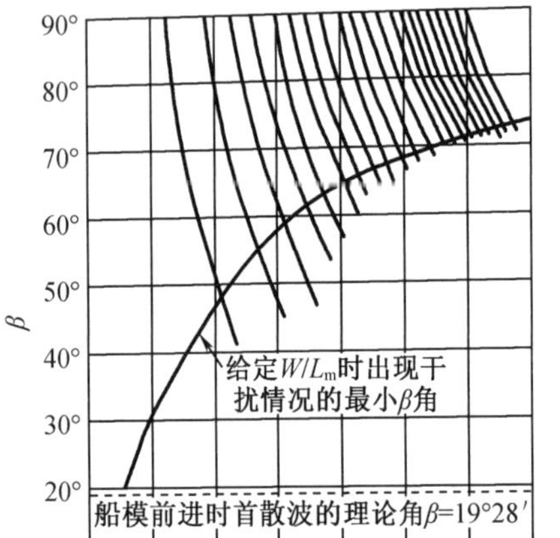

图 9.1.4　池壁效应衡准曲线

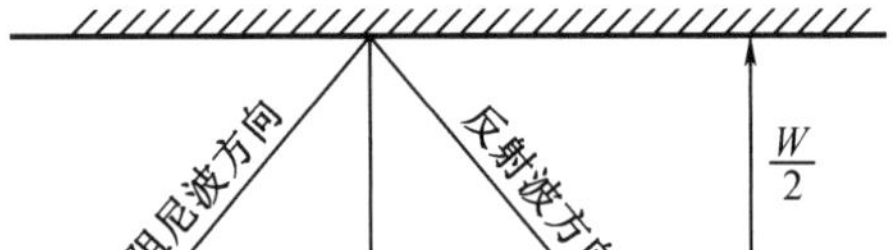

图 9.1.5　首波系移动的方向与船模纵中剖面的夹角

对于给定的 W/L_m 值,通常存在干扰情况最小的 β。当 β 大于此角度时必然出现干扰,而小于此角度时总不会有干扰。图 9.1.4 上的粗线表示对应于不同的 W/L_m 值所出现的干扰情况最小的 β。模型在试验时实际出现的 β 将取决于模型的速度 v_m 和波长 λ。显然,对于给定的模型长度 L_m,β 越小则反射波越不易和船模干扰。图 9.1.4 指示了出现池壁效应的最小 β,可供参考。

第 15 届国际拖曳水池会议(ITTC)提出频率无因次表达的建议。为此,又用表格形式提出了迎浪中发生池壁效应的最大波浪圆频率与水池宽、船模长、弗劳德数的关系,如表 9.1.2所示。

表 9.1.2　迎浪中发生池壁效应的最大波浪圆频率与水池宽、船模长、弗劳德数的关系

W/L_m	$Fr\omega_{INT}\cdot(L_m/g)^{1/2}$
0.50	0.635
0.75	0.458
1.00	0.378
1.25	0.335
1.50	0.309
1.75	0.292
2.00	0.280
2.25	0.271
2.50	0.265
2.75	0.260
3.00	0.255
3.25	0.252
3.50	0.249
3.75	0.247
4.00	0.245

注:W 为水池宽;L_m 为船模长;Fr 为弗劳德数;ω_{INT} 为最大波浪圆频率。

(3)试验波浪要素的确定

在选择船模尺度时要考虑试验的波长范围,以保证通过试验能得到完整的船舶摇荡运动的幅频响应函数。

一般船模的纵摇幅值和升沉幅值在波长为船模长($\lambda/L_m=1.50\sim1.75$)时达最大值。为了能完整地得出船舶的纵摇和升沉幅频响应函数,试验波长范围应为 $\lambda/L_m=0.75\sim2.50$。同时要考虑造波机的性能。试验波长应落在造波机造出的比较好的波形的波长范围内。当船模还要做横摇或减摇性能试验时,还应考虑能得出完整的横摇幅频响应函数所需的波长范围。

由船模和实船周期相似关系,即

$$T_{\varphi m}=\frac{T_{\varphi s}}{\sqrt{\lambda_0}}$$

当试验的波浪周期 T_B 等于船模横摇自摇周期 $T_{\varphi m}$ 时，船模发生共振。在共振区附近船模横摇幅值达到最大值。为得到完整的横摇幅频响应函数，应保证船模横摇自摇周期在试验的波浪周期范围之内。

已知船模发生共振的条件是 $T_B = T_{\varphi m}$，根据波浪周期和波长的关系，可得使船模发生共振的试验波长为

$$\lambda \approx 1.56T_B^2 = 1.56T_{\varphi m}^2$$

为了保证船模试验结果能按线性理论预报实船的相应运动，要求船模运动与波高呈线性关系。通常要求试验波高为 $h_B = L_m/40 \sim L_m/30$。但为保险起见，一般 h_B 为 $L_m/50$。

在水池定点测波高时，波高仪与造波机的距离不小于 20 m，而与池壁的距离不小于 1.5 m，以保证测试精度。

9.1.2 试验设备

船舶耐波性的模型试验以往多数在长条拖曳水池中进行。随着船舶耐波性学科的发展，船舶耐波性的模型试验越来越受人们的重视，现在世界上已建起了若干宽型耐波性试验水池（表 9.1.3）。

表 9.1.3 世界上已有的耐波性试验水池

单位名称	主要尺度 $L\times W\times D$/m	造波机型式	浪高仪型式	牵引车型式	船模尺度/m
（英国）海军舰船技术研究所	122×61×3.5	冲箱×2			
（美国）泰勒海军舰船研究与发展中心	109.7×73.2×6.1	气动×2		X-7.73 m/s	
（日本）石川岛播磨重工业株式会社	70×30×3	摇板×2	电容式 超声波式	X-2.0 m/s Y-2.0 m/s	3~3.5
（加拿大）船舶动力学与舰船实验室	122×61×3.7	气动×2	超声波式		
（日本）日本三菱重工业股份有限公司	190×30×3.5	摇板×2	电阻式 超声波式	X-3.0 m/s Y-2.0 m/s	3~5
（荷兰）荷兰船模水池	100×24×2.5 60×40×1.2	蛇形×1 蛇形×1	伺服式	X-5.0 m/s	
（日本）日本运输省船舶技术研究所	80×80×4.5	摇板×1 冲箱×1			4~5
（中国）中国船舶科学研究中心	69×46×4	气动×2	电容式 超声波式	X-4.0 m/s 可转 45°	3~4

表 9.1.3(续)

单位名称	主要尺度 $L \times W \times D$/m	造波机型式	浪高仪型式	牵引车型式	船模尺度/m
(瑞典)瑞典国家哥德堡船模试验池	88×39×3.5	摇板×2		X-3.5 m/s Y-3.0 m/s	
(美国)史蒂文斯理工学院	23×23×1.38	冲箱×1			
(日本)东京大学	50×30×2.5	摇板×2	电容式 电阻式	X-1.6 m/s Y-1.8 m/s	1.7~3.0
(挪威)挪威海事技术研究所	80×50×10	摇板×1 蛇形×1			4~5
(中国)哈尔滨工程大学	50×30×10	摇板×1	电容式 电阻式	X-3 m/s Y-2 m/s	3~4

波浪是通过造波机的运动产生的。在一般拖曳水池中只能造长峰规则波和长峰不规则波。由于池宽较小,因此只能做船模顶浪和随浪的升沉和纵摇试验。而在宽型耐波性水池中,相邻两边池壁都装有造波机,可以造长峰规则波、长峰不规则波以及任意方向的短峰不规则波,即在宽型耐波性水池可以做任意浪向角规则波和不规则波中船模的六个自由度摇荡运动试验。

关于造波机原理,一般是依靠振荡装置引起水中压力场周期性变化而产生波浪运动。最广泛采用的造波机是摇板式造波机,由平板和四连杆机构组成,其底部铰接,通过电动或液压驱动做摇摆运动,如图 9.1.6 所示。如果造波板仅做水平平移运动,则为推板式造波机。摇板和推板可以是"干背式"或"湿背式",视其背部空间是否充水而定。"干背式"需要驱动系统不断提供驱动力以平衡水的压力,同时需要解决造波机和池壁泄漏的问题;"湿背式"由于平板的前后两面都能造波,而后面的波是有害的,因此安装造波机端的池壁上应设置消波器。为获得更符合波浪的流体质点运动速度的分布,提出"双摇板"的概念,即将上下两块摇板用铰链连接,上下平板各由一组液压缸驱动,按照生成波浪的参数,确定摇板的摆幅,从而使流体质点水平速度垂向分布更好地接近理想分布。因而,试验水池中性能最佳的造波机是干背式双摇板造波机(Marintek,B600)。

以上两种造波机产生的波浪频率等于造波机的运动频率。改变造波发动机的转速可以在一定范围内任意改变波浪的长度。改变造波机的振荡幅值可以调节波浪的高度。

由大量小型相邻单元造波板组成的造波装置称为蛇形造波机,在各单元造波机运动之间引入一定的相位移可以产生斜向波。蛇形造波机的一个好处是可以使波浪的入射角发生变化,而不需要调整模型方位;另一个好处是可以让不同频率和不同方向的波浪在水池中某个给定区域聚集,产生波高很大的极值波。

(a)

(b)

图 9.1.6　摇板式造波机

船模耐波性试验中采用的波浪形式基本分为如下三种。

(1)规则波试验:在水池中按一定的频率范围产生一系列规则波。

(2)不规则波试验:通常是采用长峰不规则波。船舶在海上实际上遇到的是多向的短峰波,因此要完全模拟实船的运动,应在短峰波里利用船模试验。但利用水池造出给定波能谱的短峰波是很困难的。现在一些耐波性水池已能造出短峰波,但这一试验技术发展得还不够成熟。目前广泛采用的还是长峰不规则波试验方法。

(3)瞬时波试验:也称"过渡波试验",是在水池中产生出频率随时间从要求的最高频率到最低频率线性减小的一系列波,快速的低频波追上慢速的高频率波,在时间和空间的某一点处叠加产生一个很大的脉冲波,利用此脉冲波扰动船模来确定船舶运动的响应函数。该方法可缩短所要求的水池长度以及试验时间。

当今船舶耐波性试验设备、试验技术、数据处理等方面发展很快。下面主要介绍船舶耐波性试验的相关基本原理和方法。

9.1.3　静水自由横摇衰减试验

1. 由横摇衰减曲线确定横摇阻尼特征和横摇转动惯量

进行实船或船模的静水自由横摇衰减试验可以准确地确定船舶的横摇固有周期、无因次衰减系数和转动惯量。其方法简便,易于实施,所以较为常用。

实船自由横摇的具体做法是:使实船按预先确定的排水量浮于静水面上,试验指挥者指挥一批人由一舷跑到另一舷,往返几次(跑动的周期大致等于船的横摇固有周期),使船摇荡起来,船摇到一定程度(5°左右)后, 指挥跑动人员停止于船的中线面,让船自由横摇,通过陀螺仪输出横摇角信号,利用示波器记录横摇衰减曲线,如图 9.1.7 所示。

在船舶方案设计阶段,为了预估横摇运动性能,通常利用船模试验求横摇无因次衰减系数 $2\mu_{\varphi\varphi}$。将满足相似规律并经校准好的船模置于静水中,使船模横倾一角度,然后任其自由横摇,通过装在船模里的陀螺仪传送横摇角信号,由示波器或笔式记录仪(要放在车架上或水池岸边)记录横摇衰减曲线。

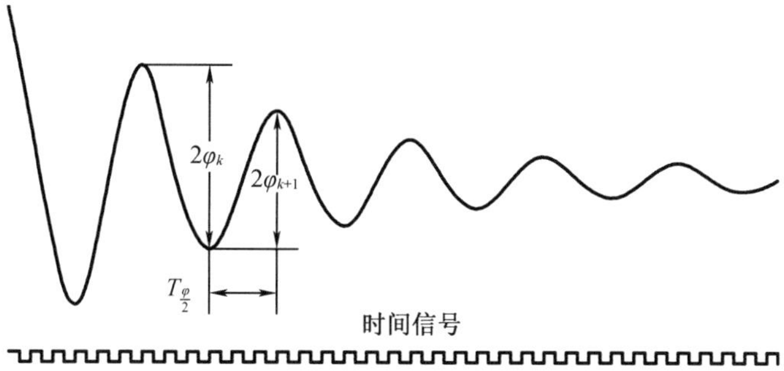

图 9.1.7 横摇衰减曲线

根据横摇衰减曲线可确定无因次衰减系数 $2\mu_{\varphi\varphi}$。

在线性阻尼规律下，可按第 3 章中式(3.1.27)直接由衰减曲线求 $2\mu_{\varphi\varphi}$，即

$$\ln\left|\frac{\varphi_k}{\varphi_{k+1}}\right| = \pi\mu_{\varphi\varphi} \tag{9.1.32}$$

一般是重复几次试验，得到几条衰减曲线，按式(9.1.32)处理，然后取 $2\mu_{\varphi\varphi}$的平均值。

但是，如果阻尼与横摇角速度不是线性关系，则直接由衰减曲线求 $2\mu_{\varphi\varphi}$ 就比较困难。为此引入消灭曲线 $\Delta\varphi = f(\varphi_{\mathrm{m}})$求无因次衰减系数。

由衰减曲线可方便地求出消灭曲线，如图 9.1.8 所示。其中 $\Delta\varphi = \varphi_k - \varphi_{k+1}$；$\varphi_{\mathrm{m}}(\varphi_k + \varphi_{k+1})/2$。

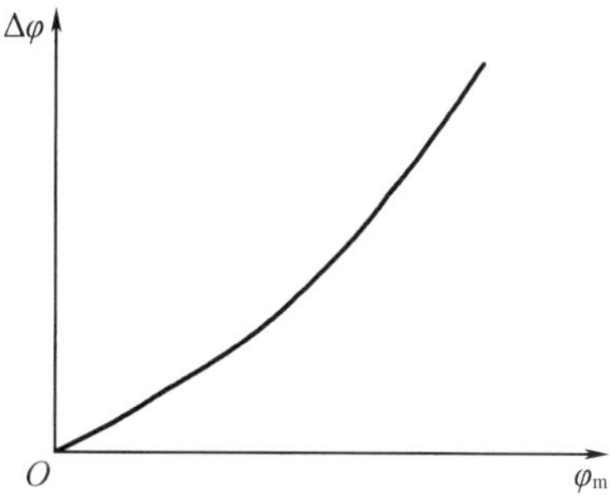

图 9.1.8 消灭曲线

当阻尼呈线性规律时，可按式(3.1.31)求无因次衰减系数 $2\mu_{\varphi\varphi}$，即

$$2\mu_{\varphi\varphi} = \frac{2}{\pi}\cdot\frac{\Delta\varphi}{\varphi_{\mathrm{m}}} \tag{9.1.33}$$

当阻尼呈一般规律时，阻尼力矩 $M(\dot{\varphi}) = -A\dot{\varphi} + B\dot{\varphi}^2$，对应的消火曲线关系式为

$$\Delta\varphi = a\varphi_{\mathrm{m}} + b\varphi_{\mathrm{m}}^2$$

由第 3 章知，A、B 与 a、b 有如下关系：

$$A = \frac{2Dh}{n_\varphi \pi}a, B = \frac{3}{4}\cdot\frac{Dh}{n_\varphi^2}b$$

因此，关键是要求出消灭系数 a 和 b。下面根据消灭系数曲线用最小二乘方法进行求解。

已知

$$\Delta\varphi_i = a\varphi_{\mathrm{m}i} + b\varphi_{\mathrm{m}i}^2$$

故有

$$y_i = \frac{\Delta\varphi_i}{\varphi_{\mathrm{m}i}} = a + b\varphi_{\mathrm{m}i} \tag{9.1.34}$$

利用最小二乘法，即

$$\sum_{i=1}^{n}\left[y_i - (a + b\varphi_{\mathrm{m}i})\right]^2 = \min \tag{9.1.35}$$

即对所求的变量 a 和 b 分别对式(9.1.35)求导，得

$$\left.\begin{aligned}\sum_{i=1}^{n}[y_i-(a+b\varphi_{mi})]&=0\\ \sum_{i=1}^{n}[y_i-(a+b\varphi_{mi})]\varphi_{mi}&=0\end{aligned}\right\}\tag{9.1.36}$$

或写成

$$\left.\begin{aligned}\sum_{i=1}^{n}y_i-\sum_{i=1}^{n}a-\sum_{i=1}^{n}b\varphi_{mi}&=0\\ \sum_{i=1}^{n}y_i\varphi_{mi}-\sum_{i=1}^{n}a\varphi_{mi}-\sum_{i=1}^{n}b\varphi_{mi}^2&=0\end{aligned}\right\}\tag{9.1.37}$$

解联立方程式(9.1.37),并考虑到 $y_i=\Delta\varphi_i/\varphi_{mi}$,得

$$\left.\begin{aligned}a&=\frac{\sum_{i=1}^{n}\varphi_{mi}^2\sum_{i=1}^{n}\frac{\Delta\varphi_i}{\varphi_{mi}}-\sum_{i=1}^{n}\varphi_{mi}\cdot\sum_{i=1}^{n}\Delta\varphi_i}{n\sum_{i=1}^{n}\varphi_{mi}^2-\left(\sum_{i=1}^{n}\varphi_{mi}\right)^2}\\ b&=\frac{n\sum_{i=1}^{n}\Delta\varphi_i-\sum_{i=1}^{n}\varphi_{mi}\cdot\sum_{i=1}^{n}\frac{\Delta\varphi_i}{\varphi_{mi}}}{n\sum_{i=1}^{n}\varphi_{mi}^2-\left(\sum_{i=1}^{n}\varphi_{mi}\right)^2}\end{aligned}\right\}\tag{9.1.38}$$

最后应指出,由衰减曲线求 $\Delta\varphi$ 与 φ_m 的关系曲线时,应根据试验点的分布进行光滑处理,如图 9.1.9 所示。然后将横坐标 φ_m 分成 n 等分,并取对应的 $\Delta\varphi_i$ 进行上述计算。根据图 9.1.7 所示的衰减曲线,可求出横摇固有周期 T_φ。

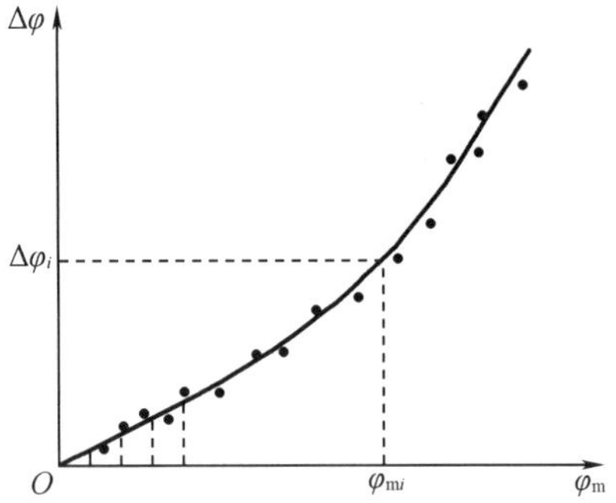

图 9.1.9　$\Delta\varphi$ 与 φ_m 的关系曲线

测得了横摇固有周期 T_φ,便可求出横摇的转动惯量,即

$$J_{\varphi\varphi}+\Delta J_{\varphi\varphi}=\frac{T_\varphi^2Dh}{4\pi^2}\tag{9.1.39}$$

式中,$J_{\varphi\varphi}$ 在进行船模惯量校准时就已知道,故由式(9.1.39)可求出横摇附加转动惯量 $\Delta J_{\varphi\varphi}$。

2. 陀螺仪的基本原理

陀螺仪是一种三自由度回转仪,如图 9.1.10 所示。

用于记录船舶摇荡的陀螺仪,其重心在主轴(陀螺转子的旋转轴)上,但不在支架的中心点,而是在中心点之下,这种陀螺仪称为陀螺摆,其动量矩矢量指向上方。

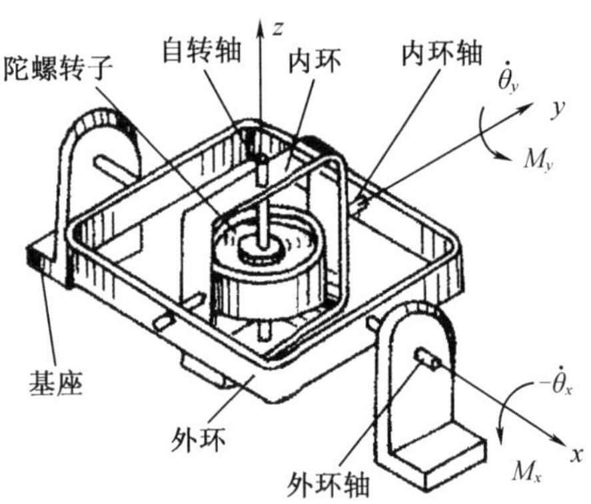

图 9.1.10　陀螺仪

陀螺摆的特点在于它具有很大的固有振荡周期，因为陀螺摆的固有周期比例于陀螺转子的旋转角速度，而陀螺转子的转速极高（约 20 000 r/min），所以陀螺摆在惯性力的作用下具有很大的稳定性，即不管基座怎样摆动，陀螺转子相对于惯性空间的指向不变，这种特性称为定轴性。

根据动量矩定理有

$$\frac{\mathrm{d}\boldsymbol{H}}{\mathrm{d}t}=\boldsymbol{M} \tag{9.1.40}$$

式中　$\boldsymbol{H}$——陀螺转子的动量矩矢量；

$\boldsymbol{M}$——力矩矢量。

当支承摩擦力矩很小可略去不计，且外力矩为零，即 $\boldsymbol{M}=0$ 时，有

$$\frac{\mathrm{d}\boldsymbol{H}}{\mathrm{d}t}=0$$

这表示动量矩 $\boldsymbol{H}$ 的大小和方向在瞬时内均没有变化，因此陀螺摆的主轴指向就不变。这是陀螺摆主轴具有定轴性的基本原因。

实际上支承中间有摩擦力矩，还有由其他因素引起的干扰力矩。在这些力矩的作用下，陀螺摆主轴就要产生进动——主轴以最短的途径向外力矩方向转去。由干扰力矩引起的进动称为漂移。陀螺摆的漂移角速度为

$$\omega_{\mathrm{D}}=\frac{\boldsymbol{M}_{\mathrm{D}}}{\boldsymbol{H}} \tag{9.1.41}$$

式中　$\boldsymbol{M}_{\mathrm{D}}$——干扰力矩。

而陀螺转子的动量矩 $\boldsymbol{H}$ 是足够大的，使干扰力矩产生的漂移极为缓慢，所以陀螺摆仍具有很高的稳定性。

在陀螺转子高速旋转时，如对陀螺摆突加一个较大的冲击力矩，陀螺转子主轴仅仅在其原来位置附近做振荡运动，称为陀螺摆的章动。由于转子的转速和振荡频率均很高，振幅又很小，因此主轴方位的改变极为微小，这是陀螺摆具有稳定性的又一表现。

陀螺摆用于测量船舶摇荡的倾角，就是基于陀螺转子的定轴性。

试验时，将陀螺摆的基座固定在船上，陀螺外环的轴线应和船的纵轴平行。当陀螺基座随船摇荡时，陀螺转子轴的指向仍旧不变，于是基座相对于转子轴产生角位移，即对应于船的倾角。在陀螺摆上装有角度传感器，它把角位移转换成电压信号输出，该信号由示波器或笔式记录仪记录在纸带上。

陀螺摆广泛应用于船舶和船模摇荡角度的测量，测量精度比较高。

9.1.4　船模在波浪中的运动试验

船模在波浪中的运动试验的目的是求实船的频率响应函数或运动能谱。

目前，通常采用的是比较船模和实船在不规则的单一方向的长峰波上的运动的方法。为此，试验既可在给定波能谱的长峰波上进行，也可在给定的波能谱频率范围内的一系列规则波上进行。在规则波上进行船模试验是利用一系列的正弦波的扰动结果，根据线性叠加原理作出船模的频率响应函数或运动能谱。根据试验结果分析可以认为，在线性理论的

范围内,上面两种试验方法所得的船模的频率响应函数或运动能谱是大致相同的。为了能给出合理的统计值,利用船模在不规则波上试验时,对运动参数的记录应不少于 200 个周期;对于足够长的水池,一个航速和航向的完整能谱只要一次试验就行了,而对于较小的拖曳水池和耐波性水池,试验大多是在规则波上进行的。

下面仅讨论船模在规则波中迎浪航行时的升沉和纵摇运动。

1. 升沉和纵摇运动

船模在规则波中迎浪航行时将产生升沉和纵摇运动。试验时应选择几个适当的航速,一般应不少于 4 个航速。在所选择的每个航速下,利用船模在一系列(应不少于 10 个)频率的波浪上进行试验,通常由低频到高频,逐一造出二元规则波。在波长等于船长附近的频率间隔应取密些。在完成一个频率的试验后,应等待消波器将该次试验的波消除后再进行下一个频率的试验。船模的升沉和纵摇运动总是同时产生的,它们可用机械平面运动机构记录,也可用陀螺仪、电位计记录。在记录船模运动的同时,用浪高仪记录波浪要素。应用每次实测的波浪要素来整理试验数据。每次试验记录至少有 10 个振荡周期,试验的结果用表列出,并用图表示成无因次形式,这样便于比较不同尺度和要素的船模的运动,也便于用船模试验的结果来预估实船的摇荡性能。图 9.1.11 和图 9.1.12 分别为升沉幅频响应函数和纵摇幅频响应函数,图中横坐标 $\omega_e' = \omega_{em}\sqrt{L_m/g}$ 称为无因次圆频率;升沉运动的纵坐标是升沉幅值与波幅之比(z_a/ζ_a),纵摇运动的纵坐标是纵摇幅值乘以船模长后再与波幅之比($\theta_a L_m/\zeta_a$)。

当受试验波长所限,不能给出完整的试验曲线时,我们将升沉曲线向低频端延伸至 $z_a/\zeta_a = 1$ 处,而将纵摇曲线向低频端延伸至 $\theta_a L_m/\zeta_a = 0$ 处。这是因为当 $\omega_{em} \to 0$ 时,$\lambda \to \infty$,波倾角 $\alpha \to 0$,此时船随波面升沉;又因船的纵向惯性很大,故不发生纵摇。

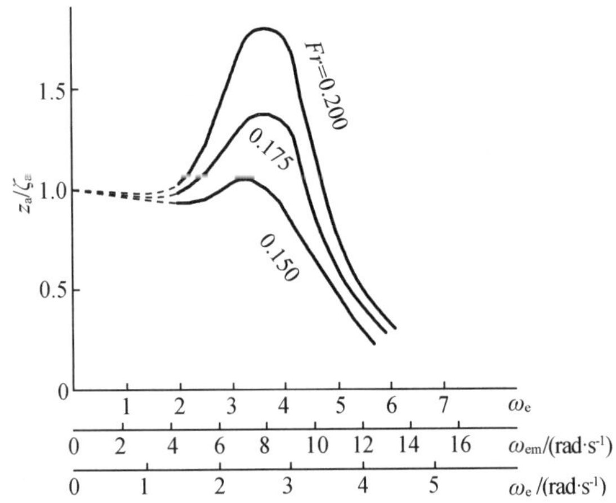

图 9.1.11　升沉幅频响应函数

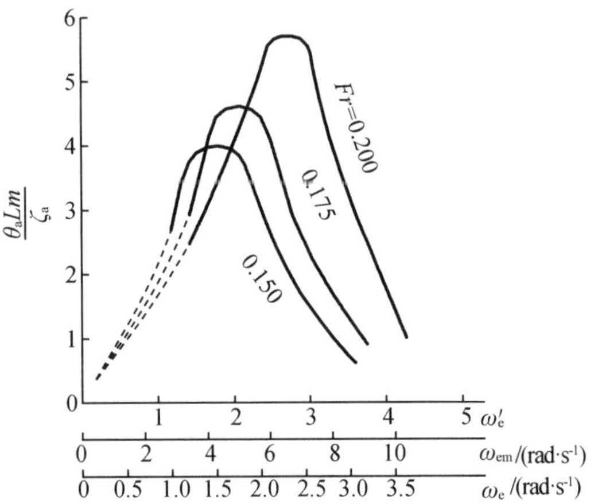

图 9.1.12　纵摇幅频响应函数

2. 波浪中的阻力增量

通常,进行迎浪的升沉和纵摇试验时,除了测量船模的运动外,还要测量船模的阻力。由于波浪作用和升沉、纵摇运动引起的兴波对船体绕流的共同影响产生了附加阻力,故船模在波浪中拖曳时的阻力比船模在静力中拖曳时的阻力大为增加，这部分增加的阻力称为波浪中的阻力增量，它由在波浪中拖曳航行的船模总阻力减去相同速度下船模在静水中拖曳航行时的总阻力而得。

测量船模在波浪中的阻力的方法与静水中的阻力的测量方法一样，可以用阻力仪测量。图9.1.13为用悬挂质量法测量船模在波浪中的阻力的示意图，阻力与升沉、纵摇运动的测量是同时进行的。船模的拖曳点应放在重心 G 上，并使拖曳的钢索尽量放长，以避免纵摇运动引起的阻力误差和减小升沉运动引起的阻力误差。

试验按预先确定的几个航速逐一进行。在每一航速下，改变波长，作出一定航速下总阻力随波长变化的曲线，如图9.1.14所示。为求船模在波浪中运动的阻力增量，还须提供船模在静水中的阻力曲线，图9.1.14中 $\lambda=0$ 时的阻力即表示静水阻力。在图9.1.14上截取8~10个波长各自对应的随速度变化的阻力值，还有静水阻力随速度变化值，一并绘在一张图上，如图9.1.15所示，由该图可以很方便地求出一定航速下不同波长波浪上的阻力增量 $\Delta R_w = R_w - R_s$，其中 R_w 为船模在波中总阻力，R_s 为静水中阻力。

试验的结果通常采用无因次系数表达。以阻力增量的无因次系数 $K_{\Delta R}$ 作为纵坐标，以无因次遭遇频率 $\omega_e' = \omega_{em}\sqrt{L_m/g}$ 为横坐标，作出一定航速下阻力增量随无因次遭遇频率的变化曲线，如图9.1.16所示。

图9.1.16中

$$K_{\Delta R} = \frac{\Delta R_w}{\rho g \dfrac{B_m^2 \zeta_a^2}{L_m}} \tag{9.1.42}$$

式中 ΔR_w——波浪中的阻力增量，$\Delta R_w = R_w - R_s$；

L_m——船模的长度；

B_m——船模的宽度；

ρ——水的密度；

g——重力加速度；

ζ_a——波幅，由试验现场测定。

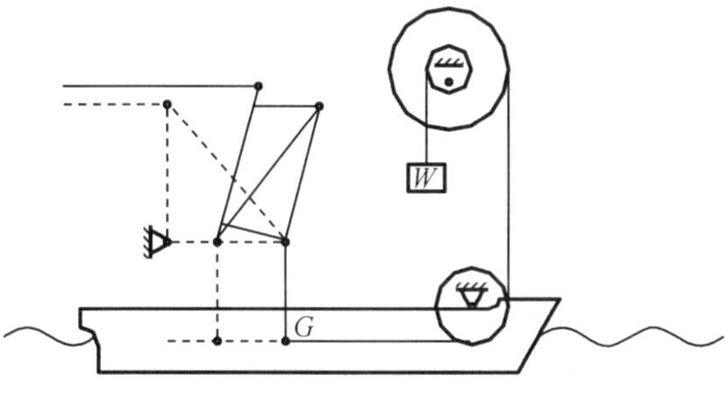

图9.1.13 用悬挂质量法测量船模在波浪中的阻力的示意图

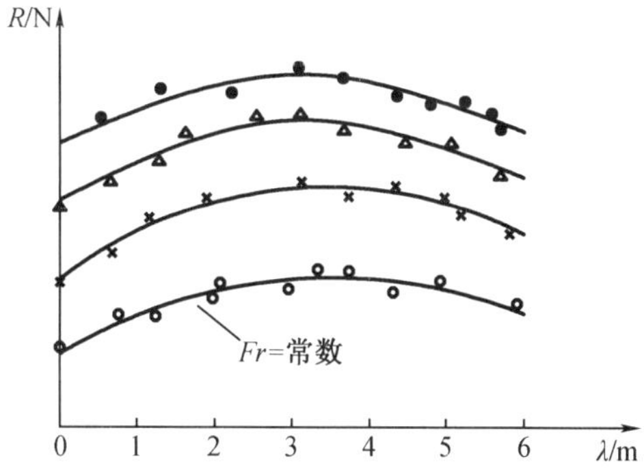

图9.1.14 总阻力随波长变化的曲线

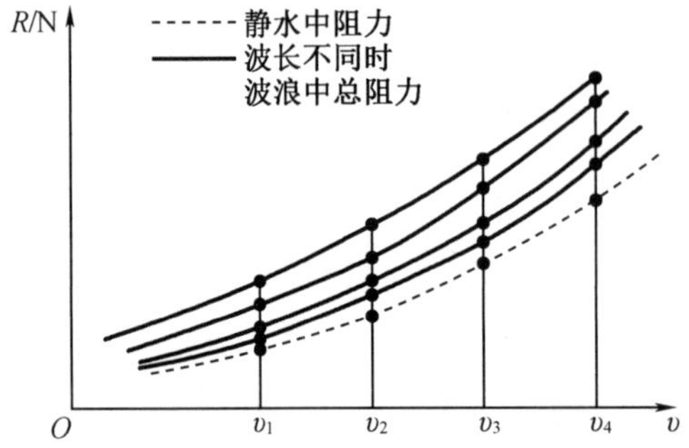

图 9.1.15　两种阻力随速度变化的曲线

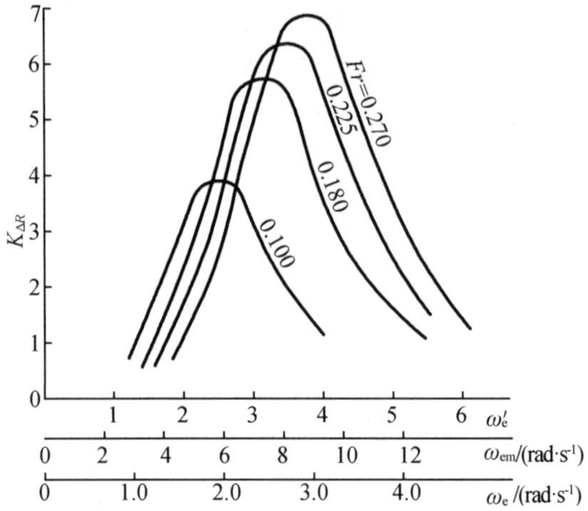

图 9.1.16　一定航速下阻力增量随无因次遭遇频率的变化曲线

船模试验的许多资料表明,波浪中的阻力增量(或波浪中推力、功率的增加)除波长等于船长的个别情况较为特殊外,一般和波高的平方成比例。

3. 由船模试验结果换算至实船的方法

这里介绍由船模试验结果预估实船在长峰波中的运动幅值的方法。

实船在长峰波中的运动能谱是用线性叠加的方法(假设船舶对于许多简谐波响应的和等于这些简谐波和的响应)根据式(9.1.43)求得的。

$$S_x(\omega_e) = W_x(i\omega_e)^2 \cdot S_\zeta(\omega_e) \tag{9.1.43}$$

式中　$S_x(\omega_e)$——船舶摇荡运动能谱;

$S_\zeta(\omega_e)$——遭遇频率的波能谱;

$W_x(i\omega_e)$——船舶某种运动对规则波的频率响应函数,它可取自船舶试验。

(1)纵摇幅值的预估

船舶纵摇运动的能谱为

$$S_\theta(\omega_e) = |W_\theta(i\omega_e)|^2 S_\zeta(\omega_e) \tag{9.1.44}$$

式中　$|W_\theta(i\omega_e)|$——纵摇幅频响应函数。

$$|W_\theta(i\omega_e)| = \left(\frac{\theta_a L}{\zeta_a}\right)_s = \left(\frac{\theta_a L_m}{\zeta_a}\right)_t \tag{9.1.45}$$

式中　s——实船;

t——船模试验。

$\left(\dfrac{\theta_a L_m}{\zeta_a}\right)_t$ 取自船模试验的$\dfrac{\theta_a L_m}{\zeta_a} - \omega_e$ 曲线(图 9.1.12)。

船舶迎浪航行时遭遇频率的波能谱为

$$S_\zeta(\omega_e) = \frac{S_\zeta(\omega)}{1 + \dfrac{2\omega v}{g}} \tag{9.1.46}$$

所以，船舶以给定航速迎浪航行时纵摇运动的能谱为

$$S_\theta(\omega_e)=\left|\frac{\theta_a L}{\zeta_a}\right|^2\cdot\frac{S_\zeta(\omega)}{1+\dfrac{2\omega v}{g}} \tag{9.1.47}$$

船舶纵摇运动的方差为

$$m_{0\theta}=\frac{1}{L^2}\int_0^\infty S_\theta(\omega_e)\mathrm{d}\omega_e \tag{9.1.48}$$

式中 L——实船首尾水线间长度。

有了纵摇运动的方差，就可以计算任一保证率的纵摇幅值。对不同航速，重复上述计算。

(2)升沉幅值的预估

船舶升沉运动的能谱为

$$S_z(\omega_e)=|W_z(\mathrm{i}\omega_e)^2|S_\zeta(\omega_e) \tag{9.1.49}$$

式中 $|W_z(\mathrm{i}\omega_e)|$——升沉运动幅频响应函数，

$$|W_z(\mathrm{i}\omega_e)|=\left(\frac{z_a}{\zeta_a}\right)_s=\left(\frac{z_a}{\zeta_a}\right)_t \tag{9.1.50}$$

式中 $\left(\frac{z_a}{\zeta_a}\right)_t$ 取自船模试验的$\frac{z_a}{\zeta_a}-\omega_e$ 曲线(图 9.1.11)。

船舶迎浪航行时，遭遇频率的波能谱同式(9.1.46)，则升沉运动的能谱为

$$S_z(\omega_e)=\left|\frac{z_a}{\zeta_a}\right|^2\cdot\frac{S_\zeta(\omega)}{1+\dfrac{2\omega v}{g}} \tag{9.1.51}$$

船舶升沉运动的方差为

$$m_0=\int_0^\infty S_z(\omega_e)\mathrm{d}\omega_e \tag{9.1.52}$$

据此就可算出各种保证率的升幅值。

对不同航速，重复进行上述计算。通常航速对升沉运动的影响要比对纵摇运动的影响大些。

4. 船模运动的测试仪器

船模的角位移通常采用陀螺仪或电位计测量，线位移采用加速度计测量。还有一种机械式机构，可用于测量船模在迎浪或顺浪中的纵摇和升沉运动，称为平面运动机构或适航仪。这种机构在国外一些大水池中得到广泛应用。

图 9.1.17 为 JDMB - M 型适航仪原理图。它是一种四连杆机构，装在船模纵中剖面处，升沉杆连接在船模重心处，纵摇杆位于重心之后。对升沉和纵摇运动的记录是各自独立、互不干扰的。升沉运动由△*ABC* 移动记录；纵摇运动由△*BDE* 和▱*BCHE* 移动记录，它们有两个共同的铰接点 *B* 和 *C*，*C* 点固定在拖车架上。

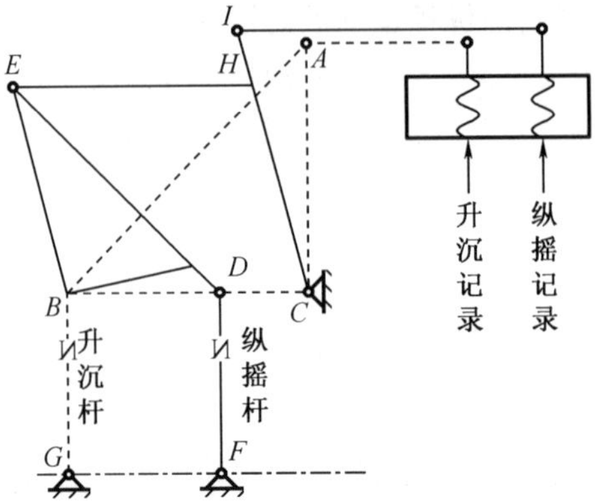

图 9.1.17 JDMB－M 型适航仪原理图

船模做纵摇运动时,重心 G 点不动,B 点也不动,D 点绕以 B 点为中心、以 BD 为半径的圆弧线转动 θ 角,则 $\triangle BDE$ 中的 BE 杆必绕 B 点转动同一角度 θ,且导致▱$BCHE$ 中的 CH 杆绕 C 点也转动 θ 角,这使得纵摇记录笔在记录纸上移动距离 l。由于纵摇角 θ 较小,通常小于 10°,因此距离 l 与纵摇幅值 θ_a 有如下关系:

$$\theta_a = \frac{l}{L_{IC}} \tag{9.1.53}$$

式中 L_{IC}——杆 IC 的长度;

l——记录曲线上峰点至零线的距离或相邻峰谷间的距离之半。

由式(9.1.53)便可测得纵摇运动的幅值 θ_a。

船模做升沉运动时,G 与 F 点上下移动相同距离。G 点上升或下降距离 z_a 时,B 点也上下移动同一距离 z_a;B 点同时绕 C 点转动。这时,$\triangle ABC$ 中的 A 点必绕 C 点转动,因而使升沉记录笔在记录纸上移动距离 b。因为设计时取 $\overline{AC}=\overline{BC}$,所以 A 点移动的水平距离 b 应等于船模升沉运动的幅值 z_a。如此就可以从记录纸上直接量取升沉运动的幅值。

但升沉运动会不会影响纵摇运动的记录呢?我们看到,当 B 点绕 C 点转动而升沉 z 时,D 点也升沉 z,则 $\triangle BDE$ 的 E 点必随之升沉 z。因为 $BCHE$ 是平行四边形,故当 B 点绕 C 点转动一个角度时,E 点必绕 H 点转动同一角度,而 H 点是不动的,因此 IC 杆不会转动。

船模迎浪试验时除测量升沉和纵摇运动外,通常还要测量船模在波浪上运动时的阻力,这要求船模还能做进退运动。应用上述机构时,船模的进退运动对纵摇运动的记录没有影响,对升沉运动的记录的影响很小。

9.1.5 静水中船模强迫摇荡试验

在前面介绍了船模静水自由横摇衰减试验,根据试验所记录的曲线,可以测定横摇的无因次衰减系数和附加转动惯量。此外也可用对船模进行强迫摇荡的方法来测定这些系数。尤其是对升沉和纵摇运动,由于其自由摇荡的衰减很快,这类系数难于用自由衰减曲线求得,故多用强迫摇荡法。强迫摇荡法之所以必要,还因为理论上用切片法算出的这类系数需要用试验来验证。

强迫摇荡试验法的出发点是基于船舶摇荡运动方程式，分纵向运动和横向运动进行试验，以求运动方程式里的流体动力系数。

下面介绍用特殊的强迫摇荡机构摇荡船模的方法来求升沉和纵摇运动的阻尼系数和惯性力（矩）系数。

纵摇和升沉的耦合运动方程式为

$$\left.\begin{aligned} a_w\ddot{z}_w + b_w\dot{z}_w + c_w z_w + d_w\ddot{\theta}_w + e_w\dot{\theta}_w + g\theta_w = F_w \\ A_w\ddot{\theta}_w + B_w\dot{\theta}_w + C_w\theta_w + D_w\ddot{z}_w + E_w\dot{z}_w + G_w z_w = M_w \end{aligned}\right\} \tag{9.1.54}$$

式中　w——在波浪中。

在波浪中船模受到波浪强迫升沉力 F_w 和波浪强迫纵摇力矩 M_w 的作用，产生升沉（z_w）和纵摇（θ_w），两者相互影响，从而形成耦合运动方程式。对升沉而言，它有主要项系数（a_w——升沉惯性力系数；b_w——升沉阻尼力系数；c_w——升沉恢复力系数）及纵摇给予升沉影响的耦合项系数（d_w——耦合惯性力系数；e_w——耦合阻尼力系数；g_w——耦合恢复力系数）。同样，对纵摇而言，也有其主要项系数（A_w——纵摇惯性力矩系数；B_w——纵摇阻尼力矩系数；C_w——纵摇恢复力矩系数）和升沉给予纵摇影响的耦合项系数（D_w——耦合惯性力矩系数；E_w——阻尼力矩系数；G_w——耦合恢复力矩系数）。在以上诸系数中，c、C、g、G 是与船模摇荡频率无关的常数，称为静态系数，可由计算或静态试验求得，在此当作已知数。其余的各系数在一般情况下则随摇荡频率的变化而改变，这种系数称为动态系数。在试验过程中求出这些动态系数，就是强迫摇荡法要达到的目的。

如将式（9.1.54）看作船模在规则波中的运动方程式，则船模所受的强制外力就是方程式等号右边的 F_w 与 M_w。即使以机械的正弦强制外力 F_f 与 M_f 替代规则的波浪强制力 F_w 与 M_w，式（9.1.54）中的诸系数也是不变的这就是强迫摇荡试验法的原理。这时，船模纵向运动方程式可写成

$$\left.\begin{aligned} a_f\ddot{z}_f + b_f\ddot{z}_f + c_f z_f + d_f\ddot{\theta}_f + e_f\dot{\theta}_f + g_f\dot{\theta}_f = F_f \\ A_f\ddot{\theta}_f + B_f\dot{\theta}_f + C_f\theta_f + D_f\ddot{z}_f + E_f\ddot{z}_f + G_f z_f = M_f \end{aligned}\right\} \tag{9.1.55}$$

式中　f——强迫摇荡。

若使 F_f 与 M_f 的频率跟船模在规则波中运动时的遭遇频（$\omega_e = \omega + \omega^2 v/g\cos x$）一样变化，就可得到随摇荡频率而变的 a_f、b_f 等系数。式（9.1.55）中的系数与方程式（9.1.54）中的诸系数是完全相等的，即 $a_f = a_w$，$b_f = b_w$，…。

下面叙述用静水中船模强迫摇荡试验法求船舶纵向运动诸系数的具体方法。

1. 强迫纯升沉试验

试验所使用的强迫摇荡机构只允许船模做升沉运动，纵摇运动受到约束，如图 9.1.18 所示。强迫摇荡系统令船模以给定频率 ω_e 做正弦强迫升沉（$z_f = z_{fa}\sin\,\omega_e t$），这时通过测量系统测得作用在船模上的力与力矩分别为

$$F_f = F_{f0}\sin(\omega_e t + \alpha_z)$$
$$M_f = M_{f0}\sin(\omega_e t + \beta_z)$$

式中　F_{f0}——力幅值；

M_{f0}——力矩的幅值；

a_z——力对运动的相对差；

β_z——力矩对运动的相对差。

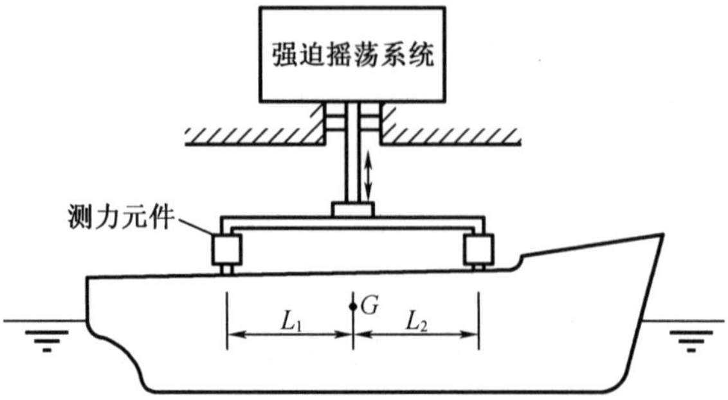

图 9.1.18　强迫纯升沉试验机构

因为船舶在波浪中运动的方程式(9.1.54)就是强迫摇荡试验的方程式(9.1.55)。对纯升沉运动而言，纵摇运动受约束，即 $\theta_f=0$，所以纯升沉运动的方程式为

$$\left.\begin{aligned} a_f\ddot{z}_f+b_f\dot{z}_f+c_fz_f=F_f \\ D_f\ddot{z}_f+E_f\dot{z}_f+G_fz_f=M_f \end{aligned}\right\} \tag{9.1.56}$$

式中的 c_f、G_f 为已知值，z_f、F_f、M_f 由测量系统记录并可据此求出其幅值 z_{f0}、F_{f0}、M_{f0} 和相位差 α_z、β_z。将这些数值代入式(9.1.56)，令等式两边正弦项和余弦项的系数相等，便可得到如下诸系数的计算式。

$$\left.\begin{aligned} a_f &= \left(\frac{C_f-\dfrac{F_{f0}}{z_{f0}}\cos\alpha_z}{\omega_e^2}\right) \\ b_f &= \left(\frac{\dfrac{F_{f0}}{z_{f0}}\sin\alpha_z}{\omega_e}\right) \\ D_f &= \left(\frac{G_f-\dfrac{M_{f0}}{z_{f0}}\cos\beta_z}{\omega_e^2}\right) \\ E_f &= \left(\frac{\dfrac{M_{f0}}{z_{f0}}\sin\beta_z}{\omega_e^2}\right) \end{aligned}\right\} \tag{9.1.57}$$

2. 强迫纯纵摇试验

如图 9.1.19 所示，强迫摇荡机构只允许船模做纵摇运动，升沉运动受到约束。当船模在强迫摇荡机构作用下以频率 ω_0 做正弦强迫纵摇运动($\theta_f=\theta_{f0}\sin\omega_e t$)时，船模受到的作用力矩与力为

$$M_f=M_{f0}\sin(\omega_e t+\alpha_\theta)$$
$$F_f=F_{f0}\sin(\omega_e t+\beta_\theta)$$

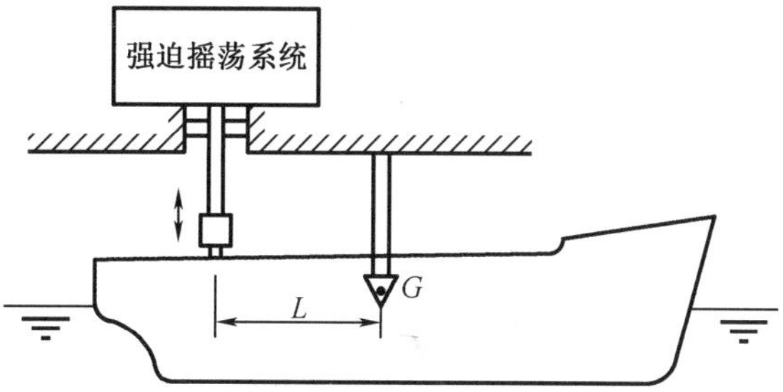

图 9.1.19　强迫纯纵摇试验机构

由于升沉运动受到约束，因此 $z_f=0$，此时方程式(9.1.55)便成为纯纵摇的形式

$$\left.\begin{aligned}A_f\ddot{\theta}_f+B_f\dot{\theta}_f+C_f\theta_f=M_f\\d_f\ddot{\theta}_f+e_f\dot{\theta}_f+g_f\theta_f=F_f\end{aligned}\right\}\tag{9.1.58}$$

式中的 C_f、g_f 仍为已知值，θ_f、M_f、F_f 为测量值，从中求得其幅值 θ_{f0}、M_{f0}、F_{f0} 和相位差 α_θ、β_θ。将这些数值代入式(9.1.58)，令等式两边正弦项和余弦项的系数相等，便得到如下诸系数的计算式。

$$\left.\begin{aligned}A_f&=\left(C_f-\frac{M_{f0}}{\theta_{f0}}\cos\alpha_\theta\right)\cdot\frac{1}{\omega_e^2}\\B_f&=\left(\frac{M_{f0}}{\theta_{f0}}\sin\alpha_\theta\right)\cdot\frac{1}{\omega_e^2}\\d_f&=\left(g_f-\frac{F_{f0}}{\theta_{f0}}\cos\beta_\theta\right)\cdot\frac{1}{\omega_e^2}\\e_f&=\left(\frac{F_{f0}}{\theta_{f0}}\sin\beta_\theta\right)\cdot\frac{1}{\omega_e}\end{aligned}\right\}\tag{9.1.59}$$

由此可知，通过强迫纯升沉试验和强迫纯纵摇试验，就可求得船舶纵向运动方程式(9.1.54)或式(9.1.55)的全部流体动力系数。

3. 纵向强迫摇荡试验机构

强迫摇荡试验机构包含摇荡机构本体和测量分析系统。这里介绍的是一种通常被称为平面运动机构的强迫摇荡机。图 9.1.20 为平面运动机构及其测试原理。

该机构可使船模做升沉和纵摇运动。电动机通过减速器带动主轴旋转，固定在主轴 1 与 2 上的偏心轮带动支杆做简谐运动，支杆通过测力元件与船模相连，主轴 1 与 2 间用相位调节器来调节两支杆运动的相位差。当两支杆运动同相位时，船模做纯升沉运动；相位差为 180°时，船模做纯纵摇运动；任意相位差时，船模可做绕任一横轴的纵摇运动。调节偏心轮的偏心距可以改变运动的幅位。

船模做简谐运动时，贴在测力元件上的电阻丝片将船模受到的水动力的 z 向分量 $F(t)$ 转换为电信号 $E(t)$ 输入应变仪，经载波、放大后输入正余弦旋转变器——其轴与主轴连接(图 9.1.20 中以虚线表示)，故转子的转速与支杆的振荡频率一致。当信号 $E(t)$ 加至其定子线圈时，转子的两个输出分别为 $E(t)\cos\omega_e t$ 与 $E(t)\sin\omega_e t$。ω_e 是主轴的均匀角速度，即简谐运动的圆频率，这两个信号再经放大后被送至检波器滤掉其载波，然后被送到积分器积分。积分的结果由记录设备显示。

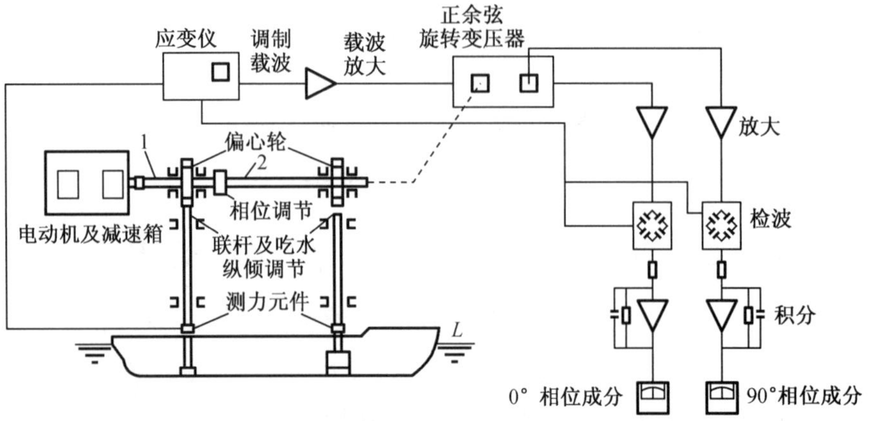

1,2—主轴。

图 9.1.20　平面运动机构及其测试原理

在式(9.1.57)和式(9.1.59)中，我们看到流体动力系数的测量精度主要取决于所测的力与力矩的幅值和相位差的测量精度。因此，提高其测量精度至关重要。我们从力与力矩的测量记录纸上量出幅位与相位差，将其代入计算式中，即可求得有关的流体动力系数。但是，这样的测量精度较差，尤其是相位差不易测准，并且在记录中还有拖车振动等不可避免的干扰，更影响了测量的精确性。所以，需要寻求比较精确的测量方法。

如将所测力与力矩加以展开：

$$\left.\begin{aligned} F &= F_0\sin(\omega_0 t+\alpha) = F_0\cos\alpha\sin\omega_e t \\ M &= M_0\sin(\omega_e t+\beta) = M_0\cos\beta\sin\omega_e t + M_0\sin\beta\cos\omega_e t \end{aligned}\right\} \tag{9.1.60}$$

并令

$$\left.\begin{aligned} F_{in} &= F_0\cos\alpha, \quad M_{in} = M_0\cos\beta \\ F_{out} &= F_0\sin\alpha, \quad M_{out} = M_0\sin\beta \end{aligned}\right\} \tag{9.1.61}$$

式中　F_{in}——力的同相分量；

M_{in}——力矩的同相分量；

F_{out}——力的正交分量；

M_{out}——力矩的正交分量；

则式(9.1.60)可改写为

$$\left.\begin{aligned} F &= F_{in}\sin\omega_e t + F_{out}\cos\omega_e t \\ M &= M_{in}\sin\omega_e t + M_{out}\cos\omega_e t \end{aligned}\right\} \tag{9.1.62}$$

从式(9.1.57)和式(9.1.59)中看出，各流体动力系数值总是取决于力(矩)的幅值与相位角正(余)弦的乘积，即取决于力(矩)的同相分量或正交分量。因此，如果不是分别量度力的幅值与相位，而是用傅里叶变换的方法一下子得出力的同相分量或正交分量，就可以使测量精度得到很大的提高。

设力或力矩的输出信号为 $E(t)$——代表 $F(t)$ 或 $M(t)$，则

$$\begin{aligned} E(t) &= E_0 \sin(\omega_e t + \varepsilon) \\ &= E_0 \cos \varepsilon \sin \omega_e t + E_0 \sin \varepsilon \cos \omega_e t \\ &= E_{in} \sin \omega_e t + E_{out} \cos \omega_e t \end{aligned} \tag{9.1.63}$$

对式(9.1.63)分别乘以同一频率的 $\sin \omega_e t$ 或 $\cos \omega_e t$，再在一个周期 τ 内积分，则得

$$\begin{aligned} \frac{1}{\tau}\int_0^\tau E(t)\sin \omega_e t \mathrm{d}t &= \frac{1}{\tau}\int_0^\tau (E_{in}\sin^2\omega_e t + E_{out}\cos \omega_e t \sin \omega_e t)\mathrm{d}t \\ &= \frac{1}{\tau}\int_0^\tau \left(\frac{E_{in}}{2} - \frac{E_{in}}{2}\cos 2\omega_e t + \frac{E_{out}}{2}\sin 2\omega_e t\right)\mathrm{d}t \\ &= \frac{1}{2}E_{in} \end{aligned} \tag{9.1.64a}$$

同理可得

$$\frac{1}{\tau}\int_0^\tau E(t)\cos \omega_e t \mathrm{d}t = \frac{1}{2}E_{out} \tag{9.1.64b}$$

对 $E(t)$ 进行傅里叶变换，直接可得 E_{in} 和 E_{out}。

$E(t)$ 乘以 $\sin \omega_e t$ 或 $\cos \omega_e t$ 是采用正余弦旋转变压器实现。它有两个互成 90°的转子绕组，定子与转子的匝数比为 1:1。当定子绕组输入电压信号 $E(t)$ 时，根据绕组在磁场所处角度 β，两个转子的输出分别为 $E(t)\cos\beta$ 和 $E(t)\sin\beta$，如图 9.1.21 所示。而旋转变压器的旋转轴与强迫摇荡机构主轴相连，有支杆振荡频率与转子转数一致，即 $\beta=\omega_e t$，输出信号为 $E(t)\cos \omega_e t$ 和 $E(t)\sin \omega_e t$。积分过程由积分器完成。

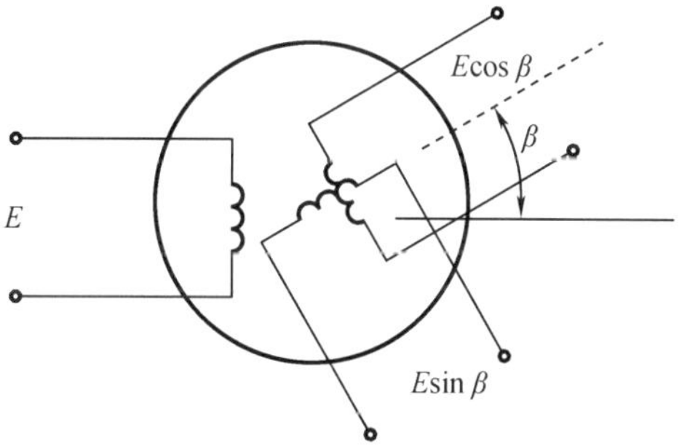

图 9.1.21 正余弦旋转变压器原理

强迫摇荡机构的驱动频率应与实船遭遇频率相似。若考虑做横浪、顺浪试验，其低频区扩大，在低频区可能产生池壁效应，故最低频应由避免发生池壁效应确定，高频极限由船在最短波中迎浪航行时的遭遇频率确定。若船舶纵向运动的无因次圆频率 $\omega_e' = \omega_e\sqrt{L/g}$，那么强迫摇荡机构的最高驱动频率 $\omega_e' = 6 \sim 8$。

为提高测力精度，需调节强迫摇荡幅值，使在试验频率范围内其测量值大致为同一量级。由于力近似与 ω_e^2 成正比，因此应使高频区的幅值小，使低频区的幅值大。通常取可变振幅值为：升沉是 $T/4$（T 为吃水）；纵摇角幅为 3°（不做大幅运动试验情况下）。驱动机构

的功率和测力计容量是根据船模在最大吃水时,以最高频率、最大摇幅进行强迫振荡时的惯性力确定的。

9.1.6 波浪中船模强迫摇荡试验

船模强迫摇荡试验除上述方法外,还可利用水池造的波浪作为摇荡船模的强制力。

1. 波浪强制力试验

如图 9.1.22 所示,船模在完全受约束的情况下在波浪中航行,测定船体所受的力(F_w)与力矩(M_w)。这种试验叫作波浪强制力试验。此时,船舶运动方程式(9.1.54)中的 z_w 和 θ_w 均为零,所以只能测定方程式等号右边的强制外力。通常将浪高仪布置在船模的前方,因此,需按其与船模重心 G 的距离 x 来修正相位($\omega^2 x/g$,ω 为波浪圆频率),并需注意取重心位置上的波形($\zeta_G = \zeta\sin\omega_e t$,$\omega_e$ 为遭遇波的圆频率)。F_w 与 M_w 相对于 ζ_G 的相位差分别为 ε_F 与 ε_M,即

$$\left.\begin{aligned} F_w &= F_{w0}\sin(\omega_e t + \varepsilon_F) \\ M_w &= M_{w0}\sin(\omega_e t + \varepsilon_M) \end{aligned}\right\} \tag{9.1.65}$$

测力元件测得的垂向力若为 F_1 与 F_2,则 $F_w = F_1 + F_2$,$M_w = F_1 L_1 - F_2 L_2$。在通常情况下,由于 $L_1 = L_2 = L$,故 $M_w = L(F_1 - F_2)$。

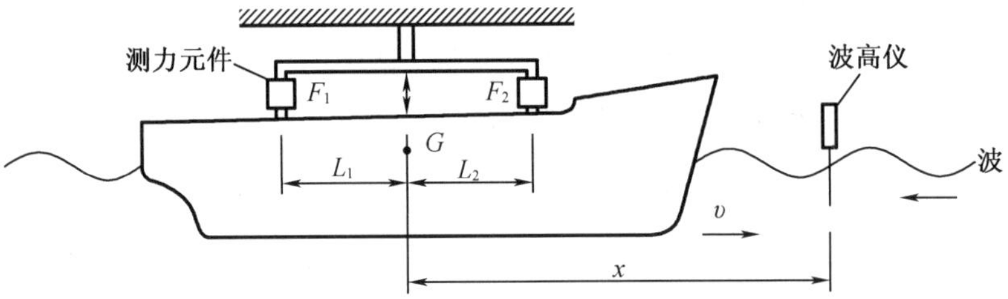

图 9.1.22　波浪强制力试验

2. 波浪强迫纯升沉试验

如图 9.1.23 所示,在圆频率为 ω 的规则波作用下,船模升沉运动能自由地进行,而纵摇运动受到约束。

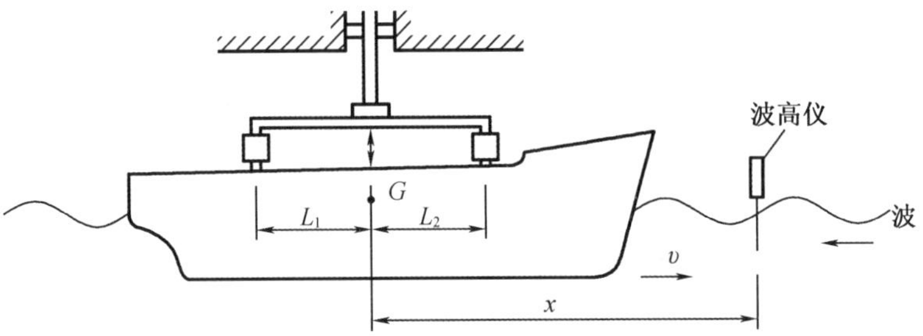

图 9.1.23　波浪强迫纯升沉试验

测出升沉(z_w)、纵摇力矩(M_w)和遭遇波形(ζ)分别为

$$\left.\begin{aligned}\zeta &= \zeta_0\sin(\omega_e t+\frac{\omega^2}{g}x)\\ z_w &= z_{w0}\sin(\omega_e t+\sigma_z)\\ M_r &= M_{r0}\sin(\omega_e t+\delta_M)\end{aligned}\right\}\tag{9.1.66}$$

由于纵摇运动受约束,θ_w 为零,因此式(9.1.54)变为

$$\left.\begin{aligned}a_w\ddot{z}_w+b_w\dot{z}_w+c_w z_w &= F_w\\ D_w\ddot{z}_w+E_w\dot{z}_w+G_w z_w &= M_w+M_r\end{aligned}\right\}\tag{9.1.67}$$

式中,F_w 与 M_w 由波浪强制力试验给出。波浪强迫纵摇力矩借助耦合力矩系数作用于升沉运动,由于纵摇运动被约束,因此就产生了约束力矩 M_r。由于 M_w 被消耗在船模升沉上,因此用测力计测得的力矩相当于 M_r。

于是,由下列计算式即可确定诸系数。

$$\left.\begin{aligned}a_w &= \left[c_w-\frac{F_{w0}}{z_{w0}}\cos(\varepsilon_F-\sigma_z)\right]\cdot\frac{1}{\omega_e^2}\\ b_w &= \left[\frac{F_{w0}}{z_{w0}}\sin(\varepsilon_F-\sigma_z)\right]\cdot\frac{1}{\omega_e}\\ D_w &= \left[G_w-\frac{M_{w0}}{z_{w0}}\cos(\varepsilon_M-\sigma_z)+\frac{M_{r0}}{z_{w0}}\cos(\delta_M-\sigma_z)\right]\\ E_w &= \left[\frac{M_{w0}}{z_{w0}}\sin(\varepsilon_M-\sigma_z)+\frac{M_{r0}}{z_{w0}}\sin(\delta_M-\delta_z)\right]\cdot\frac{1}{\omega_e}\end{aligned}\right\}\tag{9.1.68}$$

由式(9.1.68)可知,如果不测定 M_r,则只能求得主要项系数 a_w 与 b_w。

3. 波浪强迫纯纵摇试验

如图9.1.24所示,在圆频率为 ω 的规则波作用下,船体纵摇运动能自由地进行,而升沉运动受到约束。测定纵摇角(θ_w),升沉约束力(F_r)和遭遇波形(ζ)为

$$\begin{aligned}\zeta &= \zeta_0\sin(\omega_e t+\frac{\omega^2}{g}x)\\ \theta_w &= \theta_{w0}\sin(\omega_e t+\sigma_\theta)\\ F_r &= F_{r0}\sin(\omega_e t+\delta_F)\end{aligned}$$

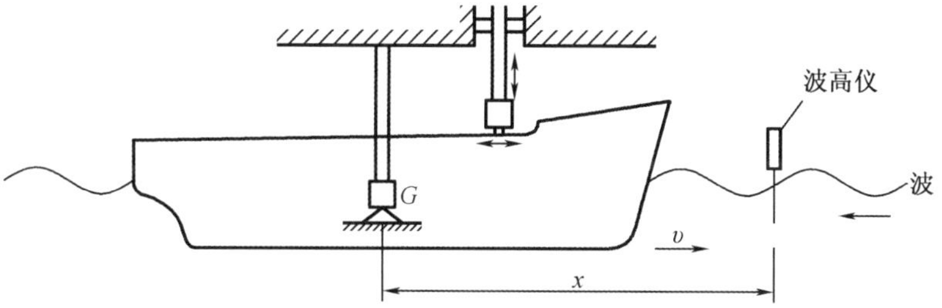

图9.1.24 波浪强迫纯纵摇试验

由于升沉运动受到约束,z_w 为零,因此式(9.1.54)变为

$$\left.\begin{aligned}&A_w\ddot{\theta}_w+B_w\dot{\theta}_w+C_w\theta_w=M_w\\&d_w\ddot{\theta}_w+e_w\dot{\theta}_w+g_w\theta_w=F_w+F_r\end{aligned}\right\}\tag{9.1.69}$$

式中,F_w 和 M_w 由波浪强制力试验确定。波浪强制力 F_w 借助耦合力系数作用于船模上而产生纵摇运动,而升沉运动受约束,故产生约束力 F_r。因为 F_w 消耗在船体纵摇运动上,所以由测力计测得的力相当于 F_r。

于是,可建立确定诸系数的关系式,即

$$\left.\begin{aligned}&A_w=\left[C_w-\frac{M_{w0}}{\theta_{w0}}\cos(\varepsilon_M-\sigma_\theta)\right]\cdot\frac{1}{\omega_e^2}\\&B_w=\left[\frac{M_{w0}}{\theta_{w0}}\sin(\varepsilon_M-\sigma_\theta)\right]\cdot\frac{1}{\omega_e}\\&d_w=\left[g_w-\frac{F_{w0}}{\theta_{w0}}\cos(\varepsilon_F-\sigma_\theta)+\frac{F_{r0}}{\theta_{w0}}\cos(\delta_F-\sigma_\theta)\right]\cdot\frac{1}{\omega_e^2}\\&e_w=\left[\frac{F_{w0}}{\theta_{w0}}\sin(\varepsilon_F-\sigma_\theta)+\frac{F_{r0}}{\theta_{w0}}\sin(\delta_F-\sigma_\theta)\right]\cdot\frac{1}{\omega_e}\end{aligned}\right\}\tag{9.1.70}$$

若不测定 F_r,则只能求得主要项系数 A_w 和 B_w。

根据上述试验,可以求出式(9.1.54)中所有的流体动力系数、波浪强制力 F_w 和强制力矩 M_w。

9.2 实际海浪环境下大尺度模型耐波性试验技术

实际的海浪和船舶运动通常是一种非平稳的非线性的随机过程,目前采用的利用缩尺船模在水池中进行试验的方法其波浪模拟尚不能充分反映真实海浪对船舶摇荡运动的影响。实船试验是最真实可靠的试验方法,但其实施耗资巨大且具有很大危险性和破坏性,实际上很难达到预期的试验目标。美国、日本及希腊等少数发达国家开展了实际海浪环境下大尺度模型水动力及运动物理仿真试验的研究,如图 9.2.1 所示。实际海浪环境下大尺度模型试验是一种在真实的自然海域环境下对适当缩尺比的船模实施类似实船试验的航行性能物理仿真试验方法。实际海浪环境下大尺度模型试验的试验环境与水池模型试验和实船试验有所不同。水池试验造波机模拟风浪环境能力有限,不论是二维还是三维不规则波都基于线性叠加,有线性特征,且水池波浪环境受到水池大小及造波机功能限制,其波浪频率范围有限,因此试验测得的模型非线性响应特别是强非线性动力效应如上浪、砰击、波浪增阻等与实船相差很大;实船试验是在实际海洋环境中实施,但很难找到高海况试验所需要的浪级,同时由于高海况试验的风险较高,因此实际上很难开展相关试验。实际海浪环境下大尺度模型试验是在沿海开阔海域进行的,试验水域比较开阔,可以进行自航试验,遭遇的海浪环境为实际风成海浪,海浪为自然三维短峰不规则波,且波浪频率范围较水池造波机所造波浪更广,同时由于模型缩尺比的关系比较容易找到试验所需的各种浪级。

图 9.2.1 希腊开展的实际海浪环境下大尺度模型试验情况

大尺度模型物理仿真试验作为近年来世界上最新的舰船水动力学实验技术得到广泛关注,英、法、美、日等国在此领域的研究工作有相当的发展。近年来的国际拖曳水池会议(ITTC)多次把自然环境下的大尺度船模试验技术作为一项重要的新的实验技术提出并讨论,但由于各国开展的研究多以军事应用为背景,因此公开发表的资料较少。各国国情不同,其大尺度船模的仿真试验手段也不尽相同,如日本主要对一些高性能船在实际海浪环境中进行船模试验,法国、英国、美国等对一些新研究的船舶以大尺度模型或中试艇形式进行仿真试验。但有一个共同特点是:这类试验均是在真实的自然海域海况下实施的,试验内容是极丰富的,包括快速性、耐波性、操纵性、波浪载荷、振动、稳性、航态控制、爆炸等试验,使其新研发的舰船性能在更接近实际海况的环境下验证,并得到较完整的真实可靠的相关数据,为舰船性能综合分析、指标评估提供可靠的技术支撑。此外,国外研究者还开展了中试艇在实际海浪环境下的物理仿真试验,模型尺度相对较大,仿真试验内容更丰富,甚至包括武器装备的功能试验,但耗资巨大。

国内研究者近年来也开始关注大尺度船模试验技术的发展,舰船设计与使用相关单位多年来一直在跟踪该实验技术的发展情况。哈尔滨工程大学、海军工程大学、大连海事大学等高校也纷纷开始建立水面及水下的大尺度自航模试验平台,开展相关试验技术的研究并取得了一些可喜的进展。

1. 实际海浪环境下大尺度模型耐波性实验原理

在沿海开阔水域自然风成浪的环境下,选择适当缩尺比的船模,采用遥控遥测自航模或由人操控的大尺度模型开展如同实船海试的相关试验求测。这一试验方法必须解决两大关键技术难题:一是沿海试验海域的风成浪与大洋风成浪的相似率;二是实际海浪环境下的耐波性试验不同于水池试验,可保证模型比尺与模拟海浪比尺相同,本试验模型比尺是确定的,但海浪模拟比尺是不确定的,如何解决在这种试验条件下求测船模运动响应的问题? 当然能够保证遥控遥测自航模在这种环境下按工况要求进行试验测量也是很重要的问题。

(1)模型尺度的选择

基于实船主尺度及沿海近岸波浪特征对模型尺度进行选择,通常在满足试验要求的前提下取适当的缩尺比,同时考虑造价、方便实施试验、模型易操控等因素。通常,模型尺度应为 10 m 以上，对吨位较大的船比尺范围以 1/10 ~ 1/15 为宜。

(2)沿海海浪环境分析

实际海浪环境下的海浪是风成浪，波浪是典型的三维海浪，呈非线性特征，这是水池造波机很难模拟的。通过对多个海域沿海不同潮期、不同风向波浪的测量分析，结果表明：在涨潮至高潮期的沿海，海浪谱与大洋风浪谱的特征（包括谱型、中心频率、浪高、周期等）基本相似，且波浪频率范围比水池造波机所造波浪更宽，所包含的波浪能量分布特征更接近于大洋风浪能量分布特征。对沿海海浪的测量分析表明，沿海海浪环境满足大尺度模型试验需要，在较短的时间内可在试验海域做类似重复性试验，可在一天时间里从近岸浪高较低区域向离岸较远的浪高较高区域实施几个不同海况的试验，省时省力。

波浪数据由浮标式浪高仪测量，图 9.2.2 所示为实测波面升沉加速度时历，图 9.2.3 为实测沿海海浪谱与大洋谱的比较。

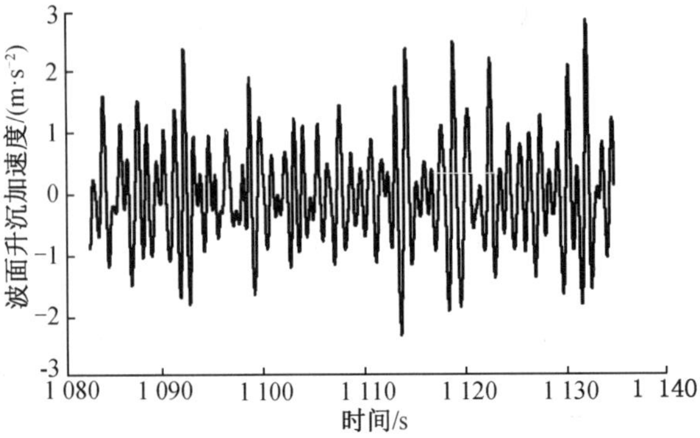

图 9.2.2　实测波面升沉加速度时历

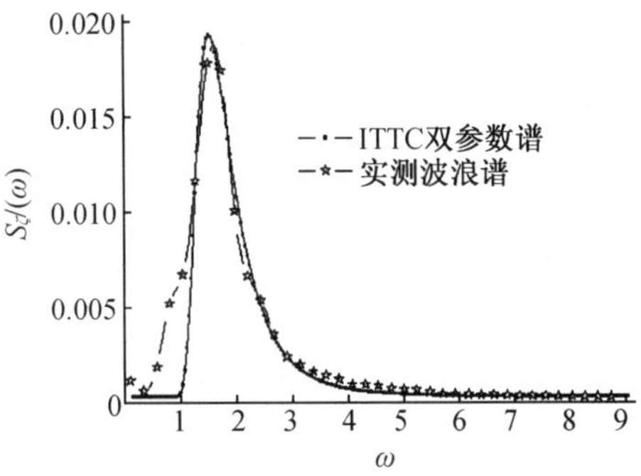

图 9.2.3　实测沿海海浪谱与大洋谱的比较

(3)试验内容

实际海浪环境下大尺度模型试验可以开展的试验内容是很广泛的，可以完成大部分水池试验内容和实船试验内容，特别是高海况及危险工况下船舶的性能及结构试验。其具体可以开展的试验内容包括：实际海浪环境特别是高海况及危险工况下舰船耐波性、操纵性试验；舰船在风浪中的安全性，高海况下的完整稳性及破损稳性试验；舰船在波浪中的结构强度及水下爆炸试验；特殊装置的测试试验，如实际海浪环境下减摇鳍的水动力性能、舵水动力性能、推进器水动力性能等。

由于大尺度模型试验的实施比实船试验方便，省时省力省费用，且从试验环境到模型响应与实船更加接近，因此大尺度模型试验可进行实船无法完成或很难开展的相关试验，特别是高海况及危险工况下的耐波性、操纵性、稳性等。同时该试验方法也是解决恶劣海况下舰船运动的外推预报问题的有效途径。

(4)试验方法

下面以耐波性试验为例，介绍实际海浪环境下大尺度船模试验的过程、数据处理方法及模型运动响应的求测。

开展的大尺度模型在实际海浪环境下的耐波性物理仿真试验中，模型是遥控自航模，波浪由浮标式浪高仪测试，船模运动信息由遥测装置测试采集，试验系统如图9.2.4所示。

试验前准备工作主要包括：对确定的缩尺比模型静力、动力进行校准，对模型遥控遥测系统进行调试，对模型主机转速与静水航速关系进行标定等。试验内容根据试验大纲要求确定，模型航速根据“弗劳德数相等”的准则进行确定，试验海况的波高范围选择根据模型缩尺比确定。试验路径如图9.2.5所示。

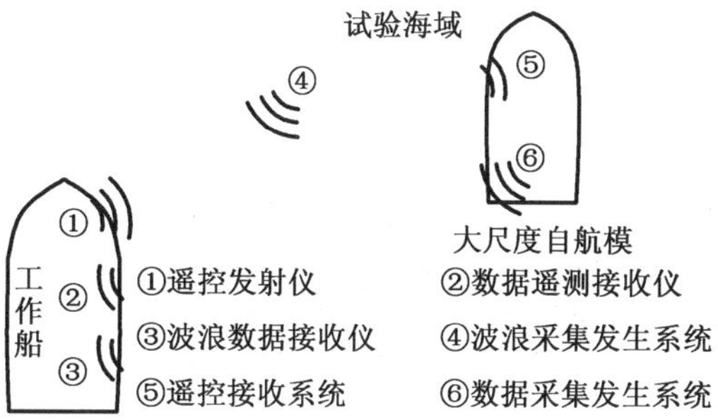

图9.2.4 试验系统

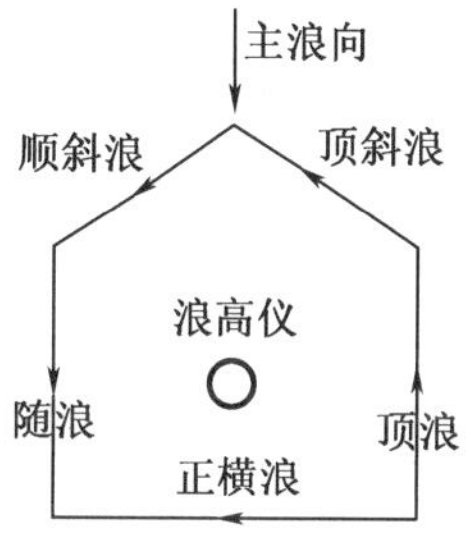

图9.2.5 试验路径

大尺度模型为完全遥控遥测自航模，可与实船海试一样对其进行操控，由于其六自由度耦合运动与实船是相同的，因此其运动响应特征与实船试验更接近，特别是砰击、上浪的物理特征及概率分布更接近实船情况，这是水池模型试验很难做到的。图9.2.6所示为在某海域开展的实际海浪环境下大尺度模型耐波性试验甲板上浪情况。

图9.2.6 在某海域开展的实际海浪环境下大尺度模型耐波性试验甲板上浪情况

利用模型在选定的海域开展试验时,应先掌握该海域风、浪、流、潮汐等环境条件,然后通过模型遥控系统按照试验大纲完成不同航速、不同浪向下的各项测试内容,通过遥测系统与内测系统分别记录模型的各项运动数据,通过视频录像获得模型上浪及砰击情况。对海浪采用浮漂式浪高仪与模型运动同步测量,对风、潮汐、流等数据可以根据水文资料确定。图 9.2.7 所示为某大尺度模型在某海域实际海浪环境下以对应实船 24 kn 航速迎浪航行时的纵摇角速度时历曲线。

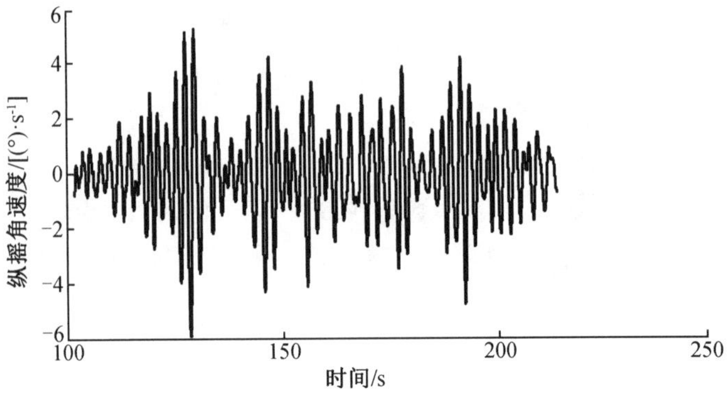

图 9.2.7　某大尺度模型在某海域实际海浪环境下以对应实船 24 kn 航速迎浪航行时的纵摇角速度时历曲线

2. 大尺度模型运动响应的的求测方法

由于大尺度模型的运动和海浪环境是同步测量的,因此可以通过模型的运动数据和对应的海浪数据得到模型的运动响应函数,此响应函数应该比水池模型试验得到的响应函数更接近实船。对实际海浪环境下大尺度模型运动非线性响应函数的求测主要有两种:第一种是基于系统辨识方法可采用非线性 NARMAX(non-linear auto-regressive moving average model with exogenous inputs)模型即带外生变量的非线性自回归滑动平均模型求解船舶非线性运动响应函数的方法,采用该方法可以得到模型的非线性响应;第二种是基于谱分析方法求解船舶运动频率响应函数的方法,采用该方法可以得到模型的线性及弱非线性响应。

(1)系统辨识方法

①非线性 NARMAX 模型简介

非线性 NARMAX 模型由 Billings 等人于 1982 年提出,并于 1985—1989 年基于 Nerode 的有限实现理论及泰勒定理对该模型描述的一般非线性系统的普适性给予了证明。NARMAX 模型是和微分方程所代表的连续系统等价的离散形式的系统表达式,是一个离散的非线性差分方程。NARMAX 模型对单输入单输出的系统具有如下形式:

$$y(t)=\mathrm{const}+F^{l}[y(t-1),\cdots,y(t-n_y),u(t-d),\cdots,u(t-n_u-d+1),\varepsilon(t-1),\cdots,\varepsilon(t-n_\varepsilon)]+\varepsilon(t) \tag{9.2.1}$$

式中,$y(t)$、$u(t)$、$\varepsilon(t)$分别为系统的输出、输入和白噪声序列;d 为系统自身特性所决定的时间滞后;n_y、n_u、n_ε 分别为输出、输入和噪声的时间延迟步数;$F^l[\cdots]$为非线性函数,里面包括由输入、输出、噪声之间可能组合成的乘积项,这些乘积多项式中的最高幂次为 l。所有这些项在模型中所占的分量各不相同，在实际计算中可以只将起主要作用的项留下，而把次要的项丢掉，这样可以得到较为简化的模型。将式(9.2.1)展开为多项式，可表达为

$$y(t) = \sum_{m=0}^{M} \theta_m p_m(t) + \varepsilon(t) \tag{9.2.2}$$

式中，θ_m 为各项的系数；p_m 对应于式(9.2.1)中各多项式。可以由测量得到的输入、输出数据确定某未知系统的形如式(9.2.2)的模型。

②谐波探测法求解频率响应函数

通过 NARMAX 模型理论建立系统的离散表达式后，就可以采用谐波探测法来确定该系统的非线性频率响应函数。谐波探测法最早应用于连续系统，Billings 和 Tsang 将其扩展到离散型系统。

假定输入为单位振幅波的叠加：

$$u(t) = \sum_{i=1}^{k} \exp(\mathrm{j}\omega_i t) \tag{9.2.3}$$

并将其代入 Volterra 泛函式的第 n 阶输出的表达式中，结合核函数与频率响应函数的关系，可得式(9.2.4)：

$$y_n(t) = \sum_{k_1=1}^{k} \cdots \sum_{k_n=1}^{k} [H_n(\omega_{k_1}, \cdots, \omega_{k_n})] \mathrm{e}^{\mathrm{j}(\omega_{k_1}+\cdots+\omega_{k_n})t} \tag{9.2.4}$$

式(9.2.4)表明，输出中各谐波分量的系数(幅值)就是系统的频率响应函数。当系统具有明确的表达式时，将式(9.2.2)代入表达式(9.2.4)，根据等式两端频率相同的谐波分量其振幅必相同的关系就可以确定频率响应函数的解析式。

③船舶非线性运动谱分析

对于一个线性系统，已知输入功率谱和频率响应函数，则输出功率谱表达式为

$$S_{yy}(\omega) = |H(\omega)|^2 S_{uu}(\omega) \tag{9.2.5}$$

Rugh 给出零均值、高斯分布、平稳输入的非线性系统的功率谱的表达式如下：

$$\begin{aligned} S_{yy}(\omega) &= \frac{1}{(2\pi)^{2n-1}} \int_{-\infty}^{\infty} \cdots \int_{-\infty}^{\infty} S_{yy}^{(2n)}(\gamma_1, \cdots, \gamma_{2n}) \cdot \delta(\omega - \gamma_1 - \cdots - \gamma_n) \mathrm{d}\gamma_1 \cdots \mathrm{d}\gamma_{2n} \\ &= \frac{1}{(2\pi)^{2n-1}} \int_{-\infty}^{\infty} \cdots \int_{-\infty}^{\infty} H_n(\gamma_1, \cdots, \gamma_n) H_n(\gamma_{n+1}, \cdots, \gamma_{2n}) S_{uu}^{(2n)}(\gamma_1, \cdots, \gamma_{2n}) \cdot \\ &\quad \delta(\omega - \gamma_1 - \cdots - \gamma_n) \mathrm{d}\gamma_1 \cdots \mathrm{d}\gamma_{2n} \end{aligned} \tag{9.2.6}$$

零均值、高斯分布、平稳的随机输入的 n 阶相关函数可以写为

$$S_{uu}^{(n)}(t_1, \cdots, t_n) = \begin{cases} \sum_{p} \prod_{j,k}^{n} S_{uu}(t_j - t_k) \ (n \text{ 为偶数}) \\ 0 \ (n \text{ 为奇数}) \end{cases} \tag{9.2.7}$$

式中，$\prod_{j,k}^{n}$ 表示 $n/2$ 对元素的乘积；$\sum_{p}$ 为各部分的和，它有以下项数：

$$(n-1)(n-3)(n-5)\cdots 1 = \frac{n!}{\left(\frac{n}{2}\right)!\ 2^{\frac{n}{2}}}$$

对式(9.2.7)进行 n 维傅里叶变换可以将高阶的功率谱密度用二阶谱密度表达：

$$S_{uu}^{(n)}(\omega_1,\cdots,\omega_n)=\begin{cases}(2\pi)^{\frac{n}{2}}\sum_p\prod_{j,k}^{n}S_{uu}(\omega_j)\delta_0(\omega_j+\omega_k)\,(n\text{ 为偶数})\\0\,(n\text{ 为奇数})\end{cases}\tag{9.2.8}$$

将式(9.2.8)代入式(9.2.6)可得到

$$S_{yy}(\omega)=\frac{1}{(2\pi)^{n-1}}\sum_p\int_{-\infty}^{\infty}\cdots\int_{-\infty}^{\infty}H(\gamma_1,\cdots,\gamma_n)\cdot H(\gamma_{n+1},\cdots,\gamma_{2n})\delta_0(\omega-\gamma_1-\cdots\gamma_n)\cdot\prod_{j,k}^{2n}S_{uu}(\gamma_j)\delta_0(\gamma_j+\gamma_k)\mathrm{d}\gamma_1\cdots\mathrm{d}\gamma_{2n}\tag{9.2.9}$$

式中的 $H(\gamma_1,\cdots,\gamma_n)$ 和 $H(\gamma_{n+1},\cdots,\gamma_{2n})$ 是广义频率响应函数。下面给出 $n=2$ 时的功率谱的表达式：

$$\begin{aligned}S_{yy}(\omega)=&\frac{1}{2\pi}\int_{-\infty}^{\infty}\cdots\int_{-\infty}^{\infty}H(\gamma_1,\gamma_2)H(\gamma_3,\gamma_4)\cdot\delta_0(\omega-\gamma_1-\gamma_2)S_{uu}(\gamma_1)S_{uu}(\gamma_3)\cdot\\&\delta_0(\gamma_1+\gamma_2)\delta_0(\gamma_3+\gamma_4)\mathrm{d}\gamma_1\mathrm{d}\gamma_2\mathrm{d}\gamma_3\mathrm{d}\gamma_4+\frac{1}{2\pi}\int_{-\infty}^{\infty}\cdots\int_{-\infty}^{\infty}H(\gamma_1,\gamma_2)H(\gamma_3,\gamma_4)\cdot\\&\delta_0(\omega-\gamma_1-\gamma_2)S_{uu}(\gamma_1)S_{uu}(\gamma_2)\cdot\delta_0(\gamma_1+\gamma_3)\delta_0(\gamma_2+\gamma_4)\mathrm{d}\gamma_1\mathrm{d}\gamma_2\mathrm{d}\gamma_3\mathrm{d}\gamma_4+\\&\frac{1}{2\pi}\int_{-\infty}^{\infty}\cdots\int_{-\infty}^{\infty}H(\gamma_1,\gamma_2)H(\gamma_3,\gamma_4)\cdot\delta_0(\omega-\gamma_1-\gamma_2)S_{uu}(\gamma_1)S_{uu}(\gamma_2)\cdot\\&\delta_0(\gamma_1+\gamma_4)\delta_0(\gamma_2+\gamma_3)\mathrm{d}\gamma_1\mathrm{d}\gamma_2\mathrm{d}\gamma_3\mathrm{d}\gamma_4\end{aligned}\tag{9.2.10}$$

式(9.2.10)等号右端各项对 γ_4 积分可得

$$\begin{aligned}S_{yy}(\omega)=&\frac{1}{2\pi}\int_{-\infty}^{\infty}\cdots\int_{-\infty}^{\infty}H(\gamma_1,\gamma_2)H(\gamma_3,-\gamma_3)\cdot\delta_0(\omega-\gamma_1-\gamma_2)\cdot S_{uu}(\gamma_1)S_{uu}(\gamma_3)\cdot\\&\delta_0(\gamma_1+\gamma_2)\mathrm{d}\gamma_1\mathrm{d}\gamma_2\mathrm{d}\gamma_3+\frac{1}{2\pi}\int_{-\infty}^{\infty}\cdots\int_{-\infty}^{\infty}H(\gamma_1,\gamma_2)H(\gamma_3,-\gamma_2)\cdot\\&\delta_0(\omega-\gamma_1-\gamma_2)\cdot S_{uu}(\gamma_1)S_{uu}(\gamma_2)\delta_0(\gamma_1+\gamma_3)\mathrm{d}\gamma_1\mathrm{d}\gamma_2\mathrm{d}\gamma_3+\\&\frac{1}{2\pi}\int_{-\infty}^{\infty}\cdots\int_{-\infty}^{\infty}H(\gamma_1,\gamma_2)H(\gamma_3,\gamma_4)\cdot\delta_0(\omega-\gamma_1-\gamma_2)\cdot\\&S_{uu}(\gamma_1)S_{uu}(\gamma_2)\delta_0(\gamma_2+\gamma_3)\mathrm{d}\gamma_1\mathrm{d}\gamma_2\mathrm{d}\gamma_3\end{aligned}\tag{9.2.11}$$

同理,式(9.2.11)等式右端第一项对 γ_2 积分,第二、三项分别对 γ_2、γ_3 积分。

综上可知,在求解船舶在不规则波中一阶、二阶频率响应函数时,由给定的输入谱便可计算出对应的船舶运动输出谱:

$$\begin{aligned}S_{FF}(\omega)=&|H_1(\omega)|^2S_{uu}(\omega)+\frac{1}{2\pi}\delta(\omega)\int_{-\infty}^{\infty}\int_{-\infty}^{\infty}H_2(\gamma_1,-\gamma_1)H_2(\gamma_2,-\gamma_2)\cdot\\&S_{uu}(\gamma_1)S_{uu}(\gamma_2)\mathrm{d}\gamma_1\mathrm{d}\gamma_2+\frac{1}{\pi}\int_{-\infty}^{\infty}H_2(\omega-\gamma,\gamma)H_2(-\omega+\gamma,-\gamma)\cdot\\&S_{uu}(\gamma)S_{uu}(\omega-\gamma)\mathrm{d}\gamma\end{aligned}\tag{9.2.12}$$

对于船舶在不规则波中的线性运动系统,按照理论计算或者模型试验得到的线性频率响应函数,按照式(9.2.5)可以由给定的输入波浪谱预报对应的线性运动输出谱。对于船舶在实际海浪环境下的非线性运动,基于 NARMAX 模型建立了船舶非线性运动系统的离散模型,应用谐波探测法计算出非线性运动系统的频率响应函数,接下来可以按照式

(9.2.12)，由给定输入谱来预报对应的输出谱。图 9.2.8、图 9.2.9 分别为水池模型试验与实际海浪环境下大尺度模型试验二阶纵摇频率响应函数的求解结果，图中横坐标与纵坐标均为波长船长比(λ/L)，曲线表示模型的二阶纵摇频率响应分布。从两图所示结果可见，与水池试验模型二阶纵摇频率响应相比，大尺度模型试验模型二阶纵摇频率响应峰值变小，且峰值处响应更加平缓，反映出在实际海浪环境中三维波浪作用下与水池二维波浪作用下的模型响应是有区别的，体现出实际海浪环境下大尺度模型试验与水池模型试验的差别。

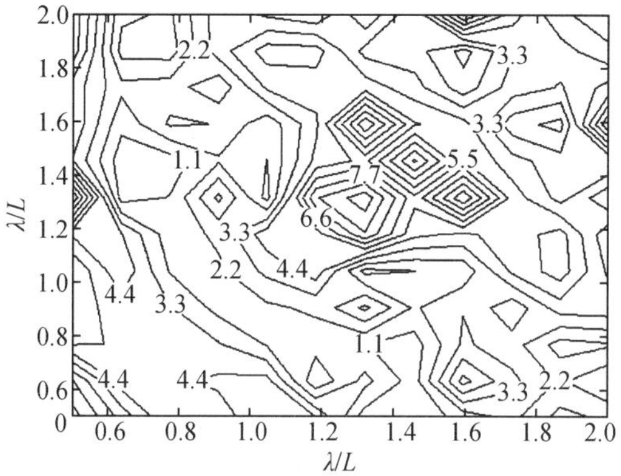

图 9.2.8　水池模型试验下大尺度模型试验二阶纵摇响应函数的求解结果

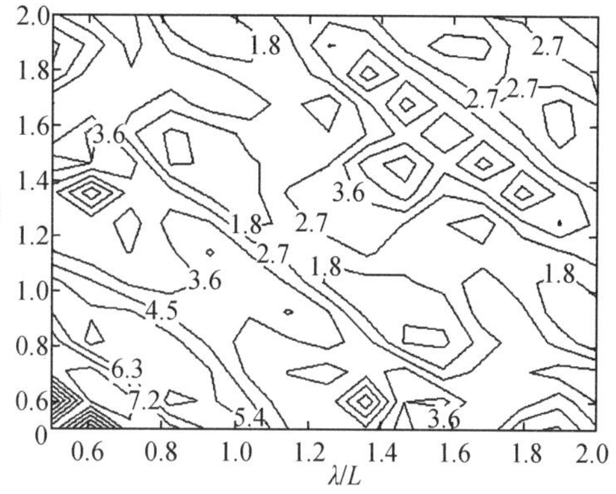

图 9.2.9　实际海浪环境下大尺度模型试验二阶纵摇响应函数的求解结果

(2)谱分析法

船舶运动预报目前广泛采用谱分析的方法，假定船舶在充分发展海浪环境下的运动为平稳的随机过程，通常可采用谱分析法求解模型线性频率响应。对大尺度模型试验，应用谱分析的方法进行模型响应函数的求测，试验表明：在沿海风成浪可被认为是平稳的随机过程时，试验中沿海风浪里的运动也是平稳随机过程，同样可认为线性和弱非线性的大尺度模型运动也是平稳的随机过程。

以纵摇运动为例，通过对实测的波浪数据和模型运动进行谱分析得到波能谱密度函数 $S_{\xi}(\omega)$ 和纵摇运动谱密度函数 $S_{\theta}(\omega_e)$。

此时的波能谱为实际波能谱，还需计算模型的遭遇波能谱：

$$S_{\zeta}(\omega_e)=\frac{S_{\zeta}(\omega)}{1+\dfrac{2\omega}{g}v\cos\beta} \tag{9.2.13}$$

式中　ω_e——遭遇频率；

v——模型航速；

β——航向角。

由此便可以得到模型的纵摇运动单位幅频响应函数：

$$|W_{\theta}(\mathrm{i}\omega_e)|^2=\frac{S_{\theta}(\omega_e)}{S_{\xi}(\omega_e)} \tag{9.2.14}$$

有了响应函数，就可以根据通常的谱分析方法外推预报实船的运动统计特征值。图 9.2.10

为采用谱分析法求解的水池模型试验与实际海浪环境下大尺度模型试验一阶纵摇频率响应函数,两者的差别正反映了实际海浪环境三维效应对船舶运动响应的影响。

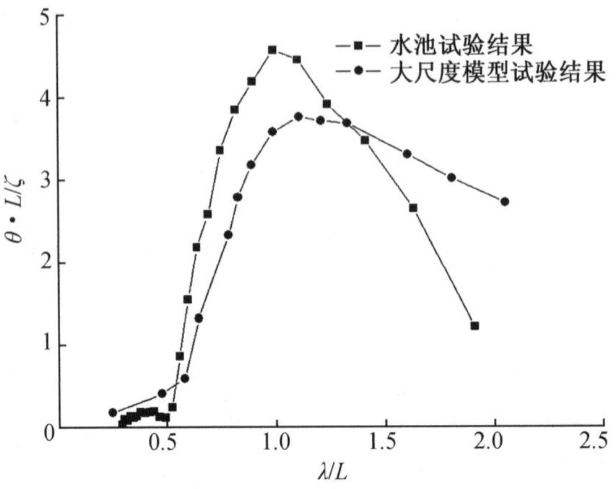

图 9.2.10　采用谱分析法求解的水池模型试验与实际海浪环境下大尺度模型试验一阶纵摇频率响应函数

由此可见,实际海浪环境下大尺度模型试验与水池试验结果存在较大差异。实际海浪环境下大尺度模型试验的试验环境为自然形成的非线性三维波浪,模型在航行中处于自由航行状态,与实船相同;而船模水池试验是在约束条件下进行的,而且水池试验的波浪环境与实际海浪环境还是有较大差别的,因此其运动响应与大尺度模型试验有所不同。实际海浪环境下大尺度模型试验为高海况下船舶非线性运动预报研究提供了一条新的途径,可以为新船型的设计研发和性能评估提供更加可靠的技术支撑。

参 考 文 献

[1] 勃拉哥维辛斯基. 船舶摇摆[M]. 魏东升,等译. 北京:高等教育出版社,1959.

[2] VOSSERS G. Fundamentals of the behaviour of ships in waves:Part 1 and 2[J]. International Shipbuilding Progress,1959,6(63):493 - 512;1960,7(70):261 - 279.

[3] 元良诚三. 船舶运动力学[M]. 杨学明,译. 北京:国防工业出版社,1966.

[4] 许维德. 流体力学[M]. 北京:国防工业出版社,1979.

[5] 奥奇,博尔顿. 海上船舶性能预报统计方法[M]. 练淦,译. 北京:国防工业出版社,1978.

[6] PRICE W G,BISHOP R E D. Probabilistic theory of ship dynamics[M]. London:Chapman and Hall,1974.

[7] LEWIS E V. Motions in waves and controllability:Volume Ⅲ[M]. New York:Principles of Naval Architecture,1989.

[8] 纽曼. 船舶流体动力学[M]. 周树国,译. 北京:人民交通出版社,1986.

[9] 文圣常,余宙文. 海浪理论与计算原理[M]. 北京:科学出版社,1984.

[10] LLOYD A R J M. Seakeeping:ship behaviour in rough weather[M]. Chichester:Ellis Horwood,1989.

[11] 李积德. 船舶耐波性[M]. 哈尔滨:哈尔滨船舶工程学院出版社,1992.

[12] 霍洛季林,什梅列夫. 船舶的耐波性和在波浪上的稳定措施[M]. 许百春,邬明川,蔡根源,译. 北京:国防工业出版社,1980.

[13] 木原　和之,田沢　勝. 耐航型高速艇新船型の開発研究[C]//日本造船学会. 日本造船学会論文集:第 157 号. [S. L. :s. n.],1985:459 - 466.

[14] 赵连恩,谢永和. 高性能船舶原理与设计[M]. 北京:国防工业出版社,2009.

[15] 蔡新功,李积德,王建方,等. 中高速船加装减纵向运动组合附体实船试验[J]. 中国造船,2003,44(4):13 - 18.

[16] 蔡新功,李积德,王建方,等. 中高速船加装减纵摇组合附体模型试验[J]. 中国造船,2003,44(3):50 - 57.

[17] 陶尧森. 船舶耐波性[M]. 2 版. 上海:上海交通大学出版社,1996.

[18] 戴遗山,段文洋. 船舶在波浪中运动的势流理论[M]. 北京:国防工业出版社,2008.

[19] 李积德,张恒. 考虑粘性影响的单体复合船型的运动预报[J]. 船舶力学,2008,12(2):180 - 187.

[20] 孙树政,李积德,赵晓东. 考虑粘性和航态影响的单体复合船型运动预报[J]. 船舶力学,2009,13(2):177 - 183.

[21] 黄祥鹿,范菊. 船舶与海洋结构运动的随机理论[M]. 北京:国防工业出版社,2005.

[22] 俞湘三,陈泽梁,楼连根,等. 船舶性能实验技术[M]. 上海:上海交通大学出版社. 1991.

[23] 孙树政,李积德,赵晓东. 实际海浪环境下大尺度模型试验研究[J]. 哈尔滨工程大学学报,2009,30(5):475 -480.

[24] 中国船舶工业集团公司,中国船舶重工集团公司,中国造船工程学会. 船舶设计实用手册:电气分册[M]. 3 版. 北京:国防工业出版社,2013.

[25] IKEDA Y,HIMENO Y, TANAKA N. On eddy making component of roll damping force on naked hull[J]. Journal of the Society of Naval Architects of Japan,2009,1977(142):54 -64.

[26] 李积德. 船舶耐波性[M]. 哈尔滨:哈尔滨工程大学出版社,2007.